Schmoll · Praxis der Kreditüberwachung

Anton Schmoll

Praxis
der Kreditüberwachung

Ertragssteigerung durch
effiziente Risikoreduzierung

Durchgesehener Nachdruck der 1. Auflage

GABLER

Die Deutsche Bibliothek – CIP-Einheitsaufnahme

Schmoll, Anton:
Praxis der Kreditüberwachung: Ertragssteigerung durch
effiziente Risikoreduzierung/ Anton Schmoll. – Durchges.
Nachdr. der 1. Aufl. – Wiesbaden: Gabler, 1992
   ISBN-13: 978-3-322-87057-5   e-ISBN-13: 978-3-322-87056-8
   DOI: 10.1007/978-3-322-87056-8

1. Auflage 1991
Durchgesehener Nachdruck der 1. Auflage 1992

© Manz Verlag, Wien

Der Gabler Verlag ist ein Unternehmen der Verlagsgruppe Bertelsmann International.

© Betriebswirtschaftlicher Verlag Dr. Th. Gabler GmbH, Wiesbaden 1992
Softcover reprint of the hardcover 1st edition 1992

Lektorat: Edith Karos

Höchste inhaltliche und technische Qualität unserer Produkte ist unser Ziel. Bei der Produktion und Verbreitung unserer Bücher wollen wir die Umwelt schonen: Dieses Buch ist auf säurefreiem und chlorarm gebleichtem Papier gedruckt. Die Einschweißfolie besteht aus Polyäthylen und damit aus organischen Grundstoffen, die weder bei der Herstellung noch bei der Verbrennung Schadstoffe freisetzen.

Die Wiedergabe von Gebrauchsnamen, Handelsnamen, Warenbezeichnungen usw. in diesem Werk berechtigt auch ohne besondere Kennzeichnung nicht zu der Annahme, daß solche Namen im Sinne der Warenzeichen- und Markenschutz-Gesetzgebung als frei zu betrachten wären und daher von jedermann benutzt werden dürften.

Satz: Satzstudio RESchulz, Dreieich-Buchschlag

ISBN-13: 978-3-322-87057-5

Vorwort

Das traditionelle Kreditgeschäft wird trotz des Trends zur Verbriefung von Forderungen und Verbindlichkeiten eine tragende Säule des Bankgeschäftes bleiben. Der sich an den Güter- und Finanzmärkten vollziehende Strukturwandel hat aber bereits in den letzten Jahren zu Veränderungen geführt, die sich künftig noch verstärken werden. So lassen sich für das Kreditgeschäft folgende Trends feststellen:

- Die hohe Innovationsdynamik an den Gütermärkten mit verlängerten Entwicklungsphasen und verkürzten Produktlebenszyklen implizieren im Finanzbereich die Notwendigkeit von flexiblen Problemlösungen (financial engineering).

- Der steigende Wettbewerb an den Finanzmärkten führt zu sinkenden Margen, die die Risikokosten nicht mehr im erforderlichen Umfang abdecken können.

- Die schwache Eigenkapitalausstattung, insbesondere von mittelständischen Unternehmen, drängt die Hausbanken zunehmend in eine eigentümerähnliche Position mit unternehmerischen Risiken.

- Durch den Trend zur Verbriefung von Forderungen und Verbindlichkeiten ergibt sich für die Kreditportefeuilles tendenziell eine Negativauslese, da nur erste Adressen in der Lage sind, ihren Finanzbedarf direkt am Kapitalmarkt zu decken.

Vor dem Hintergrund dieser Entwicklungen verliert die statische vergangenheitsbezogene Betrachtungsweise bei der Bereitstellung von Krediten zunehmend an Bedeutung. Die bei der Kreditvergabe zugrundeliegenden Daten veralten immer schneller. Neben der Globalsteuerung von Kreditrisiken wird daher die einzelfallbezogene Kreditüberwachung als Instrument der Risikosteuerung in Kreditinstituten immer wichtiger. Im Vordergrund einer effizienten Kreditüberwachung stehen dabei neben der Überprüfung von betriebswirtschaftlichen Kennziffern in steigendem Maße die Produkte und der Markt, in dem sich der Kreditnehmer bewegt, sowie die Qualität des Managements. Dazu müssen neue Informationsquellen erschlossen und schon bisher bestehende Informationsmöglichkeiten intensiver genutzt werden; der Beobachtungsbereich der mit dem Kreditgeschäft befaßten Mitarbeiterinnen und Mitarbeiter ist konsequent von den Kreditbedingungen und -sicherheiten auf den Unternehmer und das Unternehmen auszudehnen.

Das vorliegende Buch vermittelt dazu einen umfassenden Überblick.

Dem Autor, Dr. Anton Schmoll, Vize-Direktor und Prokurist der „Ersten Österreichischen Spar-Casse-Bank" und Geschäftsführer des Kreditvereins der ERSTEN, ist es gelungen, alle Facetten der Kreditüberwachung zu beleuchten. Dr. Schmoll hat sich bereits in der Vergangenheit mehrfach mit dem Thema Kreditgeschäft der Banken und Sparkassen aus betriebswirtschaftlicher Sicht auseinandergesetzt. Seine theoretischen Kenntnisse werden dabei durch langjährige praktische Erfahrungen im Kreditgeschäft abgerundet.

In leicht verständlicher Sprache steht dem Praktiker in Banken und Sparkassen mit dem vorliegenden Buch ein Instrument zur Reduzierung von Risiken aus dem Kreditgeschäft für die tägliche Arbeit zur Verfügung.

Ursprünglich in Österreich erschienen, wurde die vorliegende Fassung dem deutschen Rechtsrahmen angepaßt. Die für die Kreditüberwachung in Deutschland zentralen Bestimmungen des § 18 KWG entsprechen dabei – obwohl etwas weniger restriktiv formuliert – den Intentionen des österreichischen Pendants (§ 13 Abs. 6 KWG).

Köln, im Februar 1991   Gustav Adolf Schröder

Inhaltsverzeichnis

IV. BEOBACHTUNGSBEREICHE – FRÜHWARN-INDIKATOREN

KAPITEL I

EINLEITUNG

1. Kreditgeschäft – ein zentraler Erfolgsfaktor im Bankgeschäft

Das Kreditgeschäft zählt zweifellos zu den Kerngeschäften der Universalbank. Wenngleich (vor allem im internationalen Bereich) der Kredit in zunehmendem Maß durch neue Finanzierungsformen ergänzt wird, bleibt er dennoch das „klassische Bankgeschäft" [1] schlechthin.

Ein Blick auf die *Bilanzen* der Kreditinstitute zeigt, daß die Kreditforderungen mit Abstand die wichtigsten Veranlagungsposten einer Bankbilanz ausmachen. Auch in der *Gewinn- und Verlustrechnung* stellt das Kreditgeschäft einen tragenden Pfeiler dar. Nach wie vor kann man daher sagen:

Das Kreditgeschäft ist einer der wichtigsten Erfolgsträger.

Auch wenn in letzter Zeit viel von Finanzinnovationen die Rede ist, so zeigt sich dennoch ganz deutlich, daß die aus dem Einlagen- und Ausleihungsgeschäft resultierende *Zinsspanne* nach wie vor die bedeutendste Erfolgskomponente der Universalbanken bildet. Die Erlöse aus dem Aktivgeschäft sind für viele Institute ein wesentliches Ertragselement. [2] Sowohl die Erhöhung des Gesamtausleihungsstandes als auch die Steigerung der Deckungsbeiträge bei den Einzelkreditengagements sind daher wichtige Strategien zur Erreichung der bankbetrieblichen Zielsetzungen.

2. Szenario des Kreditgeschäfts

Die Ziele und Aufgaben der Kreditüberwachung werden wesentlich durch die Kreditpolitik der Bank beeinflußt, die sich ihrerseits an den gesamtwirtschaftlichen Gegebenheiten zu orientieren hat. Somit bildet das wirtschaftliche Umfeld, in das das Kreditgeschäft eingebettet ist, eine wichtige Determinante der Kreditüberwachung.

Die Veränderungen dieses wirtschaftlichen Umfeldes, die sowohl auf die kreditnehmenden Betriebe als auch auf die Kreditwirtschaft selbst spürbare Auswirkungen hatten, stellen heute an die Kreditüberwachung hohe Anforderungen. Hier sind vor allem folgende drei Entwicklungstendenzen von zentraler Bedeutung:

1. Die Wettbewerbssituation im Kreditgewerbe hat sich verschärft.
2. Die aushaftenden Kredite sind in den letzten Jahren stark angestiegen.
3. Das Kreditgeschäft ist risikoreicher geworden.

2.1 Verschärfte Wettbewerbssituation im Kreditgewerbe

Die Realisierung der geschäfts- und kreditpolitischen Ziele der Bank erfolgt im Wettbewerb mit den anderen am Markt tätigen Instituten. Es erscheint deshalb notwendig, die Wettbewerbssituation im Kreditgewerbe, soweit sie für die Kreditpolitik und Kreditüberwachung bedeutsam ist, kurz zu beleuchten.

Die Chronologie des Wettbewerbs läßt sich mit folgenden Schlagworten charakterisieren:
- Wegfall der Bedarfsprüfung (Filialliberalisierung)
- Übergang zum Universalbankensystem
- Aufhebung der Zinsverordnung
- Aufhebung des Wettbewerbsabkommens
- Aufhebung der Zinsempfehlungen.

Die Änderungen der kreditwirtschaftlichen Rahmenbedingungen sind im wesentlichen durch den Trend zur *Deregulierung* und *Liberalisierung* des Kreditgewerbes gekennzeichnet. Somit hat sich die Konkurrenzsituation der Kreditinstitute auch im *Kreditgeschäft* erheblich verschärft. Auf den früher ruhigen und abgesicherten Märkten herrscht heute ein *Verdrängungswettbewerb*, was dazu führt, daß selbst in sehr kleinen Orten oft mehrere Banken um Kreditkunden konkurrieren.

In diesem Wettbewerb sind folgende, für das Kreditgeschäft relevante Facetten erkennbar: Die klassische Form des Wettbewerbs ist nach wie vor der *Konditionenwettbewerb*. Dieser hat nicht nur Auswirkungen auf die Ertragslage der Bank, sondern verhindert heute weitgehend eine risikoorientierte Zinspolitik. Der Wandel der Marktbedingungen brachte es mit sich, „daß Wettbewerb und Kostensteigerungen zumindest in jüngster Vergangenheit immer mehr in riskantere, aber nicht zinsmäßig entsprechend kalkulierte Kredite trieben".[3]

> Die von den Kreditinstituten verrechneten Zinssätze enthalten heute nur mehr geringe oder gar keine Risikoprämien.

Das bedeutet wiederum, daß man sich nicht allzu viele Ausfälle „leisten" kann, da zu hohe Risikokosten in den knappen Margen kaum untergebracht werden können. Ein für die Kreditüberwachung nicht unwesentlicher Aspekt!

Neben dem Konditionenwettbewerb scheint sich in der Kreditpraxis noch eine weitere (nicht ungefährliche) Wettbewerbsdimension abzuzeichnen: Das *Niveau der Bonitätsanforderungen* sowie die Prüfungsintensität werden zum Instrument der Kreditvolumenspolitik.

14

Der Wettbewerb auf diesem Gebiet spielt sich dann so ab, daß ein Kreditinstitut weniger Unterlagen während der Kreditlaufzeit (z.B. Vorlage von aktuellen Bilanzen) als der Mitbewerber verlangt. Auch die Frage nach Art und Umfang der beizubringenden Kreditsicherheiten wird manchmal „sehr differenziert" behandelt. Von den Unternehmern werden daher nicht nur unterschiedliche Zinsangebote, sondern auch die unterschiedliche Risikoneigung der einzelnen Kreditinstitute genutzt.[4] So kann es vorkommen, daß ein Institut einen Kredit gewährt, nachdem ihn ein anderes vorher abgelehnt hat.

2.2 Ansteigen der aushaftenden Kredite

Zum starken Ansteigen der Kreditfinanzierung in der Wirtschaft hat das Zusammentreffen verschiedener Entwicklungen der letzten Jahre beigetragen. *Der steigende Kreditbedarf* hat unter anderem folgende Gründe:[5]

- **Erhöhter Kapitalbedarf für Sachinvestitionen**

Zunehmende Mechanisierung und Automatisierung bedeuten höhere Sachinvestitionen. Diese technologische Entwicklung macht auch vor Klein- und Mittelbetrieben nicht halt. CNC-gesteuerte Maschinen, CAD/ CAM werden auch für diese Betriebsgrößen immer mehr zur Realität. Gleichzeitig erhalten in den letzten Jahren Umweltschutz-Investitionen zunehmendes Gewicht. Auch die Nutzung neuer Energiequellen und die Maßnahmen zu Energieeinsparungen verlangen erhebliche Investitionen.

- **Zunahme der Kapitalbindung im Umlaufvermögen**

Neben dem Anlagevermögen ist auch im Umlaufvermögen ein Ansteigen des Kapitalbedarfes festzustellen. Vor allem die Bindung von Kapital in Vorräten und Debitoren hat in den letzten Jahren deutlich zugenommen. So werden beispielsweise kleinere und mittlere Betriebe, die als Zulieferer für Großbetriebe tätig sind, von diesen immer mehr genötigt, die Lagerhaltung und Umlauffinanzierung zu übernehmen. Auch bei den öffentlichen Auftraggebern (z.B. Arbeiten an öffentlichen Bauten) müssen Klein- und Mittelbetriebe oftmals mit einer sehr langen Außenstandsdauer ihrer Forderungen rechnen.

- **Sinken der Eigenkapitalquote**

Die Veränderung der wirtschaftlichen Rahmenbedingungen (steigender Konkurrenz- und Kostendruck, sinkende Erträge, Steuergesetzgebung usw.) hatte Auswirkungen auf die Unternehmensfinanzierung und führte zu einer Veränderung in der Finanzierungsstruktur: Dieser Prozeß ist vor allem gekennzeichnet durch ein im Zeitablauf tendenzielles Sinken der Eigenkapitalquote.[6]

Während Großunternehmen in der Lage sind, fehlendes Eigenkapital am Kapitalmarkt zu beschaffen, haben Klein- und Mittelbetriebe diese Möglichkeit nicht. Angesichts der ständig wachsenden Eigenkapitalknappheit hat daher bei diesen Betriebsgrößen die Fremdfinanzierung die Eigenfinanzierung weit überflügelt. Und die wichtigste Form der Fremdfinanzierung ist die *Kreditaufnahme* bei Kreditinstituten. [7]

2.3 Wachsende Risiken im Kreditgeschäft

Die Veränderungen der gesamtwirtschaftlichen Rahmenbedingungen Ende der siebziger und Beginn der achtziger Jahre (z.B. Konjunkturrückgang, Ölpreisschock) haben auch zu einem *Ansteigen der unternehmerischen Risiken* geführt. Diese geänderte Risikosituation findet ihren Niederschlag auch in den *Insolvenzen*.

Die wirtschaftliche Entwicklung in der ersten Hälfte der achtziger Jahre war durch eine starke Zunahme der Firmenzusammenbrüche gekennzeichnet. Dank der günstigeren Konjunkturentwicklung ging dann die Zahl der Gesamtinsolvenzen zurück und stabilisierte sich bei Werten um 18.000. [8]

Aus der Analyse der Insolvenzentwicklung lassen sich folgende, für unser Thema wichtige Schlußfolgerungen ziehen:

- Im Unterschied zur ersten Hälfte der achtziger Jahre, wo die Großinsolvenzen dominierten, sind es nun überwiegend die *kleineren* und *mittleren Unternehmen*, die von Firmenzusammenbrüchen betroffen sind.
- „Noch erschreckender als die Zunahme der Insolvenzen ist die Tatsache, daß 80% der Konkurse mangels Masse abgelehnt werden müssen." [9]
- Für das Kreditgeschäft bedeutsam ist weiterhin die Tatsache, daß die Konkursstatistik *rückläufige Realisierungsquoten* der Gläubiger aufweist. „Rechtlich ungesicherte Gläubiger aus Geld- oder Warenkrediten gehen in der überwiegenden Anzahl der Unternehmensinsolvenzen gänzlich leer aus." [10]

Die Insolvenzentwicklung in den letzten Jahren hat für den Kreditapparat nicht zu unterschätzende Probleme mit sich gebracht, da vor allem dessen Ertragslage durch den zunehmenden Wettbewerbsdruck erheblich belastet ist. Verschärft wird diese Entwicklung dadurch, daß die Zahl der realen *Besicherungsmöglichkeiten* tendenziell *abnimmt*. Daneben müssen die generellen Grenzen von Kreditsicherheiten klar erkannt werden. Neben dem Wertverlust (z.B. bei Maschinen) spielen hier auch die rechtlichen Restriktionen eine große Rolle.

„Die Insolvenzwelle zu Beginn der achtziger Jahre und die daraus resultierenden Kreditausfälle führten bei vielen Kreditinstituten zu der (z.T. kostspieligen) Erkenntnis, welchen tatsächlichen Wert Sicherheiten im Ernstfall haben. Die geringe Nachfrage nach gewerblichen Liegenschaften ließ die erzielbaren Versteigerungserlöse weit unter die angenommenen Belehnungsgrenzen fallen. Die Zunahme der Anfechtung von Sicherheiten im Konkursfall betraf vor allem Forderungszessionen. Das Vertrauen der Kreditinstitute in so wichtige Sicherstellungen wie Hypotheken und Zessionen wurde in Frage gestellt." [11] *Ulrich* kommt zu dem Schluß, „daß Pfandrechte auf Betriebsliegenschaften äußerst problematisch sind und Betriebsliegenschaften oft nur im Zusammenhang mit dem lebenden Unternehmen überhaupt einen Wert darstellen. Das heißt, daß der *Blankoanteil der Ausleihungen*, insbesondere im Kommerzgeschäft, immer *größer* wird." [12] Für so manche Bank ist es eine schmerzliche Erfahrung gewesen, daß sie Ausfälle bei Krediten hinnehmen mußte, obwohl diese Kredite durch Bestellung „ausreichender Kreditsicherheiten" abgesichert schienen. Somit wurde eines deutlich: Vertraglich vereinbarte Kreditsicherheiten sind vielfach nur *vermeintliche* Sicherheiten. Es wäre daher gefährlich, sich „in Sicherheit zu wiegen" und zu meinen, besicherte Kredite bedürften keiner Überwachung.

Die Banken werden somit zunehmend in zweifacher Hinsicht gefordert: „Nämlich nicht nur für die Befriedigung des immer größer werdenden Finanzbedarfes sorgen zu müssen, sondern dies noch unter den erschwerenden Bedingungen:" [13]

> Mit immer weniger Sicherheiten ist immer mehr zu finanzieren.

3. Kreditgeschäft und Risiko

3.1 Kreditgeschäft ist Risikogeschäft

Wie wir oben gezeigt haben, sind die Kreditinstitute heute durch ihre Funktion als Kapitalgeber in immer stärkerem Ausmaß von den erhöhten unternehmerischen Risiken betroffen.

Mehr denn je kommen heute die Banken, ob gewollt oder ungewollt, ob bewußt oder unbewußt in die Situation, Unternehmensrisiko (mit-) zuübernehmen. Die Rolle der Banken hat sich somit gewandelt: [14]

> Vom Risikotransformator zum Risikoträger.

Von anderen Bankgeschäften unterscheidet sich das Kreditgeschäft somit vor allem durch die Dimension „Risiko". Das Kreditrisiko kann daher als das „größte und charakteristischste Risiko der Geschäftstätigkeit der Kreditinstitute" bezeichnet werden. [15]

Es geht nicht darum, Risiken um jeden Preis zu vermeiden bzw. auszuschalten, sondern um das *bewußte*, rationale Einschätzen von Kreditrisiken. So stellt auch *Haushofer* [16] fest: „Ohne die Bereitschaft der Geschäftsleiter zur Übernahme von kalkuliertem und tragbarem Risiko ist eine wirtschaftliche Fortentwicklung nicht vorstellbar." Und er meint weiter: „Das risikolose Bankgeschäft wurde ja noch nicht erfunden."

3.2 Kreditfinanzierung ist Risikofinanzierung

Angesichts der sinkenden Eigenkapitalquoten und des erhöhten Risikogrades der Fremdkapitalgeber „hat die *Fremdfinanzierung* ihren Charakter wesentlich *geändert*. Aus der reinen Liquiditätshilfe, die Grundlage für die Sicherheitsbestimmungen des Privat- und Handelsrechts waren, ist *Risikokapital* geworden". [17] So ist für manche Kreditpraktiker „die Bezeichnung des Kredites als Fremdkapital schon die längste Zeit falsch," [18] denn

> Sehr viele Kreditverhältnisse haben bereits Merkmale eines Beteiligungsverhältnisses.

Dieser Gedanke ist auch bei der für Klein- und Mittelbetriebe wichtigsten Kreditart – nämlich dem *Betriebsmittelkredit* – von besonderer Bedeutung. (Nur) formal handelt es sich um kurzfristige Kredite, die aber durch ständige Prolongationen tatsächlich *langfristig* zur Verfügung stehen. Auch diese Kredite besitzen bis zu einem gewissen Grad *Risikokapitalcharakter*, „da die Gläubigerbanken bei Nichtverlängerung solcher revolvierend gewährten Betriebsmittelkredite faktisch in eine Risikoposition gedrängt würden, die der von Anteilseignern ähnlich ist". [19] Die Banken können nämlich einen erheblichen Teil ihrer Kontokorrentkredite gar nicht kurzfristig zurückrufen, ohne die Betriebe in ernste Schwierigkeiten zu bringen.

Bei einem Beteiligungsverhältnis ist die laufende Überwachung der wirtschaftlichen Entwicklung eine Selbstverständlichkeit – sie sollte es daher auch bei der Kreditfinanzierung sein!

3.3 Das aktive Kreditrisiko

Die bisher dargestellten Einflußgrößen behandeln das Kreditgeschäft in seiner *Gesamtheit*. Im nächsten Schritt wollen wir nun das *einzelne* Kreditengagement betrachten. Dabei wollen wir zeigen, wie eng sich die Kreditüberwachung aus dem Wesen der Kreditentscheidung ableiten läßt.

Zur Charakterisierung der Kreditentscheidung gehen wir von drei Typen betriebswirtschaftlicher Entscheidungen aus: [20]

- Entscheidungen unter Sicherheit
- Entscheidungen unter Risiko und
- Entscheidungen unter Unsicherheit.

Bei einer Entscheidungssituation unter Sicherheit ist dem Entscheidungsträger bekannt, welche Konsequenzen eindeutig und ohne Zweifel zu erwarten sind (Entscheidungsfindung bei vollkommener Information). Jeder, der schon einmal Kreditentscheidungen zu treffen hatte, weiß, daß diese Situation in der Realität des Kreditgeschäfts nie anzutreffen ist, denn

Kreditentscheidungen sind immer zukunftsgerichtete Entscheidungen.

Da Kapital und Zinsen in der *Zukunft* gezahlt werden müssen, ist man bei der Beurteilung eines Kreditfalles auf Annahmen und Schätzungen über *künftige Entwicklungen* angewiesen. Und die Zukunft ist immer ungewiß.

Kreditentscheidungen sind stets risikobehaftet.

Das Risiko bei jeder Kreditentscheidung liegt in der Möglichkeit einer negativen Abweichung der tatsächlichen Werte von den erwarteten Werten. [21] Dabei können sich während der Kreditlaufzeit mehrere Risiken ergeben. Das Kreditrisiko läßt sich in folgende Teilrisiken aufgliedern: [22]

Verlustrisiko

Das Verlustrisiko im engeren Sinn bedeutet die Gefahr, daß der Kreditbetrag sowie die vereinbarten Zinsen und Provisionen überhaupt nicht oder nur teilweise gezahlt werden.

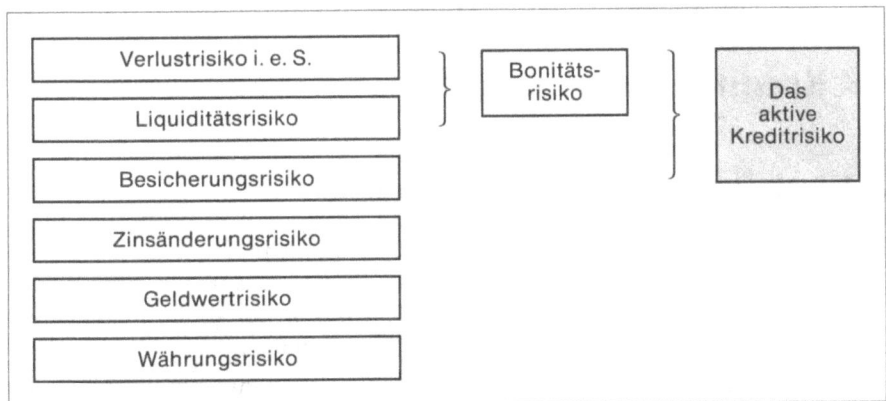

Abbildung 1: Teilrisiken des Kreditrisikos

Liquiditätsrisiko

Der Zahlungsstrom erfolgt nicht pünktlich. Das heißt, es geht um die Gefahr, daß entweder der Kredit nicht rechtzeitig zurückgezahlt wird bzw. daß die im Kreditvertrag bedungenen Zinszahlungen etc. nicht termingerecht erfolgen.

Besicherungsrisiko

Die zur Sicherstellung des Kredites überlassenen Kreditsicherheiten können sich zum Zeitpunkt der Verwertung als mangelhaft oder wertlos herausstellen. Dieses Besicherungsrisiko beschreibt somit die Gefahr, daß der Liquidationserlös bei einer Veräußerung zur Deckung der Zahlungsansprüche gegenüber dem Kreditnehmer nicht ausreicht (d.h. die zwangsweise Rückführung schließt mit einem Verlust ab).

Verlustrisiko und Liquiditätsrisiko ergeben das *Bonitätsrisiko*, das zusammen mit dem Besicherungsrisiko das *„aktive Kreditrisiko"* [23] ergibt. Diese Risikokategorien sind für unser Thema von besonderer Relevanz, da eine umfassende Kreditüberwachung einen wesentlichen Beitrag zu deren Minimierung liefern soll.

Auf die in Abb. 1 zusätzlich angeführten Zinsänderungs-, Währungs- und Geldwertrisiken gehen wir nicht weiter ein, da sie von der Bank in der Regel abgewälzt bzw. kompensiert werden können. Die Risiken aus dem Kreditgeschäft können den Fortbestand eines Kreditinstituts wesentlich beeinflussen, in ihnen liegt die größte Gefahrenquelle für finanzielle Verluste.

> Die Begrenzung der Kreditrisiken ist daher ein wichtiger Bestandteil des bankbetrieblichen Sicherheitsstrebens.

4. Risikoreduzierung durch Kreditüberwachung

4.1 Bedeutung der Kreditüberwachung

„Ob es künftig einer Bank gelingt, ihre Marktposition im zunehmenden Wettbewerb zu sichern, wird nicht allein durch Zinsspanne, Bilanzvolumen und Verwaltungsaufwand bestimmt, sondern vor allem auch davon, wie es gelingt, die steigenden Kreditrisiken zu managen." [24]

Zu den wichtigsten Strategien eines effizienten Risikomanagements zählen die Kreditprüfung und die Kreditüberwachung. „Kreditvergabe und

Kreditüberwachung bestimmen *gemeinsam* das Gesamtergebnis des Kreditgeschäfts einer Bank." [25] Das Ziel der *Kreditprüfung* ist die Risikobeurteilung anläßlich der *Kreditvergabe*. Diese zu einem bestimmten Zeitpunkt vorgenommene Bewertung eines Kreditfalles kann aber nicht auf Dauer Gültigkeit besitzen!

Durch die dynamische Entwicklung des betrieblichen Umfeldes ändern sich die wirtschaftlichen Rahmenbedingungen der Kreditnehmer, was unmittelbare Auswirkungen auf deren Bonität hat. „Angesichts der immer bewegteren und sich immer rascher ändernden Umwelt, in die die Unternehmungen ‚eingebettet' sind, können selbst erfolgreiche und verhältnismäßig finanzkräftige Einzelwirtschaften innerhalb relativ kurzer Zeit an ihrer Substanz zehrende Krisen und ein hohes Maß an Insolvenzgefährdung erfahren." [26] Unsere Erfahrung deckt sich mit der folgenden Feststellung: [27].

> „Aus der Praxis des Kreditgeschäfts ist bekannt, daß der größte Teil der Kreditausfälle durch Einflüsse verursacht wird, die sich erst nach der Kreditvergabe einstellen."

Bei der Kreditüberwachung ist daher zu überprüfen, ob die bei der Kreditprüfung erstellten Prognosen und wirtschaftlichen Erwartungen auch tatsächlich eingetreten oder ob negative Abweichungen aufgetreten sind. Abweichungen bzw. Veränderungen während der Kreditlaufzeit sind dabei sowohl bei der Bonität des Kreditnehmers (z.B. wirtschaftliche Entwicklung) als auch bei den Kreditsicherheiten (z.B. Wert) möglich. Beide Bereiche können sich gegenüber dem Zeitpunkt der Kreditvergabe verbessern, verschlechtern oder konstant bleiben, so daß sich beim Einzelengagement während der Laufzeit folgendes „Risikoszenario" ergibt:

Sicherheiten ＼ Bonität	konstant	verschlechtert	verbessert
konstant			
verschlechtert			
verbessert			

Abbildung 2 : Risikoszenario

Diese während der Laufzeit eines Kredites auftretenden Verschlechterungen im Bonitäts- und Besicherungsbereich rechtzeitig zu erkennen (schraffierte Bereiche), ist Aufgabe der Kreditüberwachung. Durch rechtzeitig

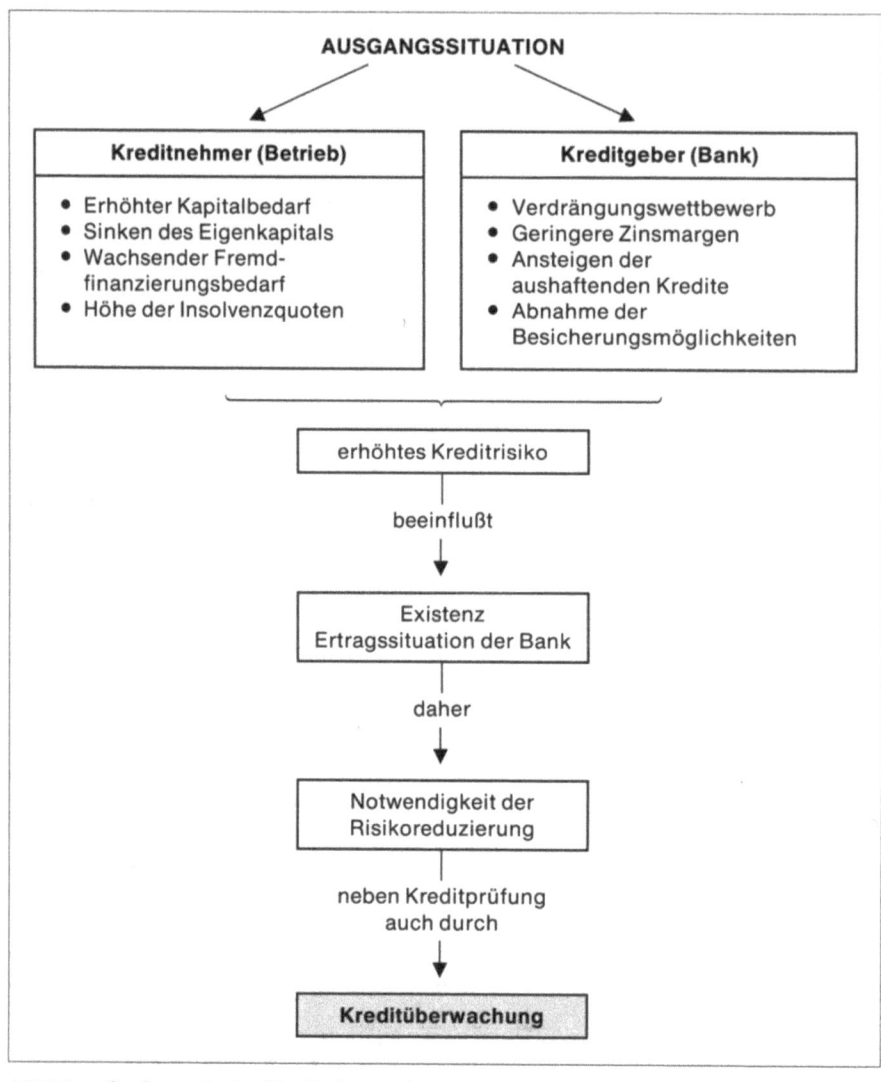

Abbildung 3: Szenario der Kreditüberwachung

eingeleitete Maßnahmen sollen Kreditausfälle und Kreditverluste reduziert werden, um die Risikokosten zu minimieren. Dies ist ganz wichtig, denn gerade die *Risikokosten* bilden heute neben den Wert- und Personalkosten einen der maßgeblichen Kostenblöcke eines Kreditinstitutes. Ihre Höhe beeinflußt daher nicht unwesentlich die Ertragslage der Bank.

Auch in der Deckungsbeitragsrechnung der Filialen werden die Risikokosten als eigene Position ausgewiesen, und sie bestimmen damit wesentlich ihre Erfolgssituation. Das Bemühen um eine Reduzierung der Risikokosten muß daher als ein deklariertes Ziel des Filialmanagements angesehen werden.

Der Nutzen ist klar: Beschäftigung mit Fragen der Kreditüberwachung ist keine administrative Angelegenheit, kein „Verwaltungskram", den man eben „erledigen" muß, sondern so wie die Akquisition ein wesentlicher Bestandteil des Geschäftserfolges. Kurz gesagt:

> Risikoreduzierung ist ein Geschäft.

Nachdem wir nun hinsichtlich Ausgangslage, Wesen und Bedeutung der Kreditüberwachung ein Grundverständnis entwickelt haben, sind die in diesem Kapitel aufgezeigten Zusammenhänge in Abb.3 zusammengefaßt.

4.2 Gesetzliche Verpflichtung zur Kreditüberwachung

Offensichtlich wegen der Bedeutung der ursachenbezogenen risikopolitischen Maßnahmen für das Gesamtergebnis einer Bank hat auch der Gesetzgeber die rechtlichen Rahmenbedingungen für das Kreditgeschäft festgelegt. Der Kern der für die Kreditüberwachung relevanten Ordnungsvorschriften liegt in der Bestimmung des §18 KWG, der sich mit den Kreditunterlagen beschäftigt: „Von Kreditnehmern, denen Kredite von insgesamt mehr als einhunderttausend Deutsche Mark gewährt werden, hat sich das Kreditinstitut die wirtschaftlichen Verhältnisse, insbesondere durch Vorlage der Jahresabschlüsse, offenlegen zu lassen. „Mit dieser Verpflichtung will der Gesetzgeber sicherstellen, daß die Kreditinstitute in ausreichendem Maße die Bonität ihrer Kreditnehmer sowohl zum Zeitpunkt der Kreditvergabe als auch *während der gesamten Vertragsdauer* anhand von Unterlagen prüfen.

Da die Bankenaufsicht entschlossen ist, die Einhaltung gerade dieser Bestimmung verstärkt zu überwachen, liegt bereits auch eine Reihe von Stellungnahmen des *Bundesaufsichtsamtes für das Kreditwesen (BAK)* vor, die für die Auslegung des §18 KWG von Bedeutung sind. Nach Auffassung des BAK „genügt es nicht, nur den letzten Jahresabschluß vor der Kreditgewährung einzusehen. Vielmehr ist in der Regel auch die Überprüfung früherer Jahresabschlußunterlagen sowie ein *laufender Einblick* während der gesamten Dauer des Kreditverhältnisses erforderlich." [28]

In Ergänzung zu den Vorschriften des §13 KWG über die quantitative Begrenzung des Kreditgeschäfts zielt §18 KWG zum Schutz des einzelnen Kreditinstituts und seiner Einleger somit auf eine

- umfassende und
- laufende

Information des Kreditinstituts über seine Kreditnehmer ab [29]

Aufgrund der internationalen Beziehungen ist es auch interessant, auf die entsprechenden Bestimmungen des *österreichischen Kreditwesengesetzes* hinzuweisen. Seit der KWG-Novelle 1986 besteht nicht nur eine Offenlegungsverpflichtung, sondern (erstmals im Gesetzestext) auch eine qualifizierte *Verpflichtung zur Kreditüberwachung*. Die Bestimmungen des § 13 Abs. 6 des österreichischen KWG lauten nun:

„Überschreitet der einer wirtschaftlichen Einheit insgesamt eingeräumte Kredit den Betrag von fünf Millionen Schilling, so *haben* sich die Geschäftsleiter der Bank vor Krediteinräumung die wirtschaftlichen Verhältnisse der Verpflichteten oder Haftenden offenlegen zu lassen und sich *für die Dauer der Veranlagung* über die wirtschaftliche Entwicklung der Verpflichteten oder Haftenden sowie über die Werthaltigkeit und Durchsetzbarkeit von Sicherheiten ausreichend zu informieren sowie die laufende Vorlage von Jahresabschlüssen zu verlangen."

Für die Kreditpraxis bedeutet dies folgendes:
- Verpflichtung, sich während der gesamten Kreditlaufzeit über die wirtschaftliche Entwicklung des Kreditnehmers zu informieren
- Laufende Bewertung der Sicherheiten
- Laufende Überprüfung der Durchsetzbarkeit von Forderungen aus Sicherheiten.

4.3 Das Ziel: eine neue Qualität der Kreditüberwachung

Aus all den bisherigen Ausführungen und vor allem angesichts der Gefahr, daß die Bank *unmerklich* (!) immer mehr Anteil am Unternehmerrisiko übernimmt, ergibt sich die Notwendigkeit, sich mit den bestehenden Kreditengagements *gezielter* auseinanderzusetzen. Dies ist insofern von großer Bedeutung, da in der Praxis oftmals so vorgegangen wird, daß bei der erstmaligen Kreditgewährung eine ausführliche Kreditprüfung durchgeführt wird, während in den folgenden Jahren bei der *Überwachung* der Bonität nicht mit derselben Gründlichkeit wie bei der Kreditprüfung vorgegangen wird.

Der traditionellen Kreditüberwachung haftet vor allem der *Mangel* an, daß
- sie sich zu einseitig auf die Analyse der Jahresabschlüsse stützt,
- die aus dem Geschäftsverkehr mit dem Kunden sich ergebenden Warnsignale zu wenig berücksichtigt werden,
- das in der Bank vorhandene Informationspotential nur unzureichend genützt wird,
- oft oberflächlich und vor allem unsystematisch vorgegangen wird, sie als „Verwaltungsakt" und nicht als Beitrag zur Ertragssteigerung gewertet wird.

24

Zusammenfassend kann festgehalten werden, daß „die Kreditüberwachung in der Praxis eine nicht zu unterschätzende Schwachstelle im kommerziellen Kreditgeschäft der Banken darstellt".[30] Dies birgt für die Bank beträchtliche Risiken in sich!

So schließen wir uns der Forderung von *Haeseler* an: „In Anbetracht dessen gilt es daher, nicht nur den in bezug auf Kreditüberwachungsmechanismen diagnostizierten Nachholbedarf so rasch wie möglich zu decken, sondern auch bzw. gerade die Kreditüberwachung bzw. die Überwachung der Schuldnerunternehmungen deutlich zu verstärken."[31]

> Um die mit (nahezu) jeder Kreditvergabe verbundenen Kreditrisiken zu reduzieren, muß die Kreditüberwachung mit entsprechender Sorgfalt und Systematik erfolgen.

Damit sind auch die Ziele unseres Buches festgelegt:

Oberstes Ziel ist es, zur Verbesserung der Qualität der Kreditüberwachung beizutragen, indem wir

- die Notwendigkeit der Kreditüberwachung sowohl aus betriebswirtschaftlicher als auch aus rechtlicher Sicht herausarbeiten;
- ihren Stellenwert im Rahmen der bankbetrieblichen Risikopolitik deutlich machen;
- die der Bank zahlreich zur Verfügung stehenden Informationsquellen systematisieren und Möglichkeiten der effizienten Informationsgewinnung aufzeigen;
- einen Katalog bankspezifischer Frühwarnindikatoren für die Überwachungsbereiche „Unternehmer", „Unternehmen", „Kreditbedingungen" und „Kreditsicherheiten" aufstellen;
- zahlreiche Checklisten für die systematische Vorgangsweise bei den während der Laufzeit anfallenden Entscheidungssituationen (anlaßbezogene Kreditüberwachung) geben;
- die Notwendigkeit vor Augen führen, sich anläßlich der jährlichen Kreditüberwachung mit den Zukunftsaussichten des Betriebes auseinanderzusetzen;
- Bedeutung, Inhalte und Vorgangsweise für das „jährliche Kreditgespräch" klar machen;
- Hinweise und Anhaltspunkte bei der Entwicklung eines EDV-gestützten Frühwarnsystems zur Früherkennung von Kreditrisiken (nicht-anlaßbezogene Kreditüberwachung) liefern und
- schließlich auch auf die organisatorischen und psychologischen Aspekte der Kreditüberwachung näher eingehen.

Dem Leser sollen praktikable Wege für die Gestaltung einer wirkungsvollen Kreditüberwachung aufgezeigt werden. Die Lösungsansätze sind auf Kreditinstitute mit Universalbankcharakter abgestellt, die ein dezentrales Vertriebssystem (Filialnetz) besitzen.

Anmerkungen/Kap.1

1 Vgl. *Hagenmüller:* Der Bankbetrieb (Bd. II), S. 15: „Das Kreditgeschäft ist der Hauptgeschäftszweig der meisten Kreditinstitute."; *Kilaus:* Bank-Management, S. 192: „Es gibt wohl kaum eine Bank, welche nicht beabsichtigen würde, ihre Stellung im inländischen, kommerziellen Kreditgeschäft weiter auszubauen."; *Gancz:* Gesetzliche Rahmenbedingungen, S. 13

2 Vgl. hierzu *Kreim:* Finanzplanung, S. 42, der die „Erlöse aus dem Kreditgeschäft als das bedeutendste Erfolgselement in Kreditinstituten" bezeichnet; *Kilgus:* Bank-Management, S. 192: „So ist denn auch das Zinsdifferenzgeschäft (Aktiv- minus Passivzinsen) für viele Institute der wichtigste Erfolgsträger überhaupt."; *Hiebler:* Praxis der Kreditgewährung, S. 13

3 *Hahn:* Veränderte Risikopolitik der Banken, S. 131

4 Vgl. hierzu *Kreim:* Finanzplanung, S.48f; *Lehner:* Unternehmensanalyse, S. 5; *Schmoll:* Riskanter Wettbewerb, S. 55

5 Vgl. hierzu *Kreim:* Zukunftsorientierte Kreditentscheidung, S. 17ff; *Schmoll:* Kreditprüfung, S. 1f

6 Hinsichtlich der Eigenkapitalentwicklung vgl. die Ausführungen bei *Kreim:* Zukunftsorientierte Kreditentscheidung S. 18

7 *Kann:* Finanzierungssituation kleiner und mittlerer Unternehmen, 5. 148: „Für mittelständische Firmen ist allerdings die Bedeutung des Bankkredites noch höher einzuschätzen als für Großunternehmungen, da sie über ein weniger breites Spektrum an Finanzierungsmöglichkeiten verfügen als diese und somit in geringerem Maße in der Lage sind, ihren Finanzierungsbedarf aus anderen Quellen zu decken."; vgl. auch *Trippen:* Liquiditätssicherung mittelständischer Unternehmen, S. 229

8 Zur Insolvenzentwicklung in der ehemaligen BRD vgl. *Kreim:* Zukunftsorientierte Kreditentscheidung, S. 77

9 ebenda, S. 77

10 *Hierzenberger:* Unternehmensinsolvenzen, S. 2

11 *Höller:* Finanzplanungssystem, S. 1S8; *Dokaupil:* Kredit-Test wird härter, S. 7

12 *Ulrich:* Managementkriterien, S. 19

13 *Hertenstein:* Zukunftsorientiertes Kreditmanagement, S. 1

14 Vgl. *Haumer:* Das Bankwesen im Spiegel der wirtschaftlichen Entwicklung – Risikoträger oder Risikotransformator, S. 408

15 Vgl. *Kreim:* Finanzplanung und Kreditentscheidung, S. 34f

16 *Haushofer:* Möglichkeiten und Grenzen der Bankenaufsicht, S. 17; so stellt auch *Fuchs* fest: Bankbetriebswirtschaftliche Überlegungen zum § 15 KWG 1979, S. 58: „Kreditinstitute müssen mit dem Risiko leben"; *Ulrich:* Verhaltensbeobachtungen, S. 172

17 *Ulrich:* Kreditsicherung, S. 4

18 *Dokaupil:* Kredit-Test wird härter, S. 7 unter Bezugnahme auf *Felber:* Dynamische Kreditbesicherung, S. 63: „Langfristigen Krediten, und dazu gehören unter Umständen auch formell kurzfristige Kredite, haftet bis zu einem gewissen Grad Risikokapitalcharakter an."

19 *Haushofer:* Möglichkeiten und Grenzen der Bankenaufsicht; S. 10; vgl. auch *Hagenmüller:* Der Bankbetrieb (Bd. II), S. 44: „Kontokorrentkredite laufen aber durch ständige Prolongationen meist jahrelang und haben deshalb oftmals de facto langfristigen Charakter. Die Banken können einen erheblichen Teil ihrer Kontokorrentkredite gar nicht kurzfristig zurückrufen, ohne ihre Kreditnehmer in ernste Schwierigkeiten zu bringen."

20 Vgl. hierzu *Heinen:* Industriebetriebslehre als Entscheidungslehre, S. 39; *Raffée:* Grundprobleme der Betriebswirtschaftslehre, S. 97f

21 *Philipp:* Risiko und Risikopolitik, Sp. 3454: „Risiko bedeutet die Möglichkeit (Gefahr) einer Fehlentscheidung, d.h. die Möglichkeit des Eintretens eines oder mehrerer ungünstiger Ereignisse, für die die gefällte Entscheidung unter der gewählten Zielsetzung nicht optimal war."

22 Zu den Einzelrisiken des Kreditrisikos vgl. die Ausführungen bei *Wächtershäuser:* Kreditrisiko und Kreditentscheidung, S. 70f; *Strack:* Kreditrisiko, S. 23; *Denk:* Bonitätsprüfung, S. 13; *Hartmann:* Kreditprüfung, S. 10; *Weinrich:* Kreditwürdigkeitsprognose, S. 25f; *Dierkes:* Kreditüberwachung, S. 11

23 Vgl. hierzu *Hagenmüller:* Der Bankbetrieb, S. 395; *Seicht:* Zum Wandel der Kreditbesicherung, S. 281

24 *Kreim:* Zukunftsorientierte Kreditentscheidung, S. 31

25 *Dierkes:* Kreditüberwachung, S. 7

26 *Haeseler:* Dynamische Kreditüberwachung, S. 55

27 *Heno:* Kreditwürdigkeitsprüfung, S. 165

28 *Stannigel:* Kreditrevision, S. 44

29 *Reischauer/Kleinhaus:* Kreditwesengesetz, S. 5

30 *Zellweger:* Überwachung kommerzieller Bankkredite, S. 2

31 *Haeseler:* Dynamische Kreditüberwachung, S. 55

KAPITEL II

RISIKOPOLITIK
KREDITÜBERWACHUNG

1. Risikopolitik im Kreditgeschäft

1.1 Systematik

„Kreditgeschäft ist Risikogeschäft" heißt: es geht letztlich immer um die Auswahl des mit einer Kreditvergabe verbundenen Risikos. Daher kommt der *Kreditrisikopolitik* ein zentraler Stellenwert zu. „Risikopolitik kann als planvolles, zielgerichtetes Verhalten gegenüber dem Phänomen des Risikos verstanden werden."[1] Aufgrund der unterschiedlichen geschäftspolitischen Zielsetzungen der Bank ist eines klar: [2]

> Risikopolitik im Kreditgeschäft ist immer eine Gratwanderung zwischen dem Streben nach Sicherheit und dem Erwirtschaften einer möglichst hohen Rendite.

Eine differenzierte Betrachtung der risikopolitischen Maßnahmen ergibt sich dadurch, indem wir von den Ursachen und möglichen Wirkungen des Risikos ausgehen. Demnach können folgende Maßnahmenbereiche unterschieden werden: [3]

- ursachenbezogene Risikopolitik
- wirkungsbezogene Risikopolitik.

Die Maßnahmen der *ursachenbezogenen* Risikopolitik sollen die Eintrittswahrscheinlichkeit von Risiken verringern bzw. den Grad der Ungewißheit herabsetzen. Die Möglichkeit der Schadensentstehung soll frühzeitig eingeschränkt werden. Demgegenüber zielt die *wirkungsbezogene* Risikopolitik auf den dennoch verbleibenden potentiellen Schaden ab. Es handelt sich um Maßnahmen zur Verringerung etwaiger Verluste und zur Milderung der Wirkungen von Schadensfällen auf das Existenzrisiko der Bank. Der Schaden für die Bank soll so minimiert werden, daß der Weiterbestand des Instituts möglichst störungsfrei gewährleistet wird.

Sowohl ursachen- als auch wirkungsbezogene Maßnahmen können sich jeweils

- auf die Gesamtheit der Kredite (Gesamtkreditengagement) oder
- auf den einzelnen Kreditfall (Einzelkreditengagement) beziehen.

Die Abb.4 gibt einen systematischen Überblick über die risikopolitischen Maßnahmen im Kreditgeschäft: [4]

Abbildung 4: Risikopolitische Maßnahmen im Kreditgeschäft

1.2 Allgemeine Risikopolitik

Einen wesentlichen Bereich der *allgemeinen Risikopolitik* bildet das Gebiet der organisatorischen und personalpolitischen Maßnahmen im Kreditgeschäft. Die Gestaltung und Entscheidungen in diesen Fragen können als eine der vordringlichsten Aufgaben des *Kreditrisiko-Managements* in einer Bank bezeichnet werden. Dabei verbinden wir mit dem Begriff Kreditrisiko-Management eine doppelte Bedeutung: Als *Institution* umfaßt es neben den Mitgliedern der Geschäftsleitung (Vorstand) auch die Führungskräfte der mit dem Kreditgeschäft befaßten Fachabteilungen. Diesem Personenkreis obliegt die Gesamtführung des Kreditgeschäfts. Kreditmanagement als *Funktion* bedeutet daher das Kreditgeschäft einer Bank mit seiner ganzen Komplexität und Vielfalt zu gestalten und zu steuern.

- Ausarbeitung einer schriftlichen Kredit- und Risikopolitik
- Formulierung von Kreditstrategien
- Grundsätze, inhaltliche und verfahrensmäßige Richtlinien
- Festlegung der Systeme zur Risikoreduzierung
- Festlegung der kreditrisikorelevanten Informationssysteme
- Entscheidung über die Organisationsstruktur im Kreditgeschäft
- Festlegung der Ablauforganisation des Kreditentscheidungsprozesses
- Festlegung der Berichts- und Kommunikationsbeziehungen
- Fixierung der Pouvoirrichtlinien (Kreditkompetenzbewilligungen) und Delegation der Kreditentscheidungskompetenzen
- Maßnahmen zur Aus- und Fortbildung der mit dem Kreditgeschäft befaßten Mitarbeiter und Führungskräfte
- Gestaltung und Pflege der Kreditkultur
- Festlegung der Kontroll- und Revisionsaktivitäten im Kreditgeschäft

Abbildung 5: Aufgaben des Kreditrisiko-Managements

Infolge der .sich ständig ändernden Umfeldbedingungen ist Kreditrisikomanagement stets ein *dynamischer Prozeß*. Die Anpassung an diese Änderungen erfordert eine Vielzahl von Gestaltungs-, Steuerungs- und Kontrollprozessen. Damit soll unter anderem darauf abgezielt werden, die *bankbetrieblichen* Risiken einzuschränken. Zu den Aufgaben des Kreditrisikomanagements zählen daher unter anderem:[5]

Ein weiterer Ansatz zur Risikooptimierung besteht in der *Risikostreuung* (Risikoverteilung), durch die eine risikomäßige Ausgewogenheit des Forderungsbestandes erreicht werden kann. Angestrebt werden sollte eine qualitative Risikostreuung hinsichtlich

– Zielgruppen von Kreditnehmern
  (Private, Freie Berufe, Klein- und Mittelbetriebe, Großkommerz, Öffentliche Hand usw.)
– Branchenzugehörigkeit
– Kreditlaufzeiten
  (kurz-, mittel-, langfristige Kredite)
– Kredithöhe (Größe)
– Geographische Lage
  (z.B. Verteilung nach Regionen, Ländern)
– Kreditsicherheiten.

Zu den wirkungsbezogenen Maßnahmen im Bereich der allgemeinen Risikopolitik zählt noch die *Risikoüberwälzung*. Hierzu gehören beispielsweise Garantien und Bürgschaften von Kreditinstituten oder Gebietskörperschaften. Auch eine Überwälzung von Risiken auf eine Kreditversicherung wäre denkbar. In der Praxis ist diese Methode allerdings kaum anzutreffen.

1.3 Spezielle Risikopolitik

Eine erste Maßnahme der speziellen Risikopolitik besteht in der betragsmäßigen bzw. quantitativen Risikosteuerung.

Die schon erwähnte Regelung des §13 KWG stellt eine derartige Maßnahme zur *Risikobegrenzung* dar.

Zu den wirkungsbezogenen Maßnahmen im Bereich der speziellen Risikopolitik zählt die Bestellung besonderer *Kreditsicherheiten* für den Fall, daß der Kreditnehmer seinen vertraglichen Zahlungsverpflichtungen nicht mehr nachkommen kann. Sie sollen im Verlustfall dazu beitragen, die Risikoauswirkungen auf die Bank selbst möglichst zu begrenzen.

Da im Kreditgeschäft Ausfälle nie ganz zu vermeiden sind, darf die Bedeutung der wirkungsbezogenen Risikopolitik (sowohl beim Gesamtkreditengagement als auch beim Einzelkreditengagement) nicht unterschätzt werden. „Im Vordergrund muß jedoch die Verringerung der Abweichungswahrscheinlichkeiten, d.h. die ursachenbezogene Risikopolitik für jeden einzelnen Kredit stehen."[6]

Auf die Ursachen der Risikoentstehung ausgerichtet sind die Kreditprüfung und die *Kreditüberwachung*. Beide Instrumente sollen die Ungewißheit der Zukunft verringern und damit die Eintrittswahrscheinlichkeit von Risiken reduzieren.

> Die Kreditüberwachung ist ein wesentlicher Teil der ursachenbezogenen, auf das Einzelengagement ausgerichteten risikopolitischen Maßnahmen.

Die inhaltliche Abgrenzung vom Gebiet der Kreditprüfung sowie von anderen Funktionen im Kreditgeschäft steht im Mittelpunkt des folgenden Abschnittes.

2. Funktionsabgrenzungen im Kreditgeschäft

Sowohl im Sprachgebrauch der Kreditpraxis als auch in der bankwirtschaftlichen Literatur werden Begriffe wie Kreditprüfung, Kreditüberwachung, Kreditkontrolle und Kreditrevision unterschiedlich verwendet. Wir wollen daher im folgenden diese Funktionen definieren und voneinander abgrenzen.

2.1 Kreditprüfung

Im Rahmen der Kreditprüfung gilt es zu untersuchen, ob der präsumtive Kreditnehmer in der Lage sein wird, Kredittilgung und Zinszahlungen vereinbarungsgemäß zu leisten. Es werden alle Prüfungshandlungen hinsichtlich der Beurteilung des Kreditrisikos erfaßt, die ein Kreditinstitut treffen muß, bevor ein Kredit vergeben wird. Die Kreditprüfung erfolgt stets *vor* der Kreditauszahlung. Sie bildet die Grundlage für die *Kreditvergabe-Entscheidung*.

In der Kreditpraxis sowie in der Literatur[7] werden für diese Tätigkeiten auch die Begriffe „Kreditbeurteilung", „Kreditwürdigkeitsprüfung" oder „Bonitätsbeurteilung" verwendet. Wir wollen für unsere Ausführungen folgende inhaltliche Präzisierungen geben:

Die Kreditprüfung umfaßt (im Sinne einer Bonitätsbeurteilung) zunächst

- die Prüfung und Beurteilung der Kreditwürdigkeit sowie
- die Prüfung und Beurteilung der Kreditfähigkeit.

Dabei wird die *Kreditwürdigkeit* durch die persönlichen Eigenschaften des Kreditnehmers bestimmt, während sich die *Kreditfähigkeit* vor allem nach der wirtschaftlichen Lage des kreditsuchenden Unternehmens richtet.[8]

Da neben der Bonitätsfrage auch die Kreditsicherheiten in der Praxis der Kreditvergabe einen nicht unwesentlichen Stellenwert einnehmen, wollen wir deren Beurteilung in den Kreditprüfungsprozeß mit einbeziehen. Somit ergeben sich folgende Zusammenhänge:

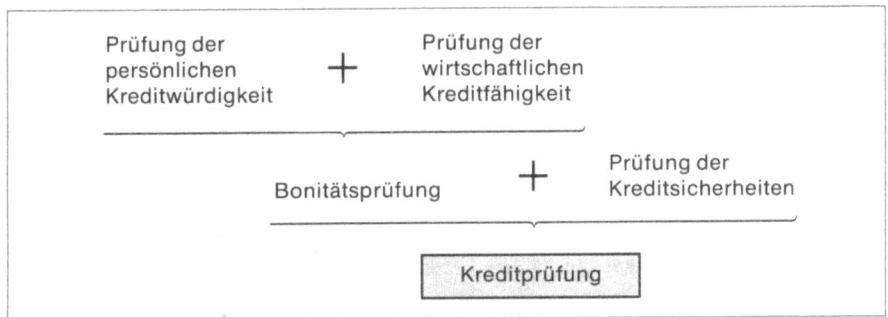

Abbildung 6: Elemente der Kreditprüfung

2.2 Kreditüberwachung

Im Hinblick auf die Reduzierung von Kreditausfällen ist es notwendig, die Bonität des Kunden nicht nur vor der Kreditzusage zu prüfen, sondern auch *während der Laufzeit* des Kredites zu überwachen. „Die Tätigkeit, die sich an die Kreditentscheidung anschließt und auf eine Informationsbeschaffung über den Kreditnehmer während der Kreditlaufzeit ausgerichtet ist, bezeichnet man als Kreditüberwachung."[9] Hierbei geht es um die Frage, ob die vom Kreditgeber *erwartete wirtschaftliche Entwicklung* beim Kreditnehmer auch tatsächlich *eintritt:* „Aufgabe der Kreditüberwachung ist es zu kontrollieren, ob sich die bei der Kreditprüfung ermittelten Daten während der Kreditlaufzeit zum Nachteil des Kreditgebers verändern. Von der Kreditprüfung unterscheidet sie sich durch folgendes:

1. Es werden nicht alle zur Kreditprüfung notwendigen Einzelheiten, sondern nur die wichtigsten veränderlichen Größen untersucht.

2. Geprüft wird nicht einmalig vor der Kreditgewährung, sondern wiederholt während der gesamten Kreditlaufzeit.

3. Es wird zusätzlich der effektive Vollzug von Zins- und Tilgungszahlungen nach Betragshöhe und Termineinhaltung überwacht."[10]

Daneben sollte auch die Einhaltung weiterer Kreditbedingungen erfolgen. Über den Umfang der Kreditüberwachung bzw. über die einzelnen Überwachungsbereiche werden wir uns noch eingehend auseinandersetzen. An dieser Stelle wollen wir die Gemeinsamkeiten und Unterschiede zwischen Kreditprüfung und Kreditüberwachung deutlich herausarbeiten:

	Kreditprüfung	Kreditüberwachung
Zielsetzung	Erkennen der Kreditrisken vor Kreditzusage	Erkennen der Kreditrisken während der Kreditlaufzeit
Zeitpunkt	vor der Auszahlung	nach der Auszahlung
Periodizität	einmalig	laufend
Umfang	• umfassende Bonitäts-prüfung • Prüfung der Sicherheiten	• Beobachtung der wichtig-sten Bonitätsfaktoren • Überprüfung der Sicher-heiten • Überprüfung der Kreditbe-dingungen

Abbildung 7: Abgrenzung Kreditprüfung – Kreditüberwachung

Die Tätigkeiten der Kreditprüfung und Kreditüberwachung werden manchmal auch unter dem Begriff *Kreditsachbearbeitung* bzw. *Kreditbearbeitung* zusammengefaßt. So meint beispielsweise *Dierkes*: „Die Kreditüberwachung ist außerbankbetrieblich orientiert, d.h. primär auf die Verhältnisse und Verhaltensweisen des Kreditnehmers gerichtet, und wird als integrierter Bestandteil der Kreditbearbeitung aufgefaßt. Sie schließt sich innerhalb der Kreditbearbeitung an den Vorgang der Kreditvergabe an und ist somit zu interpretieren als Kreditweiterbearbeitung."[11] Kreditbearbeitung und Kreditweiterbearbeitung unterliegen der Kreditkontrolle – ein Begriff, der ebenfalls höchst unterschiedlich interpretiert wird.

2.3 Kreditkontrolle

Die Kreditkontrolle ist ein wesentlicher Bestandteil des innerbetrieblichen Kontrollsystems des Bankbetriebes, sie dient dem Schutz des Vermögens der Bank vor Verlusten. Gleichzeitig soll die Kreditkontrolle gewährleisten, daß die Richtlinien der Geschäfts- und Kreditpolitik sowie die Arbeitsanweisungen beachtet werden (Überprüfung der Sorgfaltspflicht). Die Kreditkontrolle läßt sich in Richtung „Kreditbearbeitungskontrolle" interpretieren und den Tätigkeiten der Kreditsachbearbeitung gegenüberstellen. Kreditkontrolle umfaßt somit die Kontrolle der Bearbeitung sowie der Weiterbearbeitung der Kredite.[12]

Aufbau und Ausgestaltung der Kontrolleinrichtungen sind neben ihrer *Zielsetzung* vor allem von der Organisation des Kreditinstituts (Aufbau-, Ablauforganisation) abhängig. Nach wie vor bildet aber das *Vieraugenprin-*

zip den Kern der Kontrollen im Kreditgeschäft. Dieses Prinzip gilt es in jedem Fall einzuhalten - unabhängig von der Größe des Instituts.

Von ihrem *Inhalt* her kann man bei den in den Kreditablauf eingebauten Kontrollen zwischen

- formaler Kreditkontrolle und
- materieller Kreditkontrolle unterscheiden.

Ein Beispiel für die *formale Kreditkontrolle* bildet die Auszahlungskontrolle. [13] Hier sind vor Kreditauszahlung unter anderem folgende Punkte zu kontrollieren:

- die Übereinstimmung der Kreditbedingungen im Kreditvertrag mit dem Bewilligungsbeschluß auf dem Kreditantrag
- die Vollständigkeit und formelle Ordnungsmäßigkeit der Kreditverträge und Sicherstellungsverträge
- die Ordnungsmäßigkeit der Kundenunterschriften
- die Gebühren-Kosten
- die in die EDV einzugebenden Stammdaten.

Im Mittelpunkt der *materiellen Kreditkontrolle* steht die Frage
- der Nachvollziehbarkeit der Kreditentscheidung sowie
- die materielle Vertretbarkeit der Kreditentscheidung.

Geprüft wird hier beispielsweise die Dokumentation der Entscheidung sowie die Aussagekraft der Stellungnahme im Kreditantrag. Weiter werden die der Entscheidung zugrunde gelegten Unterlagen (z.B. Bilanzen) auf ihren Informationsgehalt und ihre Aktualität analysiert. Danach gilt es zu kontrollieren, ob die Kreditgewährung der Höhe und der Form nach (z.B. Blankokredit) aufgrund der vorliegenden Unterlagen und Dokumentationen vertretbar erscheint.

Vom zeitlichen Aspekt her gesehen kann die materielle Kontrolle entweder *vor* der Kreditauszahlung oder *nach* der Kreditauszahlung erfolgen. Im zweiten Fall steht dann primär der Schulungsaspekt (im Sinne eines Feedback-Prozesses an die Kreditentscheider) im Vordergrund.

2.4 Interne Kreditrevision

Die bankinterne Kreditrevision ist ein Teil der *Innenrevision*: Es besteht daher „kaum ein Zweifel, daß die *Kreditrevision* primär zu den wesentlichsten Aufgabengebieten der Innenrevision eines Kreditinstituts gehört". [14] Wie die Innenrevision ist auch die Kreditrevision funktional und organisatorisch aus sämtlichen Sachbearbeitungsfunktionen ausgegliedert.

Die Ziele der Kreditrevision bestehen darin, anhand bestimmter Arbeitsanweisungen die Qualität der Kreditsachbearbeitung (d.h. Kreditprüfung und Kreditüberwachung) als auch die Wirksamkeit der Kreditkontrolle zu prüfen. Zu den Hauptfunktionen der Kreditrevision zählen unter anderem[15]

- *eine (Organisations-)Systemprüfung*

  Beurteilung der Organisation des Kreditgeschäfts: Ordnungsmäßigkeit, Schnelligkeit und Wirtschaftlichkeit der Kreditbearbeitung und Kreditkontrolle; Beurteilung der Aufbau- und Ablauforganisation; Beurteilung der Arbeitsrichtlinien und Kompetenzregelungen usw.

- *eine Prüfung der Ausleihungsstruktur*

  Prüfung der Struktur des Kreditportefeuilles als Ganzes nach Kreditarten, Größenklassen, Branchen, Laufzeiten oder Art der Besicherung; Beurteilung der Risikolage usw.

- *Prüfungen von Einzel-Kreditengagements*

  Stichprobenartige Prüfung und Beurteilung einzelner Kreditengagements.

2.5 Externe Kreditrevision

Neben der bankinternen Revision wird das gesamte Kreditgeschäft einer Bank regelmäßig im Rahmen der Abschlußprüfung auch einer *externen* Revision unterzogen.

Der Bankprüfer hat die Gesetzmäßigkeit des Jahresabschlusses zu prüfen, wobei die Prüfung unter anderem auch die Einhaltung der für Banken wesentlichen Rechtsvorschriften zu umfassen hat.

Zusammenfassend können wir also feststellen, daß es sich bei den vielfältigen Kontrollen im Kreditgeschäft um ein System organisatorischer Maßnahmen und Verfahren [16] handelt, die darauf abzielen

- die Einhaltung der Geschäfts- und Kreditpolitik zu sichern
- die Effizienz der bankbetrieblichen Abläufe im Kreditgeschäft zu verbessern und
- die Kreditrisiken angemessen zu begrenzen.

3. Aufgaben der Kreditüberwachung

3.1 Informations- und Sicherungsfunktion

Die bisherigen Ausführungen haben bereits deutlich gezeigt, daß mit der Bereitstellung des Kredites an den Kunden die Kreditsachbearbeitung bei weitem nicht beendet ist. Sowohl

- das einzelne Kreditengagement als auch
- das Kreditportefeuille in seiner Gesamtheit bedürfen einer ständigen Überwachung.[17]

In beiden Bereichen erfüllt die Kreditüberwachung im wesentlichen

1. eine Informationsfunktion und
2. eine Sicherungsfunktion.[18]

- *Informationsfunktion*

Die Informationsfunktion der auf das *gesamte Kreditportefeuille* gerichteten Kreditüberwachung ergibt sich bereits aus den Aufgaben des Kreditrisiko-Managements. Für die aktive *Gestaltung der Kreditpolitik* benötigt das Kreditmanagement in periodischen Abständen vor allem Informationen darüber,

- aus welchen Teilsegmenten sich das Kreditportefeuille zusammensetzt (Verteilung nach Kreditarten, Einzelkredithöhe, Branchen, Risikoklassen usw.)
- wie sich die Zusammensetzung des Kreditgeschäfts im Zeitvergleich entwickelt (Veränderungen in den Risikoklassen usw.).

Beim *Einzelengagement* liefert die Kreditüberwachung dem Entscheidungsträger die laufende Bestätigung bzw. Nichtbestätigung darüber, ob seine Annahmen zum Zeitpunkt der Kreditvergabe eingetroffen sind oder nicht. Der Vergleich der Annahmen über die Entwicklung des Kreditengagements zum Zeitpunkt der Kreditentscheidung mit dem tatsächlichen Kreditverlauf ist mit einem nicht zu unterschätzenden *Lerneffekt* für die Pouvoirträger verbunden. Insofern liefert eine systematisch aufgebaute Kreditüberwachung auch die Grundlage für eine qualitative Verbesserung der Kreditentscheidungen.

- *Sicherungsfunktion*

Der wichtigste und augenscheinlichste Aspekt der Kreditüberwachung ist zweifelsohne die Sicherungsfunktion, die auch eine *Verhütungswirkung* und *Beseitigungswirkung* mit einschließt.[19] Im Vordergrund steht hier das „aktive Kreditrisiko", das es zu minimieren gilt. Möglicher Schaden soll durch möglichst frühzeitiges Erkennen von Abweichungen des tatsächlichen vom geplanten Kreditverlaufes verhütet werden. Aufgrund dieser Informationen sind präventive Maßnahmen einzuleiten, um die festgestellten Abweichungen zu korrigieren.

Die Kreditüberwachung dient somit der *Absicherung* der eingeräumten Kredite.

Die Sicherungsfunktion macht die Kreditüberwachung zu einem wesentlichen Instrument der bankbetrieblichen Risikopolitik. Dieser Zweck wird daher im Vordergrund der weiteren Überlegungen stehen.

3.2 Früherkennung von Unternehmenskrisen

Wie bereits erwähnt, geht es im Rahmen einer wirksamen Risikopolitik in erster Linie darum, die *Ursachen* von Kreditausfällen zu bekämpfen. Wesentliche Voraussetzung dafür ist wiederum, Unternehmenskrisen bzw. wirtschaftliche Verschlechterungen beim Kreditnehmer rechtzeitig zu erkennen.

Dabei kann man davon ausgehen, daß akute Unternehmenskrisen nicht abrupt auftreten, sondern sich frühzeitig abzeichnen, allmählich entwickeln und sich im Laufe der Zeit immer deutlicher verstärken. Die wirtschaftliche Verschlechterung der Kreditnehmer ist daher in den meisten Fällen kein unvorhersehbares Ereignis: [20]

> „Die Zahlungsunfähigkeit von Unternehmen entsteht meistens nicht von heute auf morgen, sondern deutet sich oftmals schon geraume Zeit an."

Für die Risikofrüherkennung bedeutet dies, daß dem Kreditausfall in den meisten Fällen Ereignisse vorausgehen, die eine kritische Entwicklung des Kreditengagements bereits erwarten lassen. Die Bank steht daher vor der Aufgabe, auftretende Negativfaktoren bereits in einem *frühen Stadium* der Unternehmenskrise zu erkennen, damit noch *rechtzeitig* Maßnahmen gesetzt werden können. [21]

> Je früher die Bank wirtschaftliche Verschlechterungen beim Kreditnehmer erkennt, desto größer ist die Erfolgschance für Gegensteuerungsmaßnahmen.

Rechtzeitigkeit ist daher von zentraler Bedeutung! Die Überwachung der aushaftenden Kredite darf deshalb nicht auf Intuition oder Improvisation aufgebaut werden.

> Gefragt und gefordert ist vielmehr ein effizientes und systematisch aufgebautes Kreditüberwachungs- und Frühwarnsystem.

4. Systemkonzeption der Kreditüberwachung

4.1 Überwachungsbereiche, Überwachungsanlässe

Wollen wir die Kreditüberwachung verbessern, müssen wir vorerst einen Überblick über die Überwachungsbereiche und -maßnahmen gewinnen. Die *Überwachungsbereiche* sind

- das Kreditportefeuille einer Bank in seiner Gesamtheit und
- das einzelne Kreditengagement.

Für jeden dieser Bereiche gibt es eigene Anlässe bzw. Instrumente, die aus der Abb.8 ersichtlich sind. Diese Systematik der Kreditüberwachung bildet die logische Struktur für den Aufbau dieses Buches. Den Bedürfnissen der Kreditpraxis entsprechend liegt der Schwerpunkt unserer Ausführungen auf den Überwachungsaktivitäten von Einzelkreditengagements. Bei der Überwachung des einzelnen Kreditfalles unterscheiden wir grundsätzlich zwischen anlaßbezogener und nicht anlaßbezogener Kreditüberwachung:

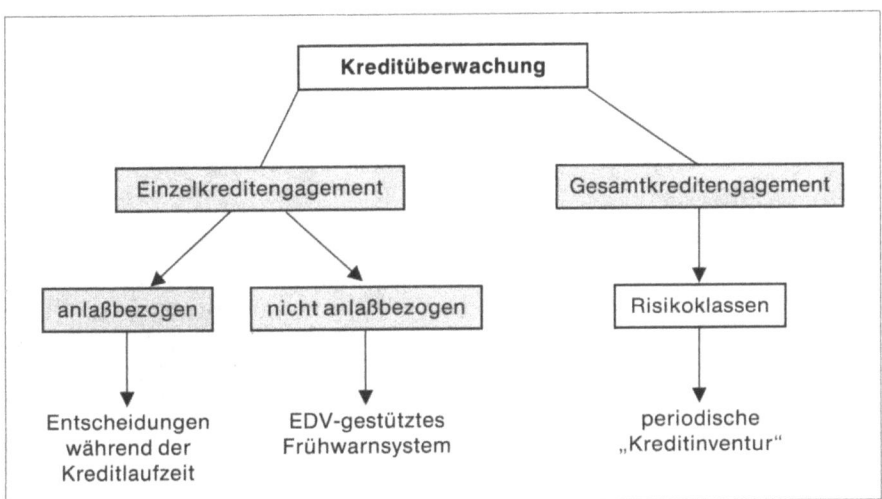

Abbildung 8: Überwachungsbereiche

- *Anlaßbezogene Kreditüberwachung*
  Vielfach tritt der Kunde während der Laufzeit eines Kredites mit einem bestimmten Wunsch an die Bank heran (z.B. Kreditaufstockung, Überziehung). Diese Entscheidungssituationen bilden den Anlaß für eine systematische Überwachung seines Gesamtkreditengagements.

41

• *Nicht anlaßbezogene Kreditüberwachung*

Das Wesen der nicht anlaßbezogenen Kreditüberwachung besteht darin, daß es keinen vom Kunden initiierten Anlaß zur Überprüfung des bestehenden Kreditengagements gibt und mit dem Kreditnehmer auch kein Kontakt aufgenommen werden muß. Der Kundenbetreuer wird hier mit Hilfe eines EDV-gestützten Frühwarnsystems auf Bonitätsverschlechterungen (bzw. potentielle Ausfallsgefahren) aufmerksam gemacht.

Sowohl bei den anlaßbezogenen als auch bei den nicht anlaßbezogenen Überwachungsaktivitäten geht es darum, geeignete Vorkehrungen gegen latente Kreditrisiken und drohende Insolvenzen zu ergreifen.

4.2 Elemente eines bankbetrieblichen Frühwarnsystems

Betriebliche Frühwarnsysteme können „als eine spezielle Art von Informationssystemen verstanden werden, die für ihren jeweiligen Benutzer mögliche Gefährdungen mit zeitlichem Vorlauf signalisieren und diesen damit in die Lage versetzen sollen, noch rechtzeitig geeignete Gegenmaßnahmen zur Abwehr oder Minderung der signalisierten Gefährdungen ergreifen zu können". [22]

Bei der Entwicklung eines bankbetrieblichen Früherkennungssystems müssen wir schrittweise vorgehen, wobei wir folgende Stufen [23] bzw. Gestaltungsbereiche unterscheiden:

• *Beobachtungsbereiche*

Die Konzeption eines kreditwirtschaftlichen Frühwarnsystems sowie die systematische Suche nach bankspezifischen Problemindikatoren erfordern im ersten Schritt die Festlegung von Beobachtungsbereichen. „Als Beobachtungsbereiche verstehen wir hier Ausschnitte oder Segmente aus der Umwelt, deren Entwicklung und Eigendynamik für die langfristige und nachhaltige Erhaltung der Existenzfähigkeit und Vitalität des Unternehmens von hoher Bedeutung sind." [24]

• *Früherkennungsindikatoren*

Sind die Beobachtungsbereiche festgelegt, so gilt es im zweiten Schritt Indikatoren zu finden, welche möglichst frühzeitig kritische Entwicklungen anzeigen, die potentielle Gefahren für eine ordnungsmäßige Kreditrückführung darstellen. „Eine Erfassungsgröße wird erst dann zum Indikator, wenn dieser Informationen über Veränderungen im Beobachtungsfeld liefert und damit als Signal mögliche Chancen und Risiken aufzuzeigen vermag." [25]

- *Informationswesen*

Die Verwendung (Nutzen) derartiger Indikatoren erfordert es, ihrer Art nach unterschiedlichste Informationen zu beschaffen und zu verarbeiten. Es ist daher eine Systematisierung der vielfältigen Informationshandlungen und Informationsprozesse erforderlich, weil diese Informationen aus unterschiedlichsten Quellen beschafft werden müssen. Somit kommt dem Aufbau eines gezielt geplanten Informationswesens eine besondere Bedeutung zu.

- *Aufbauorganisation (Elemente)*

Mit Informationsgewinnung, Informationsverarbeitung und Informationsweitergabe sowie mit den damit zusammenhängenden Maßnahmen sind in der Bank verschiedene Stellen (Elemente) befaßt. Die Fixierung der konkreten Funktionen, sowie die Verteilung der Aufgaben auf die einzelnen Organisationseinheiten fällt in das Gebiet der bankbetrieblichen Aufbauorganisation.

- *Ablauforganisation (Beziehungen)*

   Auch die Beziehungen zwischen den verschiedenen Organisationseinheiten müssen systematisch gestaltet werden. Die Strukturierung der Informationsbeziehungen zwischen den Trägern und Benützern eines bankbetrieblichen Frühwarnsystems bildet ein zentrales Thema der Ablauforganisation im Kreditgeschäft.

Besonders in großen Kreditinstituten, in denen sehr viele Abteilungen in das Kreditgeschäft eingeschaltet sind, ergibt sich eine Vielzahl von Schnittstellen, die organisatorische Probleme mit sich bringen können. „Es sollte selbstverständlich sein, daß die Kreditorganisation risikoindifferent ist, d.h. daß aus der Organisation selbst keine Risiken erwachsen. Zu wünschen wäre, daß die Aufbauorganisation und die Abläufe im Kreditbereich so gestaltet sind, daß sie die Risikolage positiv beeinflussen."[26]

Zusammenfassend können wir die bankbetriebliche Früherkennung im Kreditgeschäft als ein komplexes und offenes Informationssystem charakterisieren, das durch seine Elemente und deren Beziehungen zueinander näher charakterisiert wird. Diese Zusammenhänge sind aus der folgenden Darstellung ersichtlich:

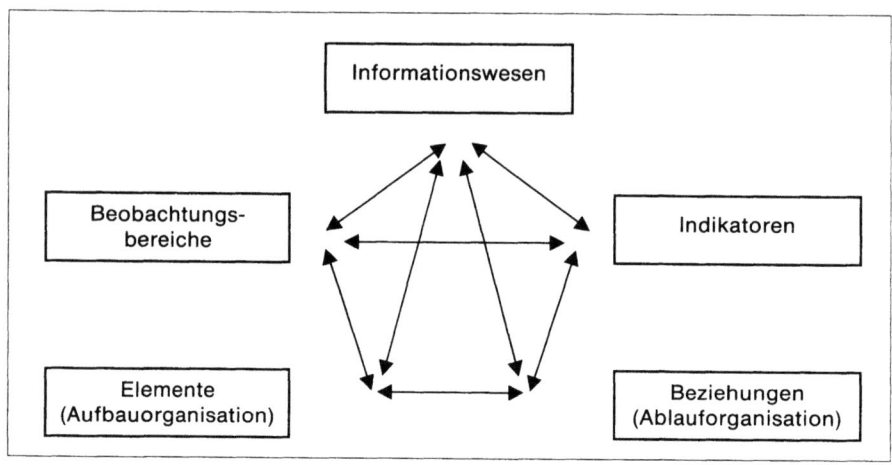

Abbildung 9: Gestaltungsbereiche eines bankbetrieblichen Frühwarnsystems

Diese Fragenkreise werden in den folgenden Abschnitten in der hier angeführten Reihenfolge behandelt.

Anmerkungen/Kap. II

1 *Philipp:* Risiko und Risikopolitik, Sp. 3457; vgl. auch *Klingan:* Risk-Management, S. 35

2 *Seipp:* Risikopolitik im Firmenkreditgeschäft, S. 88

3 *Klingan:* Risk-Management, S. 36; zu den Maßnahmen der ursachenbezogenen und wirkungsbezogenen Risikopolitik vgl. die Ausführungen bei *Philipp:* Risiko und Risikopolitik, Sp. 3459; *Hahn:* Risikopolitik der Banken, S. 131f; *Seipp:* Risikopolitik im Firmenkreditgeschäft, S. 89ff; *Lipfert:* Kreditpolitik der Kreditinstitute, Sp. 744ff

4 Vgl. hierzu die Darstellung bei *Kreim:* Finanzplanung und Kreditentscheidung, S. 67

5 Hinsichtlich Aufgaben des Kreditrisiko-Managements vgl. *Fuchs:* Bankbetriebswirtschaftliche Überlegungen zum § 1S KWG 1979, S. 42

6 *Kreim:* Finanzplanung und Kreditentscheidung, S. 67

7 Hinsichtlich der Begriffe „Bonitätsprüfung", „Kreditprüfung" sowie „Kreditwürdigkeit" und „Kreditfähigkeit" finden sich in der Literatur unterschiedliche Begriffsbestimmungen und Abgrenzungen. Vgl. dazu beispielsweise die Ausführungen bei *Hartmann:* Kreditprüfung, S. 11; *Breuer:* Der Bankkredit, S. 249; *Kreim:* Finanzplanung, S. 69f; *Wächtershäuser:* Kreditrisiko und Kreditentscheidung, S. 101; *Jährig/Schuck:* Kreditgeschäft, S. 143; *Schmoll:* Kreditprüfung, S. 8f; *Weibel:* Bonitätsbeurteilung, S. 77f; *Strack:* Kreditrisiko, S. 17f; *Fischer:* Kreditwürdigkeit, S. 32; *Hagenmüller:* Der Bankbetrieb (Bd. II), S. 17; *Heno:* Kreditwürdigkeitsprüfung, S. 10

8 Vgl. hierzu beispielsweise *Denk:* Bonitätsprüfung, S. 8: „Im Mittelpunkt der Kreditwürdigkeitsprüfung steht die Frage nach dem Willen eines Kreditwerbers, den beantragten Kredit auch zurückzuzahlen; zentrale Frage der Kreditfähigkeitsprüfung ist, ob der Kreditwerber in wirtschaftlicher Sicht auch in der Lage sein wird, einen Kredit samt Zinsen zurückzuzahlen."

9 *Haeseler:* Dynamische Kreditüberwachung, S. 55; vgl. auch *Jährig/Schuck:* Kreditgeschäft, S. 228: „Ist ein Kredit zugesagt, muß das Engagement laufend überwacht werden."; *Krämer:* Marktorientiertes Firmenkundengeschäft, S. 22: „Es ist unbestritten, daß eine wir-

kungsvolle Kreditüberwachung in Form der fachgerechten Kreditsachbearbeitung am ehesten geeignet ist, die mit dem Firmenkundengeschäft notwendigerweise verbundenen Risiken in Grenzen zu halten."

10 *Hartmann:* Kreditprüfung, S. 13; vgl. auch *Heno:* Kreditwürdigkeitsprüfung, S. 12

11 *Dierkes:* Kreditüberwachung, S. 35; *Krämer:* Risikoüberwachung, S. 22

12 Vgl. *Sauer:* Organisation im Kreditgeschäft, S. 54: „Kreditkontrolle ist die dauernde oder zeitweilige Überwachung unter Beachtung des Vieraugenprinzips innerhalb der laufenden Arbeitsprozesse oder daran anschließend."; vgl. auch *Dierkes:* a.a.O., S. 35; *Krämer:* a.a.O., S. 22

13 Zur Auszahlungskontrolle vgl. *Kreim:* Finanzplanung, S. 73

14 *Stannigel:* Kreditrevision, S. 16; zum Wesen und den Zielen der Innenrevision und Kreditrevision vgl. *Halvax:* Interne Kontrolle in Banken, S. 6f; *Halvax:* Aufbau einer Innenrevision in Banken, S. 6f; *Wehlau:* Interne Revision, S. 1121f; *Laub:* Interne Revision, S. 12ff

15 Vgl. *Stannigel:* Kreditrevision, S. 23ff

16 *Halvax:* Interne Kontrolle in Banken, S. 8

17 Vgl. hierzu *Falter:* Praxis des Kreditgeschäfts, S. 594

18 Vgl. *Pierkes:* Kreditüberwachung, S. 37

19 ebenda, S. 38

20 *Schranz/Aichinger:* Unternehmenskrisen aus der Sicht von Kreditinstituten, S. 477; vgl. auch *Gerberich:* Controlling, S. 155; *Woeste:* Krisen im Unternehmen, S. 620f; *Witte:* Unternehmenskrise, S. 7; *Uhlenbruck:* Krise, Konkurs, S. 191; *Szyperski:* Krisendynamik, S. 162f

21 *Weinrich:* Kreditwürdigkeitsprognosen, S. 30; vgl. auch *Haeseler:* Dynamische Kreditüberwachung, S. 55: „Die Überwachung ist insbesondere dahin zu intensivieren, daß Probleme bzw. Krisen möglichst frühzeitig erkannt werden, damit etwaigen künftigen ‚lebensgefährlichen' Störungen so zeitig wie möglich entgegengewirkt werden kann."

22 *Hahn:* Frühwarnsysteme, S. 25; *Bühler:* Bonitätsbeurteilung (II), S. 180: „Frühwarnsysteme (FWS) sind, ebenso wie Problementdeckungssysteme (PES), eine spezielle Art von Informationssystemen."; *Bühler:* Problementdeckungssysteme, S. 330f; *Kühn/Waliser:* Problementdeckungssystem, S. 224

23 Hinsichtlich der Elemente eines betrieblichen Frühwarnsystems vgl. die Darstellungen bei *Hahn/Krystek:* Betriebliche und überbetriebliche Frühwarnsysteme, S. 80

24 *Drexel:* Frühwarnsystem, S. 93

25 *Krause:* Früherkennungssysteme, S. 200

26 *Küspert/Hohenegg:* Risikominderung im Kreditgeschäft, S. 80

KAPITEL III

INFORMATIONS- GEWINNUNG UND -VERARBEITUNG ZUR KREDITÜBERWACHUNG

Die in diesem Kapitel angeführten KWG-Hinweise beziehen sich auf das österreichische Kreditwesengesetz.

1. Kreditüberwachung als Informationsprozeß

1.1 Das Informationsproblem bei der Kreditüberwachung

Für die Kreditüberwachung gilt ebenso wie für die Kreditprüfung, daß nur ein verbesserter Informationsstand die Unsicherheit während der Kreditlaufzeit zu reduzieren vermag. Das Kreditrisiko verhält sich gleichsam reziprok zur Qualität der für die Bonitätsüberwachung einschlägigen Informationen:[1]

> Zielgerichtete Informationen sind der „Rohstoff" eines bankbetrieblichen Kreditüberwachungs- und Frühwarnsystems.

Der *Informationsbedarf* basiert vor allem auf dem Erfordernis, Wissen über *Bonitätsänderungen* der Kreditnehmer zu erhalten. Dabei steigt der Informationsbedarf tendenziell mit wachsender Höhe des jeweiligen Kreditengagements.

> Die Wirksamkeit eines bankbetrieblichen Frühwarnsystems hängt zu einem Großteil von den zur Verfügung stehenden Frühwarninformationen ab.

In der Praxis stellt sich oftmals heraus, daß im allgemeinen zu wenig *aussagekräftige* Informationen vorhanden sind. Dieses Informationsproblem ergibt sich im wesentlichen aus der *Unvollkommenheit* des Informationsstandes:[2]

- Unvollständigkeit
  (Fehlen wichtiger Teilinformationen)
- Unbestimmtheit
  (unpräzise Informationen mit geringem Informationsgehalt)
- Unsicherheit
  (Gefahr, daß sich eine Information als falsch erweist).

Zu diesen unvollkommenen Informationen stellt *Fischer* fest: „Der Grund der Unvollkommenheit ist abhängig von der Distanz des Entscheidungsträgers zum Ort des Geschehens bzw. des Einflusses der Entscheidungsträger."[3] Banken haben als *externe* Bonitätsanalytiker nur selten einen direkten Einblick in das betriebliche Geschehen beim Kreditnehmerunternehmen. Darüber hinaus fehlt ihnen (im Unterschied zum Lieferantengläubiger) meist auch das branchenspezifische und technische Know-how.

1.2 Phasen im Informationsprozeß

Die Versorgung der für die Früherkennung verantwortlichen Entscheidungsträger mit Informationen darf nicht dem Zufall überlassen werden.

Vielmehr muß der Informationsprozeß gezielt und systematisch gestaltet werden. Dabei können wir vier Phasen[4] unterscheiden, in denen es folgende Fragen zu beantworten gilt:

1. *Informationsgewinnung*
   Woher können die für die Kreditüberwachung benötigten Informationen beschafft werden?

   Hier gilt es vorerst zu untersuchen, welche Informationsquellen den Banken zugänglich sind. Sodann ist zu prüfen, inwieweit sie für die Kreditüberwachung geeignet sind (Möglichkeiten und Grenzen der Informationsquellen). Diese Fragen werden wir in den Abschnitten 3 und 4 dieses Kapitels behandeln.

2. *Informationsaufbereitung und -speicherung*
   Wie können die gewonnenen Informationen aufbereitet und EDV-mäßig gespeichert werden?

   So gilt es beispielsweise, die vom Unternehmer erhaltenen Jahresabschlußinformationen oder die von Auskunfteien eingeholten Auskünfte so aufzubereiten, daß sie EDV-mäßig verarbeitet werden können. Der Aufbau der für die Kreditüberwachung notwendigen EDV-Dateien bildet daher einen wichtigen Themenschwerpunkt im 5. Abschnitt.

3. *Informationstransformation*
   Auf welche Weise können die in der Bank vorhandenen Informationen gezielt zu Frühwarninformationen verdichtet werden?

   Es geht in dieser Phase um die Verarbeitung bzw. um die Umwandlung der in den verschiedenen Dateien gespeicherten Informationen zu spezifischen Frühwarnsignalen. Die Gewinnung von Frühwarnindikatoren für die jeweiligen Überwachungsbereiche steht im Mittelpunkt des IV. Kapitels. Mit der Entwicklung eines EDV-gestützten Frühwarnsystems werden wir uns im Kapitel VI ausführlich beschäftigen.

4. *Informationsübermittlung oder Kommunikation*
   Wie erfolgt die Weiterleitung der Frühwarninformationen an die Kundenbetreuer?

   Hier spielt auch die Art der Informationsweitergabe eine nicht unbedeutende Rolle, sodaß wir auf das Thema „Gestaltung von Frühwarnlisten" im Kapitel VI (Abschnitt 2.4) näher eingehen werden.

2. Informationsgewinnung für die Kreditüberwachung

2.1 Grundlegendes zur Informationsgewinnung

Für die Kreditüberwachung müssen in der Praxis unterschiedlichste Informationen gesammelt und bewertet werden. Je mehr exakte Informationen gewonnen und verwertet werden können, desto höher sind die Erfolgschancen, den Risikograd eines Kreditengagements zu bestimmen. Als erstes Ziel beim Aufbau eines effizienten Kreditüberwachungssystems ist deshalb eine möglichst umfangreiche Informationsbeschaffung zu nennen.

Aus den zur Verfügung stehenden Informationsquellen sind für jeden einzelnen Fall diejenigen Informationen herauszufiltern, mit deren Hilfe möglichst verläßliche Aussagen über eventuelle wirtschaftliche Verschlechterungen bei einem Kreditnehmerunternehmen abgeleitet werden können. Deshalb muß vor allem bei der anlaßbezogenen Kreditüberwachung (z. B. bei Kreditprolongationen) entschieden werden, wieviele bzw. welche Informationen zu beschaffen sind. Handelt es sich beispielsweise „um Grenzfälle, so müssen soviele Informationen zusammengetragen werden, bis der Informationsstand ausreicht, um sich ein zuverlässiges Bild über den Kreditnehmer machen zu können".[5]

Umfang und Intensität der Informationsbeschaffung sowie die Auswahl der Informationsquellen werden von verschiedenen *Kriterien* bestimmt.

Hinsichtlich der *Informationsquellen* spielen für eine Bank eine Reihe technisch-organisatorischer sowie ökonomischer Überlegungen eine besondere Rolle:

- *Zugänglichkeit*

Im Unterschied zur Unternehmensführung bzw. zu den Lieferantengläubigern hat die Bank zu einigen Informationen keinen Zugang. Der Grad der Schwierigkeiten, mit der die Informationsbeschaffung verbunden ist, beeinflußt die Auswahl der Informationsquellen.

- *Schnelligkeit der Informationsbeschaffung*

Der Zeitfaktor spielt für das rechtzeitige Erkennen von Kreditrisiken eine besondere Rolle. Informationsanbieter, die erst auf mehrmalige Ansprache hin Unterlagen zur Verfügung stellen, kommen daher für die Kreditüberwachung nicht in Frage.[6]

- *Personalkapazität und technische Ausstattung*

Den mit der Kreditüberwachung befaßten Stellen steht für ihre Informationstätigkeit nur eine bestimmte Kapazität zur Verfügung.[7] Neben dieser quantitativen Restriktion darf auch der qualitative Aspekt nicht außer Acht gelassen werden. Ein effizienter und zielgerichteter Informationsprozeß im Kreditgeschäft setzt überdurchschnittlich qualifizierte Mitarbeiter voraus. Auch hier können zum Beispiel wegen mangelnder Ausbildung und fehlender Erfahrung Engpässe auftreten.

- *Kosten der Informationsbeschaffung*

Die Informationsbeschaffung hat nicht nur eine technisch-organisatorische Seite, sondern auch eine kostenmäßige. „Die Kosten, welche ein Informationsprozeß verursacht, sind ein bedeutender Teil der Gesamtkosten der eigentlichen Handlungsalternative. Im Kreditgeschäft der Kreditinstitute stellen sie, abgesehen von den Wertkosten, den Haupt-Kostenfaktor dar, sodaß ihr Umfang letztlich die Höhe des Gewinnes aus einem Kreditgeschäft maßgeblich bestimmen kann."[8]

- *Qualität der Informationsquelle*

Nicht zuletzt auch von der Genauigkeit und Sicherheit der von einzelnen Informationsquellen zu erwartenden Informationen wird die Auswahl abhängen. „Kriterium für alle Informationsquellen ist die unterschiedliche ‚Realitätsnähe', d. h. Qualität der Beobachtungen. Informationen besitzen unterschiedlichen Charakter, sie können aus Tatsachen, Meinungen und Gerüchten bestehen, wobei die Abgrenzung fließend ist."[9]

- *Unabhängigkeit der Informationsquellen*

Aufgrund der unterschiedlichen Informationsqualität der verschiedenen Datenquellen ist es notwendig, den Aussage- und Wahrheitsgehalt der erhaltenen Angaben zu überprüfen. Je größer die Zahl der Informationsquellen ist, desto abgerundeter und tiefergehend kann die Bonitätsüberwachung vorgenommen werden. Dieser Vorteil erhöht sich noch, wenn die Quellen heterogen sind, also die Verschiedenartigkeit der Informationsquellen gewährleistet ist. „Die Wahrscheinlichkeit der Richtigkeit der Daten, die für die Kreditentscheidung relevant sind, wächst mit der Zahl der Informationsquellen, die diese Daten nennen."[10]

Daraus läßt sich der Grundsatz ableiten, daß bei der Kreditüberwachung nach Möglichkeit Informationen aus verschiedenen und voneinander unabhängigen Quellen zu beschaffen sind.

2.2 Systematik der Informationsquellen

Bei der Frage nach dem „Woher" der Informationen stößt man auf ein breites Spektrum von Möglichkeiten. Um eine praktikable Basis für das Informationsbeschaffungskonzept der Bank zu entwickeln, ist es erforderlich, eine detaillierte *Systematisierung* der Informationsquellen zu geben.

Als Gliederungsmerkmal bietet sich hierfür das Kriterium der *Herkunft der Information* an. Ganz allgemein stehen für die Kreditüberwachung folgende drei „Informationsfelder" zur Verfügung:

- Die innerhalb der *Bank* bestehenden Datenbestände,
- die aus dem *Unternehmen* des Kunden stammenden Unterlagen sowie
- die Informationen von *„Dritten"* (z. B. Auskunfteien).

Abbildung 10 gibt eine detaillierte Übersicht der für die Kreditüberwachung benötigten Informationsquellen.

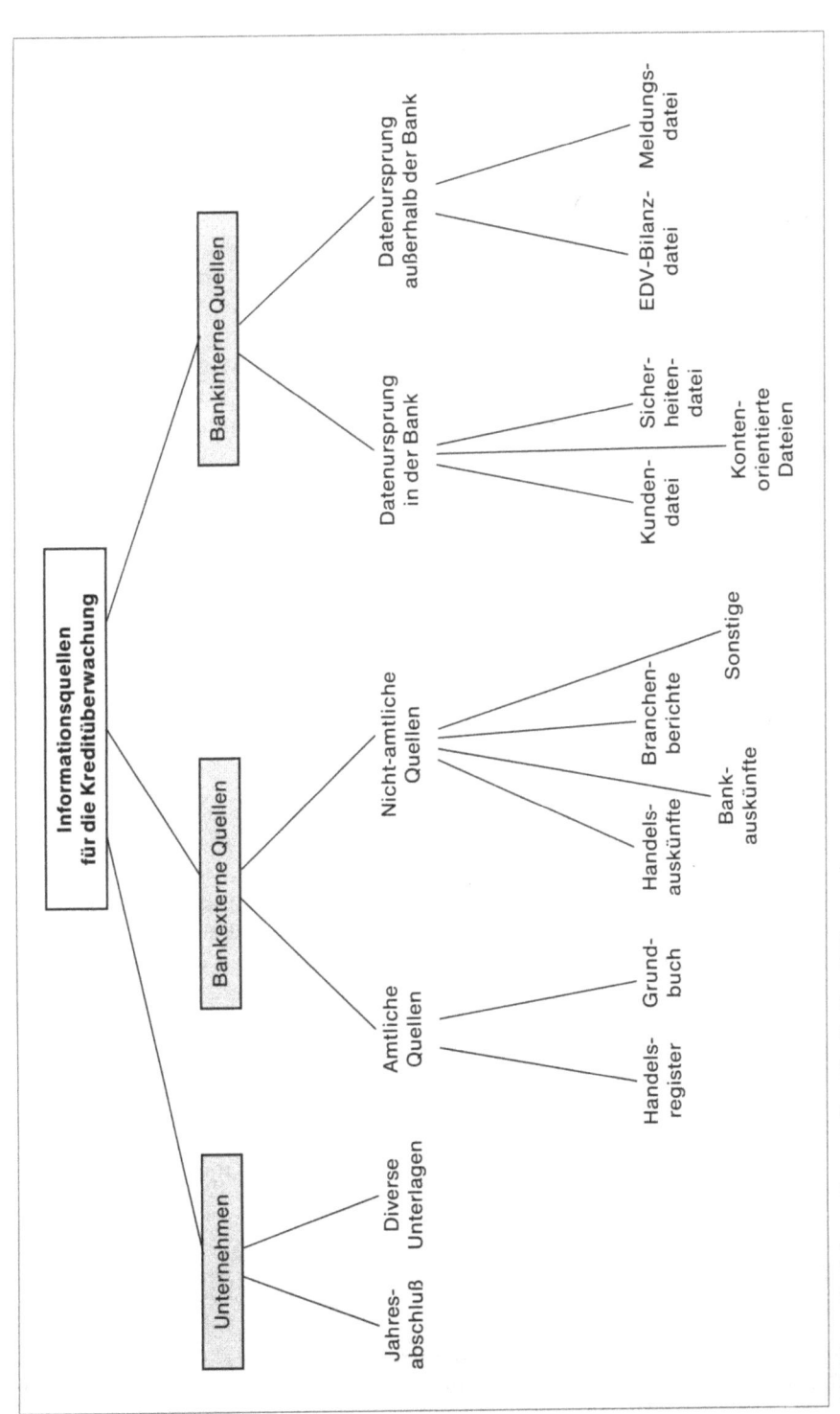

Abbildung 10: Informationsquellen für die Kreditüberwachung

53

3. Der Jahresabschluß des Kreditnehmers als Informationsquelle

3.1 Der Stellenwert der Bilanzanalyse im Rahmen der Kredit- überwachung

Im Rahmen der Kreditüberwachung ist es notwendig, sich ein Bild zu machen, wie die wirtschaftliche Entwicklung des Unternehmens seit der Kreditvergabe verlaufen ist. Eine Möglichkeit dazu ist die Analyse des Jahresabschlusses des Kreditnehmers. Der *Jahresabschluß* umfaßt die Bilanz im engeren Sinn sowie die Gewinn- und Verlustrechnung, die von den Banken als externe Analytiker einer eingehenden Analyse unterzogen werden. In der Praxis spricht man in diesem Zusammenhang (etwas ungenau) von *Bilanzanalyse*,[11] wobei sich dieser Begriff aber auf die Analyse des gesamten Jahresabschlusses bezieht.

Die Notwendigkeit, sich mit dem Jahresabschluß des kreditnehmenden Unternehmens intensiver auseinanderzusetzen, ergibt sich bereits durch das KWG. Ab einem Gesamtobligo von fünf Millionen Schilling haben sich die Geschäftsleiter gemäß § 13 Abs. 6 KWG „für die Dauer der Veranlagung über die wirtschaftliche Entwicklung der Verpflichteten oder Haftenden ... zu informieren" sowie

„die laufende Vorlage von Jahresabschlüssen zu verlangen".

In Theorie und Praxis wird der Jahresabschlußanalyse als Instrument der Kreditprüfung und Kreditüberwachung breiter Raum eingeräumt. Einige Zitate sollen den Stellenwert, der ihr bei der bankbetrieblichen Kredit- überwachung beigemessen wird, unterstreichen. So kommt beispielsweise *Kreim* bei seinen empirischen Untersuchungen zu folgendem Ergebnis: „Bei nahezu allen befragten Instituten erfolgt vor und *nach* der Vergabe- entscheidung eine Auswertung der letzten Jahresabschlüsse des kreditsu- chenden Unternehmens."[12] Nach Meinung *Wiesingers* hat „die Bilanzana- lyse, die bei der laufenden Kreditüberwachung das Kernstück für eine kurze Beurteilung eines Unternehmens bildet",[13] trotz der ihr anhaftenden Mängel nach wie vor große Bedeutung. *Zellweger* kommt in seiner Arbeit zu folgendem Schluß: Es „konzentriert sich die in der bankbetrieblichen Praxis anzutreffende Kreditüberwachung auf die Analyse der externen Jahresabschlüsse des Kreditnehmers".[14]

3.2 Möglichkeiten und Grenzen der Informationsgewinnung aus dem Jahresabschluß

Angesichts des in der Praxis vorhandenen Stellenwertes der Jahresab- schlußanalyse stellt sich die Frage, inwieweit das Instrument Bilanz die für die Kreditüberwachung geforderten Informationsmöglichkeiten überhaupt bieten kann. Die Aussagekraft der Bilanzanalyse wird unter anderem von der Qualität des Primärdatenmaterials bestimmt. Das bedeutet, daß der Informationsgehalt der Analyseergebnisse nur so gut ist wie die Informationsquelle, aus der sie stammen. Im Hinblick auf die Ziele der Kreditüberwachung sollen daher einige gravierende Mängel der Bilanzinformationen[15] aufgezeigt werden:

● *Bilanzpolitische Gestaltungsmöglichkeiten*

Aufgrund der steuerlichen Vorschriften besitzt das Unternehmen eine Reihe von Möglichkeiten, um seinen bilanziellen Spielraum möglichst optimal auszunützen. Neben Ermessensspielräumen und Bilanzierungswahlrechten soll hier vor allem auf die Bewertungsproblematik hingewiesen werden. Gesetzliche Bewertungsvorschriften lassen *Bewertungsspielräume* zu, die je nach der wirtschaftlichen Situation des Unternehmens unterschiedlich in Anspruch genommen werden. „Diese Jahresabschlußmanipulationen nennt man ‚Bilanzpolitik‘, soweit sie sich im legalen Rahmen bewegen. Dieser ‚bilanzpolitische‘ Spielraum ist in Österreich ein so großer, daß die legale Jahresabschlußmanipulationsmöglichkeit dazu führt, daß z. Zt. (handels- und aktienrechtlichen) Jahresabschlüssen bis zum Beweis des Gegenteils die Vermutung der Unrichtigkeit (i. S. einer legalen Manipulation der externen Bilanzadressaten) anhaftet."[16]

Gerade bei der externen Bilanzanalyse ist es daher äußerst schwierig, die Ausnützung der Bewertungspolitik zu beurteilen, wodurch ein entsprechender Einblick in die tatsächliche Vermögens- und Kapitalsituation erschwert wird.

● *Mangelnde Vollständigkeit*

Die Bilanz ist als *Momentaufnahme* in mehreren für die Bonitätsdiagnose wesentlichen Punkten unvollständig. So sind beispielsweise Verfügungsbeschränkungen (z. B. hypothekarische Sicherstellungen, Eigentumsvorbehalte) für bilanzierte Vermögensgegenstände aus der Bilanz nicht ersichtlich. Weiters dürfen aufgrund des imparitätischen Realisationsprinzips die Gewinne aus schwebenden Geschäften nicht bilanziert werden, während Verluste, die zu erwarten sind, bereits zum Zeitpunkt der Verursachung bilanziell zu erfassen sind.[17]

Eine entscheidende Schwachstelle der Bilanz ergibt sich für die Bank darin, daß die für die Unternehmenssicherung notwendige *Liquidität* nicht eindeutig beurteilt werden kann. Für die Beurteilung der Liquidität werden daher Informationen über die Höhe und den Zeitpunkt der Zahlungsverpflichtungen sowie Daten über die zu erwartenden Einzahlungsströme benötigt. Aus der zu einem bestimmten *Zeitpunkt* erstellten Bilanz sind derartige Informationen jedoch nicht zu gewinnen.

● *Mangelnde Aktualität*

Jahresabschlüsse sind von ihrem Wesen her „Vergangenheitsbilder".[18] Die daraus abgeleiteten Informationen beziehen sich auf das abgelaufene Wirtschaftsjahr. Ein besonderes Problem ergibt sich durch die zeitliche Diskrepanz zwischen dem letzten Bilanzstichtag und dem Zeitpunkt, zu dem der Jahresabschluß der Bank übergeben wird. Gerade in den letzten Jahren wurden daher von den Kreditinstituten Bemühungen unternommen, hier Verbesserungen herbeizuführen. „Aber immer noch dürfte die Bilanz, die ein Jahr und mehr alt ist, die Regel sein."[19] Die aus derartigen Unterlagen gewonnenen Werte beziehen sich somit auf Gegebenheiten, die am Tag der Bilanzauswertung längst der Vergangenheit angehören, weshalb die Zahlen lediglich als „historisch" zu betrachten sind.

Mit diesen wenigen Hinweisen wollten wir auf einige wesentliche Mängel der Jahresabschlußinformationen hinweisen und damit gleichzeitig die *Grenzen der Jahresabschlußanalyse* deutlich machen. Da von kleineren und mittleren Betrieben kaum andere Unterlagen (Kostenrechnung, Finanzplan usw.) zur Verfügung stehen, wird die Jahresabschlußanalyse aber nach wie vor ein wichtiges Element der Bonitätsüberwachung bleiben müssen, „da mit ihrer Hilfe ein, wenngleich auch nur vergangenheitsbezogener, rascher Überblick über die wirtschaftlichen Verhältnisse eines Unternehmens gewonnen werden kann".[20]

Eine Erhöhung des Aussagewertes kann grundsätzlich erreicht werden

● durch zusätzliche Informationen und
● durch verbesserte Methoden der Bilanzanalyse.

So kann der Informationsgehalt beispielsweise dadurch erhöht werden, wenn nicht eine einzelne, sondern mehrere Bilanzen aufeinanderfolgender Jahre analysiert werden. Die Analyse der wichtigsten Daten und Kennzahlen im *Zeitvergleich* lassen wertvolle Schlüsse auf die *Unternehmensentwicklung* zu. Eine weitere Steigerung der Aussagekraft kann dadurch erreicht werden, wenn neben dem innerbetrieblichen Zeitvergleich auch Daten für einen *zwischenbetrieblichen* Vergleich (Branchenvergleich) vorliegen.

Die methodischen Fragen beziehen sich vor allem auf die Berechnungsart der verschiedenen Kennzahlen bzw. Kennzahlensysteme. *Methodische Verbesserungen* können vor allem durch eine systematische Aufbereitung des Zahlenmaterials sowie durch neue Analyseverfahren erreicht werden. Insbesondere „wird durch Einführung neuer Methoden der Bilanzauswertung wie etwa der Cash-Flow-Rechnung und der Kapitalflußrechnung in Verknüpfung mit Kennzahlenhierarchien versucht, die vergangenheitsbezogenen Erkenntnisinhalte derart aufzubereiten, daß sie Erklärungs- und Prognosekraft erhalten".[21]

Weiters wird versucht, durch *mathematisch-statistische Verfahren* den Informationsgehalt des Jahresabschlusses zu verbessern. Dabei handelt es sich um *Modelle der Insolvenzprognose*, die wir im folgenden Abschnitt behandeln.

3.3 Diskriminanzanalyse

Ausgangspunkt für die Entwicklung eines Insolvenzprognosemodells[22] ist die systematische Gegenüberstellung des Bilanzmaterials von in der Vergangenheit insolvent gewordenen Unternehmen und demjenigen von möglichst ähnlichen, erfolgreich arbeitenden Unternehmen. Mit Hilfe von Kennzahlen soll nun auf mathematisch-statistische Weise ein Unternehmen, dessen Jahresabschluß analysiert wird, einer Gruppe von Unternehmen („solvent" – „insolvent") zugeordnet werden können. Eine solche Zuordnung wird *Klassifikation* oder *Diskrimination* genannt. Daher heißen die dafür verwendeten mathematisch-statistischen Verfahren Klassifikations-, Diskriminations- oder Trennverfahren, von denen sich in der Praxis vor allem die Diskriminanzanalyse durchgesetzt hat.

Die *multiple Diskriminanzanalyse*[23] gehört zu den multivariaten Klassifikationsverfahren. Es werden gleichzeitig mehrere Kennzahlen herangezogen, die die erfolgreichen Unternehmen von den schlechten bzw. schließlich insolventen Unternehmen zu trennen vermögen (siehe Abbildung 11).[24]

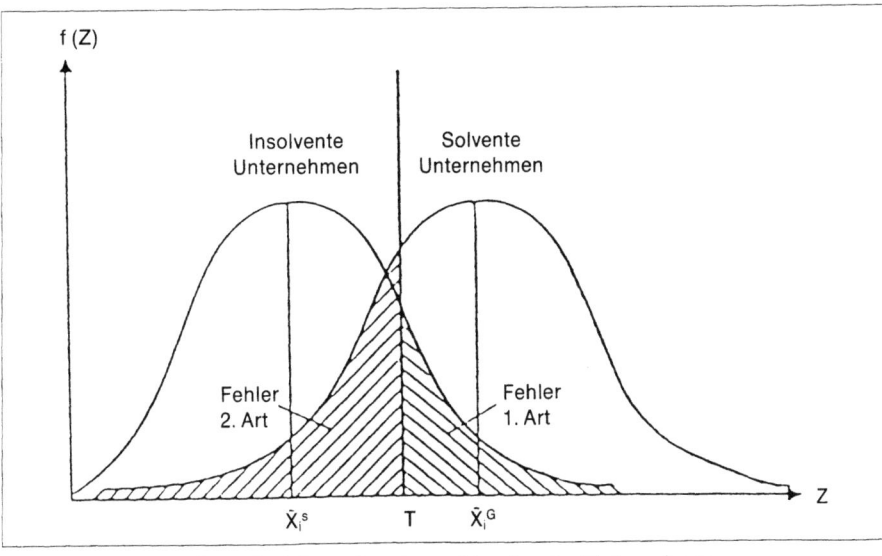

Abbildung 11: Verteilungsfunktion solventer und insolventer Unternehmen

In seiner allgemeinen Form hat das Grundmodell der Diskriminanzfunktion (Trennfunktion) folgenden Aufbau:

$$Z = x_1 \cdot g_1 + x_2 \cdot g_2 + \ldots + x_n \cdot g_n$$

wobei

x_1 bis x_n die Werte der aus den Jahresabschlüssen abgeleiteten Kennzahlenwerte,

g_1 bis g_n deren Gewichtungsfaktoren und

n   die Anzahl der einbezogenen Kennzahlen

darstellen.

Z ist dabei der Trennwert, d. h. der Gesamtpunktewert, der das Bonitätsrisiko einer Unternehmung (d. h. den Grad der Insolvenzgefährdung) ausdrückt. Mit dieser Trennfunktion soll der in der Abbildung 11 schraffiert dargestellte Überlappungsbereich der Häufigkeitsverteilung der guten (G) und schlechten (S) Kreditnehmer möglichst verkleinert werden.

Eine Trennung ist umso besser möglich, je größer die Abstände *zwischen* den Gruppenmittelwerten $\bar{x}_i^G$ und $\bar{x}_i^S$ sind, und umso geringer die Streuung der Klassifikationselemente *innerhalb* einer Unternehmensgruppe ist.[25]

Schemakennzahl 1−8

1. $\dfrac{\text{Eigenkapital}}{\text{Fremdkapital}} \times 100$

2. $\dfrac{\text{Liquide Mittel}}{\text{Gesamtkapital}} \times 100$

3. $\dfrac{\text{bald verfügbare Geldmittel} - \text{kurzfristiges Fremdkapital}}{\text{Betriebsaufwand vor Abschreibungen}} \times 100$

4. $\dfrac{\text{Unternehmensgewinn} + \text{Fremdkapital} - \text{Zinsen}}{\text{Gesamtkapital}} \times 100$

5. $\dfrac{\text{Umsatz}}{\text{Gesamtkapital}} \times 100$

6. $\dfrac{\text{Fremdkapital}}{\text{Cash-flow}} \times 100$

7. $\dfrac{\text{Fremdkapital} - \text{bald verfügbare Geldmittel}}{\text{betriebliche Nettoeinnahmen}} \times 100$

8. $\dfrac{\text{Warenverbindlichkeiten} + \text{Schuldwechsel}}{\text{Wareneinkauf}} \times 100$

Kenn-zahl	Punktewerte				
	1	2	3	4	5
1	> 43,3	43,3 − 12,1	12,0 − 8,5	8,4 − −4,7	> −4,7
2	> 7,5	7,5 − 2,0	1,9 − 0,9	0,8 − 0,2	> 0,2
3	> −8,8	−8,8 − −29,2	−29,4 − −46,2	−46,3 − −89,9	> −89,9
4	> 21,3	21,3 − 7,2	7,1 − 4,3	4,2 − 0,9	> 0,9
5	< 257,4	257,4 − 200,7	200,6 − 90,7	90,6 − 62,1	> 62,1
6	< 284,9	284,9 − 1210,3	1210,4 − 1451,7	1451,8 − 9989,9	< 9989,9
7	< 165,3	165,3 − 1108,3	1168,0 − 1231,2	1231,3 − 9989,9	< 9989,9
8	< 9,7	9,7 − 27,8	27,9 − 47,9	48,0 − 79,9	< 79,9

Abbildung 12: Kennzahlenkatalog und Punktebewertungsschema nach Weinrich

Auf Basis einer nach diesen Grundprinzipien entwickelten Diskriminanzfunktion soll es möglich sein, eine erfolgreiche Klassifikationsregel zu entwickeln. „Zweck einer Klassifikationsregel ist die (ex ante) Zuordnung hier von Unternehmen zur Gruppe einer (künftig) insolventen oder zur Gruppe der (künftig) weiterbestehenden Unternehmen."[26] Diese Zuordnung erfolgt dadurch, daß die entsprechenden Kennzahlenwerte des Unternehmens des Kreditnehmers in die Diskriminanzfunktion eingesetzt, mit dem jeweiligen Gewichtungsfaktor bewertet und addiert werden. Durch einen Vergleich dieses errechneten Wertes mit dem Trennwert der Funktion kann die Einstufung des Unternehmens als „bilanzmäßig gut" bzw. „bilanzmäßig schlecht" ermöglicht werden.

Aus der Fülle der vorliegenden Untersuchungen wollen wir als praktisches Beispiel die Diskriminanzfunktion von *Weinrich*[27] herausgreifen, da diese in einigen Kreditinstituten bereits verwendet wird. *Weinrichs* Prognosemodell wurde anhand von 44 insolvent gewordenen Unternehmen und 44 entsprechenden Vergleichsunternehmen (hinsichtlich Branche, Unternehmensgröße usw.) aufgestellt. Das Datenmaterial bildeten die Steuerbilanzen von nicht-publizitätspflichtigen mittelständischen Unternehmen aus verschiedensten Branchen. *Weinrich* hat ursprünglich mit 28 Kennzahlen gearbeitet, von denen er für sein „Praktiker-Konzept" aufgrund statistischer Tests schließlich acht ausgewählt hat.

Der Katalog dieser acht Kennzahlen ist in Abbildung 12 wiedergegeben. Zu jeder dieser Kennzahlen wurde von *Weinrich* ein Wertintervall für die Vergabe von Punktewerten festgelegt. Dieses Punktebewertungsschema findet sich ebenfalls in Abbildung 12.[28]

Die Situation des Unternehmens ist umso besser, je niedriger die insgesamt zustandegekommene Punkteanzahl ist. (Es können insgesamt mindestens 8 und höchstens 40 Punkte zustandekommen.) Der kritische Punktwert (Cut-off-point) liegt bei 24 Punkten. Unternehmen gelten nach diesem Modell dann als insolvenzgefährdet, wenn der aus der Bilanzauswertung resultierende Punktwert 24 oder mehr Punkte aufweist. Ein weiterer Gefährdungstatbestand ergibt sich bei einer eindeutigen Verschlechterung des Punktwertes im Zeitablauf.

Hinsichtlich der praktischen Anwendbarkeit der Diskriminanzanalyse ist zu beachten, daß die jeweils ermittelte Kennzahlenkombination unter anderem auch von der Datenkonstellation der Grundgesamtheit abhängt. Bei der Entwicklung von Insolvenzprognosemodellen sind daher die *Wirtschaftsstruktur* eines Landes sowie *branchenspezifische* Besonderheiten zu berücksichtigen.

Die bekannteste auf *österreichische* Klein- und Mittelbetriebe abgestellte Untersuchung stammt von *Bleier*,[29] der im Unterschied zu den anderen Untersuchungen auch auf *Branchengruppen* abgestellte Diskriminanzfunktionen berechnete. Die entsprechenden Funktionen für Leistungsbetriebe, Erzeugungsbetriebe und Handelsbetriebe sind im Anhang (Abbildung 74) angeführt.

Die Aussagekraft der Diskriminanzanalyse hängt somit in erster Linie von den

- zugrundeliegenden methodischen Prämissen,
- der Untersuchungsmethodik sowie der
- verwendeten Datenbasis ab.

Neben den methodischen Fragen, die in der Literatur[30] bereits ausführlich diskutiert wurden, sind auch folgende Hinweise zu bedenken:

Unterschiedliche Stichproben und verschiedenartige statistische Ansätze führen zu äußerst unterschiedlichen Ergebnissen, sodaß jeder Autor eine andere Kennzahlenkombination als besonders trennfähig und prognosekräftig bezeichnet. Im Ergebnis bedeutet dies: „Trotz der Fülle der inzwischen vorliegenden Untersuchungen schält sich kein eindeutiger Kennzahlenkatalog heraus, der eine besonders hohe Diskriminierungsfähigkeit besitzen würde".[31]

Streng genommen kann eine gewonnene Kennzahlenkombination nur für jene Datenkonstellation Gültigkeit und Optimalität beanspruchen, aus der sie abgeleitet wurde. „Ein einzelnes Kreditinstitut als Kreditgeber wird primär an Prognosemodellen interessiert sein, die für seine Kundengruppen – u. U. auch unter Berücksichtigung regionaler oder anderer Besonderheiten – entwickelt wurden."[32]

„In letzter Konsequenz bedeutet dies, daß jedes Kreditinstitut solche Prognosemodelle selbst entwickeln sollte."

Aufgrund des erforderlichen (EDV-mäßig gespeicherten) Datenmaterials und der umfangreichen Rechenvorgänge dürfte diese Forderung jedoch nur von größeren Kreditinstituten erfüllt werden können. Als Beispiel aus dem Sparkassensektor sollen hier die beiden Wiener Großsparkassen angeführt werden. So begann die *Zentralsparkasse und Kommerzialbank* schon seit geraumer Zeit mit der Ermittlung einer eigenen Diskriminanzfunktion. „Die derzeit in Verwendung stehende und als Bonitätsindikator bezeichnete Funktion setzt sich aus folgenden Kennzahlen zusammen:

Cash-flow netto + UV-Saldo/FK
Cash-flow netto/FK
Betrieblicher Erfolg/Rohertrag
Betrieblicher Erfolg/∅ Gesamtkapital
Eigenkapital/Gesamtkapital."[33]

Auch *DIE ERSTE österreichische Spar-Casse – Bank* verwendet seit dem Jahre 1978 einen aufgrund bankeigener Untersuchungen entwickelten Bilanzbonitätsindikator.[34] Für kleinere Institute ist es sinnvoll, wenn die jeweiligen Verbände bzw. Spitzeninstitute der einzelnen Sektoren solche Prognosemodelle erstellen. „Die Girozentrale und Bank der österreichischen Sparkassen AG ist als Spitzeninstitut des österreichischen Sparkassensektors derzeit bemüht, ein praxisgerechtes, differenziert anwendbares

Frühwarnsystem auf Basis repräsentativer Ausgangsdaten zu entwikkeln."[35]

3.4 Schlußfolgerungen für die Kreditüberwachung

In der traditionellen Kreditüberwachung spielt die Analyse der von den Kreditnehmern erhaltenen Jahresabschlüsse nach wie vor eine große Rolle. Wir wollten daher in diesem Abschnitt die Möglichkeiten und Grenzen des Aussagegehaltes dieser Informationsquelle deutlich herausarbeiten. Aufgrund der vorangehenden Ausführungen ergeben sich somit folgende Schlußfolgerungen:

- Bei der Bilanzanalyse ist davon auszugehen, daß die Unternehmen alle Möglichkeiten der Bilanzpolitik nützen werden. Durch diese bilanzpolitischen Maßnahmen werden die nach außen abzugebenden Informationen naturgemäß entsprechend beeinflußt, um weiterhin kreditwürdig zu bleiben: „Der schwach werdende Kreditnehmer wird immer versuchen, seinem Kreditinstitut gegenüber als einwandfreier Schuldner dazustehen."[36]

- Die (systemimmanente) Problematik der Jahresabschlüsse kommt auch bei den mathematisch-statistischen Verfahren der Bilanzanalyse voll zum Tragen. Die Qualität der Prognosewerte hängt nicht nur von der Art des verwendeten Prognoseverfahrens ab, sondern ganz wesentlich von der Verläßlichkeit der zugrundeliegenden (Bilanz-)Daten. Das bedeutet, „daß ein Prognosesystem, auch wenn es noch so wissenschaftlich ausgefeilt ist, keine guten Ergebnisse liefern kann, wenn die Ausgangsbasis schlecht ist".[37]

- Unterschiedliche Stichproben wie unterschiedliche statistische Ansätze zur Insolvenzprognose aus externen Jahresabschlüssen führen zu äußerst heterogenen Ergebnissen. „Der Kreditmanager sollte sich bei Aussagen über die Kreditwürdigkeit einer Unternehmung nie ausschließlich auf die Insolvenzprognosemodelle verlassen, sondern ihnen nur eine aus der Vergangenheit hergeleitete Frühwarnfunktion beimessen."[38]

- Da sich bisher kein eindeutiger Kennzahlenkatalog herauskristallisiert hat, der eine besonders hohe Prognosefähigkeit besitzt, müssen die Kreditinstitute bzw. die Verbände eigene Trennfunktionen entwickeln. Diese instituts- bzw. sektorspezifischen Insolvenzprognosemodelle sollen vor allem dazu dienen, durch Beobachtung des Diskriminanzwertes im Zeitablauf eine Verschlechterung des Unternehmens festzustellen.

- Ein in der Praxis nicht unbedeutendes Problem besteht darin, daß die den Banken von ihren Kreditkunden übergebenen Bilanzen oftmals sehr alt sind. „Bedenkt man, daß Bilanzstichtag und Zeitpunkt der Bilanzveröffentlichung oft sehr weit auseinanderliegen, so ist zu fragen, ob die dann erhaltenen Hinweise auf eine mögliche Insolvenzgefährdung noch sinnvoll genutzt werden können, weil schon rein zeitlich der

Handlungsspielraum eingeengt ist, und ob solche Hinweise dann überhaupt noch benötigt werden, weil schon aufgrund anderer Informationen Insolvenzgefahren indiziert werden."[39]

Aus den bisherigen Ausführungen werden die Grenzen der Aussagemöglichkeit der Bilanz und bilanzanalytischen Methoden deutlich sichtbar. Damit wollen wir aber keineswegs sagen, daß auf die auf dem Jahresabschluß aufbauenden Instrumente verzichtet werden soll. Vielmehr ist es unser Anliegen, deren *Stellenwert* realistisch darzustellen. Jahresabschlußanalyse und auch die darauf aufbauenden Prognoseverfahren sind wertvolle – in ihrer Bedeutung in der Praxis aber manchmal überbewertete – Elemente im gesamten Instrumentarium der Kreditüberwachung.

Eine umfassende effiziente Kreditüberwachung darf sich nie mit der Analyse der externen Jahresabschlüsse allein begnügen. Vielmehr gilt es, diese Instrumente durch einen Katalog von weiteren *außerhalb der Bilanz* liegenden Warnzeichen zu ergänzen.

„Das Mißverhältnis in der bisherigen Verwendung qualitativer und quantitativer Bonitätskriterien ist eklatant. Dabei erfaßt die quantitative Datenkomponente einen vergleichsweise sehr viel kleineren Ausschnitt betrieblichen Geschehens."[40] Außerdem muß unter dem für die Kreditüberwachung wichtigen Aspekt der Aktualitätsbezogenheit betont werden, daß aus qualitativen Daten oftmals *aktuellere* Informationen gewonnen werden können, als dies durch quantitative Daten möglich ist:[41]

„Die Qualität der traditionellen Kreditüberwachung kann folglich verbessert werden, indem neben der Analyse der Jahresabschlüsse eine Reihe weiterer Warnzeichen berücksichtigt wird."

4. Bankexterne Quellen

Die bisher dargestellten Bilanzinformationen, die aus der Beziehung zwischen Unternehmer und Bank resultieren, werden in der Praxis durch Informationseinholung bei dritten Stellen ergänzt und überprüft. Bei diesen können wir zwischen *amtlichen* und *nicht-amtlichen* Informationsquellen unterscheiden. Bei den Informationsquellen mit amtlichem Charakter spielen das *Handelsregister* und das *Grundbuch* die bedeutendste Rolle.

4.1 Amtliche Quellen und Informationsbeschaffung mittels BTX

Handelsregister

Das Handelsregister ist die wichtigste amtliche Informationsquelle über bestimmte Rechtsverhältnisse (zum Beispiel Eigentums- und Vertretungsverhältnisse) einer Firma. Das Handelsregister umfaßt zwei Abteilungen:

Abteilung A: Rechtsverhältnisse der Einzelkaufleute, der juristischen Personen gemäß § 33, 36 HGB sowie der Offenen Handelsgesellschaften und Kommanditgesellschaften

Abteilung B: Rechtsverhältnisse von Aktiengesellschaften, Gesellschaften mit beschränkter Haftung.

Es wird bei den jeweiligen Landes- oder Kreisgerichten bzw. in Wien beim Handelsgericht geführt. Einsicht wird demjenigen gewährt, der ein berechtigtes Interesse glaubhaft machen kann.

Die Veröffentlichungen der Handelsregistereintragungen erfolgen im

- Zentralblatt für die Eintragungen in das Handelsregister in der Republik Österreich
- Amtsblatt zur Wiener Zeitung.

Exkurs: BTX und Handelsregisterdatenbank

Das Bildschirmtextsystem (BTX)

Die Informationsbeschaffungsmöglichkeiten wurden in den letzten Jahren durch das *Bildschirmtextsystem* (BTX) wesentlich verbessert, sodaß wir die Grundzüge dieses Informations- und Kommunikationssystems kurz darstellen wollen.

BTX ist ein Dialogmedium, mit dem dem Benutzer auf einfache Weise Zugang zu einer sehr breiten Angebotspalette an Informationen eröffnet und zugleich die Nutzung der unterschiedlichsten Datenbanken ermöglicht wird. Die Grundidee von BTX[42] besteht darin, die Möglichkeiten eines Netzwerkes von Großcomputern einem großen Publikum zugänglich zu machen, ohne daß die Benutzer EDV-Kenntnisse besitzen müssen.

Die technische Basis dieses Computersystems ist das posteigene Netzwerk der BTX-Zentralen (in Wien, Graz, Klagenfurt, Salzburg, Innsbruck), an das beliebig viele weitere Rechner (sog. „Externe Rechner") angeschlossen werden können. So ist beispielsweise die Grundstücksdatenbank nicht im Seitenspeicher des Postrechners, sondern in einem externen Rechner (der sich in Wien im Bundesrechenzentrum befindet) enthalten. Diese Rechner sind über ein Hochgeschwindigkeits-Datennetz (Datex-P) miteinander verbunden. Für die BTX-Nutzung braucht der Anwender

- einen ganzen Telephonanschluß,
- ein BTX-Endgerät (BTX-Terminal, z. B. MUPID),
- ein BTX-Anschaltegerät oder BTX-Akustikkoppler.

Mit Hilfe dieser Ausstattung ist es unter anderem möglich, verschiedenste Daten in verstreut liegenden Informationsbeständen abzufragen. Für die Kreditüberwachung sind hier vor allem

- die Handelsregister-Datenbank sowie
- die Grundstücksdatenbank

von Interesse.

Die Handelsregisterdatenbank

Für Handelsregister-Informationen steht als EDV-gestützte Möglichkeit die über die *private* Firma *CMD Datenverarbeitungs- und Verlagsgesellschaft m. b. H.*[43] vertriebene *Handelsregister-Datenbank* zur Verfügung. Die Informationen stammen zwar aus amtlichen Veröffentlichungen – im Unterschied zur Grundstücksdatenbank ist aber die Handelsregister-Datenbank keine „amtliche" Informationsquelle. Die von CMD gelieferten Daten basieren auf dem vom „Zentralblatt für die Eintragungen in das Handelsregister" veröffentlichten Handelsregisterstand und geben Auskunft über derzeit ca. 80.000 in Österreich protokollierte Unternehmen. Als zusätzliches Datensegment veröffentlicht CMD seit Oktober 1989 auch die Daten der Ges. m. b. H.-Gesellschafter und Kommanditisten. Der Inhalt dieser Handelsregister-Datenbank besteht aus folgenden Informationsblöcken:[44]

1. *Stamminformationen*
   - HR-Nummer
   - Firmenwortlaut
   - Rechtsform
   - Firmensitz
   - Gründungs- und/oder Registrierungsdatum
   - Stamm- bzw. Grundkapital
   - Einzahlung auf das Stammkapital (nach Maßgabe der Meldungen an die Handelsregister)
   - Gerichtsdatum der letzten veröffentlichten Veränderung (ab Zentralblatt 1/1988)
   - Zentralblatt-Nummer und Jahrgang der letzten veröffentlichten Veränderung
   - konkursgerichtlich und historisch relevante Bemerkungen mit Gerichtsdatum (ab Zentralblatt 1/1988)

2. *Vertretungsbefugnis*
   - grundsätzliche Regelung der Vertretungsbefugnis, veröffentlichter Handelsregisterstand, durch Textbausteine standardisiert

3. *Organinformation*
   - Funktion (Geschäftsführer, Einzelprokurist etc.)
   - Familien- und Vorname bzw. Firmenwortlaut
   - akademischer Grad
   - (Wohn-)Sitz, allenfalls gewöhnlicher Aufenthalt
   - Anmerkungen über Einschränkungen oder Erweiterungen der persönlichen Vertretungsbefugnis

4. *Beteiligungen*
   - Kommanditeinlagen der Kommanditisten
   - Übernommene Stammeinlagen der Ges. m. b. H.-Gesellschafter
   - Einbezahlte Stammeinlagen der Ges. m. b. H.-Gesellschafter

- Sacheinlagen der Ges. m. b. H.-Gesellschafter
- Adressen
- Titel und Berufsbezeichnungen
- Geburtsdaten
- Eintragungsdaten
- Recherchedaten

Ein Zugriff auf dieses elektronische Handelsregister ist auf folgende Weise möglich:

- Über das BTX-System der Post
- Über das Telebox-Service der Radio Austria AG
- Über Datex-P
- Über die Inhouse-Lösung
  (Übernahme der Handelsregister-Datenbank in das unternehmensinterne EDV-System)

Die in der Praxis am weitest verbreitete Zugriffsform ist jene über BTX. So wurden 1988 beispielsweise rd. 21.000 Zugriffe über BTX gezählt. Die CMD-Handelsregister-Datenbank ist aus einem externen Rechner abrufbar und über die BTX-Wahl * 6212 # erreichbar. Um gezielt auf die Daten zugreifen zu können, stehen folgende *Suchmöglichkeiten* zur Verfügung:

- Firmensuche über Handelsregister-Nummer
- Firmensuche alphabetisch.

Somit wird für die Kreditüberwachung über BTX auf eine einfache Weise eine Handelsregisterabfrage möglich. Ein Beispiel für eine solche Handelsregisterabfrage ist in der Abbildung 13 wiedergegeben.

Hinsichtlich der Aktualität der Daten dieses elektronischen Handelsregisters ist zu beachten, daß zwischen der Eintragung in das Handelsregister und der Eintragung in die Handelsregister-Datenbank zeitliche Differenzen bestehen. Diese können je nach Gericht zwischen 3 und 15 Wochen betragen. Benötigt man daher für die Kreditüberwachung den gerade aktuellen Stand, muß beim jeweiligen Gericht direkt Einsicht genommen und gegebenenfalls (auf „konventionelle" Art) eine Abschrift aus dem Handelsregister angefertigt werden.

Grundbuch und Grundstücksdatenbank

Um die mit Grundstücken verbundenen Rechtsverhältnisse festzustellen und um zu prüfen, ob die zur Kreditsicherung angebotene Liegenschaft beleihungsfähig ist, muß das Grundbuch eingesehen werden. Die Einsichtnahme in das Grundbuch ist jedem gestattet, der ein berechtigtes Interesse darlegt. „Das Grundbuch ist ein von den Gerichten geführtes öffentliches Register, in das alle Grundstücke und die an ihnen bestehenden dinglichen Rechte eingetragen werden."[45] Es besteht aus dem Hauptbuch und der Urkundensammlung, wobei im *Hauptbuch* für jede Liegenschaft eine Grundbuchseinlage eingerichtet ist, die eine eigene Einlagezahl (EZ) aufweist.

```
HANDELSREGISTER                         S 54
Firmenstamm                       11.01.1990

Wien, HR B 30321


CMD Datenverarbeitungs- und
Verlagsgesellschaft m.b.H.


1013 Wien
Wipplingerstraße 32

Ges. m. b. H.
Kapital:              1.500.000,00 ATS
Eingezahlt:          1.500.000,00 ATS


Gründung:          1983-03-30
Ersteintragung:   1983-05-03


Letzte Zentralblattnummer: 35819 / 1987

  2 Gesch.führer


  P HANDELSREGISTER                      S
Vertretungsbefugnis              11.01.1990


Jeder Gschf. vertritt selbständig
Die Generalversammlung kann
unter den Gschf. Kollektivvertretung
oder
in Gemeinschaft
mit 1 Gesamtprokuristen
bestimmen


  P HANDELSREGISTER                      S
Personenübersicht                11.01.1990

GF Futter                Werner
                  Wien


GF Kratky                Gerhard
Dr.               Wien


2 VB        3 Pers      8 >>
6 FiSu      9 SuIx     *# Hilfe
```

Abbildung 13: Handelsregisterabfrage über BTX (Muster)

Die einzelnen Einlagen bestehen aus folgenden 3 Teilen („Blättern"):

- *A-Blatt*
  Bezeichnung der Liegenschaft;
  A-1: Verzeichnis aller Parzellen des Grundbuchskörpers mit Katastralzahl und Kulturgattung;
  A-2: Grunddienstbarkeiten in herrschender Stellung; Eintragung öffentlich-rechtlicher Beschränkungen und Lasten usw.

- *B-Blatt*
  enthält die Eigentumsverhältnisse unter Angabe der Quote des Miteigentums sowie subjektive Beschränkungen wie z. B. Minderjährigkeit.

- *C-Blatt*
  enthält die mit der Liegenschaft verbundenen Belastungen, insbesondere die Pfandrechte (Hypotheken), Dienstbarkeiten in dienender Stellung und Reallasten. Weiters auch sonstige objektive Beschränkungen wie Veräußerungs- und Belastungsverbote.

Im Hinblick auf die Informationsbeschaffung sei auf die Umstellung des Grundbuchs auf automationsunterstützte Datenverarbeitung hingewiesen. Die Rechtsgrundlage hierfür bildet das Grundbuchsumstellungsgesetz (GUG),[46] durch das eine Modernisierung und Rationalisierung des Grundbuchswesens ermöglicht wurde.

Für die Informationsgewinnung besonders bedeutsam ist die Verknüpfung des Hauptbuches mit dem Grundstücksverzeichnis des Grundsteuer- oder Grenzkatasters, wodurch eine eigene *Grundstücksdatenbank*[47] geschaffen wurde. Sie enthält als weltweit erste EDV-Liegenschaftsverwaltung mit Direktzugriffsmöglichkeit einen Datenbestand von ca. 12 Millionen Grundstücken und ist damit eine der größten Datenbanken, die über BTX zugreifbar ist.

BTX dient hier als Medium für die Datenübertragung zwischen dem Benutzer und der Grundstücksdatenbank. Allgemeine Informationen über die Grundstücksdatenbank sind unter der BTX-Nummer BMWA * 40104 # abrufbar. Die Datenbank selbst, die vom Bundesministerium für wirtschaftliche Angelegenheiten betreut wird, ist allerdings nur *autorisierten Personen* zugänglich. Die gesetzlichen Regelungen für Grundbuchseinsicht, Grundbuchsabschriften und Grundbuchsabfragen finden sich in den §§ 5 bis 9 GUG 1980. Für *Kreditunternehmungen* bieten die Bestimmungen des § 8 GUG 1980 die Grundlage für ihre EDV-gestützten Abfragemöglichkeiten.[48]

Die Suchprozesse werden durch EDV-mäßig gespeicherte Hilfsverzeichnisse (Grundstücks-, Anschriften- und Personenverzeichnis) wesentlich erleichtert. Der Einstieg erfolgt meist über die Einlagezahl (EZ) oder über die Adresse – das Personenverzeichnis ist auch für Banken nicht zugänglich.

An Stelle der Grundbuchsauszüge treten nun die *Grundbuchsabschriften*, wobei nach Fertigstellung der Umstellungsaktivitäten Abschriften auch aus Grundbüchern möglich sein werden, die bei anderen Gerichten geführt werden. Ein Beispiel einer solchen Grundbuchabschrift mittels BTX ist aus der Abbildung 14[49] ersichtlich.

Mit entsprechender Software (Applikationsprogramme) läßt sich die Grundstücksdatenbank noch komfortabler benützen und auswerten. Beispielhaft sei hier das Programmpaket *Autolust* (Automatische Lustrierung)

```
BM für wirt. Angelegenh.        422a   S0,0
GRUNDBUCH 01515       EINLAGEZAHL      44
              Weinhaus
BEZIRKSGERICHT Döbling      BEISPIEL
**************** 1984-11-14, BLATT  1
Letzte TZ    417/1980
**************** A1 ****************
   GST-NR    BA (WI)              FLÄCHE
    78/2     Garten                 240
    158      Baufläche
Gentzg. 12-14
**************** A2 ****************
   1 a 1040/1978 Abtretung der
         Hauptmietzinse
   2 a 610/1972 Abtretung der
         Hauptmietzinse
   3 a 2459/1976 Abtretung der
         Hauptmietzinse

**************** B ****************
   1 ANTEIL: 1/2
     Meier   Franz
     GEB:           ADR: Bergg. 12
     a 4100/1980 Kaufvertrag 1979-12-01
         Eigentumsrecht
   2 ANTEIL: 1/2
     Meier   Eva
     GEB:           ADR: Bergg. 12
     a 4100/1980 Kaufvertrag 1979-12-01
         Eigentumsrecht

**************** C****************
   1 a 1000/1968 Schuldschein
         1968-03-07
     PFANDRECHT           100.000,--
     höchstens 10 % Z, höchstens
     12,5 % VuZZ, NGS 15.500,--
     für Bankinstitut ABC
     und Co.
   2 a 610/1972
     Löschungsverpflichtung für
     Bankinstitut ABC und Co.
**************** ENDE ****************
```

Abbildung 14: Grundbuchsabfrage mittels BTX (Beispiel)

genannt. Dieses von *Telesoft* in Kooperation mit der *Girozentrale* entwikkelte Paket dient der Lustrierung aus dem Grundbuch sowie der komfortablen Stapelabfrage von Grundbuchsauszügen im Bankbereich.[50] Dies ist für Zwecke der Kreditüberwachung von besonderem Interesse, da für die laufende Überprüfung der grundbücherlichen Sicherheiten *periodische Lustrierungen* erforderlich sind.

Im Unterschied zur Handelsregister-Datenbank bestehen bei der Grundstücksdatenbank keine zeitlichen Differenzen zwischen dem Tag der Eintragung und der Erfassung in der Datenbank. Da hier unmittelbar auf das (elektronische) Grundbuch zugegriffen wird, entsprechen die Daten stets dem aktuellen Grundbuchsstand. „Die Grundstücksdatenbank Österreichs ist übrigens international insofern ein Vorreiter, als nicht nur alle Grundstücksdaten Österreichs hier elektronisch erfaßt sind, sondern in Zukunft Grundstückspläne auch grafisch über BTX abrufbar sein werden."[51]

4.2 Handelsauskünfte

Wesen und Arbeitsweise der Auskunfteien

Zur Abrundung des aufgrund eigener Bonitätsanalysen gewonnenen Bildes über den Unternehmer und dessen Betrieb stehen den Banken die verschiedenen Möglichkeiten des gewerblichen Auskunftswesens zur Verfügung. *Handelsauskunfteien,* auch Wirtschafts- oder Kreditauskunfteien genannt, sind „Spezialunternehmen für wirtschaftliche Informationen über Firmen".[52]

Auskunfteien beschäftigen sich überwiegend mit der Sammlung, Sortierung und Speicherung von Daten über Wirtschaftsinformationen und sind daher wesentliche Mittler von Marktinformationen. Die gesammelten und geordneten Informationen geben sie in Form von *Wirtschaftsauskünften* gegen Entgelt an ihre Auftraggeber weiter. Der Geschäftsgegenstand der Auskunfteien ist somit „der gewerbsmäßige Verkauf von Auskünften über die Kreditwürdigkeit von Kreditnehmern".[53]

Die von den Auskunfteien angebotenen Informationsmöglichkeiten sollen mit dazu beitragen, wirtschaftliche Gegebenheiten transparenter zu machen und damit Kreditrisiken zu reduzieren. „Die Zielfunktionen der Kreditauskunfteien sind auf präventiven Kreditschutz ausgerichtet. Kreditauskünfte bilden im Entscheidungsprozeß einer Unternehmung Entscheidungskriterien im Sinne von Entscheidungshilfe. Kreditauskunfteien treffen selbst keine Entscheidungen, sie sind lediglich Informationsmittler."[54] In Österreich und in der BRD arbeiten verschiedene Auskunfteien, wie zum Beispiel

- Kreditschutzverband von 1870
- D & B Schimmelpfeng Ges. m. b. H.
- Bürgel Ges. m. b. H.
- Creditreform e. V.

Hinsichtlich des Informationsbeschaffungsprozesses der Auskunfteien wird unterschieden zwischen[55]

- der anfragenunabhängigen Information (dem Bereitschaftsdienst) und
- der anfrageinitiierten Informationssammlung (der Recherche).

Dabei tragen die Auskunfteien ihre Informationen aus einer Vielzahl von Quellen zusammen: Die *auftragsunabhängigen Informationsquellen* sind im wesentlichen die öffentlichen Register (z. B. Handelsregister, Grundbuch), diverse Veröffentlichungen (z. B. Tages-, und Fachpresse, amtliche Bekanntmachungen über Konkurse, Ausgleiche usw., Branchenverzeichnisse, Adreßbücher, Geschäftsberichte, Wechselproteste) sowie die Informationen aus den eigenen Inkassoerfahrungen (soferne die Auskunftei auch Inkassodienste anbietet).

Die *auftragsbedingten Quellen* sind neben dem im Archiv bereits erfaßtem Informationsmaterial die Recherchen durch speziell dafür ausgebildete Fachleute sowie Lieferantenbefragungen oder Direktbefragungen bei den Kreditsuchenden selbst („Selbstbefragung").

Nach der Beschaffung von Informationen aus diesen diversen Quellen erfolgt das Sammeln, Sortieren, Auswerten und Speichern des Informationsmaterials. „Da diese Aufgaben in einem kontinuierlichen Prozeß wahrgenommen werden, ist gewährleistet, daß zum einen übermittelte Informationen aktuell und zum anderen dynamisch, d. h. unter Beachtung der Zusammenhänge und vor allem der Entwicklungen, weitergegeben werden."[56] Der Informationsprozeß sowie der Arbeitsablauf einer Wirtschaftsauskunftei sind in Abbildung 15[57] überblicksartig dargestellt.

Das Ergebnis der auf diese Weise erfolgten Informationssammlung wird in einem *schriftlichen Bericht* zusammengefaßt. Eine *Wirtschaftsauskunft* ist daher „eine objektiv gehaltene, teilweise auch wertende Information über natürliche und juristische Personen".[58]

Arten von Auskünften

Das Leistungsangebot der Auskunfteien umfaßt eine Reihe von Varianten. So führt zum Beispiel der *Kreditschutzverband von 1870 (KSV)* unter anderem folgende *Auskunftsarten* an:[59]

- Handelsauskünfte aus dem Inland
- Handelsauskünfte aus dem Ausland
- Basic-Reports
- Auskunftssonderdienste
- Spezialauskünfte
- Blitzauskünfte
- Expreßberichte
- Kurzauskünfte
- Quick-Reports
- Datenbank-Reports
- Bonitätsüberwachungsberichte

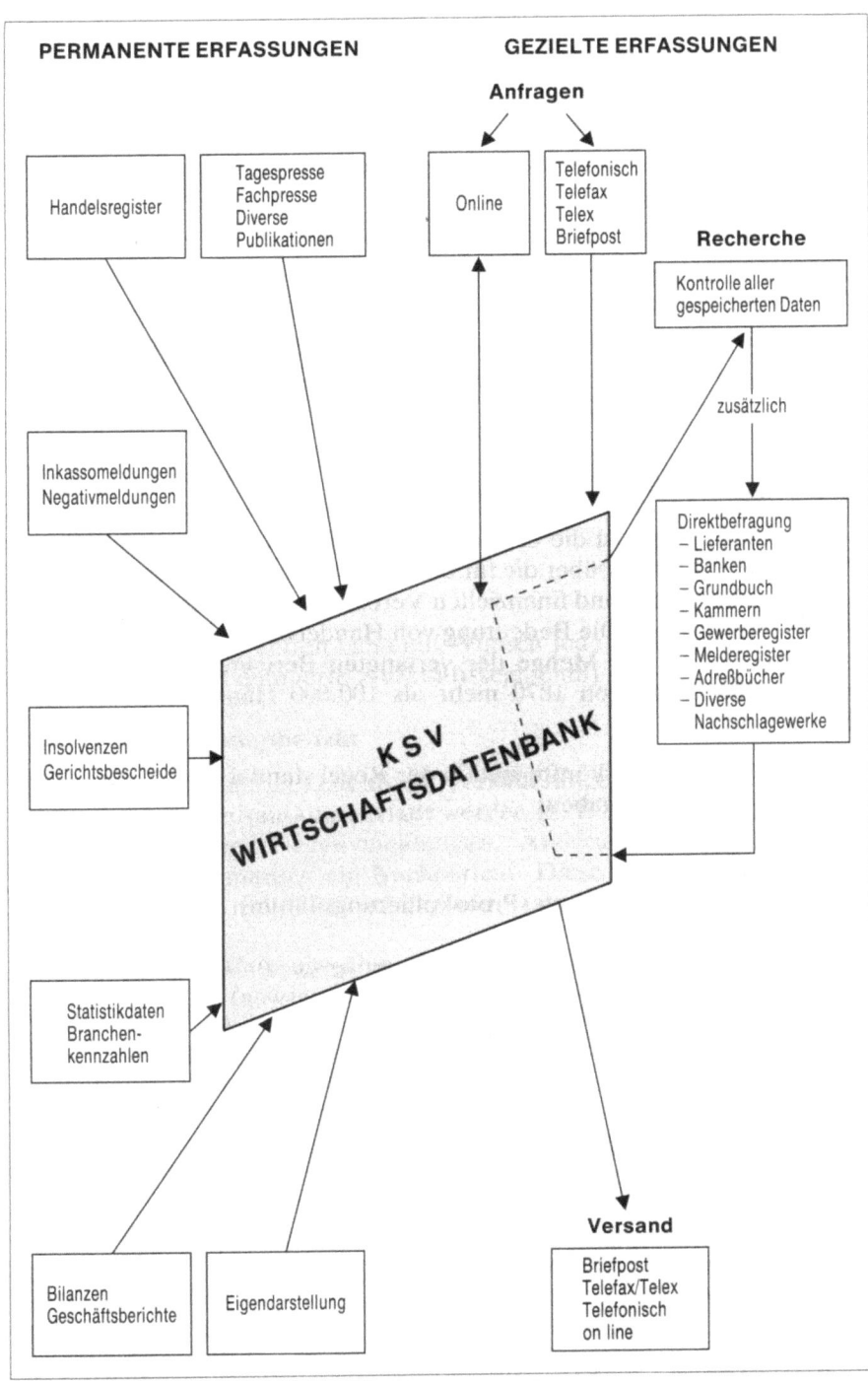

Abbildung15: Informationssammlung und Arbeitsablauf einer modernen Wirtschaftsauskunftei
(Quelle: Kreditschutzverband von 1870)

71

- Teilauskünfte
- Negativdaten
- Insolvenzmeldungen
- Klein-Kredit-Evidenz

Hinsichtlich der *Zeitdauer* der Informationsbeschaffung bietet der KSV folgende Möglichkeiten:

a) Blitzauskunft: innerhalb von 8 Arbeitsstunden
b) Express-Auskunft: 2–3 Arbeitstage
c) Normalauskunft: meist binnen 10 Tagen

Für Zwecke der bankbetrieblichen Kreditüberwachung werden überwiegend Normalauskünfte (Handelsauskünfte) sowie Kurzauskünfte verwendet.

Die Normalauskunft (Handelsauskunft)

Die Handelsauskunft ist die Grundform (Normalauskunft) und gibt einen umfassenden Überblick über die für die Bonitätsanalyse relevanten rechtlichen, wirtschaftlichen und finanziellen Verhältnisse des Unternehmens aus Sicht der Auskunftei. Die Bedeutung von Handelsauskünften spiegelt sich zweifellos auch in der Menge der verlangten Berichte wider, die beim Kreditschutzverband von 1870 mehr als 100.000 Handelsauskünfte pro Jahr ausmacht.

Schriftliche Handelsauskünfte sind in der Regel standardisiert und enthalten meist folgende Angaben:

- Firmenwortlaut
- Gründungsjahr
- Handelsregistereintragung (Protokollierungsdatum)
- Rechtsform
- Zusammensetzung der Geschäftsführung sowie sonstiger Organe
- Persönliches (z. B. Familienstand, Ausbildungsweg)
- Betriebsgegenstand (Tätigkeitsbereich)
- wirtschaftliche Entwicklung (Werdegang des Unternehmens)
- Umsatz
- Beschäftigte
- Vermögensverhältnisse (ev. Realbesitz)
- Bankverbindungen
- Zahlweise
- finanzielle Beurteilung
- Inkassoerfahrung (falls vorhanden)
- Insolvenzerfahrungen
- Krediturteil

Ein Beispiel für den Aufbau einer Handelsauskunft[60] ist aus Abbildung 16 ersichtlich (siehe Seiten 74, 75).

Kurzauskünfte

Eine Spezialform der Wirtschaftsauskunft stellen die Kurzauskünfte dar. Die Hauptinformationsquelle dafür ist beim Kreditschutzverband von 1870 die Wirtschafts-Datenbank. Folgende Arten sind für die Kreditüberwachung von besonderem Interesse.

● *Quick-Report*

Hier werden Zahlweise und Beurteilung der zuletzt recherchierten Handelsauskunft mit Datumsangabe und eventuell vorhandene Insolvenzdaten, Inkassoverfahren sowie Negativinformationen von dritter Seite aktuell genannt. (Siehe das Beispiel in Abbildung 17, Seite 76.)

● *Datenbankreport*

Ähnlicher Inhalt wie Quick-report; es werden zusätzlich Gründungsjahr, Protokollierungs- und Eigentumsverhältnisse, Umsatz und Beschäftigte aus der letzten Handelsauskunft angeführt.

● *Teilauskünfte*

Neben den Vollauskünften kann auf Wunsch jede Auskunft auf beliebige Teilinhalte (genau definierte Auskunftssegmente) gekürzt werden.

Bonitätsüberwachungsbericht

Wenn in der Auskunftei-Datenbank Veränderungen zu einem bestimmten Punkt einer Handelsauskunft erfaßt werden (z. B. hinsichtlich Zahlweise, Inkassoerfahrungen, Negativmeldungen, Änderungen im Handelsregister), erfolgt automatisch ein Nachbericht. Diese Berichtsform ist daher für die laufende Kreditüberwachung von besonderem Interesse.

Auswertung und Beurteilung einer Handelsauskunft

Von ihrem Wesen her handelt es sich bei diesen Auskünften um *qualitative*, d. h. um nicht-numerische Informationen. Für die Entwicklung eines computergestützten Frühwarnsystems im Kreditgeschäft ist es aber notwendig, auch solche verbal formulierten Auskunftsinformationen einer *formalisierten maschinellen Auswertung* zugänglich zu machen. Diese Art der Informationsverarbeitung ist in der Praxis zwar nicht sehr verbreitet, könnte aber für die bankbetriebliche Kreditüberwachung eine wertvolle Unterstützung darstellen. „Daran wird deutlich, daß die künftige Bedeutung der qualitativen Datenkomponente für die Bonitätsprüfung und -beurteilung in erster Linie vom Gelingen des Versuchs abhängen wird, auch die nicht-numerischen Bonitätsinformationen in quantitativ faßbare Daten umzusetzen."[61]

In der betriebswirtschaftlichen Forschung finden wir auch interessante Ansätze in Richtung einer EDV-mäßigen Verarbeitung von sprachlichen

K R E D I T S C H U T Z V E R B A N D   V O N   1 8 7 0

Dokument-Nr: 49054/.../1/

Ihre Anfrage: DOKUMENT 1 / MUSTERAUSKUNFT

Max Meier Gesellschaft m.b.H. & Co. KG.   A-1010 Wien
                                       Zelinkagasse 10
                                       Tel.: 0222/666666
                                       Telex: 131313

```
              Handelsauskunft - 1
              ===================
GEGRÜNDET: 1950

PROTOKOLLIERUNG: A 5.055 Wien seit 1974.11.20

RECHTSFORM: (08) Gesellschaft m.b.H. & Co Kg. seit 1974.10.01
- Persoenlich haftender Gesellschafter:
  Max Meier Gesellschaft m.b.H.
- Kommanditist:
  Max Meier                         AS 50.000,--
  Eva Meier                         AS 50.000,--
- Gesamtprokurist:
  Dr. Max Huber

TÄTIGKEIT: (7431)
Betrieben wird ein Großhandel mit Damen- und Herrenoberbekleidung.
Man beliefert Abnehmer in ganz Österreich.

IMPORT: Zum Teil erfolgen auch Importe.

WARENLAGER: AS 2,000.000,-- bis 2,500.000,--

UMSATZ:
-1986 AS 15,000.000,--
-1987 AS 17,000.000,-- bis 18,000.000,-- (circa)
-1988 AS 17,000.000,-- bis 18,000.000,-- (erwartet)

AUSSENSTÄNDE: AS 1,500.000,-- bis 2,000.000,--

VERBINDLICHKEITEN:
AS 2,000.000,--
(für Lieferanten und Akzepte)
ferner bestehen Bankverbindlichkeiten

BESCHÄFTIGTE: 3 Angestellte, 1 Arbeiter

ZAHLWEISE: (500)
Zahlungen erfolgen meist nur langsam bis schleppend, Mahnungen und
zum Teil auch gerichtliche Betreibungen kommen vor.

BEURTEILUNG: (500)
Das Unternehmen hat eine schlechte Bonität, Kredite ohne Sicherheiten
finden keine Meinung.

WERDEGANG:
Das Unternehmen wurde 1950 von Max Meier sen. gegründet und 1970 von
seinem gleichnamigen Sohn zur Weiterführung übernommen.
```

ZENTRALE
1010 Wien
Zelinkagasse 10
Tel (0222) 534 84
Telefax (0222)
534 84-305
Telex 113002
DVR 0431591

STEIERMARK
8010 Graz
Raubergasse 16
Tel (0316) 82 14 86-0
Fax (0316) 83 59 52
Telex 312495

KÄRNTEN
9020 Klagenfurt
Dr.-F-Palla-Gasse 21
Tel (0463) 51 20 17
Fax (0463) 51 21 71
Telex 422201

OBERÖSTERREICH
4020 Linz
Mozartstr 11
Tel (0732) 27 10 36
Fax (0732) 27 50 45
Telex 21665

SALZBURG
5024 Salzburg
Mirabellplatz 7
Tel (0662) 88 20 11
Fax (0662) 70 9 04
Telex 633009

TIROL
6020 Innsbruck
Templstr. 30
Tel (0512) 59 6 96
Fax (0522) 59 6 96-12
Telex 533591

VORARLBERG
6800 Feldkirch
Kreuzgasse 14
Tel (05522) 28 3 20
Fax (05522) 28 3 22
Telex 52595

Dieser Bericht wird entsprechend den Geschäftsbedingungen der Auskunftsabteilung des Kreditschutzverbandes von 1870 erteilt, ist STRENG VERTRAULICH, darf ohne Genehmigung nicht weitergegeben oder in Prozessen vorgelegt werden. Jegliche Haftung ist ausgeschlossen, auch für etwaigen Vorsatz von Erfüllungsgehilfen. Wer die Auskunft zur Kenntnis nimmt, unterwirft sich damit diesen Bedingungen. Falls in unseren Auskünften Grundbuchdaten angeführt sind, so wird in der Regel das Datum der letzten Grundbucheinsichtnahme unserer Rechercheure bzw. Gewährsleute beigefügt. Wünschen Sie über einen in einer erwähnten Grundbesitz Angaben über den Grundbuchstand oder Grundbuchdaten neuesten Datums, ist bei uns ein amtlicher Grundbuchbericht anzufordern (Vergütung laut Tarif).

Abbildung 16: Muster einer Handelsauskunft (Quelle: Kreditschutzverband von 1870)

K R E D I T S C H U T Z V E R B A N D   V O N   1 8 7 0

1974 kam es zunächst zur Gründung der Max Meier Gesellschaft m.b.H. (B 131.415), die in weiterer Folge die Funktion als Komplementärin bei obiger KG übernahm, welche heute die Aktivitäten setzt.
Firmensitz war ehemals 1250 Wien, Müllergasse 8, seit 1973 ist das Büro in 1010 Wien, Zelinkagasse 10, in Mieträumlichkeiten.
Eine Lagerhalle besteht in 2301 Groß Enzersdorf, Wiener Straße 27, in einem firmeneigenen Objekt.

FUHRPARK: 1 LKW, 2 PKW

PERSÖNLICHES:
-Max Meier, geboren 1945.05.05, wohnhaft in 2301 Groß Enzersdorf, Wiener Straße 27
  Der Genannte ist mit Eva verheiratet, Vater dreier Kinder und an eingangs angeführter Anschrift privat wohnhaft.

GRUPPIERTE FIRMEN:
-Max Meier Gesellschaft m.b.H.   B 131.415
 1010 Wien   1974.05.05
-Meier Bekleidungs -   B 1.234
 Handelsgesellschaft m.b.H.   1978.05.05
 6020 Innsbruck

GESELLSCHAFTERDATEN:
A) Max Meier Gesellschaft m.b.H.
   Kapital: AS 500.000,--
   -Geschäftsführer:
   Max Meier
   -Gesellschafter:
   Max Meier   AS 125.000,--
   Eva Meier   AS 375.000,--

REALBESITZ:
Stand per 1988.12.15
A) EZ 5678 KG Groß Enzersdorf TZ: 2481/1981
   (01710) Haus Wiener Straße 27
B) 1980 Max Meier Gesellschaft m.b.H. & Co. KG. 1/1
C) 1980 AS 1,000.000,-- Creditanstalt-Bankverein
   1982 AS 1,500.000,-- detto
   1988 AS 5,000.000,-- Österr. Länderbank AG.

BANKVERBINDUNG: Creditanstalt-Bankverein (Rahmenkredit AS 1,000.000,--)

KSV-INKASSO-ERFAHRUNGEN:
 Datum   Betrag Status und Ablauf

 19880601 AS 4,000.00 zum Inkasso übernommen, davon
 19880728 AS 4,000.00 Zahlung nach Klage

 19880802 AS 18,000.00 zum Inkasso übernommen, davon
 19880928 AS 18,000.00 Klage eingebracht
          AS 18,000.00 offen

KREDITURTEIL:
Für einen Kredit von AS 1,000.000,-- besteht keine Meinung.

ZENTRALE
1010 Wien
Zelinkagasse 10
Tel (0222) 53 4 84
Telefax (0222)
534 84-505
Telex 113002
DVR 0431591

STEIERMARK
8010 Graz
Raubergasse 16
Tel (0316) 82 14 86-0
Fax (0316) 83 59 32
Telex 312495

KÄRNTEN
9020 Klagenfurt
Dr.-F.-Palla-Gasse 21
Tel (0463) 51 20 17
Fax (0463) 51 21 71
Telex 422201

OBERÖSTERREICH
4020 Linz
Mozartstr. 11
Tel (0732) 27 10 36
Fax (0732) 27 50 45
Telex 21665

SALZBURG
5024 Salzburg
Mirabellplatz 7
Tel (0662) 88 20 11
Fax (0662) 70 9 04
Telex 633009

TIROL
6020 Innsbruck
Templstr. 30
Tel (05222) 59 6 96
Fax (05222) 59 6 96-12
Telex 533591

VORARLBERG
6800 Feldkirch
Kreuzgasse 14
Tel (05522) 28 3 20
Fax (05522) 28 3 22
Telex 52595

Dieser Bericht wird entsprechend den Geschäftsbedingungen der Auskunftsabteilung des Kreditschutzverbandes von 1870 erteilt, ist STRENG VERTRAULICH, darf ohne Genehmigung nicht weitergegeben oder in Prozessen vorgelegt werden. Jegliche Haftung ist ausgeschlossen, auch für etwaige Vorsatz von Erfüllungsgehilfen. Wer die Auskunft zur Kenntnis nimmt, unterwirft sich damit diesen Bedingungen. Falls in unseren Auskünften Grundbuchdaten angeführt sind, so wird in der Regel das Datum der letzten Grundbucheinsichtnahme unserer Rechercheure oder Gewährsleute beigefügt. Wünschen Sie über einen in einer Auskunft erwähnten Grundbesitz Angaben über den Grundbuchstand oder Grundbuchdaten neuesten Datums, so bitten wir uns ein amtlicher Grundbuchbericht anzufordern (Vergütung laut Tarif).

Abbildung 16: Muster einer Handelsauskunft (Fortsetzung)

K R E D I T S C H U T Z V E R B A N D   V O N   1 8 7 0

Dokument-Nr: 49054/.../20/

Z E N T R A L E
1 0 1 0   W i e n
Zelinkagasse 10
Tel (0222) 534 84
Telefax (0222)
5 3 4   8 4 - 3 0 5
Telex 113002
DVR 0431591

S T E I E R M A R K
8 0 1 0   G r a z
Raubergasse 16
Tel (0316) 82 14 86-0
Fax (0316) 83 59 32
Telex 312495

K Ä R N T E N
9020 Klagenfurt
Dr.-F.-Palla-Gasse 21
Tel (0463) 51 20 17
Fax (0463) 51 21 71
Telex 422201

OBERÖSTERREICH
4 0 2 0   L i n z
Mozartstr. 11
Tel (0732) 27 10 36
Fax (0732) 27 50 45
Telex 21665

S A L Z B U R G
5024 Salzburg
Mirabellplatz 7
Tel (0662) 88 20 11
Fax (0662) 70 9 04
Telex 633009

T I R O L
6020 Innsbruck
Templstr. 30
Tel (05222) 59 6 96
Fax (05222) 59 6 96-12
Telex 533591

V O R A R L B E R G
6800 Feldkirch
Kreuzgasse 5
Tel (05522) 28 3 20
Fax (05522) 28 3 22
Telex 52595

Ihre Anfrage: DOKUMENT 20 / MUSTERAUSKUNFT

Max Meier Gesellschaft m.b.H. & Co. KG.   A-1010 Wien
                                              Zelinkagasse 10
                                              Tel.: 0222/666666
                                              Telex:131313

Q U I C K - R E P O R T
================================

Stand per 1990 01 03

ZAHLWEISE: (500)

Zahlungen erfolgen meist nur langsam bis schleppend,
Mahnungen und zum Teil auch gerichtliche Betreibungen
kommen vor.

BEURTEILUNG: (500)

Das Unternehmen hat eine schlechte Bonität, Kredite
ohne Sicherheiten finden keine Meinung.

Stand per 1990 01 19

KSV-INKASSO-ERFAHRUNGEN:

Datum		Betrag	Status und Ablauf
1988 03 01	AS	4.000,--	zum Inkasso übernommen, davon
1988 04 28	AS	4.000,--	Zahlung nach Klage
1988 04 02	AS	18.000,--	zum Inkasso übernommen, davon
1988 04 28	AS	18.000,--	Klage eingebracht
	AS	18.000,--	offen
1988 04 28	AS	5.000,--	zum Inkasso übernommen, davon
	AS	5.000,--	offen

NEGATIV-INFORMATIONEN VON DRITTER SEITE:

Erfassungsdatum	Art		Betrag
1988 04 28	Gerichtsverfahren	AS	10.000,--

Dieser Bericht wird entsprechend den Geschäftsbedingungen der Auskunftsabteilung des Kreditschutzverbandes von 1870 erteilt, ist STRENG VERTRAULICH, darf ohne Genehmigung nicht weitergegeben oder in Prozessen vorgelegt werden. Jegliche Haftung ist ausgeschlossen, auch für etwaigen Vorsatz von Erfüllungsgehilfen. Wer die Auskunft zur Kenntnis nimmt, unterwirft sich damit diesen Bedingungen. Falls in unseren Auskünften Grundbuchdaten angeführt sind, so wird in der Regel das Datum der letzten Grundbucheinsichtnahme unserer Recherscheure oder Gewährsleute beigefügt. Wünschen Sie über einen in einer Auskunft erwähnten Grundbesitz Angaben über den Grundbuchstand oder Grundbuchdaten neuesten Datums, ist bei uns ein amtlicher Grundbuchbericht anzufordern (Vergütung laut Tarif).

Abbildung 17: Muster einer Quick-Report-Auskunft

(Quelle: Kreditschutzverband von 1870)

Informationen über Unternehmensentwicklungen. So wollen beispielsweise *Schmidt*[62] und *Fischer*[63] mit Hilfe von Verfahren der *Mustererkennung* Möglichkeiten aufzeigen, welche sich aus einer Analyse von Textinhalten für die Diagnose von Unternehmensentwicklungen ergeben. „Die Transformation von Sprache in Aussage wird dabei mit Hilfe einer *computergestützten Inhaltsanalyse* vorgenommen. Damit soll versucht werden, einen bisher nicht der elektronischen Datenverarbeitung zugänglichen Problemkreis tendenziell zu automatisieren."[64] Dabei wird vom Vorkommen bzw. der Art der Formulierung bestimmter Wörter auf den Aussagegehalt geschlossen.

Was nun die Handelsauskünfte anbelangt, wird davon ausgegangen, daß ihr Inhalt zumindest indirekte Schlüsse auf die Bonität eines Unternehmens zuläßt. *Fischer* stellt daher in diesem Zusammenhang folgende Hypothese auf:[65]

> „Von der Gründung bis zum Konkursfall durchläuft ein Unternehmen verschiedene Bonitätsstadien. Diese Stadien spiegeln sich in den Auskünften der Informanten wider."

Für die Kreditüberwachung könnte sich eine Möglichkeit bieten, die Entwicklung eines Unternehmens anhand eingeholter und bewerteter Auskünfte zu beobachten und zu überwachen. Voraussetzung dafür ist allerdings, daß die jeder Auskunft zu entnehmende Information mit

- einer Bewertung (Beurteilung) und
- einem Zeitfaktor

versehen wird.

Ein Ansatz in diese Richtung gibt die Bewertung durch die Auskunftei. So sind beispielsweise die Segmente der Auskünfte des *Kreditschutzverbandes von 1870* mit bestimmten Codeangaben, die Bereiche „Zahlweise" sowie „Beurteilung/Finanzielles" mit einer *Code-Mitteilung* aufsteigend von 000 bis 600 versehen, wobei mit aufsteigender Zahl die zunehmende Negativeinstufung zum Ausdruck kommt. Die detaillierten Beschreibungen dieser Code-Tabellen finden sich in Abbildung 18.

Da die verschiedenen Auskunfteien einen unterschiedlichen Aufbau ihrer Auskünfte aufweisen, ist es notwendig, einen einheitlichen *Bewertungsrahmen* zu schaffen. Das heißt, die für jeden Auskunftsabschnitt (Informationssektor) verfügbaren zahlreichen Formulierungen werden in einem *Katalog* zusammengefaßt, der für die wichtigsten Beurteilungsbereiche (Merkmale) alle gebräuchlichen Formulierungen enthält. Danach ist „jede Formulierung des Kataloges auf ihre Aussagekraft und Bedeutung hin zu analysieren und zu bewerten. Da es sich um qualitative, nicht-metrische Daten handelt, ist nur eine Ordinalskalierung möglich".[66] Praktische Ansätze für Überlegungen in diese Richtung finden sich bei *Rödl/Winkels*[67] und bei *Klima*.[68]

Ihre Kataloge umfassen die Merkmale

- Unternehmensentwicklung
- Auftragslage
- Zahlungsweise
- Krediturteile.

Code-Tabellen: Beschreibung Zahlweise

000   Auf Grund des kurzen Bestandes verlauten am Platz bisher kaum Zahlungs-erfahrungen.

100   Die Abwicklungsweise ist korrekt, man reguliert durchwegs im Rahmen der Skontofristen.

200   Zahlungen erfolgen zum Teil innerhalb der Skontofristen, teilweise pünktlich im Rahmen der Konditionen.

300   Zahlungen erfolgen meist pünktlich im Rahmen der Konditionen, auch mit Akzepten, fallweise kommt es auch zu Verzögerungen und Mahnungen.

400   Zahlungen erfolgen unterschiedlich, zum Teil nur langsam und schleppend, Mahnungen sind erforderlich.

500   Zahlungen erfolgen meist nur langsam bis schleppend, Mahnungen und zum Teil auch gerichtliche Betreibungen kommen vor.

600   Zahlungen erfolgen nur äußerst schleppend, es kommt laufend zu gerichtlichen Betreibungen.

Code-Tabellen: Beschreibung Beurteilung / Finanzielles

000   Einblick in die internen Verhältnisse besteht nicht.

100   Das Unternehmen hat beste Bonität, Geschäftsverbindungen werden empfohlen.

200   Das Unternehmen hat gute Bonität, Kreditverbindungen sind zulässig.

300   Das Unternehmen hat ausreichende Bonität, Geschäftsverbindungen sind zulässig.

400   Das Unternehmen hat eine schwache Bonität, bei Krediten werden Sicherheiten empfohlen.

500   Das Unternehmen hat eine schlechte Bonität, Kredite ohne Sicherheiten finden keine Meinung.

600   Das Unternehmen befindet sich in einer stark insolvenzgefährdeten Situation, Vorsicht ist geboten.

Abbildung 18: Code-Mitteilungen bei Auskünften des Kreditschutzverbandes von 1870

Um die *Auswertung* der Auskunftsinhalte zu erleichtern, schlägt *Klima* vor, bereits die Einholung der Auskünfte zu formatisieren, wobei er meint: „Es ist dafür sicher ein Gespräch mit der Auskunftei notwendig, damit Sie die von Ihnen gewünschten Informationen in der vorgegebenen Form erhalten."[69]

Bei der *Bewertung* der in den Auskünften enthaltenen Aussagen gehen sowohl *Rödl/Winkels* als auch *Klima* von einer *Klassifikation* im Sinne eines „Schulnotensystems" aus, sodaß die aufsteigende Zahlenfolge eine zunehmende Negativeinstufung signalisiert. Der von *Klima* verwendete Merkmalskatalog sowie die dazugehörigen Klassifizierungen der jeweiligen Textformulierungen sind aus Abbildung 19[70] ersichtlich.

```
┌─────────────────────────────────────────────────────────────────────┐
│                          AUSKUNFTEI                                   │
│                                                                       │
│  Auskunft über:                    Empfänger:                         │
│  Firma:                                                               │
│  Adresse:                          Datum:                             │
│  HR-NR.:                           Auftrag vom:                       │
│  Besitzverhältnisse:               Erledigung:   normal/express       │
│                                                                       │
│                          BEURTEILUNG                                  │
│                                                                       │
│  Unternehmensentwicklung           Auftragslage                       │
│                                                                       │
│  [3] Neugründung                   [3] Neugründung                     │
│                                                                       │
│  [1] Positive Unternehmensentwicklung  [1] Ausgezeichnete Auftragslage │
│                                                                       │
│  [4] Stagnierende Unternehmensentwicklung [3] Zufriedenstellende Auftragslage │
│                                                                       │
│  [5] Rückläufige Unternehmensentwicklung  [4] Stagnierende Auftragslage │
│                                                                       │
│                                    [5] Rückläufige Auftragslage        │
│                                                                       │
│  Zahlungsweise                                                        │
│                                                                       │
│  [3] Neugründung                                                      │
│                                                                       │
│  [1] Skontoausnutzung                                                 │
│                                                                       │
│  [2] pünktlich                                                        │
│                                                                       │
│  [3] Zahlungserfahrungen liegen noch nicht vor                        │
│                                                                       │
│  [4] Zielüberschreitung                                               │
│                                                                       │
│  [5] Betreibungen, Klagen etc.                                        │
│                                                                       │
│  Krediturteil                                                         │
│                                                                       │
│  [3] Neugründung                   [5] Von der Bezifferung eines       │
│                                        Höchstkredites wird abgesehen   │
│  [1] Kredite sind zulässig                                            │
│                                    [5] Ein Höchstkredit kann derzeit   │
│  [1] TöS ..... zulässig                noch nicht genannt werden       │
│                                                                       │
│  [3] TöS ..... zu hoch, Höchstkredit TöS .....  [5] Kredite sind nicht zulässig │
│                                                                       │
│  [3] Kredite werden nicht abgesprochen  [5] Kredite sind Vertrauenssache │
│                                                                       │
│  [4] Kein Krediturteil möglich     [5] Es wird Vorauszahlung empfohlen │
│                                                                       │
│  [5] Kredite erfordern Sicherheiten [5] TöS ..... unzulässig          │
│                                                                       │
│  [5] TöS ..... erfordern Sicherheiten [5] Von der Bezifferung eines    │
│                                        Höchstkredites wird abgesehen   │
│  [5] TöS ..... sollten vorerst abgesichert                            │
│      werden                                                           │
└─────────────────────────────────────────────────────────────────────┘
```

Abbildung 19: Merkmalskatalog von Auskünften nach *Klima*

Für die Kreditüberwachung bedeutet dies, daß Fachleute in einer bestimmten Stelle der Bank (z. B. *bankinterne* Auskunftei) die über die Kunden eingeholten Auskünfte analysieren und nach einem institutsspezifischen Beurteilungsschema auswerten. Das Ergebnis dieser Kurzbewertung ist EDV-mäßig zu erfassen und steht damit in Form einer bankinternen Datei (z. B. *Meldungsdatei*) allen Entscheidungsträgern rasch zur Verfügung.

4.3 Bankauskünfte

Bankauskünfte und Bankgeheimnis

Aufgrund ihrer Aufgaben haben Banken die technischen und informationsmäßigen Voraussetzungen, einen breiten Komplex von Wirtschaftsdaten und kreditrelevanten Informationen zu erfassen. Den Banken stehen ja vielfältige (teilweise sogar gesetzlich vorgeschriebene) Möglichkeiten der Kreditprüfung offen. Daher ist es seit mehreren Jahrzehnten „in zunehmendem Maße üblich geworden, daß die Banken über die wirtschaftliche Situation ihrer Kunden, namentlich über deren Kreditfähigkeit und Kreditwürdigkeit, als kompetente Stellen befragt werden und auch tatsächlich Auskünfte erteilen".[71] Gleichzeitig ist aber bei der Weitergabe derartiger Informationen auf geschäftspolitische und rechtliche Überlegungen (z. B. Bankgeheimnis) bedacht zu nehmen.

Im § 23 KWG 1979, der unverändert geblieben ist, wurden *Bankgeheimnis* und *Bankauskünfte* erstmals rechtlich geregelt.[72] Danach dürfen die Banken „Geheimnisse, die ihnen ausschließlich auf Grund der Geschäftsverbindungen mit Kunden oder auf Grund des § 16 Abs. 2 anvertraut oder zugänglich gemacht worden sind, nicht offenbaren oder verwerten (Bankgeheimnis)". Die Verpflichtung zur Wahrung des Bankgeheimnisses besteht nach § 23 Abs. 2 nicht „für allgemein gehaltene banktübliche Auskünfte über die wirtschaftliche Lage eines Unternehmens, wenn dieses der Auskunftserteilung nicht ausdrücklich widerspricht". ·

Aus diesem Gesetzestext ergibt sich nun, „daß keine konkreten Geheimnisse geoffenbart werden dürfen. Dem Anfragenden darf also z. B. nicht mitgeteilt werden, in welchem Maße der Unternehmer gerade einen Bankkredit ausgenützt hat, wie hoch allfällige Kontostände sind, ob der Kunde sein Konto öfter überzogen oder ob er gar ungedeckte Wechsel ausgestellt hat. Zulässig sind vielmehr nur allgemeine Beurteilungen über die wirtschaftliche Lage des betreffenden Unternehmers, wobei freilich die konkreten Tatsachen in diese Beurteilung einfließen".[73]

Divergierende Interessenlagen lassen daher nur eine beschränkte Weitergabe von Informationen zu, wobei Banken bei der Auskunftserteilung grundsätzlich vorsichtig vorgehen. „So werden zum Beispiel Negativauskünfte mit Rücksicht auf bankeigene Beziehungen zum beauskunfteten Unternehmen regelmäßig mehr oder weniger zurückhaltend erteilt."[74]

Inhalt und Aufbau der Bankauskunft

Manche Kreditinstitute sind dazu übergegangen, für ihre Auskünfte standardisierte *Formulare* (siehe Abbildung 20) zu verwenden, auf denen vorgegebene Formulierungen

- zur Geschäftsabwicklung
- zur Unternehmensentwicklung

– zum Zahlungsverhalten und
– zum Bonitätsurteil

angekreuzt werden.

Wo nicht mit Formularen gearbeitet wird, werden von den Banken für die Auskunftserteilung gleichbleibende bzw. ähnliche *Wortschablonen* verwendet. Abbildung 21[75] gibt einen Leitfaden für das richtige Deuten der Formulierungen einer Bankauskunft.

I. Wir stehen mit der angefragten Firma/Person

1. ☐ nicht
2. ☐ unbedeutend
3. ☐ nur als Nebenbank
4. ☐ in kleinerem Umfang

5. ☐ auf kreditorischer Basis
6. ☐ auf debitorischer Basis
7. ☐ seit kurzem
8. ☐ langjährig

in Geschäftsverbindung.

9. ☐ Weitere Bankverbindungen bestehen unseres Wissens mit

10. ☐ Wir verweisen auf unsere Auskunft vom .... , die heute noch zutreffend ist

II. Bewertung der Geschäftsabwicklung bei unserem Institut

11. ☐ sehr positiv
12. ☐ ordnungsgemäß
13. ☐ vereinbarungsgemäß

14. ☐ Terminverzögerungen treten auf
15. ☐ im Rahmen getroffener Abstattungsvereinbarungen
16. ☐ nicht ordnungsgemäß

III. Informationen über Zahlungsweise (durch Dritte)

17. ☐ ordnungsgemäß
18. ☐ Zahlungsverzögerungen sind vorgekommen

19. ☐ Liquiditätsanspannungen sind ersichtlich
20. ☐ Zahlungsanstände sind vorgekommen

IV. Bilanzunterlagen zeigen eine

21. ☐ expansive Geschäftsentwicklung
22. ☐ günstige ☐ ungünstige Ertragslage
23. ☐ stagnierende Geschäftsentwicklung
24. ☐ rückläufige Geschäftsentwicklung

25. ☐ geordnete Finanzierung
26. ☐ auf verstärkten Fremdmitteleinsatz abgestellte Finanzierung
27. ☐ ausschließlich auf Fremdmitteleinsatz abgestellte Finanzierung

V. ☐ **Einblick in die (aktuellen) wirtschaftlichen Verhältnisse haben wir nicht**

VI. Bonitätsurteil zu angefragten Verbindlichkeiten in Höhe von

28. ☐ gut
29. ☐ vertretbar
30. ☐ im Rahmen des Geschäftsumfanges
31. ☐ bei Verteilung auf mehrere Abschnitte und Fälligkeiten im Rahmen des Geschäftsumfanges

32. ☐ im Rahmen der über uns getätigten Kontoumsätze
33. ☐ Besicherungen erscheinen erforderlich
34. ☐ keine Stellungnahme möglich

VII. ☐

Abbildung 20: Formular einer Bankauskunft

Was das Kreditinstitut schreibt...	...und was damit gemeint ist.
Die Leitung des Unternehmens liegt in sachkundigen und sehr vertrauenswürdigen Händen. Wir gewähren Kredit auf ungedeckter Basis.	Ausgezeichnete Beurteilung, Management und wirtschaftliche Lage des Unternehmens sind über jeden Zweifel erhaben.
Wir stehen mit dem Unternehmen seit Jahren in angenehmer Geschäftsverbindung und halten es für die von ihm eingegangenen Verpflichtungen für unbedenklich gut.	Sehr gute Gesamtverhältnisse.
Die Leitung des Unternehmens genießt unser vollstes Vertrauen. In Anspruch genommene Kredite wurden ordnungsgemäß abgewickelt.	Eine Geschäftsverbindung kann empfohlen werden.
Wir halten die Firma für die von ihr eingegangenen Verbindlichkeiten – auch in der angefragten Höhe – für gut.	Gute allgemeine Beurteilung mit Bestätigung der konkreten Kreditsumme.
Für den angefragten Betrag ist unser Kunde gut.	Im konkreten Fall unbedenklich. Ohne ergänzende Aussagen jedoch nicht automatisch positive Rückschlüsse auf das gesamte Unternehmen möglich.
Aufgrund unserer langjährigen Geschäftsverbindung sind wir der Überzeugung, daß nur Verbindlichkeiten eingegangen werden, die auch eingehalten werden können.	Die Bonität dieses Kunden ist einwandfrei.
Aufgrund unserer bisherigen Erfahrungen möchten wir annehmen, daß die Firma keine Verpflichtungen eingehen würde, die sie nicht erfüllen kann.	Die Beurteilung ist etwas zurückhaltender, daher insgesamt nur noch befriedigend.
Wir stehen mit Kredit auf gedeckter Basis zur Vefügung. Näheren Einblick in die finanziellen Verhältnisse haben wir nicht.	Es ist nicht erkennbar, ob der Kredit überhaupt in Anspruch genommen wird. Ergänzende Auskünfte einholen, da die Bank kein Urteil abgibt.
Nachteiliges über die Zahlungsweise wurde bisher nicht bekannt.	Die Geschäftsverbindung ist nicht besonders eng. Die Bank möchte daher nicht näher Stellung nehmen.
Die Kontoführung erfolgte nicht immer ordnungsgemäß.	Warnung. Es kamen Überziehungen vor. Nicht erkennbar, ob Kredit beansprucht wird.
Wir glauben, daß der Kunde für Einlösung sorgen wird.	Die Deckung für die Verbindlichkeit ist zur Zeit noch nicht vorhanden.
Wir haben Kredit in mittlerer Höhe zur Verfügung gestellt, der voll beansprucht wird. Vereinzelt kommen Überziehungen vor. Verpflichtungen – soweit wir sie beobachten konnten – wurden erfüllt.	Die Liquidität könnte besser sein, daher in der Gesamtbewertung nur noch ausreichend.
Die angefragte Verbindlichkeit in Höhe von 100 000 Mark erscheint uns sehr hoch. Ohne nähere Einzelheiten können wir keine Stellung nehmen.	Hier ist Zurückhaltung angebracht.
Eine Geschäftsverbindung besteht seit Jahren. In persönlicher Hinsicht ist nichts Nachteiliges bekannt. Grundbesitz ist vorhanden, der unseres Wissens voll belastet ist. Die liquiden Mittel scheinen angespannt.	Kredit nur gegen einwandfreie, ausreichende Sicherheiten ratsam.
Zu Ihrer Anfrage, ob gut für einen Warenkredit von 100 000 Mark, können wir keine Stellung nehmen.	Vorsicht, wenn die auskunftsgebende Stelle Hauptbankverbindung ist und keine weiteren Aussagen macht. Vor Geschäftsabschluß unbedingt weitere Informationen einholen.
Nach unseren Informationen ist die Auftragslage nicht günstig. Wir stehen der weiteren Entwicklung des Unternehmens zurückhaltend gegenüber.	Die Firma könnte in absehbarer Zeit in Zahlungsschwierigkeiten kommen.
Nach unseren Informationen ist die Auftragslage in der Branche angespannt. Die weitere Entwicklung bleibt abzuwarten.	In Wahrheit befürchtet die Bank nicht für die Branche, sondern für das Unternehmen wirtschaftliche Schwierigkeiten.
Die finanziellen Verhältnisse erscheinen angespannt. Dies wirkt sich auf die Zahlungsweise aus. Die Kontoführung gab Anlaß zu erheblichen Beanstandungen.	Es gab Scheckretouren und unter Umständen Wechselproteste. Vorsicht bei Krediten.
Der Kunde hat uns nicht ermächtigt, über ihn Auskunft zu erteilen. (Der Kunde hat uns angewiesen, über die zu unserem Hause bestehende Geschäftsverbindung keinerlei Auskunft zu erteilen.)	Äußerst negativ: es können Wechselproteste, eidesstattliche Erklärungen oder Zwangsvollstreckungen vorliegen. (In seltenen Fällen kann es sich auch um ein gesundes, aber sehr informationsfeindliches Unternehmen handeln.)

Abbildung 21: Leitfaden für das Lesen einer Bankauskunft

Auswertung von Bankauskünften

Wie bei den Handelsauskünften ist auch für die systematische Auswertung der Bankauskünfte ein Bewertungsschema festzulegen. Die nachfolgenden Beispiele sollen wieder als Anregungen in diese Richtung dienen.

Ausgehend von den in Abbildung 21 wiedergegebenen Formulierungen von Kreditinstituten schlägt zum Beispiel *Fischer*[76] fünf Bewertungsbereiche vor:

Normalbereich I

umfaßt ausschließlich gute und sehr gute Beurteilungen über Kreditnehmer ohne jegliche Einschränkungen
(z. B.: „Wir gewähren Kredit auf ungedeckter Basis." oder: „Die Leitung des Unternehmens genießt unser vollstes Vertrauen.")

● *Normalbereich II*

umfaßt eingeschränkt positive Beurteilungen
(z. B.: „Wir stehen mit Kredit auf gedeckter Basis zur Verfügung.")

● *Warnbereich*

umfaßt weder eindeutig positive noch eindeutig negative Auskünfte
(z. B.: „Wir haben Kredit in mittlerer Höhe zur Verfügung gestellt, der voll beansprucht wird. Vereinzelt kommen Überziehungen vor.")

● *Gefährdungsbereich*

umfaßt „sich allmählich verschlechternde Beurteilungen, die entweder auf eine vorübergehend kritische Phase schließen lassen oder gar auf dauerhafte Schwierigkeiten"
(z. B.: „Zu Ihrer Anfrage, ob gut für einen Kredit von S . . . . . können wir keine Stellung nehmen.")

● *Schadenbereich*

umfaßt jene Auskünfte, die Aussichten auf wirtschaftliche Gesundung ausgesprochen gering erscheinen lassen
(z. B.: „Die finanziellen Verhältnisse erscheinen angespannt." „Die Kontoführung gab Anlaß zu erheblichen Beanstandungen.")

Jede verfügbare Information des betreffenden Bereiches der Auskunft wird nun einer dieser fünf Bewertungszonen zugeordnet, „die für unterschiedliche Gefährdungsgrade des Kreditnehmers und für unterschiedliche Risiken des Kreditgebers stehen".[77] Abbildung 22[78] zeigt beispielhaft für einen Unternehmensbereich den Verlauf einer bewerteten Information.
Klima und *Rödl/Winkels*[79] benutzen ein *Notensystem*, mit dem Bankauskünfte beurteilt werden. Der von *Klima* verwendete „Interpretationsschlüssel" ist aus Abbildung 23 ersichtlich.

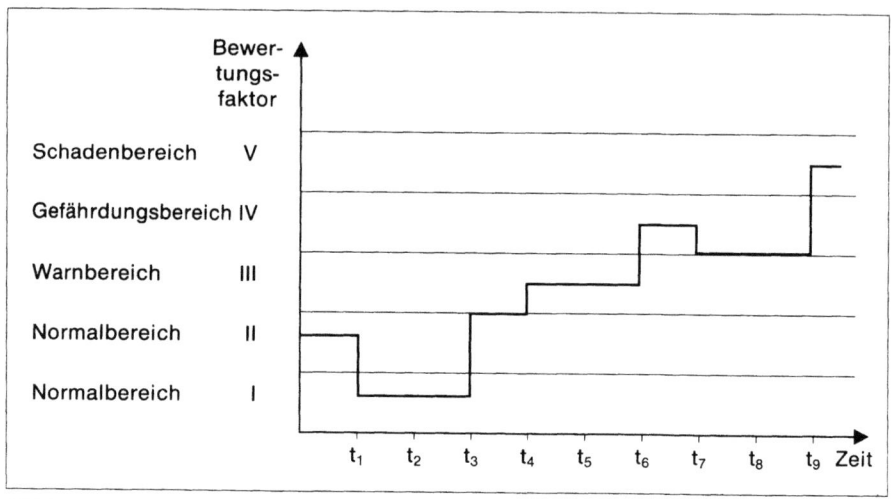

Abbildung 22: Bewertungsverlauf einer Information über ein Unternehmen im Zeitverlauf

Alle diese Beispiele bieten Anregungen für ein eigenes Beurteilungsschema innerhalb der Bank, mit dessen Hilfe Bankauskünfte systematisch analysiert und bewertet werden können. Unseres Erachtens ist es von Vorteil, wenn sowohl für Bankauskünfte als auch für Handelsauskünfte hinsichtlich der Klassifikationseinteilung eine einheitliche Bewertungsskala geschaffen wird. Auf diese Weise wird es möglich, die Auskünfte einer formalisierten und maschinellen Erfassung zugänglich zu machen.

Auswertung von Bankauskünften	
Krediturteil	**Beurteilung**
– unbedenklich gut	1
– geht keine Verpflichtungen ein, die nicht erfüllt werden können	1
– gut	2
– gut zu halten	2
– im Rahmen	3
– dürfte keine Verpflichtungen eingehen, die nicht erfüllt werden können	3
– dürfte noch im Rahmen liegen	5
– es wird empfohlen, auf Mitverpflichtete zu achten	5
– die Kontoführung erfolgte nicht immer ordnungsgemäß	5
– wir glauben, daß der Kunde für Einlösung sorgen wird	5
– Kredit in mittlerer Höhe zur Verfügung gestellt – Überziehungen kommen vereinzelt vor; Verpflichtungen wurden erfüllt – soweit wir sie beobachten konnten	5
– die liquiden Mittel scheinen angespannt	5
– der Kunde hat uns nicht ermächtigt, über ihn Auskunft zu erteilen	5

Abbildung 23: Auswertung von Bankauskünften (nach *Klima*)

84

Grenzen der Aussagefähigkeit von Handels- und Bankauskünften

Die Informationsgewinnung mit Hilfe von Handelsauskünften und Bankauskünften birgt jedoch auch verschiedenartige Probleme in sich. Die *Informationsqualität* dieser beiden Auskunftstypen wird vor allem durch ihre „Realitätsnähe" bestimmt, d. h. ob sie sich auf Tatsachen, Meinungen und Gerüchte stützen, wobei die Grenzen oft fließend sind.[81]

Auch Auskünfte sind nicht frei von subjektiven Meinungen. Dies ist auch gar nicht erstrebenswert, denn eine Auskunftei, die sich ausschließlich auf die Weitergabe erwiesener Fakten und Tatsachen beschränkt, wäre für den geschäftlichen Verkehr zum Teil wertlos. Denn es wäre dann ja unmöglich, vor drohenden bzw. vermuteten Gefahren zu warnen. Das Problem besteht nun darin, daß es in den meisten Fällen nicht ersichtlich ist, ob es sich bei Auskunftsinformationen nun um Tatsachen, Meinungen oder gar Gerüchte handelt. Daher gilt:[82]

> „Generell sind sämtliche Informationen von dritter Seite mit Bedacht und zwischen den Zeilen zu interpretieren."

Neben dieser Schwierigkeit ist bei der Benutzung von Auskünften noch folgendes zu bedenken:[83]

- Auskünfte können kein vollständiges, repräsentatives Bild ergeben, da die Daten nur unter dem Gesichtspunkt der Verfügbarkeit erfaßt werden.
- Auskünfte sind uneinheitlich und manchmal nicht mehr aktuell.
- Da Auskünfte inhaltlich verschlüsselt sind, erfordern sie ein hohes Maß an Interpretationsvermögen. Fehlinterpretationen sind dabei niemals auszuschließen.
- Durch die in Wortschablonen verpackten Bonitätsaussagen können sich Schwierigkeiten bei der Bewertung bzw. bei der Zuordnung zu Beurteilungsbereichen ergeben.
- Bankauskünfte sind sehr vorsichtig gehalten, wobei unternehmensgefährdende Entwicklungen meist erst sehr spät weitergegeben werden.

Durch diese Hinweise soll die Bedeutung von Handels- und Bankauskünften für die Kreditüberwachung nicht geschmälert werden. Wir wollen damit lediglich die Grenzen der Aussagefähigkeit dieser Informationsquellen deutlich machen.

Für eine effiziente Kreditüberwachung ist es zweckmäßig, *mehrere* Informationsquellen zu nutzen, d. h. Auskünfte möglichst bei verschiedenen Auskunfteien bzw. Banken einzuholen. Arbeitet man beispielsweise mit zwei Auskunfteien zusammen, so sollten Auskünfte in abwechselnder Reihenfolge einmal von der einen, das nächste Mal von der anderen eingeholt werden. Darüber hinaus ist es natürlich wichtig, die in den

Auskünften enthaltenen Informationen stets durch eigene Analysen und Beobachtungen zu überprüfen bzw. zu ergänzen.

4.4 Branchenberichte

Bedeutung von Branchenberichten und Branchenkennzahlen

Da die Ausprägung der Vermögens- und Kapitalstruktur sowie die Finanz- und Ertragssituation des Unternehmens sehr stark von der jeweiligen Branche abhängen, kann die Branchenzugehörigkeit als der wichtigste von außen auf das Unternehmen einwirkende Einflußfaktor betrachtet werden.[84]

Für die Kreditüberwachung von besonderer Bedeutung ist die Lage des Unternehmens des Kreditnehmers im Vergleich zu dessen Konkurrenten. Ein Vergleich der Entwicklungstendenz des Unternehmens mit der Branchenentwicklung gibt weiters Aufschluß über dessen Stellung innerhalb der Branche, da „ein fundiertes Urteil, im besonderen über die Ertragskraft, vielfach nur mit Hilfe von Branchenvergleichszahlen möglich ist".[85]

Für die *gesamtengagementbezogene* Kreditüberwachung sind vor allem folgende Daten über die *Branchenstruktur* sowie über die *Branchenkonjunktur* von Interesse:

Branchenstruktur

- Entwicklung der Anzahl der Betriebe
- Verteilung auf Betriebsgrößenklassen
- Regionale Verteilung
- Zahl der Erwerbstätigen
- Marktanteile
- Zahl und regionale Verteilung der Konkurrenten

Branchenkonjunktur

Entwicklungsdaten bezüglich

- Nachfrage
- Umsätze
- stückmäßige Produktion und Produktionswerte
- Auftragsstand
- Exporte
- Importe

Bei der Überwachung der *einzelnen* Kreditengagements werden *Branchenkennzahlen* zu den Bereichen

- Vermögenssituation
- Kapitalstruktur
- Finanzierung und Liquidität

- Ertragsentwicklung
- Aufwandssituation
- Rentabilitätssituation

herangezogen.

Für die Gewinnung derartiger Branchenkennzahlen gibt es in der Praxis im wesentlichen drei Ansätze:

- *Größere Kreditinstitute* versuchen in den letzten Jahren, aus dem *eigenen Bilanzmaterial* aussagefähige Branchenkennzahlen zu erarbeiten. „Sehr bewährt hat sich die Erstellung *zwischenbetrieblicher* Vergleiche (Konkurrenzvergleiche). Bei Vorhandensein von entsprechend detaillierten Daten eröffnet sich damit zugleich gegenüber den Kunden die Möglichkeit einer gezielten Beratungstätigkeit, die sogar bis zu einer *Schwachstellenanalyse* reichen kann."[86] Ein Beispiel für einen institutsinternen Branchenvergleich findet sich bei der Darstellung der EDV-Bilanzauswertung in Abbildung 75, Seite 258 ff.

- Um zu einem repräsentativen Datenmaterial zu gelangen, wird die Ermittlung von Branchenvergleichswerten meist von den *Spitzeninstituten* der jeweiligen Sektoren wahrgenommen. Als Beispiel sei hier der Sparkassensektor angeführt, wo die Girozentrale die von den einzelnen Sparkassen nach einheitlichen Grundsätzen aufbereiteten Bilanzauswertungen zu Branchen-Kennzahlenberichten verarbeitet.

- Neben diesen von der Kreditwirtschaft selbst erstellten Branchenunterlagen besteht auch die Möglichkeit, die Auswertungen diverser *Forschungs-* und *Kammerinstitutionen* als Informationsquelle heranzuziehen. Für den Bereich der Klein- und Mittelbetriebe kommen dafür vor allem folgende Institutionen in Frage:
  - Institut für Gewerbeforschung
  - Institut für Handelsforschung
  - Institut für Tourismusforschung
  - Rationalisierungsreferat der Bundeswirtschaftskammer.

Branchenkennzahlen: Ihr Nutzen, ihre Grenzen

Der Nutzen von Branchenkennzahlen für Zwecke der Kreditüberwachung wird von den Kreditinstituten sehr unterschiedlich beurteilt. Einige Institute betrachten sie als wertvolle Ergänzung zur Jahresabschlußanalyse, andere wiederum verwenden derartige Branchenkennziffern überhaupt nicht. Die Zurückhaltung resultiert vor allem aus folgenden Schwierigkeiten:

- Der Erfolg institutsinterner Branchendateien ist davon abhängig, ob für die einzelnen Branchen so viele Bilanzen ausgewertet und gespeichert wurden, daß die *Repräsentativität* gewährleistet ist, da ja innerhalb einer Branche auch nach Betriebsgrößenklassen differenziert werden muß.

- Innerhalb einer Branche weisen die Kennzahlen oftmals eine sehr große *Streuung* auf.

- Bei Unternehmungen mit mehreren Sparten (z. B. Handel, Erzeugung) ergeben sich Probleme der *Zuordnung* zu einer konkreten Branche.
- Die von verschiedenen Forschungsinstitutionen verwendeten Berechnungsmethoden und Kriterien weichen in manchen Fällen von den Verfahren der Kreditinstitute ab. So werden beispielsweise unterschiedliche *Kennzahlendefinitionen* sowie verschiedene Kriterien für die Festlegung der Betriebsgrößenklassen („Anzahl der Beschäftigten", „Betriebsleistung") verwendet.
- So wie die Bilanz selbst sind auch die Branchenkennzahlen vielfach veraltete Werte und entsprechen daher nicht immer der aktuellen Branchensituation (Branchenkonjunktur).

In der Praxis dürfte es (insbesondere bei Prolongationsentscheidungen) am zweckmäßigsten sein, die wesentlichen Bilanzwerte des Kreditkunden mit den Werten einiger nach Betriebsgegenstand und Betriebsgröße weitestgehend ähnlicher Betriebe anderer Kunden zu vergleichen.

4.5 Sonstige Quellen

Weitere – nicht unwesentliche – bankexterne Informationsquellen sind Meinungen von *dritter Seite* über das Unternehmen und seinen Inhaber. Dazu gehören insbesondere Informationen von

- Mitarbeitern
- Kunden
- Lieferanten sowie
- Mitbewerbern

des Kreditnehmerunternehmens.

Vor allem *Informationen aus der Branche* sind – mit der nötigen Vorsicht eingeschätzt – für die Kreditüberwachung von Interesse. „In jeder Branche wird viel getratscht. Wenn man in einer Branche Insider ist, dann hört man den Tratsch der Branche, der Tratsch hat wahre Elemente, aber auch übersteigerte. Kennt man die Branche näher, dann kann man gewichten und daraus sehr wichtige Informationen bekommen."[87]

Neben all den bisher genannten Quellen stehen weitere Möglichkeiten der Informationsbeschaffung durch allgemein zugängliche Presseveröffentlichungen offen. Von Bedeutung für die Kreditüberwachung sind hier Berichte über Firmen bzw. über deren Inhaber in

- Tageszeitungen
- Lokalzeitungen (z. B. Bezirkszeitung)
- Wirtschaftszeitschriften (z. B. Trend, Gewinn, Profil usw.)
- Kammerzeitungen (z. B. Wiener Wirtschaft)
- Branchenpublikationen (z. B. Innungszeitschriften) usw.

Durch aufmerksames Verfolgen der Berichterstattung in diesen Medien können oftmals interessante „Entdeckungen" hinsichtlich der eigenen Kreditnehmer gemacht werden.

5. Bankinterne Quellen

5.1 Grundlagen

Bedeutung der bankinternen Informationsquellen für die Kreditüberwachung

Im Gegensatz zu den bankexternen Informationsquellen handelt es sich hier um Informationen, die sich unmittelbar aus der *Geschäftsbeziehung* mit dem Kreditnehmer ergeben. Auch anhand dieser Informationen kann die wirtschaftliche Entwicklung eines Kreditnehmers verfolgt werden.[88] Die Bank hat daher während einer laufenden Kreditverbindung vielfältige Möglichkeiten, insbesondere das *Zahlungsverhalten* des Kreditkunden zu analysieren und in geeignete Informationen für die Kreditüberwachung umzusetzen.

> Aus dem Geschäftsverkehr der Kreditnehmer mit der kreditgewähren-
> den Bank lassen sich zahlreiche Frühwarnsymptome ableiten.

Da die aus den Jahresabschlüssen des Kreditnehmers gewonnenen Informationen für die Kreditüberwachung nur bedingt geeignet sind, weisen bankinterne Daten vor allem folgende *Vorteile* auf:

- Unabhängigkeit bei der Informationsbeschaffung
  (Mit dem Kreditnehmer muß kein Kontakt aufgenommen werden.)
- Verfügbarkeit und Zugriffsmöglichkeit zu den Daten
  (Die Geschäftsverkehrsdaten fallen innerhalb der Bank an.)
- Beschaffungszeit
  (Bankinterne Informationen sind unmittelbar und prompt verfügbar.)
- Kosten der Informationsbeschaffung
  (Kosten, wie sie bei externen Informationen anfallen, treten nicht auf.)
- Aktualität der Information
  (Sämtliche aus dem Geschäftsverkehr stammende Zahlungsbewegungen sind stets auf dem aktuellen Stand.)
- Zuverlässigkeit und Genauigkeit der Informationen
  (Im Unterschied zur Bilanz besteht bei bankinternen Daten eine geringere Möglichkeit der Datenmanipulation.)

> Unter den einer Bank für die Kreditüberwachung zur Verfügung
> stehenden Informationsmöglichkeiten haben die bankinternen In-
> formationsquellen einen besonders hohen Stellenwert.

Voraussetzung für die optimale Nutzung dieses bankinternen Informationspotentials ist eine umfassende und differenzierte Datenaufbereitung. Es gilt daher, die im Rahmen des Geschäftsverkehrs mit dem Kreditkunden anfallenden Informationen

- gezielt zu erfassen,
- systematisch zu verarbeiten und
- in Form von entscheidungsorientierten (Frühwarn-)Informationen

zur Verfügung zu stellen.

EDV-Einsatz

Im Kreditgeschäft geht es im wesentlichen um EDV-mäßige Unterstützung für die

- Arbeitsgänge des Tagesgeschäftes
- Kundenberatung, Kreditprüfung und Kreditüberwachung
- Steuerung des Kreditgeschäfts (Kreditmanagement).

Aufgrund des enorm großen Datenanfalles werden in den Kreditinstituten unter anderem folgende Arbeitsschritte maschinell abgewickelt:[89]

- Kontostandsführung
- Kreditrahmenüberwachung
- Überziehungseinräumung
- Zinsrechnung
- Mahnungen
- Kontoabschluß.

Für die Kundenberatung und Kundenbetreuung sowie die Kreditentscheidung und -überwachung sind zahlreiche Informationsbeschaffungsaktivitäten erforderlich, die mit Hilfe der EDV rascher, rationeller und effizienter durchgeführt werden können. Dies ist allerdings „nur mit Hilfe eines umfassenden Kundeninformationssystems zu realisieren, da bei den herkömmlichen Organisationsformen die vielfältigen Kundendaten in unterschiedlichen Karteien, Akten und Konteninformationssystemen verwaltet werden und damit eine adäquate Zusammenführung unmöglich ist".[90]

Das heißt, daß zwischen *Kundeninformationssystem* und *Kreditinformationssystem* enge Beziehungen bestehen: In das Kreditinformationssystem werden eine Reihe von Informationen aus dem Kundeninformationssystem einfließen. Umgekehrt wird das Kreditinformationssystem auch selbst Informationslieferant sein. Die Güte eines derartigen Informationssystems richtet sich nach

- Art und Umfang des Inhaltes
- der Zugriffsgeschwindigkeit sowie
- den Möglichkeiten, Auswertungen für unterschiedliche Informationszwecke zu erstellen.

Für die Kreditüberwachung ist es wichtig, sowohl die aus bankinternen als auch aus bankexternen Quellen (Unternehmen, Auskunfteien usw.) stammenden Informationen in eigenen *Dateien* zu erfassen. Die physische und logische Verknüpfung aller Dateien mit den diesbezüglichen Kunden- und Kreditinformationen ergibt die *Kreditnehmerdatenbank*. Sie ist das zentrale Element des Kreditinformations- und Kreditüberwachungssystems (siehe Abbildung 24).

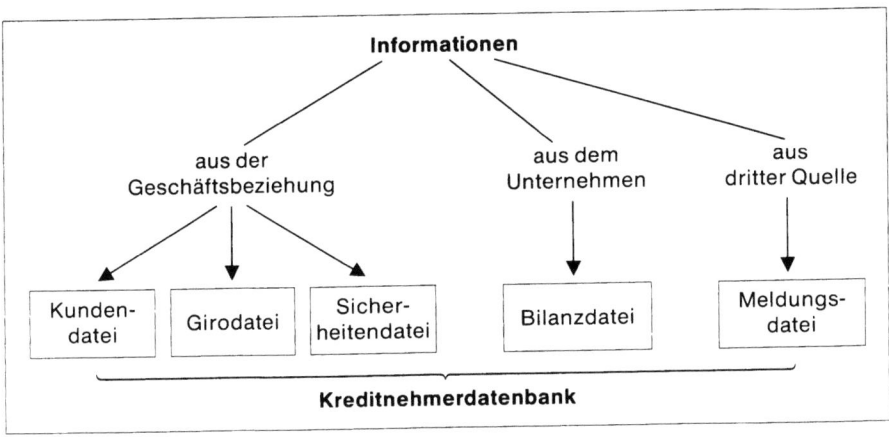

Abbildung 24: Dateien der Kreditnehmerdatenbank

Beim Aufbau einer Datenbank sollen vor allem folgende Anforderungen Berücksichtigung finden:[91]

„– Möglichst weitgehende *Redundanzfreiheit* der Daten:
Jedes Datenelement soll nur einmal in der Datenbank vorkommen. Es soll jeweils dort verfügbar gemacht werden, wo es benötigt wird. Neben rein technischen Realisierungsproblemen dieses Postulats ist das Redundanzproblem vor allem im Verhältnis abgeleiteter Daten zu den Ursprungs- oder Basisdaten evident.

– *Minimierung des Datenverarbeitungsaufwandes*:
Updating und Auswertung – und der Verarbeitungszeiten.

– *Wirtschaftliche Verwaltung* der Datenbestände:
Minimaler Aufwand bei der Verwaltung des physischen Speicherplatzes und bei der Verwaltung der Verknüpfungsstrukturen.

– *Anwendungsunabhängigkeit*:
Sowohl Einzelabfragen als auch die Verarbeitung großer Datenbestände sollen möglich sein.

– *Erweiterbarkeit*:
Neben der Berücksichtigung reiner Datenänderungen soll auch die Aufnahme neuer Datenbestände jederzeit möglich sein.

– *Benutzerorientierung*:
Bestmögliche Regelung der Mensch-Maschine-Beziehung. Auch Benutzer mit geringen EDV-Kenntnissen müssen in die Lage versetzt werden, mit der Datenbank zu arbeiten. Hinzu kommt, daß die Reaktionszeiten auf eine Datenbankanfrage nicht zu lang sein dürfen.

– Hoher *Sicherheitsgrad* gegenüber Datenmißbrauch und Datenzerstörung."

Die Arbeit mit Datenbanken erfolgt heute überwiegend im *On-line-Verfahren*. Hier besteht ein unmittelbarer Dialog zwischen Computer und

Benutzer. Diese Art der Direktverarbeitung erlaubt eine unmittelbare Verbuchung von Geschäftsvorfällen, permanente Bestandsveränderung sowie direkten Zugriff zu allen Kunden- und Kontendaten.

Mit Hilfe entsprechender *Verknüpfungen* von Dateien ist es möglich, die verschiedenartigsten Daten- und Informationsauswertungen ohne Änderung der Stammdaten bzw. ohne Änderung in der Speicherungsanordnung zu erhalten. Damit sind *On-line-Abfragen* in einem Dialogsystem variierbar und können für unterschiedliche Zwecke mit jeweils ausgewählten Datengruppen individuell gestaltet werden. Wir wollen uns im folgenden auf jene Dateien und Abfragemöglichkeiten beschränken, die für die Kreditüberwachung besondere Bedeutung haben.

5.2 Bankinterne Dateien für die Kreditüberwachung

Die Kundendatei

Bei bestehenden Kreditengagements und deren Überwachung spielt die *Analyse der bisherigen Kundenbeziehung* eine bedeutende Rolle. Daher kommt auch dem gezielten Aufbau der zentralen *Kundendatei* ein hoher Stellenwert zu. Hierbei geht es um die Erfassung sämtlicher aus dem Kundengeschäft resultierenden Daten und Informationen mit dem Ziel der Darstellung und Auswertung der *Gesamtgeschäftsbeziehung* eines Kunden. Diese Basisinformation über den Kreditkunden bildet gleichzeitig auch die Datenquelle für das Kreditinformationssystem.

Bei der Auswahl der Daten für die Kundendatei „ist vor allem Wert auf möglichst aussagekräftige Angaben zu legen, die sowohl den Sachbearbeitern für ihre tägliche Arbeit nutzen als auch der Führungsebene bis hin zum Vorstand wichtige Entscheidungshilfen geben können. Es handelt sich also um solche Daten, die sich zuverlässig ermitteln lassen, die häufig benötigt werden und die über einen gewissen Zeitraum auch ihre Gültigkeit haben".[92]

Für die Kreditüberwachung von primärer Bedeutung ist die maschinelle Zusammenstellung der Kundenverpflichtungen *(Gesamtobligo)*. Die Hauptgefahrenquelle liegt in der Praxis vor allem darin, daß die Ersterfassung unvollständig oder nicht exakt durchgeführt wird. Falsche Kreditnehmerbezeichnungen (z. B. falsche Firmenbezeichnung), ungenaue EDV-Eingaben, fehlende Verknüpfungen usw. ergeben fehlerhafte Informationen und führen zu unvollständigen Angaben über das Kundenobligo.

Aus Sicht des Kreditgeschäfts ist daher darauf zu achten, daß die Daten *vollständig* erfaßt und die Gesamtkundenbeziehungen systematisch *gepflegt* werden. Eine geordnete Datenpflege läßt sich insbesondere dadurch erreichen, daß den Kundenbetreuern die unmittelbaren Vorteile (z. B. maschinell unterstützte Obligoerhebung, automatische Datenübernahme in Schriftstücke) klar vor Augen geführt werden.

Aufgrund der institutsspezifischen, organisatorischen und EDV-technischen Voraussetzungen bestehen bei den Banken heute unterschiedliche Lösungsansätze für den Aufbau zentraler Kundendateien. Jede Bank wird daher aus den möglichen Informationen über einen Kunden jene Daten auswählen, die nach ihrer Auffassung in den für ihr Institut geführten Kundensätzen vorzusehen sind. Die Praxis zeigt, daß gewisse *Basisdaten* unabdingbar sind, um eine effiziente Kreditüberwachung zu gewährleisten. Wir wollen daher in Abbildung 25 einige Basisdaten,[93] die für das Kommerzgeschäft wesentlich sind, wiedergeben.

In der Kundendatei werden alle *Kontonummern* eines Kunden gespeichert, wodurch die Verbindung zwischen Kunden- und Kontosätzen hergestellt wird. Die auf diese Weise mögliche *Kontoübersicht* gibt somit auch einen Überblick über alle *Kreditkonten*, zu denen der Kunde in einer Beziehung (z. B. als Inhaber, Mitinhaber, Mitschuldner, Bürge) steht. Eine derartige Übersicht ist für die Kreditüberwachung ein wesentliches Informationsmedium.

In der Praxis hat es sich als vorteilhaft erwiesen, wenn auf Kundeninformationen wahlweise mittels einer der drei folgenden Schlüsselbegriffe zugegriffen werden kann:

- Kundenname (oder Namensbestandteile)
- Kundennummer
- Kontonummer.

Sowohl für die Kundenbetreuung als auch für die Kreditbearbeitung (Kreditprüfung, Kreditüberwachung) ist es notwendig, daß alle aus der Kundendatei relevanten Kundendaten im *On-line-Dialog* abgefragt werden können. Schon bei der Konzeption des *Abfragesystems* ist daher auf die spezifischen Bedürfnisse des Kreditgeschäfts Rücksicht zu nehmen.

Für das Kreditgeschäft ergibt sich durch diese Konzentration auf bestimmte Informationspakete der Vorteil, daß eine Vernachlässigung oder ein Außerachtlassen wichtiger Informationen verhindert wird. Die Informationspakete können sich bei der Kundendatei beispielsweise auf folgende Abfragebereiche konzentrieren:

- Kundenstrukturdaten
- Produktübersicht
- Kontenübersicht
- Beziehungen
- Betreuungshinweise

Die aus der Kundendatei gewonnenen Strukturdaten sind vor allem für die *gesamtengagementbezogene Kreditüberwachung* von Bedeutung. Sie bilden erst die Grundlage für spezifische Auswertungen. So ist es beispielsweise von Interesse, Kreditnehmer bestimmter Branchen, bestimmter Regionen oder ab einer bestimmten Obligohöhe herauszufiltern, um besondere Überwachungsaktivitäten zu setzen.

Technisch-organisatorische Daten

- Kundennummer
- Datum der Kundensatzeröffnung
- Datum der ersten Kontoeröffnung
- Alphabetische Kundenidentifikationen
- Verknüpfungen
  usw.

Strukturdaten des Unternehmens

- Firmenbezeichnung
- Anschrift
- Rechtsform
- Branche
- Gründungsjahr der Firma
- Registriernummer des Handelsregisters
  usw.

Wirtschaftliche Daten

- Anzahl der Beschäftigten
- Firmenumsatz
- Monat der Bilanzerstellung
- Bonitätsklasse
- Zuständiges Finanzamt/Steuernummer
  usw.

Kunden- bzw. Kunden/Kontenbeziehungen

- Beziehungen zwischen Personen
  - natürliche/natürliche Personen (z. B. Gesellschafter einer OHG)
  - natürliche/nicht natürliche Personen (z. B. Geschäftsführer einer Ges.m.b.H.)
  - nicht natürliche/nicht natürliche Personen (z.B. Firmenverflechtungen, Beteiligungen)
- Beziehungen zwischen Personen und Konten in den Rollen
  - Inhaber
  - Mitinhaber
  - Mitschuldner
  - Bürge

Geschäftsbeziehungen/Produktnutzung

- Übersicht über Produktnutzung in den Sparten
  - Ausleihungen: z. B. Kreditart/Anzahl der Kredite
  - Zahlungsverkehr: z. B. Anzahl der Daueraufträge
  - Dienstleistungen: z. B. Versicherungen, Datenträgeraustausch
  - Spar/Veranlagungen: z. B. Veranlagungsformen/Anzahl
- Kundendeckungsbeitrag

Kundenbetreuung/Überwachung

- Kundenbetreuende Geschäftsstelle (kontoführende Filiale)
- Kundenbetreuer
- Kundenbesuchsperiode
- Letzter Kundenbesuch
- Kundenbetreuungshinweise
- Hinweise für Kreditüberwachung
- Kundenwarnvermerke
  usw.

Abbildung 25: Beispiele für Basisdaten in der Kundendatei

Die kontenorientierte Datei

Eine noch größere Bedeutung als die Analyse der Kundenbeziehungen kommt der *Kontenanalyse* zu. Sie ist vor allem für die Entwicklung eines EDV-unterstützten bankbetrieblichen Frühwarnsystems von entscheidender Bedeutung.

Früher wurde das Kontoblatt sehr oft in die Hand genommen (z. B. bei Zinsenberechnungen). Dabei wurde auch auf Umsatzveränderungen geachtet und das Zahlungsverkehrsverhalten beobachtet. Dieses unmittelbare Kontenstudium ging mit dem Einsatz der EDV schrittweise verloren: „Die Analyse der Kontendaten ist in der Vergangenheit durch die individuelle Entwicklung des Rechnungswesens insoweit vernachlässigt worden, als die möglichen Informationspotentiale nicht voll ausgeschöpft worden sind."[94]

Erst die Notwendigkeit, Kredite auch während der Laufzeit gezielt zu überwachen, macht wieder deutlich, wie wichtig eine systematische Kundenkontenanalyse ist. *Schröder* stellt daher fest:[95]

> „Es besteht ein erheblicher Nachholbedarf in der Praxis im Hinblick auf die Nutzung von Kontoinformationen."

Voraussetzung dafür ist der Aufbau von *kontenorientierten Dateien*. Dabei sollte angestrebt werden, möglichst *alle* Finanzierungssparten (Kredite, Darlehen, Wechsel, Überziehungen, Haftungen usw.) EDV-mäßig zu erfassen, da sonst für die Obligozusammenstellung wieder unterschiedliche Informationsquellen genutzt werden müssen, wodurch weitere Fehlerquellen entstehen.

> Die für die Kreditüberwachung wichtigste kontenorientierte Datei ist die *Kontokorrentdatei* (Girodatei).

Hier werden von allen Kreditnehmern die bei den *Kontokorrentkrediten* anfallenden Daten erfaßt und verarbeitet. Die Abwicklung der Kontokorrentkredite erfolgt über die *Girokonten*, über die auch der Zahlungsverkehr abgewickelt wird. Das Girokonto ist jenes Geschäftskonto, auf dem einerseits Zahlungen der Kunden des Kreditnehmers eingehen und von dem andererseits die Beträge für die betrieblichen Ausgaben abgebucht werden. Durch die Abwicklung des *Zahlungsverkehrs* entsteht im Rahmen der Geschäftsverbindung eine laufende Rechnung in Form eines wechselseitigen Schuld- und Guthabenverhältnisses (Kontokorrent), die in regelmäßigen Abständen abgeschlossen wird.

Auf diesem Girokonto wird ein bestimmter *Kreditrahmen* (Kontokorrentkreditlinie) zur Verfügung gestellt, der vom Kreditnehmer je nach Bedarf in Anspruch genommen werden kann. Die tatsächliche Kreditausnützung (Kredithöhe) wird daher entsprechend der laufenden Zahlungseingänge und Zahlungsausgänge ständig schwanken. Bei Bedarf werden auf dem Girokonto für bestimmte Zeit auch über den Kreditrahmen hinausgehende Finanzierungsmöglichkeiten in Form von Überziehungen eingeräumt.

Diese wenigen Hinweise zeigen bereits, daß bei den Kontokorrentkrediten wertvolle Informationen gewonnen werden können. Es ist daher notwendig, „die in der EDV durch die Buchungen auf Girokonten vorhandenen Kenntnisse für Zwecke der Kreditüberwachung nutzbar zu machen".[96] Daher gilt es, diese Daten in einer *Girodatei* systematisch zu erfassen. Beispiele für die bei Girokonten anfallenden Informationen sind aus der Abbildung 26 ersichtlich.

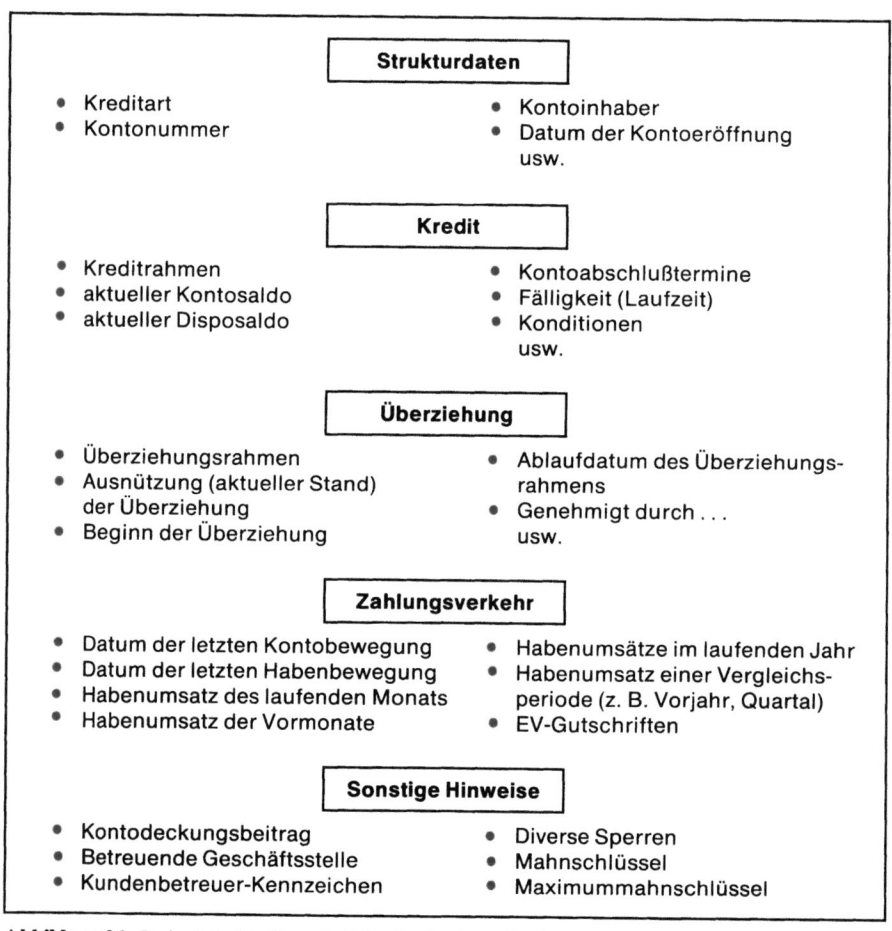

Abbildung 26: Beispiele für Datenblöcke in der Girodatei

Durch die Speicherung der Kontodaten können den kreditbearbeitenden und kreditüberwachenden Stellen in der Bank die für das Kreditgeschäft notwendigen Informationen rasch zur Verfügung gestellt werden. Wie bei der Kundendatei kommt auch hier der Entwicklung von benutzergerech-

ten Abfragesystemen besondere Bedeutung zu. „Da sich der Informationsbedarf hinsichtlich einzelner Kreditarten in Teilbereichen erheblich unterscheiden kann, ist die Konzeption eines speziellen ‚Abfragepakets' für
jede einzelne Kreditart notwendig."[97]

Für die Kreditüberwachung ist nicht nur das einzelne Konto, sondern auch
die Struktur der *Kunden/Kontenbeziehungen* von Interesse. Damit spielen
auch innerhalb der kontenorientierten Dateien die *Verknüpfungsmöglich-
keiten* eine zentrale Rolle.

Mit diesen kontenorientierten Dateien könnte somit erreicht werden, „daß
ein bisher wegen des hohen personellen Aufwandes nur in begrenztem
Umfange durchgeführtes Kontenstudium für alle Geschäftskonten maschinell mit einer für alle Konten gleichen Intensität erfolgt. Für die Geschäftsführung, die Disposition und die Überwachung können dadurch wertvolle
Entscheidungshilfen geschaffen werden".[98]

Die Sicherheitendatei

Neben den wirtschaftlichen Verhältnissen interessieren im Zuge der Kreditüberwachung auch die vom Kreditnehmer bereitgestellten Kreditsicherheiten. Eine umfassende Kreditüberwachung erfordert daher auch die
Einbeziehung der Kreditsicherheiten in das EDV-gestützte Kreditinforma-
tions- und Kreditüberwachungssystem.

Um zu einer eigenen *Sicherheitendatei* zu gelangen, ist es notwendig,
möglichst alle Kreditsicherheiten EDV-mäßig zu erfassen und zu speichern. Da die einzelnen Sicherheiten unterschiedliche Merkmale aufweisen, ist es sinnvoll, für die wichtigsten Sicherheitenkategorien (z. B.
Liegenschaften, Bürgschaften, Versicherungen, Sparbücher/Wertpapiere,
Eigentumsvorbehalt) spezifische Sicherheitsinformationen vorzusehen.

Beispielhaft sind dies:[99]
- Die jeweilige Art der Kreditsicherheit.
- Die Information, ob die Sicherheit nur für ein bestimmtes Konto des
  Kunden (also kontobezogen) oder für das Gesamtobligo (also kunden-
  bezogen) heranzuziehen ist.
- Bei Eigentumsvorbehalt oder bei sicherungsübereigneten Gegenstän-
  den kann durch Angabe variierbarer Abschreibungs-Prozentsätze eine
  automatische, lineare Abschreibung veranlaßt werden.

Für die Deckungsrechnung bzw. Ermittlung des Blankoanteils ist es wichtig, für jede Sicherheit eine bankmäßige Bewertung vorzunehmen. In der
EDV muß daher auch der *Wert* der jeweiligen Sicherheit klar ersichtlich
sein (inklusive Hinweise auf Bewertungsverfahren, Aktualität etc.).

In der Sicherheitendatei sind weiters Vorkehrungen zu treffen, daß bei
Objekten, die als Sicherheit dienen, Klartextangaben zur Objektlage,
dessen Standort usw. aufgenommen werden können.

```
┌─────────────────────────────────────────────────────────────┐
│                  ┌────────────────────────────┐               │
│                  │    Liegenschaften/Objekte   │               │
│                  └────────────────────────────┘               │
```

- Kundennummer
- Verknüpfungshinweise zu Kreditkonto-Nr. ....
- Objektdaten
  - Objektbeschreibung
  - Adresse
  - Größe (Fläche)
  - Verkehrswert
  - Feuerversicherung
- Grundbuchsdaten
  - Katastralgemeinde (KG)
  - Einlagezahl (EZ)
  - Gerichtsbezirk
  - Eigentümer (Anteile)
  - Rang
  - Tagebuchzahl (TZ), Datum
  - Art der Hypothek (Singular/Simultanhypothek)
  - Höhe der Eintragungen (Summe Geldsätze)
- Organisatorische Hinweise
  - Datum des letzten Lustrums
  - Datum des nächsten Lustrums
- Wertangaben
  - Schätzwert (bankmäßige Bewertung)
  - Belehnungswert

```
                  ┌────────────────────────────┐
                  │          Bürgschaft         │
                  └────────────────────────────┘
```

- Name des Bürgen
- Kundennummer (des Bürgen)
- Art der Bürgschaft
- Begrenzung der Bürgschaft (Limit/Prozentwert)
- Beziehung zum Kreditnehmer
- Beruf
- Monatseinkommen
- Vermögen
- Verknüpfungshinweise zu Kreditkonto-Nr. ....

```
                  ┌────────────────────────────┐
                  │  Er- und Ablebensversicherung │
                  └────────────────────────────┘
```

- Sicherstellungsart
- Polizzen-Nummer
- Tarif
- Versicherungsnehmer
- Beginn der Versicherung (Abschluß)
- Laufzeit bis ....
- Versicherungssumme
- Rückkaufswert
- Versicherungsart
- Versicherer/Versicherungsgesellschaft
- Verknüpfungshinweise zu Kreditkonto-Nr. ....

Abbildung 27: Beispiele für Datenblöcke einer Sicherheitendatei   (Fortsetzung nächste Seite)

```
┌─────────────────────────────────────────────────────────────┐
│              ┌──────────────────────────────┐               │
│              │      Eigentumsvorbehalt       │               │
│              └──────────────────────────────┘               │
│   ● Gegenstandsbeschreibung (Art, Type etc.)                │
│   ● Herstellerfirma                                          │
│   ● Anschaffungsjahr                                         │
│   ● Anschaffungswert                                         │
│   ● Bankmäßige Abschreibung (Prozentsatz)                   │
│   ● Bankmäßiger Wert per ..........                          │
│   ● Verknüpfungshinweise zu Kreditkonto-Nr. ..........      │
│                                                             │
│              ┌──────────────────────────────┐               │
│              │          Zessionen            │               │
│              └──────────────────────────────┘               │
│   ● Zessionstyp                                              │
│   ● Art der Offenlegung                                      │
│   ● Art der Abtretung                                        │
│   ● Bevorschussungssatz                                      │
│   ● Datum der letzten Zessionsabstimmung                     │
│   ● Höhe                                                     │
│   ● Bewertung                                                │
│   ● Verknüpfungshinweise zu Kreditkonto-Nr. ..........      │
└─────────────────────────────────────────────────────────────┘
```

Abbildung 28: Beispiele für Datenblöcke einer Sicherheitsdatei (Fortsetzung)

So wie bei der Kontendatei müßten auch für den Sicherheitenbestand eines Gesamtkreditverhältnisses eigene Abfragen geschaffen werden. „Um hier gezielt vorgehen zu können, müssen auch detaillierte Sicherheitenübersichten für die jeweiligen Einzelkonten(-kredite) möglich sein, sowie Beschreibungen und Tabellen über die Art möglicher Kreditsicherheitenverknüpfungen."[100] Einige Beispiele für solche Informationsblöcke in der Sicherheitendatei werden in den Abbildungen 27/28 angeführt.

Die Bilanzdatei

Mit den inhaltlichen Möglichkeiten und Grenzen der Jahresabschlußanalyse haben wir uns im Abschnitt 3 dieses Kapitels bereits ausführlich auseinandergesetzt. Hier geht es nun um die methodischen Fragen der bankmäßigen Analyse der von den Kunden zur Verfügung gestellten Bilanzen. Das Ausgangsmaterial bildet bei Klein- und Mittelbetrieben in der Regel die *Steuerbilanz* des Unternehmens. Dabei ist es für Zwecke der Kreditüberwachung wichtig, daß die Bilanzdaten von mehreren aufeinanderfolgenden Jahren vorliegen. Erst dann kann man die wirtschaftliche *Entwicklung* beurteilen bzw. Trends herauslesen.

Von der Art der Bearbeitung her kann man in der Praxis eine unterschiedliche Vorgangsweise feststellen, je nachdem, ob die Jahresabschlußdaten händisch oder maschinell verarbeitet werden. In einigen Instituten werden die Kennzahlen noch händisch berechnet, was aber relativ arbeitsaufwendig, kostenintensiv und kontrollbedürftig ist. Unter der Zielsetzung der *rascheren* und *rationelleren* Handhabung bedienen sich die meisten Banken (bzw. Sektoren) elektronischer Datenverarbeitungsanlagen.

Gegenüber der manuellen Bilanzauswertung bringen *EDV-Bilanzanalyse-Programme* vor allem folgende *Vorteile*:[101]

- Eine spürbare *Rationalisierung des Verfahrens*, da die manuellen Rechenoperationen (insb. die Kennzahlenberechnungen) reduziert werden. Erhebliche Zeit wird auch dadurch eingespart, daß die bereits gespeicherten Bilanzen der Vorjahre automatisch ausgedruckt werden.
- Eine *größere Genauigkeit und Sicherheit* hinsichtlich der Eingabedaten wird durch verschiedene, automatisch durchgeführte Plausibilitätskontrollen erreicht.
- Die *Einheitlichkeit der Bilanzanalyse* sowohl innerhalb des einzelnen Kreditinstitutes als auch des Sektors ist bei maschinell erstellten Auswertungen gewährleistet.
- Eine *umfassende Aussagefähigkeit* wird mit Hilfe verschiedener Auswertungen erreicht, die auch die Bilanzbeurteilung erleichtern.
- Erst durch die EDV-mäßige Erfassung und Speicherung der Kundenbilanzen wird die Basis für eine bankinterne Bilanzdatei geschaffen. Durch den Aufbau einer institutsinternen Bilanzdatenbank wird es auch möglich, die Bilanzdaten eines Kunden mit den gespeicherten Werten der Betriebe der gleichen Branche zu vergleichen.

Die Gliederung der EDV-Bilanzauswertungen[102] ist im grundsätzlichen bei allen Kreditinstituten gleich und hat meist folgenden *Aufbau*:

1. Stammdaten
   allgemeine kundenbezogene Daten wie Firmenname, Adresse, Branche, Rechtsform, Betriebsgröße, Bilanzart, Firmenkenn-Nummer, Kundennummer

2. Erfolgsvergleich
   Auswertung der Gewinn- und Verlustrechnung, wobei die wichtigsten Ertrags- und Aufwandspositionen summiert und zusätzlich Strukturzahlen berechnet werden

3. Aktivseite
   Aufgliederung und Zusammenfassung der Vermögensseite sowie Berechnung von Strukturzahlen

4. Passivseite
   Überblick über die Kapitalstruktur und Darstellung der Eigenkapitalentwicklung unter gesondertem Ausweis der Privatentnahmen (Privateinlagen) sowie der Privatsteuern

5. Kapitalflußrechnung
   Aufzeigen von Kapitalverwendung und Kapitalherkunft unter Berücksichtigung der Fristigkeiten; Cash-flow-Darstellung

6. Betriebswirtschaftliche Kennzahlen
   Berechnung verschiedener statischer und dynamischer Kennzahlen

7. Betriebsvergleich
   Vergleich der wichtigsten Kennzahlen des Kreditnehmers mit Branchendurchschnittswerten

8. Bilanzbonitätsindikator
   Zusammenfassende Bewertung aufgrund statistischer Verfahren („bilanzmäßig gut"; „bilanzmäßig schlecht")

Ein Beispiel für eine derartige EDV-Bilanzauswertung findet sich im Anhang in Abb. 75. Für die Kreditüberwachung stehen somit übersichtlich geordnete Bilanzanalysen zur Verfügung. Diese sind für den Kundenbetreuer ein wertvolles Instrument für das jährliche Kundengespräch im Zuge der *anlaßbezogenen* Kreditüberwachung. Aber auch bei der Entwicklung des EDV-gestützten Früherkennungssystems im Rahmen der *nicht anlaßbezogenen* Überwachung können wichtige Kenngrößen aus der Bilanzdatei herangezogen werden.

Für die Früherkennung von besonderem Interesse ist der Termin der Bilanzerstellung bzw. der *Zeitpunkt der Abgabe* beim Kreditinstitut. Bei der Konzeption der EDV-Bilanzdatei ist daher darauf zu achten, auch derartige Informationen zu erfassen und zu speichern.

Die Meldungsdatei (Negativdatei)

Die bei externen Stellen erhobenen Informationen wie beispielsweise Handelsauskünfte, Bankauskünfte sowie diverse (Warn-)Mitteilungen werden innerhalb des Kreditinstituts gesammelt und ausgewertet. Meist wird diese Funktion von einer eigenen Stelle wie zum Beispiel der *bankinternen Auskunftei* wahrgenommen.

Hinsichtlich der Verarbeitung dieser Informationen sind in der Praxis die unterschiedlichsten Organisationsformen anzutreffen. Für die laufende Kreditüberwachung ist es sicherlich am besten, die aus dem Auskunftswesen gewonnenen Informationen EDV-mäßig zu erfassen. „Im Kundeninformationssystem werden die Warnvermerke verwaltet, die den Kunden insgesamt charakterisieren und somit für dessen gesamte Geschäftsverbindung Gültigkeit haben."[103]

Sofern zu einem Kreditkunden negative Auskünfte vorliegen, erfolgt deren Anzeige mit

- dem jeweiligen Schlüsselwert
- dem Ermittlungsdatum
- der Informationsquelle und
- einer Textangabe.

Vor allem ist hier auf die Angabe des jeweiligen Erfassungsdatums zu achten, da die Beobachtung der zeitlichen Entwicklung der Meldungsinhalte für die Kreditüberwachung von besonderer Relevanz ist. Die wichtigsten Meldungsblöcke einer derartigen „Negativdatei" sind in Abbildung 29 wiedergegeben.

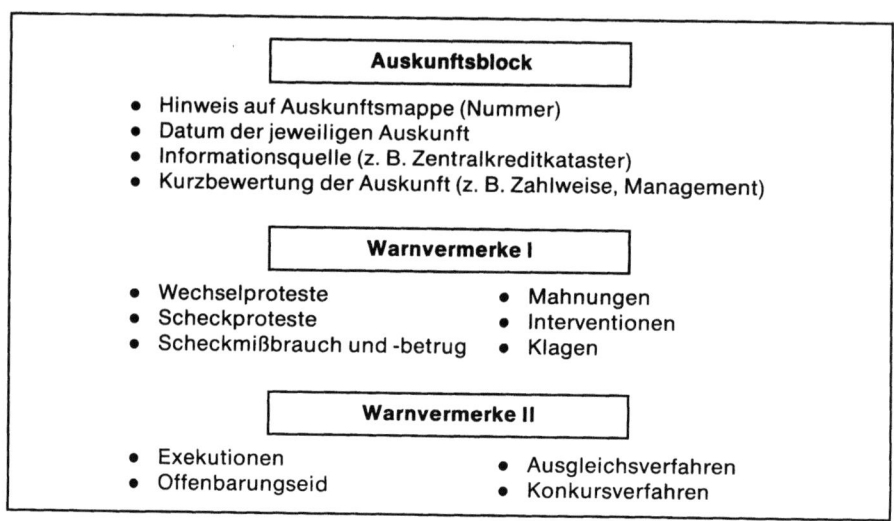

Abbildung 29: Informationsblöcke in der Meldungsdatei (Negativdatei)

5.3 Gutachten

Kreditprüfbericht

Bei größeren bzw. komplexeren Kreditengagements (z. B. Unternehmensverflechtungen) wird es notwendig sein, über die Bilanzanalyse sowie über die Analyse der Kontengestion hinaus detailliertere Informationen über die Unternehmenssituation zu erhalten. Hierbei nähert sich die Bonitätsanalyse sehr der Unternehmensanalyse, deren Ergebnisse in eigenen (Kredit-)*Prüfberichten* ihren Niederschlag finden.

Die Grundlage für die Betriebsprüfungen der Kreditinstitute bilden die Bestimmungen des KWG über die Offenlegung der wirtschaftlichen Verhältnisse des Kreditnehmers. Daneben werden die Möglichkeiten zur Betriebsprüfung auch in den Kreditverträgen geregelt. Dort wird der Bank das Recht eingeräumt, „das Unternehmen des Kreditnehmers einer kaufmännischen und betrieblichen Kontrolle auf Kosten des Kreditnehmers zu unterziehen". Die Bank ist somit zur Betriebsbesichtigung und Bucheinsicht berechtigt.

In größeren Kreditinstituten werden diese Aufgaben von eigenen *Kreditprüfungsabteilungen* wahrgenommen. Kleinere Institute nehmen dafür meistens die Dienste der Zentralinstitute (wie z. B. GZ, RZB, ÖVAG) in Anspruch. Oftmals firmieren diese Abteilungen nicht unter dem Begriff „Prüfungsabteilung", sondern haben Bezeichnungen wie „Abteilung für Betriebsberatung und Kreditüberwachung" (Z) oder „Abteilung für Kreditanalyse und Finanzierungsberatung" (ERSTE).

Grundsätzlich handelt es sich bei Kreditprüfungsabteilungen um Stabsabteilungen, die nur über Auftrag (der Kreditabteilung oder des Kundenbetreuers) tätig werden. Ihre Hauptaufgabe besteht darin, bei größeren oder komplexeren Kreditfällen Bonitätsprüfungen und betriebswirtschaftliche Analysen durchzuführen. *Prüfungsgebiete* sind die rechtlichen und wirtschaftlichen Verhältnisse des Unternehmens sowie die wichtigsten betrieblichen Leistungsbereiche.[104] Daneben fließen auch Beurteilungen der Branchen- und Marktverhältnisse ein.

Neben der Aufbereitung und Analyse des in der Bank bereits vorhandenen Zahlenmaterials und persönlicher Gespräche mit den Verantwortlichen im Unternehmen erfolgt fast immer auch eine Besichtigung des Betriebes. Bei Baufirmen ist es beispielsweise zweckmäßig, die einzelnen Baustellen vor Ort zu prüfen. Grundsätzlich werden im Rahmen einer Kreditprüfung Informationen über alle Unternehmensbereiche eingeholt, wobei es von der Geschicklichkeit eines Prüfers abhängt, welche Schwerpunkte er setzt. Der Erfahrung und dem Ausbildungsstand des Kreditprüfers kommt somit eine wichtige Bedeutung zu.

Der *Umfang* der Betriebsprüfung bzw. der Arbeitsaufwand differiert sehr stark. In erster Linie wird die Prüfungsintensität von der Unternehmensgröße und von der Komplexität des Falles abhängen. Daneben spielt es eine Rolle, ob es sich um einen Neukredit oder um Kundenwünsche bei bestehenden Engagements (z. B. Krediterhöhung) oder um die jährliche Überwachung bestehender Kreditverhältnisse handelt.

Die wesentlichen Daten und Ergebnisse der Kreditprüfung werden in einem schriftlichen *Prüfungsbericht* zusammengefaßt. Dort werden vom Kreditprüfer die wichtigsten Positiva und Negativa gegenübergestellt und mit einer *Empfehlung* aus Sicht der Kreditprüfungsabteilung ergänzt. Prüfberichte enthalten daher kein Krediturteil, sondern haben den Charakter eines *bankinternen Gutachtens*. Dieses kann den Entscheidungsträgern bzw. den Kundenbetreuern sowohl für die Kreditbeurteilung als auch für die Kreditüberwachung wertvolle Informationen liefern.

Schätzgutachten

So wie bei der Bonitätsbeurteilung werden auch zur Beurteilung der Kreditsicherheiten Gutachten herangezogen. Aufgrund der Häufigkeit erlangt hier in der Praxis die *Bewertung von Grundstücken* eine besondere Bedeutung.

Grundlage für die Festlegung des Beleihungswertes ist einerseits der Substanzwert (Bodenwert, Bauwert) sowie der Ertragswert.[105] Die diesbezüglichen *Liegenschaftsschätzungen* werden

- von einem vom Kreditwerber beauftragten Schätzmeister vorgenommen, die dann durch bankinterne Stellen überprüft werden;
- von auf dem Gebiet der Liegenschaftsschätzung ausgebildeten Mitarbeitern des Kreditinstituts durchgeführt;

- durch einen vom Kreditinstitut beauftragten Schätzmeister bzw. von einer eigenen Tochtergesellschaft verfaßt.

Bei der Ermittlung des Realisationswertes werden vom Verkehrswert manchmal *Abschläge* vorgenommen. Mit derartigen Abschlägen sollen jene Wertminderungsfaktoren berücksichtigt werden, die sich beispielsweise aus der Lage sowie der Flächenwidmung der Liegenschaft und/oder aus der Beschaffenheit der Baulichkeiten ergeben. Auch die Frage der Nutzbarkeit für andere Unternehmenszweige (Branchenwechsel) spielt bei der Be- und Verwertung durch die Bank eine nicht zu unterschätzende Rolle. Alle diese Ergebnisse werden in *Schätzgutachten* schriftlich festgehalten.

Auch für andere Wertgegenstände, wie zum Beispiel Edelsteine, Schmuckstücke, Bilder werden Gutachten erstellt, die ebenfalls bei der Kreditüberwachung als Informationsquelle herangezogen werden.

6. Kundengespräch, Betriebsbesichtigung

Wie bereits erwähnt, ist es für die Kreditüberwachung notwendig, über die Jahresabschlußanalyse hinaus ergänzende Informationen über die Unternehmenssituation zu erhalten. Hierbei handelt es sich vor allem um jene *qualitativen* Aspekte, die vom betrieblichen Rechnungswesen naturgemäß nicht erfaßt werden können. Bei Klein- und Mittelbetrieben ist es darüber hinaus wegen der zentralen Rolle des Unternehmers wichtig, daß die Informationsbeschaffung neben der betrieblichen Sphäre auch die *Person des Unternehmers* mit einbezieht. Die wichtigsten Informationsquellen zur Unternehmerbeurteilung und zur qualitativen Unternehmensbeurteilung sind für den Kundenbetreuer

- das Kredit- und Beratungsgespräch (Kundengespräch) sowie
- die Betriebsbesichtigung.

- *Kundengespräch*

„Dem persönlichen Gespräch wird von den Banken im allgemeinen eine hohe Bedeutung zugemessen."[106] Dieser hohe Stellenwert des Kundengespräches ergibt sich bereits aus dem Wesen der Bankleistungen. Ihre fehlende Anschaulichkeit und ihre Abstraktheit müssen durch das Beratungsgespräch aufgelöst werden, damit der *Nutzen* für den Unternehmer begreifbar und verständlich wird.

Bei bestehenden Kundenbeziehungen ist das Kundengespräch neben dem aktiven *Verkauf* (Cross Selling) ein wesentliches Instrument der *Kontakt- und Imagepflege*. Die Betreuung der klein- und mittelbetrieblichen Unternehmer wird vor allem dann Erfolg haben, wenn sie im Finanzierungsbereich *aktiv* unterstützt werden.

104

● *Betriebsbesichtigung*

Interessante ergänzende Informationen sowohl zur Unternehmer- als auch zur Unternehmensbeurteilung bietet die *Besichtigung des Betriebes.* Im Unterschied zu den anderen Informationsquellen erhält der Kundenbetreuer bzw. Kreditsachbearbeiter bei einer Betriebsbesichtigung die Information *unmittelbar*, d. h. ohne Umweg über Dritte.

Es sollte daher die jährliche Kreditüberwachung anläßlich des Prolongationstermines jedesmal mit einer Betriebsbesichtigung verbunden werden. Wegen ihrer Bedeutung für die anlaßbezogene Kreditüberwachung werden wir auf Kreditgespräch und Betriebsbesichtigung im Kapitel V näher eingehen.

Anmerkungen

1 Vgl. hiezu *Bühler:* Bonitätsbeurteilung (I), S. 85; *Rödl:* Früherkennung, S. 13: „Da Informationen für jede Entscheidung als Voraussetzung anzusehen sind und eine Kreditentscheidung die Minimierung des einzugehenden Risikos zum Ziel hat, bedeutet jede Vervollständigung des Informationssystems eine Verbesserung der Risikopolitik."; *Fischer:* Computergestützte Analyse, S. 129; *Denk:* Diagnosemethoden, S. 14

2 Vgl. hiezu *Denk:* Diagnosemethoden, S. 15; *Fischer:* Computergestützte Analyse, S. 131

3 *Fischer:* Computergestützte Analyse, S. 132

4 Zu den Phasen eines Informationsprozesses vgl. die Ausführungen bei *Wild:* Informationstheorie, S. 1603; *Ulrich, H.:* Die Unternehmung, S. 260

5 *Zellweger:* Kreditwürdigkeitsprüfung, S. 61; *Fischer:* Computergestützte Analyse, S. 132f; *Dierkes:* Kreditüberwachung, S. 118

6 Vgl. *Fischer:* Computergestützte Analyse, S. 171

7 *Wächtershäuser:* Kreditrisiko und Kreditentscheidung, S. 97: „Mit Hilfe des vorhandenen Personals und der sachlichen Hilfsmittel kann beispielsweise nur eine bestimmte Zahl von Bilanzanalysen oder Betriebsbesichtigungen durchgeführt werden, sodaß viele Informationsprozesse allein aufgrund der beschränkten quantitativen Kapazität hinfällig werden."

8 ebenda, S. 98

9 *Rödl:* Früherkennung, S. 151

10 *Rödl/Winkels:* Kreditmanagement, S. 114; *Zellweger:* Kreditwürdigkeitsprüfung, S. 61f

11 Zu den Aufgaben der Bilanzanalyse vgl. die Ausführungen bei *Kappler:* Bilanzanalyse und Bilanzkritik, Sp. 900; *Hielscher:* Kreditwürdigkeitsprüfung, S. 300

12 *Kreim:* Finanzplanung und Kreditentscheidung, S. 80

13 *Wiesinger:* Die Bonitätsprüfung bei den österreichischen Kreditinstituten, S. 60; vgl. auch *Pilgerstorfer:* Bonitätsanalyse, S. 66

14 *Zellweger:* Überwachung kommerzieller Bankkredite, S. 16

15 Hinsichtlich der Mängel der Jahresabschlußdaten vgl. beispielsweise die Ausführungen bei *Denk:* Diagnosemethoden, S. 18f; *Stein/Ziegler:* Bilanzgestaltung und Kreditwürdigkeit, S. 227f; *Kappler:* Bilanzanalyse und Bilanzkritik, Sp. 905f;

Jacobs/Greif/Weber: Bilanzanalyse, S. 426 f; *Seicht:* Cash-flow-Illusionen, S. 12 f; *Chini/Schmoll:* Bonitätsbeurteilungssystem, S. 221 f

16 *Seicht:* Die Bilanz als Zukunftsrechnung, S. 73; *Thomas:* Aussagen quantitativer Kreditnehmeranalysen, S. 197 stellt in diesem Zusammenhang fest: „Jahresabschlüsse sind eine Selbstdarstellung, bei der Unternehmen dazu neigen, Schwächen zu verdecken. Objektivität und Zuverlässigkeit der Jahresabschlüsse stehen deshalb in Frage."; vgl. auch *Hielscher:* Kreditwürdigkeitsprüfung, S. 311: „Einer etwaigen zielgerichteten Koalition von Steuerberater und Unternehmer im Hinblick auf Manipulationen des Jahresabschlusses ist der Kreditwürdigkeitsprüfer in der Regel hilflos ausgeliefert."

17 Vgl. *Denk:* Diagnosemethoden, S. 19 f

18 *Thomas:* a. a. O., S. 197

19 *Stein:* Beurteilung der Bonität, S. 14

20 *Kandler:* Instrumente der Bonitätsprüfung, S. 83; auch *Jacobs/Greif/Weber:* Bilanzanalyse, S. 428 stellen dazu fest, „daß die Bilanz zwar keine optimalen Informationen entsprechend den Informationsbedürfnissen der externen Bilanzadressaten geben kann, daß jedoch vor allem im Periodenvergleich die Informationsbedürfnisse über die Vermögens- und Ertragslage sowie möglicherweise auch über die finanzielle Sicherheit des Unternehmens *ausreichend* befriedigt werden können".

21 *Felber:* Kreditgewährung, S. 61

22 Hinsichtlich der Charakteristik von Insolvenzprognosemodellen vgl. die Ausführungen bei *Matschke:* Insolvenzprognose aus Jahresabschlüssen, S. 485; *Gebhardt:* Kreditwürdigkeitsprüfungen, S. 222

23 Zur Diskriminanzanalyse vgl. die Darstellungen bei *Weibel:* Bonitätsbeurteilung, S. 100 ff; *Heno:* Kreditwürdigkeitsprüfung, S. 74 f; *Weinrich:* Kreditwürdigkeitsprognose, S. 98 f; *Denk:* Diagnosemethoden, S. 71 f; *Perlitz:* Prognosefähigkeit von Kennzahlen, S. 15 f; *Steiner:* Insolvenzrisiko, S. 172 f; *Bleier:* Insolvenzprognose, S. 50 f, *Bleier:* Unternehmensanalyse, S. 171 f

24 *Rödl/Winkels:* Kreditmanagement, S. 164

25 Vgl. hiezu *Denk:* Diagnosemethoden, S. 73; *Zellweger:* Überwachung kommerzieller Bankkredite, S. 102

26 *Gebhardt:* Kreditwürdigkeitsprüfungen, S. 223

27 Vgl. *Weinrich:* Kreditwürdigkeitsprognosen. Steuerung des Kreditgeschäfts durch Risikoklassen, Wiesbaden 1978

28 Vgl. hiezu *Weinrich:* Kreditwürdigkeitsprognosen, S. 154 und S. 159; *Weinrich:* Wie läßt sich die Insolvenz einer Unternehmung voraussehen? S. 100; *Weinrich:* Wann ist eine Unternehmung noch kreditwürdig? S. 54

29 *Bleier:* Insolvenzfrüherkennung mittels praktischer Anwendung der Diskriminanzanalyse, Wien 1985; *Bleier:* Insolvenzprognose aus den Jahresabschlüssen nicht publizitätspflichtiger Unternehmen, S. 45 f; *Bleier:* Insolvenzprognose, S. 33; vgl. auch die Untersuchungen von *Hammer/Lechleitner:* Strategische Frühwarnung auf Basis von Finanzkennzahlen, S. 39

30 Hinsichtlich der methodischen Probleme bei der Diskriminanzanalyse vgl. die Ausführungen bei *Heno:* Kreditwürdigkeitsprüfung, S. 79 f sowie die unter Anmerkung 23 angegebenen Literaturhinweise

31 *Steiner:* Ertragskraftorientierter Unternehmenskredit, S. 173

32 *Gebhardt:* Kreditwürdigkeitsprüfungen, S. 224

33 *Wiesinger/Pilgerstorfer:* Diskriminanzfunktion, S. 65

34 Vgl. hiezu den Bericht in der *Presse* vom 28. April 1978: Bonitätsindikator ermöglicht schnellere Kreditabwicklung

35 *Höller:* Früherkennung von Unternehmenskrisen und Insolvenzen, S. 34

36 *Jährig/Schuck:* Handbuch des Kreditgeschäfts, S. 301

37 *Steiner:* Insolvenzrisiko, S. 160

38 *Rödl/Winkels:* Kreditmanagement, S. 168

39 *Matschke:* Insolvenzprognose, S. 503

40 *Bühler:* Bonitätsbeurteilung (I), S. 83

41 *Zellweger:* Überwachung kommerzieller Bankkredite, S. 24

42 Eine praktische Übersicht über die Arbeitsweise und über das Informationsangebot von BTX findet sich bei *Maurer, H.:* BTX-Führer, Wien 1989; vgl. auch *o. Vf.:* Btx bietet kostengünstigen Zugang zu Informationen, in: *Die Presse* vom 24. 1. 1989

43 Bei der CMD-Datenverarbeitungs- und Verlagsges.m.b.H. handelt es sich um eine Gemeinschaftsgründung des Compass-Verlages und der Firma Management Data

44 Vgl. hiezu CMD-Prospekt über die CMD-Handelsregister-Datenbank

45 *Koziol/Welser:* Grundriß des bürgerlichen Rechts, Bd. II, S. 47

46 Die Rechtsgrundlage für die Grundbuchsumstellung bildet das „Bundesgesetz vom 27. November 1980 über die Umstellung des Grundbuchs auf automationsunterstützte Datenverarbeitung und die Änderung des Grundbuchsgesetzes und des Gerichtskommissärsgesetzes (Grundbuchsumstellungsgesetz – GUG)". Dessen praktische Bedeutung wird analysiert bei *Feil:* Das Grundbuchsumstellungsgesetz und seine Auswirkungen in der Praxis, S. 6f

47 Bezüglich der Grundstücksdatenbank vgl. § 2 Abs. 1 sowie § 4 GUG 1980

48 Die Bestimmungen des § 8 GUG 1980 lauten: „Der Bundesminister für Justiz hat unter Bedachtnahme auf die technischen Gegebenheiten die Befugnis zur Grundbuchsabfrage (§ 6 Abs. 1) auch anderen Personen – sofern ihnen diese Befugnis nicht im Weg der Amtshilfe zu gewähren ist – auf Antrag mit Bescheid zu erteilen, wenn der Bedarf, in das Grundbuch Einsicht zu nehmen, nicht durch die bestehenden Einsichtsmöglichkeiten in zumutbarer Weise befriedigt werden kann. Diese Befugnis erstreckt sich nicht auf das Personalverzeichnis."

49 Beispiele für Grundbuchsabfragen können unter der BTX-Nummer *401047# abgerufen werden.

50 *Autolust* besteht aus mehreren Modulen, die im BTX-Führer auf den Seiten 173f beschrieben sind.

51 *Maurer:* BTX-Führer, S. 175

52 *Döhler:* Kreditauskünfte, S. 7; *o. Vf.:* Handelsauskünfte, S. 247f

53 *Fischer:* Die Handelsauskunftei, S. 9; vgl. auch *Schimmelpfeng Ges.m.b.H. (Hrsg.):* Die Auskunftei und der Kreditbericht, S. 3f

54 *Rödl:* Kreditauskunfteien, Sp. 1145

55 Vgl. hiezu *Fischer:* Die Handelsauskunftei, S. 12; *Rödl/Winkels:* Kreditmanagement, S. 121; *Döhler:* Kreditauskünfte, S. 7

56 *Rödl/Winkels:* Kreditmanagement, S. 121

57 Diese Übersicht wurde freundlicherweise vom Kreditschutzverband von 1870 zur Verfügung gestellt und von Herrn Franz Harold angefertigt.

58 *Rödl:* Kreditauskunfteien, Sp. 1145

59 Vgl. hiezu die Übersicht bei *Kreditschutzverband von 1870 (Hrsg.):* Wissen ist, S. 5; *Fischer:* Die Handelsauskunftei, S. 20; *Klima:* Bonitätskontrolle, S. 122

60 Beispiele für Handelsauskünfte der Auskunfteien Creditreform und Schimmelpfeng finden sich bei *Fischer:* Computergestützte Analyse, S. 270f; *Rödl/Winkels:* Kreditmanagement, S. 185f; *Schimmelpfeng Ges.m.b.H. (Hrsg.):* Die Auskunftei und der Kreditbericht, S. 11

61 *Bühler:* Bonitätsbeurteilung (I), S.83

62 *Schmidt:* Diagnose von Unternehmensentwicklungen auf Basis computergestützter Inhaltsanalyse, S. 353ff

63 *Fischer:* Computergestützte Analyse der Kreditwürdigkeit auf Basis der Mustererkennung, Düsseldorf 1981

64 *Schmidt:* Diagnose von Unternehmensentwicklungen, S.357

65 *Fischer:* Computergestützte Analyse, S. 199

66 ebenda, S. 200

67 *Rödl/Winkels:* Kreditmanagement, S. 124f

68 *Klima:* Bonitätskontrolle, S. 124

69 *Klima:* Obligomanagement, S. 22

70 *Klima:* Obligomanagement, S. 24; *Klima:* Bonitätskontrolle, S. 124

71 Vgl. hiezu: *Jabornegg/Strasser/Floretta:* Das Bankgeheimnis, S. 103

72 ebenda, S. 24: „Zur Charakterisierung der Rechtslage vor und seit dem KWG wird darauf hingewiesen, daß bis zum KWG das Bankgeheimnis im bankgeschäftlichen Verkehr faktisch geübt worden sei und nunmehr durch das KWG eine allgemeine positivrechtliche Anerkennung gefunden habe."

73 ebenda, S. 105f

74 *Rödl/Winkels:* Kreditmanagement, S. 117

75 *Rödl/Winkels:* Kreditmanagement, S. 183f; *o. Vf.:* Geheimsprache – Was Bankauskünfte besagen, in: Capital 9/1979 (zit. nach *Fischer:* Computergestützte Analyse, S. 173)

76 *Fischer:* Computergestützte Analyse, S. 201; *Bühler:* Bonitätsbeurteilung (I), S. 89

77 *Fischer:* a. a. O., S. 200

78 ebenda, S. 200

79 *Rödl/Winkels:* Kreditmanagement, S. 120

80 *Klima:* Obligomanagement, S. 26

81 *Rödl:* Kreditrisiken und ihre Früherkennung, S. 151

82 *Fischer:* Computergestützte Analyse, S. 172

83 Vgl. hiezu *Fischer:* Computergestützte Analyse, S. 181; *Rödl/Winkels:* Kreditmanagement, S. 117f; *Bühler:* Bonitätsbeurteilung (I), S. 87f

84 Vgl. *Weibel:* Bonitätsbeurteilung, S. 131; *Perlitz:* Prognosefähigkeit von Kennzahlen, S. 12; *Brandstetter:* Branchenkennzahlen, S. 162f

85 *Riebell:* Bilanzauswertung, S. 63f

86 *Cerwinka/Dangl:* EDV-Instrumentarium der Kreditprüfungsabteilung, S. 260

87 *Ulrich:* Verhaltensbeobachtungen. S. 180

88 Vgl. *Zellweger:* Überwachung kommerzieller Bankkredite, S. 281; *Stein:* Früherkennung von Kreditrisiken mit quantitativen Methoden, S. 32

89 Vgl. *Müller:* Organisationsstruktur des Bankbetriebes, S. 156; *Zeitlinger:* EDV-Einsatz im Ausleihungsgeschäft, S. 120

90 *Papenheim:* Kundeninformationssystem im Kreditbereich, S. 354

91 *Steinbrink:* Information und Entscheidung, S. 93f

92 *Papenheim:* Daten eines Kundeninformationssystems, S. 48

93 Hinsichtlich der Basisdaten im Kundeninformationssystem vgl. die Ausführungen bei *Papenheim:* Daten eines Kundeninformationssystems, S. 49; *Steinbrink:* Information und Entscheidung, S. 177

94 *Reuter/Stein:* Kreditinformationssystem, S. 250

95 *Schröder:* Einsatz der maschinellen Bonitätsanalyse, S. 46

96 *Schröder:* a. a. O., S. 46

97 *Steinbrink:* a. a. O., S. 228

98 *Söder:* Maschinelle Analyse, S. 33

99 Vgl. hiezu *Weißenfeld:* EDV-Informationssystem für das Kreditgeschäft, S. 190f; *Papenheim:* Kundeninformationssystem im Kreditbereich, S. 355

100 *Steinbrink:* a. a. O., S. 229

101 Vgl. *Riebell:* Bilanzauswertung, S. 126

102 Beispiele für das Bilanzanalysesystem der Zentralsparkasse und Kommerzialbank Wien finden sich bei *Hinterecker:* Bilanz- und Erfolgsvergleich, S. 12ff; *Wiesinger:* Die Bonitätsprüfung bei den österreichischen Kreditinstituten, S. 63ff; Praktische Beispiele für die „maschinelle Einzelbilanzanalyse" (EBIL) in der BRD finden sich bei *Riebell:* Bilanzauswertung, S. 405ff; *Krahn/Pieper/Rump:* Maschinelle Einzelbilanzanalyse, S. 77ff; *Knief:* EDV-gestützte Ermittlung der Kapitaldienstgrenze, S. 300ff

103 *Papenheim:* Kundeninformationssystem im Kreditbereich, S. 359

104 Hinsichtlich der Techniken der Kreditprüfung vgl. die verschiedenen Artikel bei *Wiesinger (Hrsg.):* Handbuch der Kreditprüfung, Wien 1987

105 Vgl. hiezu die Ausführungen bei *Pauluhn:* Sicherheitenbewertung im Realkreditgeschäft, S. 28 ff; *Biletti:* Bewertungsprobleme gewerblich genutzter Liegenschaften, S. 6

106 *Hielscher:* Kreditwürdigkeitsprüfung, S. 313; *Metz:* Kundenfreundliches Verhalten, S. 40

KAPITEL IV

BEOBACHTUNGS-
BEREICHE
FRÜHWARNINDIKATOREN

Die in diesem Kapitel angeführten KWG-Hinweise beziehen sich auf das österreichische Kreditwesengesetz.

1. Das Auswahlproblem

Als Beobachtungsbereiche haben wir in unserem Kreditüberwachungssystem jene Bereiche definiert, die zu Ausgangspunkten für die Gefährdung eines Kreditengagements werden können. Für eine zielorientierte Vorgangsweise ist es wichtig, von vornherein klar abgegrenzte *Schwerpunkte* zu bilden. „Wird verabsäumt, ein Frühwarnsystem auf die für die Unternehmensentwicklung wesentlichen Beobachtungsbereiche zu konzentrieren, besteht die Gefahr, daß die Qualität der Analyse zugunsten der Quantität vernachlässigt sowie die Entscheidungsträger mit Informationen überhäuft werden."[1]

- Da die Kreditüberwachung oftmals als eine Art „laufende Bonitätsprüfung"[2] charakterisiert wird, ist es für den ersten Schritt bei der Auswahl der *Beobachtungsbereiche* auch vertretbar, wenn wir bei der Kreditüberwachung von den Kriterien ausgehen, die bei der Bonitätsprüfung zur Anwendung gelangen. Zusätzlich bilden die Kreditsicherheiten sowie die Einhaltung der Kreditbedingungen eigene Überwachungsbereiche.
- Im zweiten Schritt geht es dann darum, für jeden Beobachtungsbereich geeignete *Frühwarnindikatoren* zu finden, mit deren Hilfe man Kreditrisiken möglichst frühzeitig erkennen kann. Erste Anhaltspunkte liefern uns die Ergebnisse der Insolvenzursachenforschung.[3] Sie sollen mithelfen, die Vielzahl möglicher Problemindikatoren auf jene zu reduzieren, die besondere Risikofaktoren darstellen und auf die daher im Rahmen der Kreditüberwachung besonders zu achten ist.

2. Die Beobachtungsbereiche der Kreditüberwachung

2.1 Unternehmer/Management

Kreditüberwachung zielt auf den zukünftigen Erfolg eines Unternehmens ab, und dieser hängt in erster Linie von den Fähigkeiten des Managements ab. Daß die Qualität der Unternehmensführung als der mit Abstand wichtigste Erfolgsfaktor bezeichnet werden kann, zeigen die Ergebnisse der Insolvenzursachenforschung sehr deutlich.

Die von *Reske/Brandenburg/Mortsiefer* durchgeführten Untersuchungen über Insolvenzursachen mittelständischer Betriebe haben ergeben, daß unter allen Insolvenzursachen der *Führungsbereich* den ersten Rang einnimmt.[4] (Siehe Abbildung 30)

Diese Erkenntnis hat gerade für Klein- und Mittelbetriebe besondere Bedeutung, da hier der *Führungsfunktion des Unternehmers* ein zentraler Stellenwert zukommt: „Die schwerwiegendsten Mängel, die den Betrieb in

Entstehungsbereiche der Insolvenzursachen	Rangfolge
Innerbetrieblicher Bereich	
Betriebsführung	1
Betriebsstruktur	4
Beschaffung/Lagerung	11
Betriebsleistung	6
Absatz	3
Finanzierung	2
Verwaltung/Personal	12
Rechnungswesen	8
Zwischenbetrieblicher Bereich	
Banken	10
Lieferanten	13
Abnehmer	7
Konkurrenten	9
Überbetrieblicher Bereich	5

Abbildung 30: Rangfolge der Insolvenzursachen (nach *Reske/Brandenburg/Mortsiefer*)

der Existenz gefährden, liegen in der Person des mittelständischen Unternehmers bzw. der Führungspersonen."[5] Zu einer ähnlichen Schlußfolgerung kommt auch *Keiser*: „Die Untersuchung von Konkurs- und Vergleichsursachen bei mittelständischen Einzelhandlungen ergab als wesentliche Erkenntnis, daß die Unternehmenszusammenbrüche in ihrer überwiegenden Mehrzahl durch das Verschulden der Betriebsinhaber herbeigeführt werden. Es zeigte sich bei vielen Einzelbetrachtungen immer wieder, wie eng der Zusammenhang zwischen Betrieb und Unternehmer ist und wie stark die Persönlichkeit des Inhabers mit ihrer individuellen Eigenart das Geschehen beeinflußt."[6]

Alle diese Hinweise zeigen eines ganz deutlich:[7]

„Unternehmerisches Fehlverhalten ist die zentrale Gefahrenquelle im Kreditgeschäft der Banken."

Im Unterschied zu Großbetrieben, die eine funktionelle Aufgabenverteilung im Management aufweisen, konzentrieren sich bei kleineren und mittleren Betrieben Führungsfunktionen oftmals in einer Person – dem *Unternehmer*. Der Erfolg und damit auch die wirtschaftliche Existenz des Betriebes hängen daher vor allem von der *Leistungskraft*, den *Fähigkeiten* und der *Persönlichkeit* des Unternehmers ab.

Die Beurteilung bzw. Einschätzung des Unternehmers bzw. des Managements darf daher nicht „nebenbei" erfolgen, sondern bildet im Rahmen der laufenden Kreditüberwachung einen *eigenen Beobachtungsbereich*. Es gilt daher, zu den fachlichen und Führungsqualitäten sowie zur Persönlichkeit und Vertrauenswürdigkeit des Unternehmers Stellung zu nehmen. Gerade von den persönlichkeitsbezogenen (charakterlichen) Merkmalen hängt es letztlich ab, ob der Kreditnehmer auch *willens* ist, den Kredit vereinbarungsgemäß zurückzuführen. „Erfahrene Kreditsachbearbeiter pflegen zu sagen, daß letzten Endes immer die Persönlichkeit des Kreditnehmers für die vertretbare Höhe eines Kredites und eines Kreditrisikos den Ausschlag gäbe."[8]

Dies betont auch *Paal:*[9] „Der persönlichen Kreditwürdigkeit gebührt demnach gegenüber der sachlichen Kreditwürdigkeit stets der Vorzug."

Die persönliche Kreditwürdigkeit ist jedoch keine konstante Größe. Auch das Unternehmerverhalten kann sich während der Laufzeit des Kredites verändern.

Familiäre Probleme, Krankheit, ungelöste Nachfolgefragen, Interessen außerhalb des Betriebes sind nur einige Beispiele für Faktoren, die das Verhalten des Unternehmers negativ beeinflussen können. Daher müssen solche personellen Beurteilungskriterien auch nach der Kreditvergabe beachtet und beobachtet werden.

2.2 Unternehmen

Im Rahmen der Überwachung von Kommerzkrediten steht die Frage im Mittelpunkt, inwieweit aus dem betrieblichen Umsatzprozeß erwirtschaftete Finanzmittel für Kreditrückführung und Zinsendienst zur Verfügung stehen werden. Das *Unternehmen* und dessen wirtschaftliche Entwicklung bilden daher den zweiten Beobachtungsbereich der Kreditüberwachung.

Damit wird auch den Bestimmungen des (§ 13 Abs. 6) KWG Rechnung getragen, denen zufolge für die Banken ab einer bestimmten Obligohöhe die Verpflichtung besteht, „sich für die Dauer der Veranlagung über die *wirtschaftliche Entwicklung* der Verpflichteten oder Haftenden" ausreichend zu informieren. Gegenstand der Prüfung während der Kreditlaufzeit ist die weitere Entwicklung der bereits vor der Kreditgewährung geprüften wirtschaftlichen Kreditfähigkeit.

Betriebliche Leistungserstellung und Leistungsverwertung und damit die Fähigkeit zur Schuldentilgung hängen von einer Vielzahl unterschiedlicher Einflußgrößen ab. Das Ziel der Kreditüberwachung des Unternehmensbereiches liegt somit in der Erfassung der betrieblichen Struktur, in der *Beobachtung der wichtigsten Leistungs- und Funktionsbereiche* des Unternehmens, um jene betrieblichen Risiken aufzudecken, die die Kreditrückführung gefährden könnten. „Die Kreditwürdigkeit eines Unternehmens wird nicht primär durch finanzwirtschaftliche Risiken, deren Identifikation bislang eindeutig als Schwerpunkt der Kreditwürdigkeitsprüfung betrachtet wurde, bestimmt, sondern auch durch ebenfalls in die Bonitätsprüfung zu integrierende Risiken im leistungswirtschaftlichen Bereich des Unternehmens, die zeitverzögert in finanzwirtschaftlichen Risiken zum Ausdruck kommen."[10]

Im Unterschied zu den Lieferantengläubigern, die einen Einblick in das betriebliche Geschehen haben und meist detaillierte *Markt- und Branchenkenntnisse* besitzen, tut sich die Bank bei diesem Beobachtungsfeld sicherlich schwerer. Wegen der Bedeutung für den *zukünftigen Erfolg* des Unternehmens dürfen diese Fragen einer dynamischen Kreditüberwachung jedoch nicht ausgeklammert werden. Im Rahmen der anlaßbezogenen Kreditüberwachung gilt es daher, (wenn möglich gemeinsam mit dem Unternehmer) einen unternehmensbezogenen Stärken-Schwächenkatalog zu erarbeiten, mit dessen Hilfe es möglich ist, *Risikopotentiale* zu identifizieren.

2.3 Kreditbedingungen

Die Kontrollen während der Kreditlaufzeit dürfen sich nicht nur auf die Einhaltung der Kredithöhe oder der Zinszahlungs- und Kredittilgungsverpflichtungen beschränken. Vielmehr gilt es zu überprüfen, ob sämtliche im Kreditvertrag vereinbarten Kreditbedingungen auch tatsächlich eingehalten werden. Aus diesem Grund bilden die *Kreditbedingungen* einen eigenen Beobachtungsbereich im Rahmen der Kreditüberwachung.

Im Kreditvertrag werden unter anderem folgende Sachverhalte geregelt:
- Kreditzweck/Kreditart
- Kredithöhe
- Kreditlaufzeit
- Kreditsicherheiten
- Kreditkonditionen (Zinssatz, Provisionen usw.)
- Rückzahlungsmodalitäten
- Hinweis auf die Allgemeinen Geschäftsbedingungen
- Sonstige Vereinbarungen.

Die sonstigen Vereinbarungen können sich auf die unterschiedlichsten Gebiete beziehen und räumen der Bank bestimmte Rechte ein, wie zum Beispiel das Recht der Datenweitergabe zu Zwecken des Gläubigerschutzes oder das Recht auf Betriebsprüfung während der Kreditlaufzeit.

Unter den Kreditbedingungen befindet sich auch die Verpflichtung des Kreditnehmers, dem Kreditinstitut periodisch betriebliches Zahlenmaterial zu liefern. In der Praxis handelt es sich dabei primär um die Vorlage des Jahresabschlusses, für die in den Kreditverträgen manchmal bestimmte Fristen[11] vorgesehen sind.

Meist bestehen auch Vereinbarungen, die den Kreditnehmer verpflichten, die Bank über wesentliche Umstände (z. B. Rechtsformänderung, Verschlechterung der wirtschaftlichen Situation des Betriebes) von sich aus zu informieren. Weiters ist es auch denkbar, daß sich der Kreditnehmer zu

116

einer Beschränkung in der Höhe der Privatentnahmen oder zur Einhaltung von Investitionsbeschränkungen vertraglich verpflichtet.

2.4 Kreditsicherheiten

Je größer die Unsicherheitsfaktoren in der Prognose der Unternehmer- und Unternehmensentwicklung bei der Kreditprüfung sind, umso mehr gewinnen die Kreditsicherheiten an Bedeutung. Grundsätzlich bildet die Bonität des Kreditnehmers die „primäre Sicherheit", sodaß die sogenannten „banküblichen Sicherheiten" subsidiären Charakter haben. Sie werden vom Kreditgeber für den Fall hereingenommen, daß der Kreditnehmer seinen vertraglichen Verpflichtungen nicht mehr nachkommen kann.[12]

Die Auswahl aus dem sicherungspolitischen Instrumentarium richtet sich nach betriebsindividuellen Gegebenheiten, wobei vor allem die Frage nach der Angemessenheit zu beachten ist. „Die Kreditsicherheit sollte dem Kreditzweck, der Dauer der Kreditierung und der Gesamtsituation des einzelnen Kunden weitgehend angepaßt sein."[13] Dabei zeigt die Kreditpraxis, daß bei Klein- und Mittelbetrieben bestimmte Sicherungsinstrumente vorherrschen (siehe Abbildung 31).

1. „sehr häufig"	2. „häufig"	3. „eher selten"
1.1. Bürgschaft	2.1. Eigentumsvorbehalt	3.1. Abtretung von Rechten (z. B. Mietrechte)
1.2. Ablebensrisiko-versicherung	2.2. Abtretung von Forderungen (Zessionen)	3.2. Sicherungs-übereignung
1.3. Grundstücke (Hypothek, Rangordnung, VE + Urkunde)	2.3. Bankgarantien	3.3. Verpfändung von Schmuck, Edel-steinen, Anti-quitäten, Bildern, Teppichen usw.
1.4. Verpfändung diverser Sparguthaben		
1.5. Verpfändung von Ansprüchen aus Lebensversicherungen		
1.6. Verpfändung von Wert-papieren		

Abbildung 31: Häufigkeit und Rangordnung der Sicherheiten bei Klein- und Mittelbetrieben

Geringfügige Abweichung erfährt diese Aufteilung bei den geförderten Krediten (z. B. Bürges-Kredite), wo die verschiedenen Richtlinien die Auswahl der Sicherheiten beeinflussen. Bei diesen Kreditarten kommen beispielsweise dem Eigentumsvorbehalt sowie der Verpfändung von Konzessionsurkunden ein größerer Stellenwert zu, als dies sonst der Fall ist.

Während der Kreditlaufzeit können die beigebrachten Kreditsicherheiten eine je nach Sicherheitenart unterschiedliche *Wert- und Liquiditätsentwicklung*[14] durchmachen. Diese hat unmittelbare Auswirkungen auf die Raschheit der Verwertbarkeit und den zu erzielenden Preis. Neben der wirtschaftlichen Verwertbarkeit sind auch die rechtlichen Fragen der Durchsetzbarkeit zu beachten.

In diesem Zusammenhang müssen wir wiederum auf das KWG verweisen. Gemäß der Bestimmungen der KWG-Novelle 1986 haben sich die Banken bei Kreditengagements über fünf Millionen Schilling „über

- die Werthaltigkeit und
- Durchsetzbarkeit von Sicherheiten

ausreichend zu informieren".

Somit stellen auch die Kreditsicherheiten einen wichtigen Teilbereich der Kreditüberwachung dar. Das vordringlichste Ziel der Sicherheitenüberwachung besteht vor allem darin, eine etwaige *Verminderung des Sicherheitenwertes* möglichst rechtzeitig zu erkennen.

Zusammenfassend können wir somit festhalten:

> Kreditüberwachung beinhaltet die laufende und systematische Überwachung und Beobachtung der Entwicklung bzw. Veränderungen in den Bereichen
> - Unternehmer (persönliche Kreditwürdigkeit)
> - Unternehmen (wirtschaftliche Kreditfähigkeit)
> - Kreditbedingungen
> - Kreditsicherheiten
> während der Laufzeit des Kredites.

3. Suche nach Frühwarnindikatoren

3.1 Frühwarninformationen als „schwache Signale"

Für die im vorigen Abschnitt festgelegten Beobachtungsbereiche gilt es nun Indikatoren zu finden, die jene *Frühwarninformationen* liefern, die für die Erkennung von Kreditrisiken erforderlich sind.

> „Frühwarninformationen sind besondere Analyse- und Prognoseinformationen. Sie beziehen sich schwerpunktmäßig auf latente (d. h. verborgene, bereits vorhandene) Erscheinungen, die sich durch spezifische Signale ankündigen und analysieren lassen, und deren Wirkung sich mit hoher Eintrittswahrscheinlichkeit prognostizieren lassen." [15]

Bei der Identifizierung von Frühwarnsignalen gehen wir von der Überlegung aus, „daß Gefährdungen/Risiken, die zwar im Verborgenen bereits vorhanden, aber noch nicht sichtbar eingetreten sind, sich vielfach schon in

Form durchaus wahrnehmbarer Veränderungen an anderen Erscheinungen ankündigen."[16] Für die Arbeitsweise von bankbetrieblichen Frühwarn- und Problemdeckungssystemen ist es daher wesentlich, nicht darauf zu warten, bis eindeutige Anzeichen („starke Signale") über die wirtschaftliche Verschlechterung eines Kreditnehmers sichtbar sind. Vielmehr gilt es, bereits *„schwache Signale"* zu identifizieren.

Das von *Ansoff*[17] entwickelte Konzept der schwachen Signale *(weak signals)* liefert wesentliche Anhaltspunkte für die Entwicklung des Frühwarnsystems. „Schwache Signale sind erste Anzeichen für bevorstehende Entwicklungen. Diese ersten Anzeichen sind vor allen Dingen qualitativer Natur. Sie finden sich nicht in Statistiken und können auch noch eine relativ große Streubreite aufweisen."[18]

Schwache Signale liefern oftmals keine eindeutigen Informationen – vielmehr lassen sie mehrere Interpretationen zu:[19]

> „Im Frühstadium der Krise erkennbare Symptome sind selten eindeutig."

Die im Vorstadium der akuten Krise auftretenden geringfügigen Krisenanzeichen zu erkennen, ist naturgemäß schwieriger als das Auffinden von relativ eindeutigen Kriterien, die auf eine bald drohende Insolvenz hinweisen. Wie die Praxis zeigt, ist es aber gerade für die Kreditüberwachung von Bedeutung, derartigen noch wenig abgesicherten Anzeichen nachzugehen. In vielen Fällen sind es auch *qualitative* Indikatoren, die kritische Entwicklungen bzw. Gefährdungsquellen bei Kreditengagements signalisieren. „Bei der Ermittlung (und danach auch bei der Bearbeitung) von Frühwarninformationen darf man jedoch nicht dem Irrtum verfallen, den sogenannten ‚hard facts' (Tatsachen, Gegebenheiten usw.) von vornherein eine höhere Bedeutung beizumessen als den sogenannten ‚soft facts'."[20]

Um schwache Signale zu erkennen und auszuwerten, sind folgende Voraussetzungen zu beachten:[21]

„1. Es ist eine große Vielfalt von Informationen (interner wie externer Herkunft) zu überprüfen, von denen jede einzelne einen Beitrag zum Gesamtbild leisten, ein Indiz für eine außergewöhnliche Entwicklung sein kann.

2. Die eintreffenden Informationen sind mit umfangreichen vorhandenen Datenbeständen in Beziehung zu setzen.

3. Dabei sind komplizierte Verknüpfungs- und Auswertungsprozesse zu realisieren. Es ist daran zu erinnern, daß viele kleine Detailmerkmale – unterschiedlichster Art und Herkunft – erst in ihrer Gesamtheit einen Hinweis im Sinne der angestrebten Frühwarnung ergeben können."

Aus der Vielzahl und Vielfalt der auszuwertenden Daten sind jene herauszufiltern und zu verarbeiten, die den Kundenbetreuern aussagekräftige *Frühwarnindikatoren* liefern. Diese bilden praktisch das Kernstück eines

	1980 %	1981 %	1982 %	1983 %	1984 %	1985 %	1986 %	1987 %	1988 %
1. Fahrlässigkeit									
a) Ungenügende Kenntnis des praktischen Wirtschaftslebens, mangelnde Branchenkenntnis, Fehlen einer geordneten Betriebs- und Rechnungsführung	5	6	4	4	5	5	3	5	6
b) Unvermögen der differenzierten Beurteilung der Wirtschaftsvorgänge, Gründungsfehler, Unerfahrenheit ...	10	6	5	4	4	3	4	5	7
c) Veranlassung und Durchführung von übermäßigen Investitionen und überflüssigen Betriebserweiterungen	9	5	7	7	4	6	6	4	4
	24	17	16	15	13	14	13	14	17
2. Fehler, bzw. Verlustquellen im									
a) außerbetrieblichen Bereich									
aa) Geänderte Marktlage, ausländische bzw. inländische Konkurrenzsituation, Kreditrestriktionen, Lohn- und Steuererhöhungen usw.	8	15	16	18	19	17	18	16	12
ab) Insolvenz von Abnehmern	4	7	8	7	11	6	7	6	6
ac) Ausfall von Lieferanten	1	2	2	2	1	1	1	1	1
	13	24	26	27	31	24	26	23	19
b) innerbetrieblicher Bereich									
ba) Fehlen des unbedingt notwendigen kaufmännischen Weitblickes, der rationellen Planung bei Funktionsänderungen, Absatzschwierigkeiten	12	8	8	6	8	8	11	10	11
bb) Kalkulationsfehler, Produktionsmißerfolge	4	4	3	4	4	4	4	4	5
bc) Mangelnde Beobachtung der Vorkommnisse in der Wirtschaft, Angebot – Nachfrage, Zinsen- und Kostensteigerungen, Umstrukturierungen, Differenzen in der Geschäftsführung usw.	7	5	5	4	5	6	5	6	7
	23	17	16	14	17	18	20	20	23
3. Persönliches Verschulden									
a) Überhöhte Entnahmen im Privatbereich	3	4	4	6	4	5	5	6	6
b) Spekulationen	5	3	3	2	3	2	2	2	3
c) Vernachlässigung der Geschäftsführung	2	2	1	2	1	1	1	1	1
d) Betrügerische Handlungen	3	2	2	1	2	2	2	2	3
	13	11	10	11	10	10	10	11	13
4. Kapitalmangel(-armut)									
a) Das im Unternehmen vorhandene Kapital ist zu gering, um den vom Betrieb geforderten Aufwand zu befriedigen – Knappheitsbegriff	15	18	20	20	17	20	17	17	16
b) Unterschätzung der verfügbaren Eigenmittel mit der Absicht, Fremdkapital einzusetzen	10	10	9	8	7	6	5	5	6
	25	28	29	28	24	26	22	22	22
5. Sonstige Ursachen									
a) Krankheit	1	2	2	2	2	4	3	2	2
b) Unglücksfälle durch höhere Gewalt .	0	1	1	1	1	2	3	5	3
c) Sonstige Ursachen, die außerhalb der Einflußsphäre des Unternehmens liegen, z. B. Versorgungsschwierigkeiten mit Rohmaterialien, Streiks usw.	1	0	0	2	2	2	3	3	1
	2	3	3	5	5	8	9	10	6

100%

Abbildung 32: Statistik des Kreditschutzverbandes von 1870 über die Ursachen von Insolvenzen

bankbetrieblichen Frühwarnsystems und haben daher für die Kreditüberwachung besondere Bedeutung.[22] Derartige Indikatoren sollten in der Lage sein, mit ausreichender Vorlaufzeit mögliche Gefährdungen anzuzeigen. Sie haben *Signalwirkung* und sind daher die zentralen Elemente im Rahmen eines bankbetrieblichen Frühwarnsystems.

3.2 Vorgangsweise bei der Indikatorenauswahl

Infolge der Informationsvielfalt handelt es sich beim Festlegen von Indikatoren um einen *mehrstufigen* Such- und Auswahlprozeß, den es zu strukturieren gilt. Angesichts der Bedeutung dieser Informationssammlung fordert *Bühler*, „die Suche nach jenen mit besonders ausgeprägter Indikatorfunktion ausgestatteten Bonitätsdaten möglichst breit anzulegen".[23]

Bei diesem Auswahlprozeß kann die Insolvenzursachenforschung wertvolle Hinweise liefern. Die empirisch ermittelten *Ursachenkataloge* gestatten es, die Vielfalt der insolvenzverursachenden Einflüsse auf eine überschaubare, praktikable Anzahl von Ursachenelementen zu reduzieren. Wir gehen dabei von den Ergebnissen der Untersuchungen von *Reske/Brandenburg/Mortsiefer* sowie von den Statistiken des *Kreditschutzverbandes von 1870* (KSV) aus. Die Ergebnisse der Querschnittsuntersuchungen des KSV für die Jahre 1980–1988 können der Übersicht in Abbildung 32[24] entnommen werden.

Beide Untersuchungen zeigen die Bedeutung, die der *Betriebsführung* zukommt. Wo liegen nun die insolvenzverursachenden Einflüsse im Führungsbereich? Die Antwort darauf liefert die Übersicht in Abbildung 33:[25]

Insolvenzursachen	insgesamt	
	%	Gewicht *)
Mangelhafte Unternehmerqualifikation	29,9	2,5
Unzureichender Informationsstand	23,6	2,4
Ungenügende Führungskenntnisse	21,6	2,4
Charaktermängel	20,5	2,4
Mangelnde Praxiserfahrung	14,0	2,1
Schlechter Führungsstil	13,3	2,3
Krankheit	6,4	2,7
Gering ausgeprägte Unternehmermentalität	3,0	2,3
Zahl der Ursachen in Prozent der Betriebe	132,3	2,4

*) Kennziffer für den Einfluß am Zustandekommen der Insolvenz: 1 = geringer Einfluß am Zustandekommen; 2 = mittlerer Einfluß; 3 = großer Einfluß.

Abbildung 33: Insolvenzverursachende Einflußfaktoren in der Betriebsführung (nach *Reske/ Brandenburg/Mortsiefer*)

Innerhalb der unternehmensbezogenen Insolvenzursachen nimmt der *Finanzierungsbereich* eine Spitzenposition ein. Wie die Ergebnisse von *Reske/Brandenburg/Mortsiefer* zeigen, liegt die Finanzierung hinter dem Führungsbereich auf dem zweiten Rang (siehe Abbildung 30). Gemäß der Untersuchung des KSV sind 1988 knapp ein Drittel aller Insolvenzursachen dem Finanzierungsbereich (falsches Investitionsverhalten, überhöhte Privatentnahmen, Kapitalarmut) zuzurechnen.

Für die Kreditinstitute als bedeutendster Financier der Klein- und Mittelbetriebe ist der Finanzierungsbereich auch für die Kreditüberwachung von größtem Interesse, sodaß wir in Abbildung 34 die hier vorgefundenen Einzelursachen darstellen:[26]

Insolvenzursachen	insgesamt	
	%	Gewicht
Eigenkapitalmangel	52,3	2,3
Fehlerhafte Finanzierungsweise	30,7	2,1
Zu hohe Zinsbelastung	19,7	2,3
Falsche Finanzierungsquellen	16,3	2,3
Fehlinvestitionen	14,0	2,4
Zu hohe Privatentnahmen	13,3	2,3
Ungenügende Kreditwürdigkeit	8,7	2,4
Unterschlagung	2,7	2,2
Zahl der Ursachen in Prozent der Betriebe	157,7	2,3

Abbildung 34: Verteilung und Gewichtung von Insolvenzursachen im Finanzierungsbereich (nach *Reske/Brandenburg/Mortsiefer*)

Diese Schwachstellen im Finanzierungsbereich sind nicht nur bei der Kreditüberwachung, sondern auch im Rahmen der *Finanzierungsberatung* bei Klein- und Mittelbetrieben zu beachten. Diese Verbindung von Überwachungs- und Beratungsaspekt kommt unter anderem im jährlichen Kundengespräch im Zuge der anlaßbezogenen Kreditüberwachung deutlich zum Ausdruck (siehe Kapitel V).

Wie die Übersicht in Abbildung 30 zeigt, nimmt der *Absatzbereich* unter allen Entstehungsbereichen der Insolvenzursachen den dritten Rang ein. So legt die Tatsache, „daß in zwei Drittel der untersuchten Betriebe Absatzprobleme mit ursächlich für den Zusammenbruch waren, die Vermutung nahe, daß diesem Bereich insgesamt im Rahmen der Insolvenzverursachung eine wesentliche Bedeutung zukommt".[27] Daher müssen vor allem im Zuge der anlaßbezogenen Kreditüberwachung auch die Themenbereiche „Produkte und Markt" gezielt angesprochen werden.

Neben diesen aus der Insolvenzursachenforschung ableitbaren Schwerpunkten bei der Indikatorensuche haben für die Kreditüberwachung jene Indikatoren einen besonderen Stellenwert, die sich aus der *Geschäftsbeziehung* mit dem Kreditnehmer finden lassen. Mit ihnen werden wir uns daher ausführlich beschäftigen müssen.

An dieser Stelle können wir nun festhalten: Die Effizienz eines Kreditüberwachungssystems wird durch die Auswahl aussagefähiger Frühwarnindikatoren bestimmt. „Die Auswahl der Indikatoren stellt ihrerseits einen wichtigen Entscheidungsprozeß dar, der von subjektiven Einstellungen, Erwartungen und Fähigkeiten (zum Beispiel wirtschaftliche Zusammenhänge zu durchschauen) gekennzeichnet ist."[28] Wir werden bei der Suche und Auswahl bankspezifischer Frühwarnindikatoren in drei Schritten vorgehen:

- Um aus den vielen möglichen Frühwarnsignalen, die für die Kreditüberwachung relevanten herauszufiltern, sind vorerst *Kriterien* für die Auswahl festzulegen.
- Anschließend ist für jeden Beobachtungsbereich des Kreditüberwachungssystems ein *Katalog* von *bankspezifischen Frühwarnindikatoren* zu entwickeln.
- Im Hinblick auf die Entwicklung eines EDV-gestützten Frühwarnsystems gilt es schließlich, aus den Indikatorenkatalogen jene Frühwarnindikatoren herauszuarbeiten, die *EDV-mäßig* erfaßbar sind.

3.3 Anforderungen an bankspezifische Frühwarnindikatoren

Für ein systematisches Vorgehen bei der Suche und Auswahl der für Banken geeigneten Indikatoren benötigen wir eine *Orientierungshilfe*. Dadurch sollen nur Indikatoren mit bedeutsamen *Schlüsselinformationen* in die engere Wahl einbezogen werden. Gleichzeitig wollen wir damit die Anzahl der in das Kreditüberwachungssystem eingehenden Indikatoren reduzieren.

Bei der Festlegung der Auswahlkriterien können wir von den spezifischen Anforderungen ausgehen, die ein Frühwarnindikator aus Sicht der Bank erfüllen muß. Um den Zielen eines bankbetrieblichen Kreditüberwachungssystems zu entsprechen, muß ein Frühwarnindikator im Kreditgeschäft folgende Merkmale erfüllen:[29]

- *Verfügbarkeit und rasche Zugriffsmöglichkeit*

  Den Banken stehen als externe Analytiker nicht dieselben Informationsquellen offen wie der Unternehmensführung selbst oder den Lieferanten. Es gilt daher, solche Frühwarnindikatoren zu finden, die den Informationsmöglichkeiten der Bank entsprechen.

  Neben der Verfügbarkeit muß bei den von Banken zu verwendenden Indikatoren auch auf eine rasche Zugriffsmöglichkeit geachtet werden. „Indikatoren, deren Bonitätsaussage schwieriger und langwieriger zu aktualisieren ist als etwa der Zugriff auf die neuesten Bilanz- und Planungsdaten, dürften hier keine Verwendung finden."[30]

- *Diagnosekraft*

Die diagnostische Bedeutung eines Frühwarnindikators zeigt sich in seiner Präzision, mit der er auf ein bestimmtes Problem bzw. auf einen bestimmten Ursachenkomplex hinweist. „Indikatoren mit höherer Diagnosekraft, d. h. Indikatoren, die den Problembereich einengen bzw. die bereits auf bestimmte Problemursachen hinweisen, sparen damit Analysezeit und ermöglichen eine raschere Reaktion."[31]

- *Frühzeitigkeit*

Infolge der zukunftsorientierten Signalwirkung kommt der Zeitkomponente eine entscheidende Bedeutung zu. Bei einem Indikator ist daher die Frühzeitigkeit der Problemanzeige wichtig. Diese Frühwarneigenschaft ist dann gegeben, wenn er (im Sinne von *Ansoff*) als „schwaches Signal" die mögliche Entstehung eines Problems mit einer ausreichenden Vorlaufzeit anzeigt.[32]

- *Quantifizierbarkeit*

Umfang und Vielfalt der anfallenden Bonitätsdaten erfordern ein Kreditüberwachungssystem mit EDV-Unterstützung. „Dabei sind jedoch nicht nur an das computergestützte Informationssystem selbst, sondern auch an die zu verarbeitenden Indikatoren besondere Anforderungen zu stellen. Gemeint ist damit die Eigenschaft der Quantifizierbarkeit, die von Indikatoren erfüllt sein muß, um maschinell verarbeitet werden zu können und eine präzise und objektive Auswertung zuzulassen."[33] Wie bereits erwähnt wird man bei der Früherkennung neben den numerischen Daten auch auf eine Reihe qualitativer Informationen zurückgreifen müssen. Für eine EDV-mäßige Bearbeitung sind auch diese Informationen in eine quantifizierbare und damit maschinell verwertbare Form zu bringen.

- *Ökonomische Vertretbarkeit*

Die Erfassung, Verarbeitung und Weiterleitung der Frühwarninformationen wird in der Praxis nicht nur mit Anstrengungen, sondern auch mit entsprechenden Kosten verbunden sein. Neben den Kosten der erstmaligen Erfassung sind auch jene zu berücksichtigen, die aufgrund der ständig erforderlichen Aktualisierungen entstehen. Die Erstellung eines Katalogs von Frühwarnindikatoren muß daher ökonomisch vertretbar sein, ein Kriterium, das bei den in der Literatur angeführten Frühwarnsystemen nicht immer Beachtung findet. Bei der Indikatorenauswahl darf daher das Kriterium „Einsatzkosten des Indikators"[34] nicht unberücksichtigt bleiben.

4. Katalog bankspezifischer Frühwarnindikatoren

Für eine wirkungsvolle Früherkennung von Kreditrisiken müssen die verschiedenartigsten Warnsignale berücksichtigt werden, die in ihrer Gesamtheit wichtige Hinweise auf mögliche Gefahren liefern. Unser Ziel besteht somit darin, einen Katalog von Krisenanzeichen vorzulegen, der auf die spezifischen *Informationsmöglichkeiten der Kreditinstitute* zugeschnitten ist.

Der hier vorgestellte Kriterienkatalog ist das Ergebnis einer mehrjährigen Analyse der Entwicklung von gefährdeten Kreditengagements und bildet damit in gewisser Weise die Zusammenfassung der eigenen Erfahrungen und Beobachtungen im Kreditgeschäft. Daneben sind hier die Erkenntnisse aus zahlreichen Gesprächen mit anderer Bankpraktikern eingeflossen. Von großer Bedeutung waren in diesem Zusammenhang die vom Verfasser zum Themenbereich Kreditüberwachung durchgeführten Seminare.

Die Frühwarnsymptome sind nach den Beobachtungsbereichen eingeteilt, in denen die auftretenden Anzeichen jeweils zu spezifischen Untergruppen („Beobachtungsfeldern") zusammengefaßt werden. Die Frühwarnkriterien der einzelnen Beobachtungsbereiche werden in tabellarischer Form dargestellt, wobei in der 3. Spalte unter der Überschrift „EDV" mit einem Zeichen (X) vermerkt wird, ob der jeweilige Indikator EDV-mäßig erfaßbar ist.

4.1 Frühwarnindikatoren für den Beobachtungsbereich „Unternehmer"

Im Beobachtungsbereich „Unternehmer" gehen wir von sechs „Beobachtungsfeldern" aus:

1. Verhalten gegenüber der Bank
2. Persönliche Eigenschaften/Veränderungen
3. Fachliche und führungsmäßige Qualifikation
4. Gesundheitszustand
5. Privater Finanzierungs- und Vermögensbereich
6. Sonstige Kriterien

Die entsprechenden Frühwarnindikatoren und die dazugehörigen Informationsquellen sind aus Abbildung 35 ersichtlich.

Ein wichtiger Bereich der in Abbildung 35 dargestellten Merkmale sind Offenheit, Zuverlässigkeit und Ehrlichkeit gegenüber der Bank. „Kredit" bedeutet Vertrauen – und das beinhaltet auch die Informationsbereitschaft und Offenlegung der wirtschaftlichen Verhältnisse. Einem zurückhaltenden und geänderten Informationsverhalten, das in keiner Weise gerechtfertigt ist, sollte mit Vorsicht begegnet werden.

UNTERNEHMER		
Indikator	Info-Quelle	EDV
1.Verhalten gegenüber der Bank		

• Geändertes Auftreten gegenüber der Bank
  – betont forsches Auftreten
  – unterwürfiges Auftreten
• Verminderte Kooperationsbereitschaft
• Keine Einhaltungen von Vereinbarungen,
  Zusagen
• Unzuverlässigkeit
• Unehrlichkeit (sagt Unwahrheiten)
• Sinkende Offenheit/Informationsbereitschaft
  (Verschlossenheit, Auskunftsverweigerung)
• Einschränkung bzw. Vermeidung der Kontakte
  zur Bank (Abnahme der Kontakthäufigkeit)
• Vermeidung von Gesprächen
• Abwanderung in andere Filiale
• Nichterreichbarkeit des Unternehmers (läßt sich
  verleugnen; kein Kontakt möglich)
	Kundenbetreuer
	– persönliche Kontakte
	– persönliche Wahrnehmungen
	– Kundengespräch	

2. Persönliche Eigenschaften (Charakter)/Veränderungen		

• Geänderter Lebensstil, -wandel
• Äußeres Erscheinungsbild
• Familiäre Probleme
• Scheidung
• Starker Alkoholkonsum
• Teure Autos
• Kostspielige Hobbies
• Glücksspiele, Spielleidenschaft
	Kundenbetreuer
	– persönlicher Kontakt,
	  Gespräche
	– eigene Wahrnehmungen/
	  Beobachtungen
	– persönliche Eindrücke
	Kontaktpersonen des Kreditnehmers
	– Verwandte
	– Mitarbeiter
	– Kunden
	– Lieferanten
	– Konkurrenten
	– div. andere Personen
	Auskünfte
	Medien (Lokalpresse)	

• Spielcasino	Schecks von Casinos	
3. Fachliche und führungsmäßige Qualifikation		

• Fehlendes kaufmännisches Know-how
• Einseitige, technische Ausbildung/
  Ausrichtung
• Fehlende Branchenerfahrung
• Realitätsferne, Phantast
• Verringerung der Einsatzfreude
• Längere Abwesenheit vom Betrieb
  (starkes außerberufliches Engagement)
• Führungsschwäche
• Keine Stellvertreterregelung
• Ungeklärte Nachfolgefrage
	Kundengespräch
	
	Betriebsbesichtigung
	
	Mitarbeiter des Kreditnehmers
	
	Infos aus der Branche	

Indikator	Info-Quelle	EDV
4. Gesundheitszustand		
• Gefährliche Hobbies • Anhaltende Nervosität, ständige Gereiztheit (permanente psychische Überforderung) • Verschlechterung des Gesundheitszustandes • Längere/schwere Krankheit • Unfall	Kundenbetreuer – persönliche Wahrnehmung – optischer Eindruck Mitarbeiter des Kreditnehmers Versicherung, Höhe der Prämien Medien	
5. Privater Finanzierungsbereich/Vermögensbereich		
• Überhöhte Privatentnahmen	Bilanz	×
• Starkes Ansteigen der Privatkredite (Private Verschuldung)	Privatkonto/KSV	×
• Ständige Überziehungen auf dem Privatkonto	Privatkonto/ÜZ-Liste	×
• Private Zahlungsrückstände	Mahnungen/Negativliste	×

• Keine Veranlagungen mehr (Abbau der
  Ersparnisse, Auflösung von längerfristigen
  Anlagen)
	Stornierung Spar-Dauerauftrag	×

• Kreditkarten-, Scheckkartenmißbrauch		
• Verkauf privater Vermögenswerte zur betriebl. Obligoreduzierung	Kundenbetreuer/Dritte	
• Verschiebung von Vermögenswerten	Kundenbetreuer/Dritte	
• Auffälliger Immobilienverkauf	Grundbuch	

• Zu große Privatinvestitionen
  (Übertriebener Luxus, unverhältnismäßig hoher
  Lebensstandard und Lebenswandel)
	Kundenbetreuer/Dritte
	Privatentnahmen	

• Wunsch nach Entlassung aus der persönlichen Haftung	Kundengespräch	
6. Sonstiges		
• Ämterkumulierung	Medien	
• Nicht gemeldete Wohnsitzänderung (Übersiedlung ins Ausland)	Post unzustellbar	
• Häufige Anfragen	Banken, Auskunfteien, Lieferanten	
• Private Strafverfahren/Verurteilungen	Gericht, Zeitungen, Dritte	
• Hinweis „Unerwünschte Kontoverbindung"	UKV-Liste	

Abbildung 35: Frühwarnindikatoren für den Beobachtungsbereich „Unternehmer"

Weiters spielen die familiären Verhältnisse und der Lebensstil eine bedeutende Rolle: Zwischen der erfolgreichen Tätigkeit eines Unternehmers und seinen familiären bzw. persönlichen Verhältnissen bestehen oft sehr ausgeprägte Wechselbeziehungen.[35] Dies zeigen auch die Ergebnisse der Insolvenzursachenforschung sehr deutlich. Solche private Komponenten (teure Hobbies, Spielleidenschaften usw.) sind nicht nur eine finanzielle Belastung, die den Netto-Cash-flow schmälern. Sie kosten meist auch sehr viel Zeit. Sehr leicht liegen dann die Interessenschwerpunkte des Unternehmers *außerhalb* des Betriebes, sodaß zu wenig Zeit für den Betrieb bleibt und die Unternehmensführung zu kurz kommt.

In der Praxis wird all diesen Kriterien zwar immer wieder hohe Bedeutung zugemessen – sie werden aber eher nur gefühlsmäßig und undifferenziert wahrgenommen. Die hier vorgelegte Checkliste soll den Praktiker darin bestärken, derartige Warnlichter mehr als bisher *bewußt* wahrzunehmen.

Dieser Frühwarnkatalog zeigt, daß im Beobachtungsbereich „Unternehmer" bei der Informationsgewinnung EDV-mäßige Unterstützung nur in geringem Ausmaß möglich ist. Hier kommt dem *Kundenbetreuer* die zentrale Rolle zu. Für viele dieser Frühwarnsymptome bildet das persönliche Gespräch bzw. die eigenen Wahrnehmungen des Kundenbetreuers eine wesentliche Informationsquelle. Das frühzeitige Erkennen von Frühwarnsignalen im Unternehmerbereich bedarf aber einer Sensibilisierung der Mitarbeiter für derartige Phänomene.

Es muß einem klar sein, daß es sich in diesem Beobachtungsbereich um *mehrdeutige Informationen* handelt, gerade im Sozialbereich gibt es keine eindeutigen Gesetzmäßigkeiten. Das heißt, das Auftreten eines Indikators *kann*, muß aber nicht in jedem Fall eine gefährliche Entwicklung anzeigen. Man kann nicht so einfach von äußeren (sichtbaren) Verhaltensweisen auf Einstellungen oder Werthaltungen des Kreditnehmers schließen. Eine Hilfestellung in diese Richtung könnte die *Typologie der Unternehmer* bieten, die wir im Buch „Kreditkultur" ausführlich beschrieben haben. Die Typologie beschreibt bestimmte Verhaltensweisen, die in der Praxis des Kreditgeschäfts sehr oft anzutreffen sind.

Natürlich handelt es sich beim Erkennen von Frühwarnindikatoren aus dem Persönlichkeitsbereich um *subjektive* Eindrücke, die daher um weitere Informationen, wie zum Beispiel Handelsauskünfte ergänzt werden sollen. Wie bei einem Mosaik ergibt sich dann aufgrund vielfältiger Elemente aus unterschiedlichen Informationsquellen schließlich ein Gesamtbild.

4.2 Frühwarnindikatoren für den Beobachtungsbereich „Unternehmen"

Die Früherkennung der wirtschaftlichen Verschlechterung im Unternehmensbereich ist nicht einfach. Dies aus zwei Gründen:

- Wie bereits erwähnt hängt der wirtschaftliche Erfolg von einer nahezu unüberschaubaren Vielfalt von zum Teil sehr unterschiedlichen Einflußgrößen ab. „Kreditwürdigkeitsanalyse ist, das wird spätestens an dieser Stelle deutlich, *Unternehmensanalyse* schlechthin; das ist es, was eine Kreditwürdigkeitsbeurteilung von Unternehmen so schwierig macht."[36]
- Weiters ist zu bedenken, daß die Bank als *externer* Analytiker in das unmittelbare betriebliche Geschehen (Produktionsabläufe, Reklamationshäufigkeit, Forschungs- und Entwicklungstätigkeit usw.) oftmals gar keinen Einblick hat und ihr außerdem branchenspezifische Kenntnisse meist fehlen.

UNTERNEHMEN		
Indikator	Info-Quelle	EDV

1. Unternehmensführung, -struktur

Indikator	Info-Quelle	EDV
• Hohe Fluktuation im Management (Führungs-wechsel)	Oftmalige Änderungen der Unter-schriftsberechtigung	
• Häufiger Gesellschafterwechsel	Handelsregister Auskünfte	
• Uneinigkeit in der Geschäftsleitung	Eigene Beobachtungen/Kunden-gespräch/Dritte	
• Persönliche Differenzen unter Gesellschaftern		
• Änderung der Rechtsform (Haftungsein-schränkung)	Handelsregister	
• Außergewöhnliche Betriebsaufspaltung; unplausible Firmenverschachtelungen (Verschleierungen?)	Handelsregister/Betriebsprüfung	
• Fusionsbemühungen		
• Verkaufsabsichten	Zeitungen/Gerüchte/Dritte	
• Verschlechterung des Unternehmensimage		

2. Betriebsstätte / Produktion

Indikator	Info-Quelle	EDV
• Geschäftslokal sehr oft geschlossen	eigene Beobachtungen/Dritte	
• Schlechter Zustand der Betriebsgebäude	eigene Beobachtung	
• Schlechter Zustand der Räumlichkeiten (verwahrloster Eindruck)		
• Schlechter Zustand der Produktionsanlagen	Betriebsbesichtigung	
• Überaltete Maschinen (Fehlende Ersatz-, Rationalisierungsinvestitionen)		
• Auslastungsprobleme (Leerkapazitäten)	Betriebsprüfung	
• Auffällig rasche Änderungen des Produktionsprogrammes	Infos aus der Branche	

3. Beschaffungs-, Lagerbereich

Indikator	Info-Quelle	EDV
• Hohe Abhängigkeit von wenigen Lieferanten	Kundengespräch/Betriebsprüfung	
• Lieferungen nur mehr gegen Barzahlung		
• Anstieg Lieferantenschulden	Bilanz	×
• Überdurchschnittlicher Anstieg des Warenlagers (Produktion auf Lager)	Betriebsprüfung/Bilanz	×
• Überalterung des Warenlagers	Betriebsprüfung	

4. Absatzbereich, Marktsituation

Indikator	Info-Quelle	EDV
• Umsatzrückgang	Bilanz/Saldenliste	×
• Auftragsrückgang (schlechte Auftragslage)	Kundengespräch/Betriebsprüfung/Auskünfte	
• Abhängigkeit von wenigen Abnehmern		
• Überdurchschnittlicher Anstieg von Forderungen		
• Insolvenz von Abnehmern	Auskünfte/Betriebsprüfung	
• Nicht marktkonforme Produkte		
• Änderung der Marktsituation	Eigene Beobachtungen/Dritte	
• Neue Konkurrenten am Markt		
• Mangelhafte Leistungen (zunehmende Reklamationshäufigkeit der Abnehmer)	Gespräche mit Kunden des Kreditneh-mers, Inanspruchnahme von Rücklaß-haftungen	
• Außergewöhnliche Abverkaufsaktionen (Preisschleuderei)	Dritte/Medien	

Indikator	Info-Quelle	EDV
5. Personal		
• Hohe Personalfluktuation • Ausscheiden von guten Fachkräften (Kündigungen) • Umstellung auf Kurzarbeit • Personalabbau • Negatives Betriebsklima	Gespräche mit Mitarbeitern des Kreditnehmers/Dritte Gespräche mit Mitarbeitern des Kreditnehmers/Medien Gehaltsüberweisungen (Gehaltskonten) Gespräche mit Mitarbeitern/ Betriebsbesichtigung	
6. Rechnungswesen		
• Große Buchungsrückstände (Unaktualität) • Stark verzögerte Fakturierungen • Unzureichendes Mahnwesen • Fehlende bzw. unzureichende Kalkulation (Kostenrechung) • Unzweckmäßige Organisation des ReWe • Keine Fachleute im ReWe	Betriebsprüfung	
7. Ertrags-, Vermögens-, Kapitalsituation		
• Ertragseinbußen (-rückgänge) • Kontinuierliche Eigenkapitalverminderung • Ansteigen des Fehlkapitals • Überbewertung der Aktiva • Auflösung von Rücklagen/Reserven • Verkauf von Betriebsvermögen • Kreditaufnahme bei anderen Banken (Neuverschuldung)	Bilanz/Saldenliste Bilanz Bilanz Betriebsprüfung Bilanz/Betriebsprüfung Bilanz/Betriebsprüfung Bilanz/Auskünfte	× × × × × ×
8. Finanzamt/Krankenkasse		
• Ungeregelte Rückstände bei Finanzamt • Rückstände bei (Gebiets-) Krankenkasse	Lastschriftanzeige Anzeige	

Indikator	Info-Quelle	EDV
9. Zahlweise/Zahlungs-, Finanzierungsverhalten		
• Rückläufige Kontoumsätze (Sinkende Habenumsätze)	Geschäftskonto	×
• Sehr häufige (ungeplante) Überziehungen	Geschäftskonto/ÜZ-Listen	×
• Laufende Kreditwünsche/Erhöhungen bei konstanter Betriebsleistung	Kundengespräch	
• Nichtausnützung von Skonti (Übergang Skontozahlungen auf Lieferantenkredite)	Zahlungsverkehr/Bilanz	×
• Verlängerung der Zahlungsziele	Bilanz	×
• Langsame und schleppende Zahlweise	Auskunftei	
• Umstellung Zahlungsart (Umstellung von Scheck auf Wechselzahlungen)	Zahlungsverkehr	×
• Wechselprolongationen	Wechselabteilung	(×)
• Rückstände bei Lohn- und Gehaltszahlungen	Zahlungsverkehr/eigene Beobachtungen	
• Verspätete Finanzamt-Überweisungen		
• Verspätete Krankenkassen-Zahlungen		
• Weitere Bankverbindungen (Ausweichen auf fremde Institute)	Auskünfte/Bilanz/Firmen-Briefpapier/ Zahlschein bei Rechnungen	
• Sale and Lease-back-Verträge	Kundenbetreuer/Betriebsprüfung	
10. Auskunftswesen		
• Verschlechterung der eingeholten Auskünfte	Auskunftei	×
• Vermehrte Bonitätsanfragen (von Lieferanten/ Kunden/anderen Banken)	Auskunftei	(×)
11. Negativmeldungen		
• Wechselprotest	Auskunftei	×
• Scheckrückgaben/Retourschecks	Bankintern/KSV	
• Scheckreiterei	Kundenbetreuer/Vorlage	
• Mahnungen, Mahnverfahren (Inkasso-Verfahren)	Auskunftei	×
• Klagen	Auskunftei	×
• Exekutionen	Exekutionsanzeiger/Amtstafel/ Auskunftei	×

Abbildung 36: Frühwarnindikatoren für den Beobachtungsbereich „Unternehmen"

Das bedeutet, daß die kreditgewährende Bank aufgrund der ihr zur Verfügung stehenden Informationen nur einen *Teil* der Insolvenzursachen und -symptome überprüfen kann. Daher sind aus der Fülle möglicher Früherkennungssymptome jene herauszufiltern, die *aus Sicht der Bank* auch tatsächlich beobachtbar sind. Aus Praktikabilitätsgründen erfolgt die Systematik der Früherkennungsmerkmale nach den betrieblichen Grundfunktionen. Die für den Beobachtungsbereich „Unternehmen" relevanten *bankspezifischen* Frühwarnsignale sind in der Checkliste in Abbildung 36 zusammengefaßt.

Bei diesem Überwachungsbereich kann die Bank aus ihren *internen Dateien* und ihren Beobachtungen (z. B. Kreditprüfung, bankinterne Auskunftei) zahlreiche Hinweise auf bonitätsmäßige Verschlechterungen der Kreditnehmer erhalten. Besondere Bedeutung kommt hierbei den im Zusammenhang mit dem *Zahlungsverkehr* anfallenden Daten zu, aus denen sich das Zahlungsverhalten *unmittelbar* beobachten läßt. Dieses *bankinterne Informationspotential* gilt es daher gezielt zu nutzen.

Im Unterschied zum Beobachtungsbereich „Unternehmer" gibt es beim Unternehmen eine Reihe von Indikatoren, die EDV-mäßig erfaßbar sind.

Zusammenfassend können wir daher feststellen, daß im Zuge der Beobachtung der wirtschaftlichen Entwicklung des Unternehmens zahlreiche Möglichkeiten der Risikofrüherkennung bestehen. Vor allem im Hinblick auf ein *EDV-gestütztes Frühwarnsystem* gilt es,

- das *bankinterne Informationspotential* mehr als bisher gezielt zu nutzen,
- die in verschiedenen Stellen der Bank anfallenden Daten EDV-mäßig zu erfassen und systematisch auszuwerten sowie
- die teilweise isoliert nebeneinanderstehenden Dateien sinnvoll zu verknüpfen.

4.3 Frühwarnindikatoren für den Beobachtungsbereich „Kreditbedingungen"

Die Kreditbedingungen, die den dritten Beobachtungsbereich der Kreditüberwachung bilden, resultieren unmittelbar aus der Kreditbeziehung zwischen Kreditnehmer und Bank. Während der Laufzeit des Kredites ist daher zu prüfen, ob die im Kreditvertrag vereinbarten Bedingungen auch tatsächlich eingehalten werden.

Vereinbarungen, die nicht eingehalten werden, sind Anlaß, das entsprechende Kreditengagement kritisch zu überprüfen. Da sich die Kreditbedingungen auf sehr unterschiedliche Sachverhalte beziehen, ist es notwendig, diesen Beobachtungsbereich entsprechend zu gliedern. Aufgrund unserer Erfahrungen erweist sich eine Einteilung der Kreditbedingung nach

1. Konditionen
2. Verwendungszweck/Kreditlaufzeit/Kredithöhe
3. Bedingungen hinsichtlich der Sicherheiten
4. Bedingungen hinsichtlich Unterlagen/Informationspflichten
5. Sonstige Bedingungen

für zweckmäßig.

Die für diese fünf Informationsfelder relevanten Frühwarnkriterien sind in Abbildung 37 dargestellt. Der Kriterienkatalog zeigt, daß es hier eine Reihe von *bankspezifischen* Früherkennungsmerkmalen gibt. Ein Teil davon ist außerdem unmittelbar EDV-mäßig erfaßbar. Im wesentlichen handelt es sich hier um drei Gruppen von Frühwarnindikatoren, und zwar um solche, die sich auf

- den effektiven Vollzug von Zins- und Tilgungszahlungen
- Einhaltung des Kredit- bzw. Überziehungsrahmens
- Termineinhaltung bei div. Unterlagen

KREDITBEDINGUNGEN		
Indikator	Info-Quelle	EDV
1. Konditionen		
• Nichteinhaltung von Rückzahlungsterminen (Tilgungsrückstände)	Kontoführung/Mahnwesen	×
• Nichteinhaltung der Zinsenzahlungen (Zinsrückstände)	Kontoführung/Mahnwesen	×
• Stundungsansuchen (Ratenstundung)	Kundengespräch	
• Konditionenunempfindlichkeit (Akzeptieren von marktunüblichen Konditionen)	Kundenbetreuer	
2. Verwendungszweck/Laufzeit/Höhe		
• Nichteinhaltung des Kreditrahmens	Kontoführung	×
• Widmungswidrige Kreditverwendung	Betriebsprüfung/Kundengespräch	
• Laufzeitüberschreitungen (Ansuchen um Laufzeitverlängerungen)	Kontoführung/Kundengespräch	
• Nichteinhaltung von Überziehungsverboten	Kontoführung	×
• Geringe Umschlagshäufigkeit des Kontokorrentkredites	Kontobeobachtung	
3. Sicherheiten		
• Nichteinhaltung von Terminen bei Sicherheitenbestellung	Terminevidenz/Kundenbetreuer	(×)
• Nichtbeibringung der vereinbarten Sicherheiten	Kundenbetreuer	
• Nichteinhaltung von Veräußerungs- und Belastungsverboten	Grundbuch	
4. Unterlagen/Informationspflichten		
• Keine Bilanzvorlage	Bilanzdatei/Kundenbetreuer	×
• Sehr verspätete Bilanzvorlage	Bilanzdatei/Kundenbetreuer	×
• Nichtvorlage bzw. verzögerte Beibringung geforderter Unterlagen	Kundenbetreuer	
• Nichterfüllung der Informationspflicht lt. Kreditvertrag (bezügl. Änderungen persönlicher/rechtlicher/wirtschaftlicher Verhältnisse)	Kundenbetreuer	
5. Sonstige Bedingungen		
• Nichteinhaltung Ausschließlichkeitsklausel (Aufnahme Fremdkredite)	Auskünfte/Firmenbriefpapier	
• Nichteinhaltung diverser Auflagen (z. B. Beschränkung bei Privatentnahmen)	Kundenbetreuer	
• Nichteinhaltung div. Absprachen	Kundenbetreuer	
• Nichterfüllung bestimmter Vereinbarungen bezügl.Zahlungsverkehr (Umsatztätigkeit)	Kontoführung	×
• Oftmalige Änderungswünsche von Kreditbedingungen	Kundengespräch	
• Umschuldung	Kundengespräch	

Abbildung 37: Frühwarnindikatoren für den Beobachtungsbereich „Kreditbedingungen"

133

beziehen. Diese Kriterien sind in das EDV-gestützte Indikatorensystem einzubeziehen und bilden wertvolle Elemente beim Aufbau des EDV-gestützten Kreditüberwachungssystems.

SICHERHEITEN		
Indikator	Info-Quelle	EDV
1.Grundstücke/Gebäude		
• Weitere Belastungen der verpfändeten Liegenschaft (nachrangige Hypotheken)	Grundbuch	×
• Exekutive Pfandrechte	Grundbuch	×
• Versteigerung	Exekutionsgericht	
• Antrag auf Freilassung	Kundengespräch/Grundbuch	
• Verkauf der Liegenschaft bei hinterlegter Pfandbestellungsurkunde (VE + Urkunde)	Grundbuch	×
• Belastung der Liegenschaft bei hinterlegter Pfandbestellungsurkunde durch andere Gläubiger (z. B. Fremdbanken)	Grundbuch	×
• Vertragswidrige Verfügungen (z. B. Abschluß von Bestandverträgen, Inkasso von Mietzinsvorauszahlungen)	eigene Beobachtung	
• Demontage von Inventar	eigene Beobachtung	
• Verwahrlosung	eigene Beobachtung	
• Prämienverzug bei Feuerversicherung	Versicherung	
• Umwidmungen; Änderungen des Flächenwidmungsplanes	Gemeinde, Vermessungsamt, Amtsblatt	
• Wertminderung (Preisverfall am Immobilienmarkt, Umwelteinflüsse)	Makler/eigene Marktbeobachtung	
• Brandschaden	Medien/Versicherung	
2. Eigentumsvorbehalt/Pfandrechte		
• Wertverfall der Maschinen/Anlagen (z. B. technische Entwicklung bei EDV-Geräten)	Betriebsbesichtigung/Fachzeitschriften	
• Verwahrlosung der Maschinen/Anlagen (mangelnde Wartung/Pflege des Pfandobjektes)		
• Beschädigung der Pfandobjekte	Betriebsbesichtigung	
• Zerstörung der Pfandobjekte		
• Verkauf der Maschinen/Anlagen	Betriebsbesichtigung/Bilanz	×

Indikator	Info-Quelle	EDV
3. Pfandlager (Lombard)		
• Preisverfall von Warenpfändern (z. B. Entmodung; Entwertung)	Lagerprüfung/Marktbeobachtung	
• Lagerabbau/verfälschte Inventarisierung	Lagerprüfung/Marktbeobachtung	
• Schwund		
• Veraltete Produkte		
4. Zessionen		
• Häufige Zessionsunterdeckung (zu wenig Forderungsmaterial)	Zessionsführung	×
• Verschlechterung des Zessionsmaterials (überaltert)	Zessionsführung/Zessionsprüfung	
• Abstriche bei zedierten Rechnungen; Bestreitungen/Einwendungen	Drittschuldner	
• Forderungsausfälle (Drittschuldner werden zahlungsunfähig)	Bilanz/Medien/eigene Beobachtungen	(×)
• Doppelzessionen	Zessionsprüfung	
• Barinkasso von zedierten Forderungen (Selbstinkasso)	Zessionsführung	
• Fingierte Fakturen	Zessionsprüfung	
5. Wertpapiere		
• Kursverfall	Kursblatt/Wertpapierinformation	×
• Verluste aus Währungsänderungen (bei ausländischen Wertpapieren)		
6. (Er-, Ablebens-)Versicherungen		
• Prämienrückstände, -verzug	Versicherung/Mahnungen	
• Aufkündigung des Versicherungsschutzes	Versicherung	
7. Bürgschaften		
• Verschlechterung der Bonität des Bürgen	Auskünfte/ eigene Beobachtungen	
• Verschlechterung der Einkommens- und Vermögensverhältnisse des Bürgen		
• Tod des Bürgen	Todesanzeige/Amtstafel	
• Wunsch nach Entlassung aus der Bürgschaft	Gespräch mit Bürgen	
8. Sonstiges		
• Ersuchen um Sicherheitenfreigabe	Kundengespräch	
• Ersuchen um Sicherheitentausch		
• Ersuchen um Entlassung des Unternehmers aus der persönlichen Haftung		
• Gesetzesänderungen	Bundesgesetzblatt/Medien	
• OGH-Entscheidungen	Entscheidungssammlung/Literatur	
• Exekution auf Sicherungsobjekte		

Abbildung 38: Frühwarnindikatoren für den Beobachtungsbereich „Kreditsicherheiten"

4.4 Frühwarnindikatoren für den Beobachtungsbereich „Kreditsicherheiten"

In der Kreditpraxis besteht heute ein breit gefächertes Sicherheiteninstrumentarium, das sehr unterschiedliche Sicherheitstypen umfaßt. Da jede Kreditsicherheit spezifische (rechtliche und wirtschaftliche) Besonderheiten aufweist, ist es naheliegend, auch den Indikatorenkatalog nach den *Sicherheitenarten* aufzubauen. Die bei den einzelnen Kreditsicherheiten zu beachtenden Früherkennungsanzeichen sind in der Abbildung 38 dargestellt.

Bei den einzelnen Sicherheiten bestehen für die Bank zum Teil sehr unterschiedliche Informationsmöglichkeiten. So ist es beispielsweise bei verpfändeten Maschinen bzw. beim Warenlombard sehr schwierig, den Wertverfall bzw. eventuelle Beschädigungen rechtzeitig zu erfassen. Auch die Bonitätsverschlechterung bei Bürgen ist nicht einfach festzustellen. Die für die Bank ergiebigsten Informationsquellen stellen das Grundbuch (bzw. die Grundstücksdatenbank) und eventuell die bei Zessionskrediten anfallenden Prüfungshandlungen dar. Diese Sicherheitstypen lassen auch am ehesten die Möglichkeit einer EDV-mäßigen Erfassung der Kriterien zu.

5. Schlußfolgerungen

Kreditausfälle entstehen nicht von heute auf morgen, sondern sind meist das Endresultat einer Unternehmenskrise. Es ist daher wichtig, Risikoanzeichen zu finden, die eine die Unternehmensentwicklung gefährdende Entwicklung rechtzeitig anzuzeigen vermögen. Als Lösungsansatz bietet sich die systematische Zusammenstellung eines umfassenden Kataloges von solchen Frühwarnindikatoren an, die aus der Sicht der Bank beobachtbar und erfaßbar sind.

Da es keine absolut zuverlässigen Kriterien für eine beginnende Unternehmenskrise bzw. drohende Insolvenz gibt, bleibt für die Kreditpraxis nur die Möglichkeit, möglichst viele Frühwarnindikatoren aufzuzeigen, die im Sinne von „Warnlichtern" die sich andeutenden Bonitätsverschlechterungen signalisieren.

Unsere Ausführungen zeigen, daß man die Überwachung der bestehenden Kreditengagements nicht nur auf der Analyse der eingereichten Jahresabschlüsse aufbauen darf. Vielmehr gibt es eine Reihe von Früherkennungsmerkmalen, die außerhalb der Bilanz liegen und dem Kundenbetreuer schon wesentlich früher auf Bonitätsrisiken aufmerksam machen können.

Bei der praktischen Anwendung der hier vorgestellten Indikatorenkataloge sind allerdings folgende Hinweise zu beachten:

- Bei Frühwarnindikatoren gibt es keine Eindeutigkeit, das heißt: Das „Aufleuchten" eines Warnlichtes *kann*, muß aber nicht ein eindeutiges Symptom für eine Bonitätsverschlechterung darstellen.
- Die in den Katalogen dargestellten Früherkennungsmerkmale liefern, jeweils für sich allein betrachtet, selten den unmittelbaren Hinweis, daß sich der Kreditnehmer tatsächlich in einer existenzbedrohenden Krise befindet. Das heißt: Die Aussagefähigkeit wird erst im Zusammenspiel *mehrerer* Warnzeichen und deren logischer Verknüpfung erreicht. Die Erfahrung zeigt, daß die in den Katalogen enthaltenen Indikatoren ohnedies meist nicht allein auftreten. Es ist nur wichtig, sie auch wahrzunehmen und ihnen Aufmerksamkeit zu schenken!

Die hier entwickelten Frühwarnkataloge bilden eine praktikable Grundlage sowohl für die anlaßbezogene als auch für die nichtanlaßbezogene Kreditüberwachung. Während es bei letzterem um den Einsatz EDV-gestützter Frühwarnsysteme geht, liegt bei der *anlaßbezogenen Überwachung* die Initiative und Verantwortung beim Kundenbetreuer. Für ihn haben diese Frühwarnkataloge den Charakter von *Checklisten*, die ihm bei seinen Überwachungsaufgaben Hilfestellung geben.

- Insbesondere sollen diese Checklisten Anhaltspunkte für eine gezielte Beobachtung des Kreditnehmers liefern. Anhand der Indikatorenkataloge kann der Betreuer feststellen, ob bei einer Kreditbeziehung Frühwarnsignale auftreten oder nicht. Beim „Aufleuchten" derartiger Warnlichter muß eine gründliche Überprüfung des bestehenden Kreditengagements vorgenommen werden.
- Diese Indikatorenkataloge können dem Kundenbetreuer auch als Vorbereitung für das jährliche Kundengespräch dienen. Er wird daraus auf den Einzelfall abgestimmte Schwerpunkte und damit einen individuellen Gesprächsleitfaden bilden.
- Schließlich liefern die in den Checklisten angeführten Beobachtungsfelder Anhaltspunkte für die schriftliche Dokumentation (z. B. bei Prolongations- oder Aufstockungsentscheidungen).

Mit diesen Hinweisen haben wir auch schon die Zielrichtung für die *anlaßbezogene Kreditüberwachung* skizziert, mit der wir uns im folgenden Kapitel ausführlich beschäftigen.

Anmerkungen

1 Vgl. *Krause:* Früherkennungssysteme, S. 198: „Für den Informationsnutzen des Früherkennungssystems ist es entscheidend, daß ein Informationsüberangebot vermieden wird."

2 Vgl. hiezu *Kreim:* Finanzplanung und Kreditentscheidung, S. 71

3 Hinsichtlich der Insolvenzursachenforschung und ihrer Bedeutung für das Kreditgeschäft vgl. die Ausführungen bei *Streibel:* Insolvenzursachenforschung, S. 64 f; *Bea/Kötzle:* Ursachen von Unternehmenskrisen, S. 565 f; *Tichy:* Insolvenzursachen als Kriterien für ein Scoring-Modell, S. 245 f; *Töpfer:* Analyse von Insolvenzursachen, S. 159 f; *Buchmann:* Bestimmungsgründe für betriebliche Insolvenzen, S. 384 f

4 *Reske/Brandenburg/Mortsiefer:* Insolvenzursachen mittelständischer Betriebe, S. 177

5 *Reske/Brandenburg/Mortsiefer:* Insolvenzverhütung bei mittelständischen Betrieben (I), S. 14

6 *Keiser:* Insolvenzen bei mittelständischen Einzelhandlungen, S. 114; vgl. auch *Bieg:* Bonität gewerblicher Bankkreditnehmer, S. 508

7 *Stein:* Typologie krisengeneigter Unternehmer, S. 152

8 *Bellinger:* Verfahren der Kreditwürdigkeitsprüfung, S. 31

9 *Paal:* Kreditsicherung, S. 19; vgl. auch *Jährig/Schuck:* Handbuch des Kreditgeschäfts, S. 143: „Wenn die persönliche Kreditwürdigkeit nicht vorliegt, wird kein Kreditinstitut einen Kredit geben; sie ist unabdingbar."; *Fischer:* Kreditwürdigkeitsprüfung, S. 2036: „In den meisten Fällen ist jedoch die personelle Qualifikation des Kreditnehmers für die Gewährbarkeit des Kredites von mitentscheidender Bedeutung."; *Stannigel:* Kreditrevision, S. 42: „In der überwiegenden Mehrzahl der Fälle hängt das Schicksal eines Betriebes in ausschlaggebendem Maße vom Können seiner leitenden Persönlichkeiten ab und daher ist das Vertrauen des Kreditinstituts auf deren Qualitäten eine wesentliche Voraussetzung für die Kreditgewährung und -weiterbelassung."

10 *Benölken/Bickel:* Bonitätsportfolios, S. 88

11 Beispielsweise findet sich in Kreditverträgen folgender Passus: „Es gilt als vereinbart, daß während der Kreditlaufzeit die Bilanzen sowie die Gewinn- und Verlustrechnung des Unternehmens jeweils nach Erstellung – spätestens jedoch 9 Monate nach Ablauf eines Wirtschaftsjahres – vorgelegt werden sowie über unser Ersuchen Zwischenbilanzen erstellt werden."

12 Vgl. hiezu *Paal:* Kreditsicherung, S. 22: „Kreditsicherheiten sind Vermögenswerte und Rechte, die der Schuldner dem Kreditgeber zur Verfügung stellt bzw. einräumt, damit dieser aus ihnen im Verlustfall seine Ansprüche befriedigen kann."; vgl. auch *Hagenmüller:* Kreditsicherheiten, Sp. 1209 ff; *Cassier:* Risikobeurteilung, S. 374 f

13 *Stannigel:* Kreditrevision, S. 66

14 Vgl. hiezu *Heim:* Der Einfluß der Konjunktur auf Kreditsicherheiten, S. 34 ff; *Pauluhn:* Entscheidungsorientierte Sicherheitenbewertung, S. 28 ff; *Rieder:* Verwertung von Kreditsicherheiten, S. 386 f

15 *Hahn:* Frühwarnsysteme, S. 40

16 *Klausmann:* Betriebliche Frühwarnsysteme, S. 42

17 Vgl. *Ansoff:* Strategic Response to Weak Signals, S. 129 ff; *Simon:* Schwache Signale, S. 16 f

18 *Gerberich:* Frühwarnsystem, S. 155; vgl. auch *Kirsch/Trux:* Strategische Frühaufklärung, S. 53: Der Begriff des schwachen Signales verweist „auf schlecht-definierte Informationen, die den Empfänger in einem Stadium hoher Ignoranz belassen. Solche Informationen lassen mehrere Interpretationen zu und implizieren unklare, äußerst schlecht-strukturierte Probleme."; *Berg:* Frühwarnsysteme im Bereich der Materialwirtschaft, S. 141: „Kausalanalytische Ansätze vermögen bei der Identifizierung schwacher Signale nicht weiterzuhelfen. Ggf. wird man hier das Instrumentarium der inexakten Vorhersagemethoden verwenden müssen, auch wenn hier aufgrund der mangelnden empirischen Absicherung ein stark spekulatives Moment nicht von der Hand gewiesen werden kann."; *Krampe/Müller:* Strategische Frühaufklärung, S. 386

19 *Rödl:* Früherkennung von Kreditrisiken, S. 53

20 *Drexel:* Frühwarnsystem, S. 97

21 *Gernert:* Frühwarnung und Krisenbewältigung, S. 147

22 Vgl. *Bühler:* Bonitätsbeurteilung (II), S. 181: „Der Informationswert von Problemdeckungssystemen ist abhängig von der Frühwarn-Qualität der zu wählenden Indikatoren."

23 *Bühler:* Bonitätsbeurteilung (I), S. 85

24 Die Übersicht über die Insolvenzursachen wurde entnommen aus *Hierzenberger:* Ursachen von Unternehmensinsolvenzen, S. 46 sowie den Tätigkeitsberichten des *Kreditschutzverbandes von 1870* für die Jahre 1987 und 1988

25 *Reske/Brandenburg/Mortsiefer:* Insolvenzursachen mittelständischer Betriebe, S. 66

26 ebenda, S. 110

27 ebenda, S. 95

28 *Krause:* Früherkennungssysteme, S. 200

29 Hinsichtlich der an Frühwarn- und Problemindikatoren zu stellenden Anforderungen vgl. die Ausführungen bei *Hahn/Krystek:* Betriebliche und überbetriebliche Frühwarnsysteme, S. 81; *Bühler:* Bonitätsbeurteilung (II), S. 190; *Lehner:* Unternehmensanalyse, S. 181f; *Kühn/Walliser:* Problemdeckungssystem, S. 230 f

30 *Bühler:* Bonitätsbeurteilung (II), S. 190

31 *Kühn/Walliser:* Problemdeckungssystem, S. 230

32 Vgl. *Beа/Kötzle:* Ursachen von Unternehmenskrisen, S. 568: „Frühwarninformationen müssen zu einem Zeitpunkt erfaßt und hinsichtlich ihrer Wirkung auf die Unternehmung bewertet sein, der eine ausreichende Zeitspanne für Gegenmaßnahmen gewährleistet."

33 *Lehner:* Unternehmensanalysen, S. 183; vgl. auch *Fischer:* Computergestützte Analyse, S. 148

34 *Kühn/Walliser:* Problemdeckungssystem, S. 230

35 Vgl. *Zellweger:* Kreditwürdigkeitsprüfung, S. 31

36 *Moxter:* Kreditwürdigkeitsbeurteilung, S. 323; vgl. auch *Rüssmann:* Strategische Unternehmensführung, S. 120 f

KAPITEL V

ANLASSBEZOGENE KREDITÜBERWACHUNG

1. Der Betriebsmittelkredit – Ausgangspunkt der Kreditüberwachung

1.1 Wesen und Bedeutung des Kontokorrentkredites

Im Kapitel II haben wir eine Systematik der Kreditüberwachung entwickelt und zwischen anlaßbezogener und nicht anlaßbezogener Kreditüberwachung unterschieden. In diesem Kapitel wollen wir nun die Möglichkeiten der anlaßbezogenen Kreditüberwachung aufzeigen, die sich immer dann ergeben, wenn der *Kunde* einen bestimmten Wunsch bezüglich seines bestehenden Kredites hat. Dabei gehen wir von jener Kreditart aus, die bei Klein- und Mittelbetrieben am häufigsten vorkommt, nämlich vom *Betriebsmittelkredit*.

Der Betriebsmittelkredit in Form eines *Kontokorrentkredites* ist für kleinere und mittlere Betriebe zweifelsohne die wichtigste Form des Bankkredites. Er läßt sich vielseitig einsetzen und dient als Betriebskredit beispielsweise zum Kauf von Material und Waren oder zur Bezahlung von Löhnen und Gehältern.[1]

Für die *Bank* bietet diese Kreditart folgende Vorteile:

- Durch den Betriebsmittelkredit wird der Kunde an die Bank gebunden. Er bildet die Grundlage und Drehscheibe der Geschäftsbeziehung zwischen Bank und Kunde.
- Der Kontokorrentkredit gewährt der Bank einen guten Einblick in die wirtschaftliche Lage des Unternehmens: „Aus der Beobachtung des Kontokorrentkontos ergeben sich z. B. Aufschlüsse über den Kundenkreis des Kreditnehmers, über seine Umsätze mit Lieferanten und Abnehmern, über regelmäßig wiederkehrende Zahlungsverpflichtungen usw."[2]

1.2 Entscheidungssituationen während der Kreditlaufzeit

Der in Form eines Kontokorrentkredites vergebene Betriebsmittelkredit bietet vielfältige Anhaltspunkte für die anlaßbezogene Kreditüberwachung, da sich *während der Kreditlaufzeit* verschiedene (vom Kunden ausgehende) Entscheidungssituationen ergeben.

Dieser Umstand wird in der bankwirtschaftlichen Literatur viel zu wenig beachtet. Die zahlreichen Publikationen über das Kreditgeschäft setzen sich vorwiegend mit der Kredit*vergabe*entscheidung auseinander. Diese Schwerpunktsetzung wird der bankbetrieblichen Kreditpraxis, wo den Entscheidungen bei bestehenden Engagements ein hoher Stellenwert zukommt, nicht gerecht. „Dies zeigt sich vor allem darin, daß die überwiegende Mehrzahl der im Alltag von einem Kreditsachbearbeiter zu treffenden Entscheide die Verlängerung bzw. Kündigung von laufenden Krediten betrifft."[3] Im Mittelpunkt dieses Abschnittes steht daher die Analyse der

Entscheidungssituation bei jenen Bankkunden, an die bereits Kontokorrentkredite vergeben sind.

Ihrem Inhalt nach können diese Entscheidungen Änderungen von Höhe oder Laufzeit des Betriebsmittelkredites, die Kreditkonditionen oder die Kreditsicherheiten betreffen:[4]

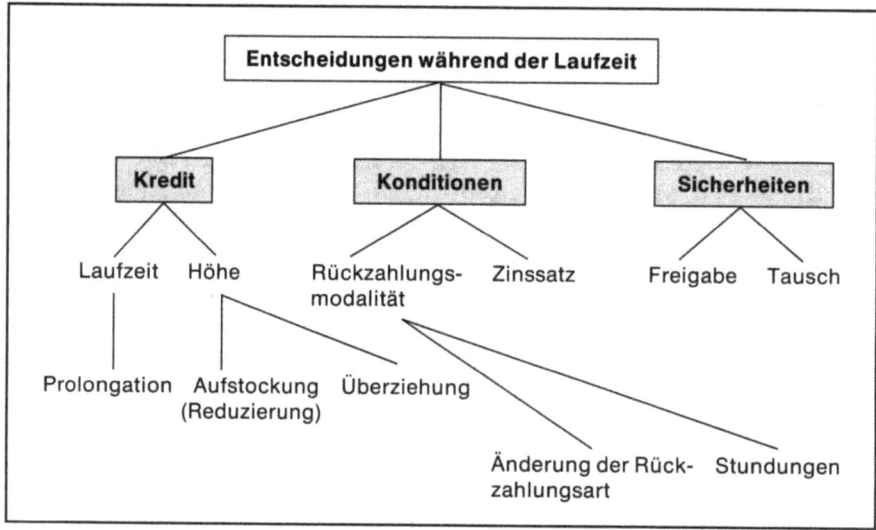

Abbildung 39: Systematik der Entscheidungen während der Kreditlaufzeit

Die Abbildung zeigt, daß sich die Entscheidungen während der Kreditlaufzeit im wesentlichen in die drei großen Gruppen

- Entscheidungen über den Kredit i. e. S.
- Konditionenentscheidungen
- Sicherheitenentscheidungen

einteilen lassen. Jede dieser Entscheidungssituationen sind gleichzeitig *Anlässe zur Kreditüberwachung*. Dabei sind die Entscheidungen über den Kredit i. e. S. (Prolongations-, Aufstockungs-, Überziehungsentscheidung) für die Kreditüberwachung von ganz besonderer Bedeutung. Auf sie werden wir daher im folgenden näher eingehen.

1.3 Laufzeitvarianten

Formal handelt es sich bei Betriebsmittelkrediten um *kurzfristige* Kredite. De facto stehen sie jedoch aufgrund der Geschäftsverbindung mit dem Kreditinstitut *langfristig* zur Verfügung, da sie in der Praxis jahrelang immer wieder *prolongiert* werden, wenn kein Grund zur Auflösung des Kreditverhältnisses besteht. Dadurch haben Kontokorrentkredite praktisch langfristigen Charakter.

144

Hinsichtlich der vertraglich fixierten *Laufzeit* bieten sich bei Kontokorrentkrediten im wesentlichen drei Varianten an:

- „bis auf weiteres" (b. a. w.),
- 5 Jahre (bzw. bis zu 5 Jahre),
- 1 Jahr,

wobei der Kreditvertrag bei allen Varianten ein jederzeitiges Kündigungsrecht für beide Seiten enthält.

Ein wichtiges Kriterium für die Entscheidung über die Laufzeit ist die *Bonität* des Kunden. *5-Jahreskredite* oder *Kredite „bis auf weiteres"* sollten grundsätzlich nur an Kunden guter Bonität vergeben werden. Die jeweilige Variante kann dann anhand des Kundenwunsches und unter Berücksichtigung der Vergebührungssituation gewählt werden. Der Vorteil der *einjährigen* Laufzeit liegt vor allem darin, daß das Kreditverhältnis formal abgelaufen und der Unternehmer daher leichter zu bewegen ist, die benötigten Unterlagen zu bringen: „Bei einer nur jährlichen Prolongation haben die Banken die Zügel in der Hand."[5]

Unabhängig davon, welche Laufzeitvariante gewählt wird, gilt der Grundsatz:

Jedes Kreditengagement ist einmal jährlich zu überprüfen.

Auch bei den 5-Jahreskrediten sowie bei den b. a. w.-Krediten sind daher Kundenunterlagen einzufordern und aufzubereiten, um eine *„interne Kreditvorlage"* vorzubereiten. Für eine effiziente Vorgangsweise sind vor allem die beiden zentralen Fragen systematisch zu beantworten:

- *Was* ist bei der Kreditprolongation bzw. -aufstockung besonders zu überprüfen? (Überwachungskriterien)
- *Wie* soll dabei vorgegangen werden? (Instrumente, Ablauforganisation)

2. Kreditprolongation/Krediterhöhung

2.1 Überwachungskriterien

Überprüfung der persönlichen Kreditwürdigkeit (Unternehmer)

An verschiedenen Stellen haben wir bereits darauf hingewiesen, welch zentrale Bedeutung der Unternehmerpersönlichkeit bei Klein- und Mittelbetrieben zukommt. Daher sind auch bei Kreditprolongationen sowie bei Kreditaufstockungen „die von Anlage und Entwicklung geprägten psychischen und physischen Eigenschaften sowie die kaufmännischen und technischen Fähigkeiten des Kreditnehmers zu beurteilen".[6] In der Kreditpraxis können wir hierzu eine interessante Feststellung machen: Man ist sich zwar der Wichtigkeit dieser Frage bewußt – sie wird aber kaum systematisch beantwortet.

Oftmals herrscht bei den Kundenbetreuern die Meinung vor, daß sie ihre Kunden „ohnehin gut kennen", und sie daher eine gezielte Bearbeitung dieses Beobachtungsbereiches sowie eine entsprechende Dokumentation für überflüssig halten.

Dazu zwei Gedanken:

- Auf der einen Seite bilden die Personenkenntnisse der Führungskräfte und Mitarbeiter (Vorstand, Filialleiter, Kreditreferent usw.) von Instituten in kleineren Städten und Gemeinden eine wertvolle Beurteilungsbasis. Die regionale Überschaubarkeit und die Kenntnis der örtlichen Verhältnisse (inklusive „Dorftratsch") können die laufende Beobachtung der persönlichen Verhältnisse des Kreditnehmers wesentlich erleichtern.

- Auf der anderen Seite liegt aber gerade in dieser persönlichen Nähe auch eine nicht zu unterschätzende Gefahrenquelle: Langjährige Geschäftsverbindungen führen häufig zu engen persönlichen Kontakten, sodaß mit der Zeit die für das Kreditgeschäft so notwendige *urteilende Distanz* immer mehr verloren geht. Die in den Kreditprotokollen anzutreffenden „persönlichen Beurteilungen, geprägt z. T. durch individuelle Beziehungen und Bindungen, sind subjektiv und durchsetzt durch eine zu positive Grundeinstellung in der Bewertung".[7] Die Einbindung in ein gemeinsames soziales Umfeld (gleiche Ortschaft, Vereine, Sportclubs, gleiche Schule usw.) erschweren vor allem in kleineren Gemeinden eine objektive Betrachtung.

Eine wirksame Kreditüberwachung darf die Unternehmerbeurteilung aber nicht (nur) der Intuition und dem Gefühl des Kundenbetreuers überlassen. Vielmehr ist es erforderlich, sich durch ein systematisches Vorgehen ein möglichst vollständiges Bild über die Persönlichkeit des Unternehmers zu verschaffen. Im wesentlichen geht es dabei um die in Abbildung 40 dargestellten Beobachtungskriterien.

Während sich die Vermögensverhältnisse und die rechtlichen Faktoren einfach überprüfen lassen (z. B. Vermögensaufstellung, Handelsregisterabfrage) ist bei den übrigen Beobachtungskriterien eine differenzierte Vorgangsweise erforderlich. Vor allem sind dabei die im Kapitel IV dargestellten Warnsignale zu beachten. Die in den Abbildungen 35 bis 37 dargestellten Kataloge von *Frühwarnindikatoren* bilden gleichsam ein erstes Diagnosehilfsmittel.

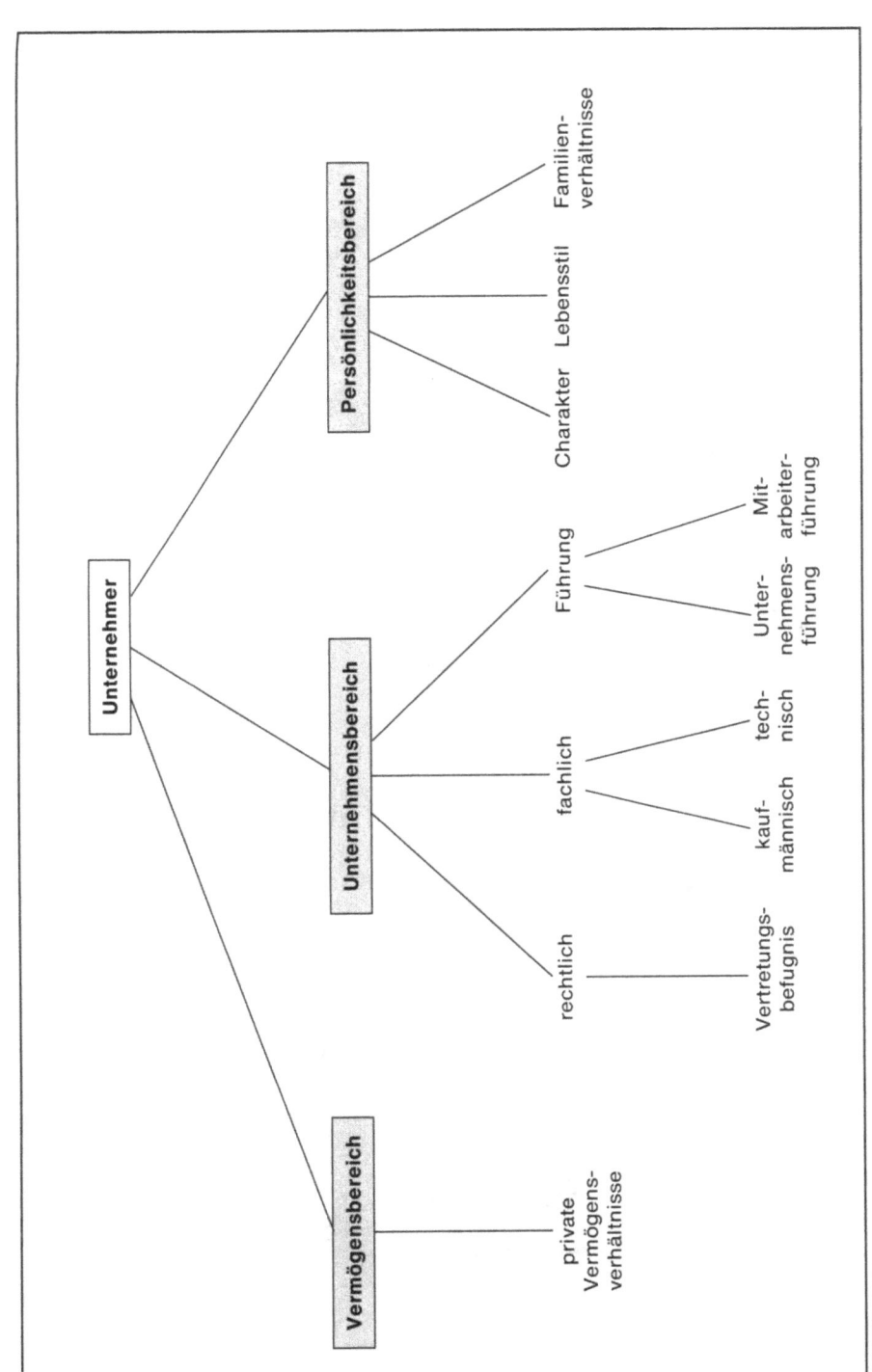

Abbildung 40: Beobachtungskriterien „Unternehmer"

147

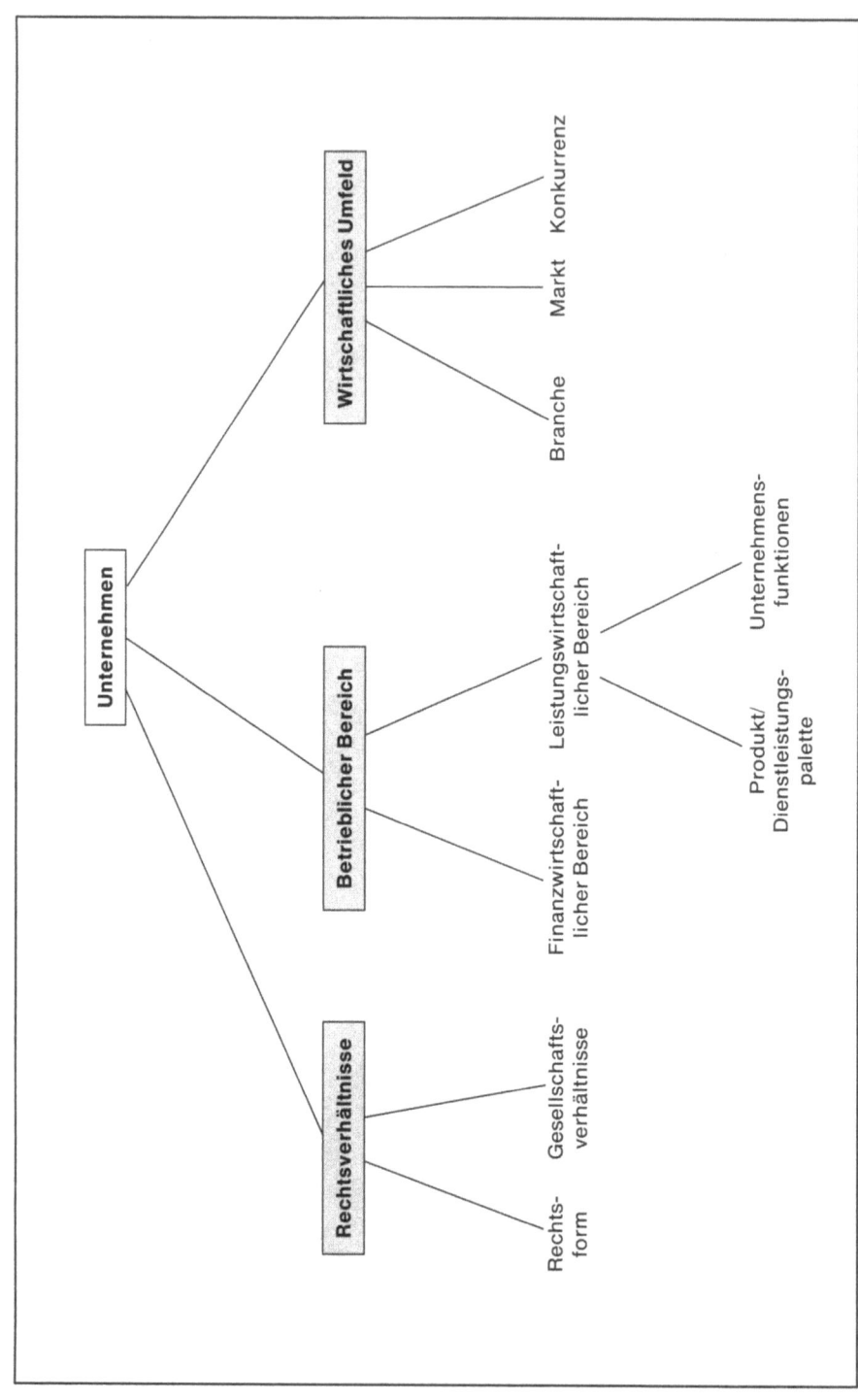

Abbildung 41: Beobachtungskriterien „Unternehmen"

148

Überprüfung der wirtschaftlichen Kreditfähigkeit (Unternehmen)

Bei der wirtschaftlichen Kreditfähigkeit geht es um die zentrale Frage, ob das Unternehmen in wirtschaftlicher Sicht in der Lage ist (und auch zukünftig sein wird), den Kredit- und Zinsenzahlungen nachzukommen.

Die traditionellen Beurteilungs- und Überwachungsschwerpunkte liegen dabei bei der Beobachtung der

- Vermögensverhältnisse
- Kapitalverhältnisse
- Erfolgs- und Rentabilitätslage
- Liquiditätslage.

Da die für Tilgungs- und Zinserfordernisse notwendigen Zahlungsströme in der *Zukunft* auftreten sollen, muß bei der Kreditüberwachung neben der vergangenheitsorientierten Betrachtung eine zukunftsorientierte Bonitätsdiagnose[8] erfolgen.

Dynamische Kreditüberwachung bedeutet daher, die zukünftige Ertragskraft und Finanzkraft des Unternehmens zu erfassen. „Die Sicherung einer Finanzierung liegt grundsätzlich im potentiellen Ertragswert des Unternehmens und daher in seiner dynamischen Entwicklung."[9]

Eine Prognose bzw. Schätzung der zukünftigen Umsätze und Gewinne ist aber ohne Kenntnis von Produkt und Markt nicht möglich. Die anlaßbezogene Kreditüberwachung darf sich daher nicht nur auf die Analyse der Jahresabschlüsse beschränken, sondern muß auch die Analyse des betrieblichen Umfeldes mit einbeziehen. „Gerade hier ist oft festzustellen, daß Kreditinstitute trotz jahrelanger Geschäftsbeziehung kaum über die *Branche, Markt, Produktpalette* sowie *Konkurrenzsituation* ihrer Kunden informiert sind – jedenfalls nicht in jenem Ausmaß, das zu einer Beurteilung der Zukunftschancen der Unternehmung erforderlich wäre. Wenn eine Bank im Kommerzkreditgeschäft erfolgreich sein will, muß sie sich für die Geschäfte ihrer Kunden interessieren."[10]

Aufgrund dieser Überlegungen ergeben sich bei Prolongations- bzw. Aufstockungsentscheidungen die in Abbildung 41 dargestellten Beobachtungskriterien.

Überprüfung der Einhaltung der Kreditbedingungen

Bei diesem Teilbereich der Kreditüberwachung gilt es zu prüfen, ob die im Kreditvertrag enthaltenen Kreditbedingungen eingehalten werden. Neben der Beobachtung der Einhaltung der vereinbarten Kreditlinie wird vor allem auch der effektive Vollzug der Zinszahlungen nach Betragshöhe und Termineinhaltung überwacht.

Daneben gibt es eine Reihe weiterer Kreditbedingungen, deren Nichteinhaltung Anhaltspunkte für eine intensivere Beobachtung des Kreditengagements liefern. Im wesentlichen geht es dabei um folgende Beobachtungskriterien (siehe Abbildung 42):

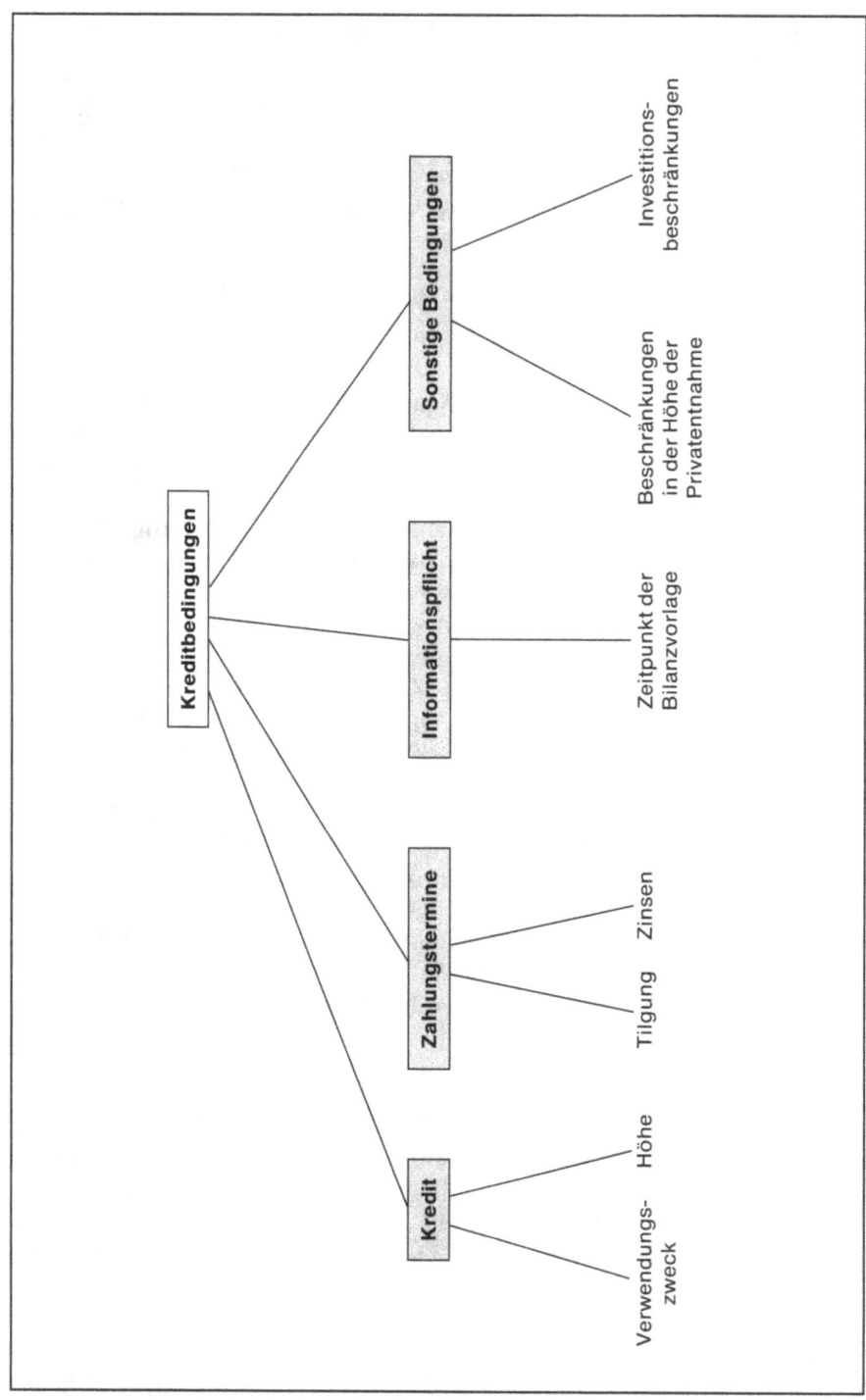

Abbildung 42: Beobachtungskriterien „Kreditbedingungen"

Überprüfung der Kreditsicherheiten

Infolge wirtschaftlicher, kundenbezogener und rechtlicher Einflüsse machen die Kreditsicherheiten während der Kreditlaufzeit eine unterschiedliche Wertentwicklung durch. Daher erfordern grundsätzlich alle Arten von Sicherheiten ihre entsprechenden Überprüfungs- und Überwachungsaktivitäten.

Wie bereits erwähnt, sind diese Überprüfungen auch vom KWG verlangt.

So ist auch bei Prolongation und Kreditaufstockung zu prüfen, ob die bei der seinerzeitigen Krediteinräumung bedungenen Kreditsicherheiten ordnungsgemäß *bestellt* und auch tatsächlich *vorhanden* sind. „Die Sicherstellung eines Kredits erfüllt nur dann ihren Zweck, wenn bei Abschluß der Sicherungsverträge auf deren *Durchsetzbarkeit* geachtet wurde."[11]

Hinsichtlich des *wirtschaftlichen* Wertes sind folgende Punkte zu hinterfragen:

- Ist der Wert der Sicherheiten ausreichend belegt und erforderlichenfalls ausreichender Versicherungsschutz gegeben?
- Welche Änderungen haben sich seit der letzten Sicherheitenbewertung ergeben?
- Wie ist der Wert der Sicherheit zum Prolongationstermin anzusetzen?

Somit ergeben sich bei den einzelnen Sicherheiten folgende Beobachtungskriterien:

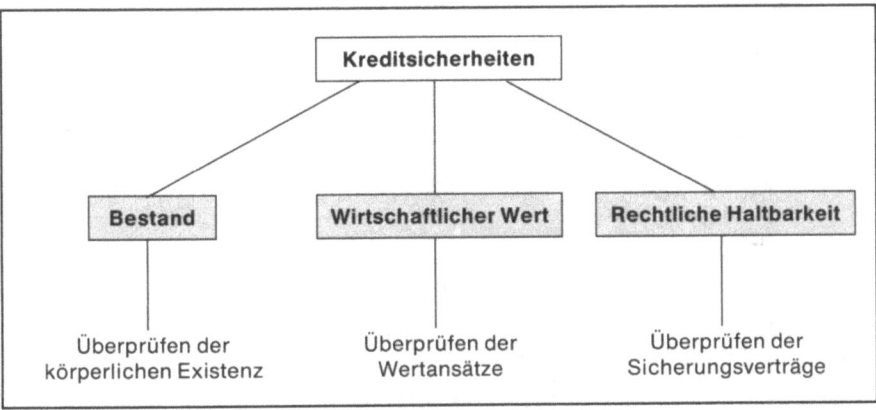

Abbildung 43: Beobachtungskriterien „Kreditsicherheiten"

2.2 Systematische Vorgangsweise bei der Kreditbearbeitung

Für eine rasche Kreditbearbeitung ist es sinnvoll, die bei Kreditprolongationen und Krediterhöhungen anfallenden Tätigkeiten zu systematisieren.

1. **Antragsphase/Informationsphase**
   - Einholung der Unterlagen vom Kreditnehmer
   - Einholung diverser Unterlagen von dritter Seite

2. **Aufbereitungsphase**
   - Sichtung und formelle Prüfung der eingeholten Unterlagen
   - Auswertung der Bilanzen
   - Analyse der Geschäftsverbindung
   - Analyse der Kontodaten
   - Darstellung des Gesamtobligos
   - Berechnung des Blankoanteils (Risikoanteils)

3. **Das jährliche Kundengespräch**
   - Analyse der gegenwärtigen wirtschaftlichen Situation
   - Überprüfung des bestehenden Finanzierungs-Mix
   - Ausblick/Finanzvorschau
   - Finanzierungsberatung/Cross Selling

4. **Beurteilungsphase**
   - Überprüfung der persönlichen Kreditwürdigkeit (Unternehmer)
   - Überprüfung der wirtschaftlichen Kreditfähigkeit (Unternehmen)
   - Überprüfung der Einhaltung der Kreditbedingungen
   - Überprüfung der Kreditsicherheiten

5. **Dokumentation**
   - Kreditprotokoll
   - Erarbeiten der kreditwirtschaftlichen Stellungnahme

6. **Entscheidungsphase**
   - Kreditreferat (schriftlich/mündlich)
   - Kreditentscheidung durch den zuständigen Pouvoirträger
   - Einstufung in Risikoklassen

7. **Gestionierungsphase**
   - Erstellung der Kreditverträge (ev. neue Sicherstellungsverträge)
   - Formale Kontrolle der Kreditkorrespondenz
   - Einholung der Kundenunterschriften
   - Hereinnahme neu bedungener Kreditsicherheiten

8. **Kontrollphase**
   - Formalkontrolle des Kreditaktes
   - Kontrolle der neu bedungenen Sicherstellungen

9. **Auszahlungsphase (bei Kreditaufstockung)**
   - EDV-Aufgabe
   - Mitteilung an den Kunden

Abbildung 44: Arbeitsschritte bei Prolongation/Aufstockung

Unabhängig von institutsspezifischen Bestimmungsfaktoren sind für jeden Kreditfall bestimmte Tätigkeiten erforderlich, d. h. der Arbeitsablauf ist vom Prinzip her ähnlich. Die Phasen und die dabei zu erfüllenden Einzelaufgaben sind in Abbildung 44 dargestellt und als logische Abfolge, nicht als eine zeitliche Reihenfolge zu sehen.

Manche Arbeitsschritte können parallel durchgeführt werden, andere wieder in einer anderen Reihenfolge. Wichtig ist, daß die Arbeiten möglichst systematisch, rationell sowie zeit- und kostensparend erledigt werden, wobei Umfang und Intensität dieser Überwachungstätigkeit von der Obligohöhe bzw. vom Risikograd des Einzelfalles abhängen.

Um Anregungen für die eigene Überwachungsorganisation zu liefern, wollen wir nun auf die wichtigsten Phasen näher eingehen.

2.3 Beschaffung der Unterlagen

Während bei der *Kreditaufstockung* die Initiative fast immer vom Kreditnehmer ausgeht, wird bei der *Prolongation* meistens die Bank initiativ. Dabei wird der Kunde eine bestimmte Zeit vor Ablauf des vertraglich fixierten Termines einerseits darauf aufmerksam gemacht, daß sein Kredit abläuft, und gleichzeitig ersucht, diverse Unterlagen zu bringen. Bei *5-Jahreskrediten* und *b. a. w.-Krediten* empfiehlt sich die EDV-mäßige Aufgabe eines „internen Fälligkeitstermines", damit auf die jährliche Überwachung nicht vergessen wird.

Für die jährliche Kreditüberwachung und die damit verbundene Überprüfung der vier Beobachtungsbereiche (Unternehmer, Unternehmen, Kreditbedingungen, Sicherheiten) sind verschiedene Informationen und *Unterlagen* erforderlich. Die für die Kreditüberwachung möglichen Informationsquellen haben wir bereits im Kapitel III ausführlich dargestellt, sodaß wir an dieser Stelle nur mehr einige wesentliche Prinzipien der Informationsbeschaffung kurz hervorheben möchten:

1. Die Kreditüberwachung soll weitgehend auf dem in der Bank bereits vorhandenen Datenmaterial aufbauen.
2. Bei zusätzlich zu beschaffenden Informationen ist auf die Raschheit der Informationsgewinnung sowie auf das Kosten/Nutzen-Verhältnis zu achten.
3. Die Informationen sollen aus verschiedenen, voneinander unabhängigen Quellen stammen.

Um die Informationsbeschaffung zu erleichtern, haben wir die bei Kreditprolongationen und -aufstockungen benötigten Unterlagen in Form einer Checkliste zusammengestellt (siehe Abbildung 45).

	vorhanden	folgt bis
1. Firmenverhältnisse		
– Gewerbeberechtigung	☐	☐
– bei prot. Firmen: aktueller Handelsregisterauszug	☐	☐
– Gesellschaftsvertrag/Gesellschafterliste	☐	☐
2. Einkommensverhältnisse		
– Steuerbilanzen der letzten beiden Geschäftsjahre	☐	☐
– Saldenbilanzen oder Saldenlisten zur Beurteilung der jüngsten Unternehmensentwicklung	☐	☐
– Einnahmen-/Ausgaben-Rechnung bei nicht bilanzierenden Unternehmen	☐	☐
– letzter Steuerbescheid des Firmeninhabers bzw. der Gesellschafter	☐	☐
– Kopie der letzten Steuererklärung des Firmeninhabers bzw. der Gesellschafter	☐	☐
3. Finanzamt/Krankenkasse		
– aktuelle Lastschriftanzeige Finanzamt bzw. Stundungsbescheid	☐	☐
– aktueller Kontoauszug Gebietskrankenkasse	☐	☐
4. Bei hypothekarischer Sicherstellung		
– aktuelle Grundbuchsauszüge	☐	☐
– Schätzungsgutachten	☐	☐
– Einheitswertbescheid, Versicherungshöhe	☐	☐
5. Sonstige Sicherstellungsunterlagen		
– Versicherungspolizzen	☐	☐
– Einkommensunterlagen von Bürgen	☐	☐
6. Verträge		
– Mietverträge, Pachtverträge	☐	☐
– Leasingverträge	☐	☐
– Kauf-, Lizenzverträge	☐	☐
7. Auskunftswesen		
– aktuelle Handelsauskunft	☐	☐
– Kurzauskunft	☐	☐
8. Bankinterne Unterlagen		
– bestehende Kreditverträge	☐	☐
– bestehende Sicherstellungsverträge	☐	☐
– Kreditprüfbericht	☐	☐
– Zessionsprüfbericht	☐	☐
– Verzeichnis der bestehenden Kreditsicherheiten	☐	☐
– EDV-Abfragen	☐	☐

Abbildung 45: Checkliste – Unterlagen für Entscheidungen über Kreditprolongation, -aufstockung

2.4 Aufbereitungs-/Bearbeitungsphase

Grundgedanken

Nach der Beschaffung der notwendigen Unterlagen werden diese auf formelle Richtigkeit (z. B. richtiger Firmenwortlaut) und Vollständigkeit hin überprüft. Gleichzeitig sind unvollständige Unterlagen zu ergänzen bzw. fehlende einzufordern.

Daran schließt sich die systematische Aufbereitung und Auswertung der vorhandenen Informationen. Das *Ziel* dieses Arbeitsschrittes besteht vor allem darin, sich aufgrund der vorhandenen Unterlagen ein möglichst umfassendes und aktuelles Bild über

- die Geschäftsverbindung des Kunden mit dem Institut,
- seine Kreditbeziehung sowie
- über seine wirtschaftliche Situation

zu machen.

Neben den vom Kunden und von dritten Stellen eingeholten Unterlagen kommt dabei dem in der Bank vorhandenen Datenmaterial ein wichtiger Stellenwert zu. Grundlage für eine umfassende und systematische Aufbereitung ist das *EDV-gestützte Kreditinformationssystem.* [12]

Analyse der Geschäftsverbindung

Die jährliche Kreditüberwachung sollte stets zum Anlaß genommen werden, um Art und Umfang der *gesamten Geschäftsverbindung* zu analysieren. Bei diesen Tätigkeiten spielen die verschiedenen *EDV-Abfragemöglichkeiten* aus den bankinternen Dateien, die wir im Kapitel III (Punkt 5.2) behandelt haben, eine besondere Rolle. Für die Darstellung der Geschäftsverbindung sind beispielsweise Abfragemöglichkeiten zu folgenden Informationsfeldern von Interesse:

- Personen – Firmenbeziehungen
  (Beziehungen zwischen Personen sowie Beziehungen zwischen Personen und Konten; wichtig für Erfassung der wirtschaftlichen Einheit gemäß KWG)
- Produktübersicht
  (Veranlagungs-, Ausleihungs-, Zahlungsverkehrsprodukte sowie Dienstleistungen)
- Kontenübersicht
  (Aufstellung der legitimierten Konten mit Angabe der Kontonummer, Kontobezeichnung, Beziehung, FIL, Betreuer usw.)
- Übersicht Habenumsätze
  (Vorjahr, laufendes Jahr, diverse Monatswerte)

- Deckungsbeitragsübersicht
  (DB pro Konto, Transaktionskosten, DB in Prozent des Wertleistungsvolumens)

Mit Hilfe derartiger Abfragen kann die bestehende Kundenbeziehung systematisch „durchleuchtet" werden. Folgende Fragen lassen sich beispielsweise beantworten:

☐ Wie ist die Intensität der Bankverbindung?
  (Haupt-, Nebenbankverbindung)
☐ Wie ist die bisherige Produktnutzung?
☐ Wie verläuft die Entwicklung der Habenumsätze?
  (Zeitvergleich; auf saisonale Schwankungen achten)
☐ Wie ist das Verhältnis Habenumsatz zu Firmenumsatz?
☐ Wie ist die Entwicklung der Deckungsbeiträge?
  (Konten-DB; Kunden-DB; ertragsmäßige Beurteilung der Geschäftsverbindung)

Diese Fragen tragen dem Umstand Rechnung, daß bei der Kreditüberwachung neben dem Risikoaspekt auch der *Marktaspekt* Berücksichtigung finden muß. Erfahrungsgemäß ergeben sich bei derartigen Analysen wertvolle Anhaltspunkte zur Intensivierung der Kundenbeziehungen!

Analyse der Kreditbeziehung

Nach der Analyse der bisherigen Geschäftsverbindung geht es nun um die Darstellung und Analyse der *Kreditbeziehung* – ein Kerngebiet der Kreditüberwachung. Dabei stehen vor allem zwei Überlegungen im Vordergrund:

- Darstellung des Gesamtobligos
- Kontodatenanalyse beim Betriebsmittelkredit, der prolongiert bzw. aufgestockt werden soll.

Die jährliche Kreditüberwachung umfaßt somit nicht nur das zu prolongierende Kontokorrentkonto, sondern die Kreditverbindung in ihrer *Gesamtheit.* Damit wollen wir einen wichtigen Grundsatz hervorstreichen:

Kreditüberwachung erfolgt nicht konto-, sondern kundenorientiert.

Daher ist es notwendig, das *Gesamtobligo* vollständig und richtig zu erheben. Die rechtlichen Vorschriften für die *wirtschaftliche Einheit* gemäß § 13 Abs. 1 KWG sind dabei zu berücksichtigen.

Sowohl die Obligoerhebung als auch die Kontoanalyse kann durch entsprechende EDV-Abfragemöglichkeiten wesentlich erleichtert werden.

Von besonderer Bedeutung ist dabei eine übersichtliche Zusammenstellung der wichtigsten *Kontodaten*, weshalb wir in der folgenden Abbildung ein Beispiel einer derartigen Bildschirmabfrage (Maske) darstellen.

```
   B PSI                  *** PERSONENSTATUSINFO ***

        0011111111 MAX MUSTER GESMBH        GRABEN 21
              UNT                           1010 WIEN                    015/01


              I   KT.NR. 1     KT.NR. 2     KT.NR. 3     KT.NR. 4     KT.NR. 5
        ---------------------------------------------------------------------------
  BEZIEHUNG       I   Inhaber      Inhaber      Inhaber      Inhaber      Inhaber
  BOE/BKZ         I   015/01       015/01       015/01       015/01       015/01
  STAND (WERT)    I  -1.647.033   -497.564     -558.419     -450.000    * INAKTIV *
  AKT. RAHMEN     I   1.500.000    506.973      545.834      450.000          895
  FAELLIGKEIT     I      01.90     21.420/mon   12.485/mon   50.000/ hj   30.000/mon
  UEZRAHMEN/GD    I   300t/ XX     0t/00        0t/00        0t/00        0t/00
  ABLAUFDATUM     I   28.02.89     00.00.00     00.00.00     00.00.00     00.00.00
  DISPOSALDO      I   100.966      9.409        -12.585           0            895
  DATUM BEG UEZ   I   10.02.88     00.00.00     15.02.89     00.00.00     00.00.00
  MAHN/MAXMAHN    I      0/2          0/3          0/2          0/1          0/3
  SPERREN         I   50000        00000        00000        00000        00000
  H-UMS VORJ(VQ)  I   6.032.000    236.000      56.000            0        330.000
  H-UMS LFDJ(LQ)  I   763.894      21.420       25.020       62.780        26.813
  DATUM LT HABEN  I   15.02.89     16.01.89     08.02.89     25.01.89     16.01.89 ,
  KONDITION(S/H)  I   ... /..      ... /..      ... / ..     .../ ..        / 00
```

Abbildung 46: Beispiel für eine Kontostatusinformation (Quelle: DIE ERSTE)

Aufgrund derartiger Abfragen sowie der sonstigen bankinternen Unterlagen kann die bisherige Kreditabwicklung (Kontogestion) überprüft werden. Beispielsweise können folgende für die Kreditüberwachung wichtigen Fragen beantwortet werden:

☐ Wie ist das aktuelle Kontobild?
☐ Sind die Kontostände in Ordnung oder überzogen?
☐ Seit wann bestehen Überziehungen?
☐ Wie oft kam es im letzten Jahr zu Überziehungen?
☐ Wie hoch ist die durchschnittliche Ausnützung des Betriebsmittelkredites?
☐ Wann war die letzte Habenbewegung?
☐ Wie hoch ist das aktuelle Gesamtobligo?
☐ Wie ist die Entwicklung des Gesamtobligos im Zeitvergleich?
☐ Kam es zu Mahnungen? Aktuelles Mahnstadium?
☐ Wie hoch ist die Gesamtbelastung für Zinszahlungen und Tilgungen im Jahr?

Wie bereits erwähnt, bildet das Kontokorrentkonto die Drehscheibe der Geschäftsbeziehung. Die gezielte und systematische Überprüfung der dabei anfallenden Kontodaten ist ein zentrales Thema der Kreditüberwachung.

• So liefert beispielsweise die *Analyse der Kontoumsätze* wertvolle Hinweise nicht nur über die Intensität der Kreditbeziehung, sondern gibt auch Anhaltspunkte über die wirtschaftliche Entwicklung des Unternehmens. So brachte die Untersuchung von *Zellweger* folgende Ergebnisse: „Die zwischen Verkaufsumsatz und Habenumsatz berechneten Korrelationen erreichten sehr hohe Werte und erwiesen sich als signifikant. Daraus kann die Schlußfolgerung gezogen werden, daß die Umsatzentwicklung einer Unternehmung aus der Sicht der Bank über die Entwicklung des über das Kontokorrent abgewickelten Habenumsatzes ohne Zeitverlust indirekt beobachtbar ist."[13] Die Entwicklung der Habenumsätze im Monatsvergleich, im Vergleich mit der entsprechenden Periode des Vorjahres sowie im Vergleich mit dem Firmenumsatz sind wertvolle Informationen für die Kreditüberwachung. Dabei ist jedoch nicht nur die Quantität, sondern auch die *Qualität der Habenumsätze* zu überprüfen. Kontoumsätze können beispielsweise auch durch starken Scheckumlauf unter Einschaltung mehrerer Kreditinstitute („Postlaufkredite") bedingt sein. Auch wenn von einem anderen Kreditkonto die Valuta auf das Girokonto übertragen wird, kommt es zu einem Ansteigen des Habenumsatzes, der nicht aus der Betriebssphäre des Kreditnehmers herrührt.

- Aus der Beobachtung der *Ausnützung des Kreditrahmens* können weitere Schlüsse gezogen werden. „Treten Überschreitungen der Kreditlimite selten auf oder haben sie sogar einmaligen Charakter, so sind sie nicht als besorgniserregend zu werten. Handelt es sich dagegen um laufende Überschreitungen, welche womöglich steigende Tendenz aufweisen, so stellen sie ein nicht zu unterschätzendes Insolvenzsymptom dar."[14] Wichtig ist in diesem Fall, die *Ursachen* einer derartigen Entwicklung zu klären. Überschreitungen des Kreditrahmens können beispielsweise durch Umsatzausweitung, längere Außenstandsdauer der Forderungen usw. hervorgerufen werden. Häufige Überziehungen können jedoch auch als Folge von Liquiditätsproblemen auftreten, die von einer unzureichenden Ertragslage herrühren. „In solchen Fällen wird der von der Bank gewährte Kontokorrentkredit zur Deckung der anfallenden Verluste verwendet."[15]

- Von seiner Anwendung her ist der Kontokorrentkredit die adäquate Form der Betriebsmittelfinanzierung. Durch den permanenten Prozeß von Wareneinkauf–Produktion–Warenverkauf–Forderungseingang soll sich eine bewegliche Kontoführung ergeben. Im Zuge der Kreditüberwachung ist daher auch die richtige *Verwendung des Kontokorrentkredites* zu überprüfen. Dies ist nicht zuletzt deshalb von Bedeutung, um das Finanzierungsverhalten zu beobachten. Falsches Finanzierungsverhalten ist ja gerade bei Klein- und Mittelbetrieben eine wesentliche Insolvenzursache. Die Überprüfung der zweckentsprechenden Verwendung des Betriebsmittelkredites ist für die kreditgewährende Bank nur indirekt möglich, da aus den externen Jahresabschlüssen darüber keine Informationen gewonnen werden können. „Dagegen ergeben sich aus den bankinternen Daten Hinweise, welche andeuten, ob der gewährte

Kontokorrentkredit richtig, d. h. zur Finanzierung des Umlaufvermögens, verwendet worden ist, woraus sich Rückschlüsse auf das allgemeine Finanzierungsverhalten des Kreditnehmers ziehen lassen."[16] Die *Umschlagshäufigkeit des Kontokorrentkredites* kann daher bezüglich der Art der Kreditverwendung wertvolle Anhaltspunkte liefern. Dabei wird die Umschlagshäufigkeit wie folgt berechnet:

$$\text{Umschlagshäufigkeit} = \frac{\text{Sollumsatz des Kontokorrentes}}{\text{durchschnittliche Kreditbenützung}}$$

Werden nun auf dem Kontokorrentkonto kaum Bewegungen verzeichnet bzw. schlägt sich der benützte Kredit weniger als einmal pro Quartal[17] um, so kann dies als Symptom für ein nicht richtiges Finanzierungsverhalten gewertet werden. Manchmal wird in solchen Fällen der Betriebsmittelkredit zur Finanzierung des Anlagevermögens verwendet, womit in grober Weise gegen den Grundsatz der *Fristenkongruenz* verstoßen wird.

Immer dann, wenn „das Konto nicht mehr flüssig geführt wird, ist entweder investiert worden oder im Umlaufvermögen oder in der Absatzlage ist etwas nicht in Ordnung, z. B. wenn das Warenlager nicht verkauft werden konnte oder Forderungen nicht eingingen oder der Betriebsmittelkredit sich wegen der finanziellen Anspannung des Kreditnehmers in eine Art *Beteiligung* verwandelt hat, die vom Kunden nicht ohne Schwierigkeit zurückgezahlt werden kann":[18]

„In solchen Fällen ist das geschehen, was die Banken nicht wünschen, nämlich, daß der Betriebsmittelkredit die fehlenden eigenen Mittel ersetzt und nicht ergänzt."

Bei *Krediterhöhungen* ist weiters zu prüfen, aus welchen *Gründen* um eine Erhöhung angesucht wird. Eine durch eine Umsatzsteigerung ausgelöste Erhöhung des Betriebsmittelbedarfs wird als natürliche Folge einer Geschäftsausweitung in der Regel unbedenklich sein. Anders stellt sich die Situation dar, wenn trotz sinkender Betriebsleistung eine Erhöhung des Kreditrahmens beantragt wird. Das kann ein Anzeichen dafür sein, daß sich die wirtschaftliche Lage des Unternehmens verschlechtert hat.

• Neben Kredithöhe, Laufzeit, Verwendungszweck werden im Kreditvertrag auch die Rückzahlungsmodalitäten festgelegt. Daraus ergeben sich die Termine für Zinszahlungen und eventuelle Tilgungen, die es einzuhalten gilt. Nicht eingehaltene Zahlungstermine und die dadurch ausgelösten Mahnungen sind meist Symptome für Liquiditätsschwierigkeiten. Freilich muß dabei bedacht werden, daß die Ursache für die Nichteinhaltung auch in einer mangelnden Terminevidenzhaltung, unzureichenden Finanzplanung oder generell in einer mangelnden Organisation des Rechnungswesens liegen kann.

In den Kreditinstituten sind in diesem Zusammenhang meist

– das aktuelle Mahnstadium sowie
– das vom Kunden einmal erreichte maximale Mahnstadium (sog. „Maximummahnschlüssel")

in der EDV gespeichert und bilden eine wertvolle Informationsquelle zur Beobachtung des Zahlungsverhaltens. Mit all diesen Tätigkeiten wird gleichzeitig auch die Einhaltung von *Kreditbedingungen* überprüft.

Bilanzbeurteilung

Für die Prüfung der Frage, ob für die Prolongation eine ausreichende Kreditbasis gegeben ist, bildet der aus Bilanz und Gewinn- und Verlustrechnung bestehende Jahresabschluß die Grundlage. Dabei genügt es nicht, nur die laufende *Vorlage* von Jahresabschlüssen zu verlangen. „Mit der Hereinnahme von Jahresabschlüssen der Kreditnehmer allein wird das Kreditinstitut seiner bankwirtschaftlichen Aufgabe nicht gerecht. Zur Herbeiführung der erforderlichen Erkenntnisreife ist die *Auswertung* der Unterlagen durch *Analyse* und *Kritik* geboten."[19]

Es würde den Rahmen dieses Buches sprengen, dieses Thema auch nur annähernd vollständig behandeln zu wollen. Darüber hinaus gibt es zur Technik der Bilanzbeurteilung und Bilanzkritik umfangreiche Literatur und auch eine Reihe praxisorientierter Handbücher.[20] In dieser Abhandlung geht es daher darum, die Bedeutung der Bilanzanalyse für die Kreditüberwachung darzustellen sowie einen Weg zur Gewinnung eines Urteils über die wirtschaftlichen Verhältnisse des Unternehmens aufzuzeigen. Im wesentlichen geht es bei einer kritischen *Bilanzbeurteilung* um die Beantwortung folgender Fragen:

1. Was steht **in** der Bilanz?
2. Was steht **hinter** der Bilanz?
3. Was steht **nicht** in der Bilanz?

Den Ausgangspunkt bildet dabei die EDV-Bilanzauswertung, wie wir sie in Abbildung 78 dargestellt haben. Mit ihrer Hilfe kann sich der Kundenbetreuer ein erstes Bild über die wirtschaftliche Situation des Unternehmens machen.

Um Hinweise auf die wirtschaftliche *Entwicklung* zu erhalten und *Entwicklungstrends* abschätzen zu können, ist es notwendig, die Jahresabschlüsse eines Unternehmens im Zeitablauf zu verfolgen. Für einen solchen *Zeitvergleich* sollten mindestens die Abschlüsse von drei aufeinander folgenden Jahren vorliegen. Im Zuge der Bilanzbeurteilung werden die Veränderungen der wichtigsten Positionen der Bilanz und Erfolgsrechnung im Zeitablauf analysiert.

Dabei geht es aber nicht nur um eine bloße Sachverhaltsdarstellung. Vielmehr ist der Kundenbetreuer aufgefordert, eine *Bewertung* des Zahlenmaterials vorzunehmen und seine daraus abgeleiteten *Schlußfolgerungen* darzulegen. Es ist hier auch wichtig, auf die *Ursachen* für die Veränderungen einzelner Positionen und Kennzahlen näher einzugehen. In vielen Fällen ist dafür ein ausführliches *Gespräch* mit dem Unternehmer notwendig, in dem alle offenen Fragen und Unklarheiten geklärt werden können. In dieser *Bilanzbesprechung* müssen auch alle Sachverhalte, die *hinter* und nicht *in* der Bilanz stehen, hinterfragt werden. „Neben der Frage nach den stillen Reserven interessiert vor allem, was hinter den einzelnen Posten der Bilanz und Erfolgsrechnung steht."[21]

Überprüfen der Auskünfte und der Abgabensituation

• *Auskunftsmaterial aktualisieren und auswerten*

Um den aufgrund der Analyse der Geschäfts- und Kreditbeziehungen sowie aufgrund der Bilanzbeurteilung erhaltenen Informationsstand zu ergänzen, ist es zweckmäßig, *aktuelle Kurzauskünfte* über das Unternehmen einzuholen. Sodann gilt es, den Inhalt dieser Auskünfte (siehe Kapitel III) aufmerksam zu überprüfen. Für die anlaßbezogene Kreditüberwachung sind vor allem Informationen über

• die Entwicklung der Auftragslage
• die Entwicklung der finanziellen Situation
• die Entwicklung der Zahlweise sowie über
• die Unternehmerpersönlichkeit

von besonderem Interesse.

So wie bei der Bilanzanalyse kommt auch hier dem *Zeitvergleich* eine besondere Bedeutung zu. Erfahrungsgemäß ist es sehr interessant, die zu verschiedenen Zeitpunkten eingeholten Auskünfte nebeneinander zu legen und die *Tendenzen* zu analysieren. Dafür ist es notwendig, alle über ein Unternehmen eingeholten Auskünfte zu sammeln (z. B. in einer eigenen „Auskunftsmappe") bzw. deren Kurzbewertung mit Datumsangabe EDV-mäßig zu speichern.

Die durch die Überprüfung des Auskunftsmaterials gewonnenen Informationen können nun die eigenen Erfahrungen bestätigen und gewissermaßen das Bild, das man sich im Zuge der Unterlagenaufbereitung über das Unternehmen und den Unternehmer gemacht hat, abrunden. Die aktuellen Auskünfte können aber genauso Entwicklungen und Tendenzen aus der jüngsten Vergangenheit aufzeigen, die man bisher entweder überhaupt noch *nicht erkannt* hat oder die man in ihren Auswirkungen *unterschätzt* hätte. Aus diesem Grund bilden Kreditprolongationen und Kreditaufstokkungen auch immer wieder einen Anlaß, das in der Bank vorhandene Auskunftsmaterial zu aktualisieren und auszuwerten.

- *Abgabensituation überprüfen*

Kreditaufstockungen und Prolongationen sollten außerdem zum Anlaß genommen werden, die Abgabensituation zu überprüfen. In Anbetracht der Dringlichkeit der Verbindlichkeiten gegenüber Finanzamt und Gebietskrankenkasse und aufgrund der mit einer nicht zeitgerechten Bezahlung derartiger Schulden vielfach verbundenen ernsthaften Folgen für das Unternehmen (z. B. Pfändung) kommt dieser Prüfung besondere Bedeutung zu.

Dazu sind die letzten *Steuerbescheide* sowie die jeweils aktuelle *Lastschriftanzeige* zu analysieren. Für noch nicht veranlagte Vorjahre sind die letzten *Steuererklärungen* heranzuziehen. Im Zuge der anlaßbezogenen Kreditüberwachung ist zu klären, ob *Steuerrückstände* bzw. Stundungen bestehen. Von besonderem Interesse ist in diesem Zusammenhang auch die Frage, ob und in welcher Höhe *Steuernachzahlungen* für noch nicht veranlagte Vorjahre zu erwarten sind.

Als noch kritischer als Finanzamtsrückstände haben sich in der Praxis die *Krankenkassenrückstände* herausgestellt. Dies beweist die Tatsache, daß weit mehr Konkursanträge von der Krankenkasse gestellt werden als vom Finanzamt. Daher ist bei der Kreditüberwachung die Abgabensituation bei der Krankenkasse einer eingehenden Prüfung zu unterziehen. Sowohl Finanzamts- als auch Krankenkassenverbindlichkeiten beeinflussen die finanzielle Situation des Unternehmens und damit auch die für die Kreditbasis erforderliche Finanzkraft (Cash-flow). Es ist daher stets darauf zu achten, daß diese Bereiche nicht zu Gefahren- bzw. Risikoquellen werden.

Überprüfen und Bewerten der Kreditsicherheiten

Im Rahmen der Kreditüberwachung sind die vorhandenen Kreditsicherheiten auf ihre *Veränderung* gegenüber dem Zeitpunkt ihrer Bestellung zu untersuchen. Dabei ist neben der Überprüfung der rechtlichen Durchsetzbarkeit vor allem auf eventuelle *Wertminderungen* zu achten. Umfang und Intensität der Überwachungsaktivitäten sind dabei von der Art der Sicherheit abhängig. Bei den am häufigsten vorkommenden Kreditsicherstellungen ergeben sich zum Beispiel folgende Prüfungsschwerpunkte:[22]

- *Liegenschaften*

- Überprüfung der Sicherstellungsunterlagen: Sind alle zur Rechtsdurchsetzung erforderlichen Urkunden vorhanden?
- Ist das Pfandrecht entsprechend dem letzten Kreditbeschluß der Bank ordnungsgemäß bestellt worden? (Betrag, Belastung der richtigen Grundstücke, Rang usw.)

- Kredite, die durch Hinterlegung einverleibungsfähiger Pfandbestellungsurkunden (VE und Urkunde) bzw. Anmerkung der Rangordnung sichergestellt sind, sind auf eventuelle Terminabläufe hin zu überprüfen.
- Überprüfung des Grundbuchstandes (Lustrierungen sollten mindestens einmal jährlich erfolgen).
- Überprüfen der Feuerversicherung (Ordnungsmäßigkeit der Unterlagen, Höhe).
- Überprüfen des Liegenschaftswertes.

Bei der Beurteilung des *wirtschaftlichen* Wertes einer Liegenschaft ist vor allem die Frage zu prüfen, ob seit der letzten Liegenschaftsschätzung wertmindernde Faktoren aufgetreten sind. Der Liegenschaftswert kann sich beispielsweise durch Veränderungen am Immobilienmarkt, durch Abänderung des örtlichen Flächenwidmungs- und Bebauungsplanes, durch Umgestaltung der Umgebung (z. B. Autobahnbau), durch überhöhte Abnützung usw. wesentlich verändern. Aus diesem Grund ist es empfehlenswert, die Liegenschaft selbst zu besichtigen oder eine *Nachschätzung* zu veranlassen.

- **•** *Faustpfänder*
- Überprüfen der Verpfändungsurkunden
- Wie hat sich der Kurswert bei Wertpapieren entwickelt? (Kurswertprüfung)
- Ist die Belehnbarkeit von festverzinslichen Wertpapieren und Aktien ausreichend?
- Bei Tilgungen und Verlosungen verpfändeter Wertpapiere ist die sich daraus ergebende Wertänderung der Wertpapierdeckung zu überprüfen und festzustellen, ob eine Auffüllung des Wertpapierdepots zu erfolgen hat.
- Bei Schmuck, Goldmünzen u. dgl. hat eine Überprüfung des Pfandwertes anhand des aktuellen Kurswertes zu erfolgen. (Eventuell Schätzung durch Sachverständigen vornehmen lassen.)

- **•** *Eigentumsvorbehalt und Sicherungsübereignung*
- Überprüfen der Sicherstellungsverträge
- Prüfen, ob ein dem Wert entsprechender Versicherungsschutz vorhanden ist (z. B. Feuer, Maschinenbruch usw.)
- Bei der Überprüfung des Wertes von Maschinen ist die Entwertung durch Verschleiß (Alterung), technische und wirtschaftliche Neuerungen zu beachten. Bei Spezialanlagen bzw. Spezialmaschinen ist die Frage der Verkäuflichkeit (Abnehmerkreis) zu klären.
- Im Zuge einer Betriebsbesichtigung ist „vor Ort" zu prüfen, ob die verpfändeten Gegenstände überhaupt noch vorhanden und betriebsfähig sind. Außerdem sollte darauf geachtet werden, ob die Auszeichnung der Abtretung des Eigentumsvorbehaltes („Tafel") noch existiert.

- *Forderungen aus (Lebens-)Versicherungsverträgen*

Die Überwachung erstreckt sich hier vor allem darauf, ob die Prämienzahlungen termingerecht erfolgt sind.

- *Zessionen*

Bei Zessionskrediten ist eine intensive Überwachung erforderlich, weil die Kreditausnützung (Rahmenfestsetzung) unmittelbar von der Zessionshöhe abhängt. Die Weiterbearbeitung nach der Kreditauszahlung erfolgt innerhalb der Bank durch die *Zessionsstandführung* und beim Kreditnehmer durch die *Zessionsprüfungen*. Diese sind in regelmäßigen Abständen vorzunehmen und erstrecken sich unter anderem auf folgende Bereiche:
- Zessionsstandabstimmung
- Überprüfung der erforderlichen rechtlichen Maßnahmen
  (z. B. Anbringung der Zessionsvermerke)
- Prüfung des Forderungsmaterials
  (z. B. Art und Höhe der Forderungen, Streuung, Bonität der Drittschuldner, Zahlungsziele, saisonale Schwankungen)

- *Bürgschaft*

Bei durch Bürgschaften gedeckten Krediten ist vor allem die Überprüfung der *Bonität* des Bürgen erforderlich. Dies sollte im Prinzip nach den gleichen Grundsätzen erfolgen, die für die Kreditprüfung eines Kreditnehmers gelten. Die Überwachungsaktivitäten erstrecken sich daher sowohl auf die Person des Bürgen als auch auf seine künftige wirtschaftliche Entwicklung. Dabei gilt es zu beurteilen, ob der Bürge unter Berücksichtigung seiner eigenen Verbindlichkeiten in der Lage wäre, für die übernommenen Bürgschaftsverpflichtungen aufzukommen. Für die Beurteilung der wirtschaftlichen Leistungsfähigkeit des Bürgen müssen daher Unterlagen oder Aufzeichnungen über seine Einkommens- und Vermögensverhältnisse vorliegen. In manchen Fällen wird es auch zweckmäßig sein, Auskünfte einzuholen.

2.5 Das „jährliche Kundengespräch"

Grundsätzliche Überlegungen und Instrumente

Zu einer sorgfältigen Kreditüberwachung gehört nicht nur die Analyse des Zahlenmaterials. Vielmehr hat der Kundenbetreuer anläßlich der jährlichen Kreditüberwachung neben den während des Jahres (meist in der Filiale stattfindenden) Gesprächen ein ausführliches *Kundengespräch* im Betrieb des Unternehmers zu führen. Die Bedeutung des Kundengespräches streicht auch *Ulrich* heraus: „Ich kann mir nicht vorstellen, daß ich bei wichtigen Fällen ohne Kenntnis des Kunden entscheide. Für mich ist einfach das persönliche Gespräch mit dem Kunden eines der wichtigsten Kriterien."[23] Das vom Betreuer initiierte *„jährliche Kreditgespräch"* ist ein äußerst wichtiges Element einer systematischen *Kundenbetreuung* und Kreditüberwachung und erfüllt folgende Funktionen:

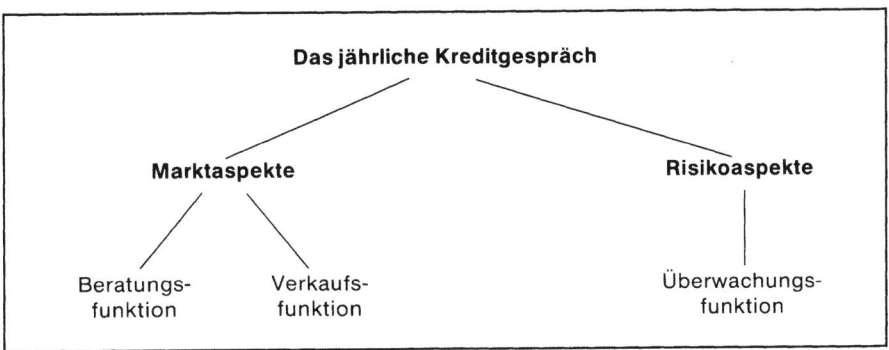

Abbildung 47: Ziele des jährlichen Kreditgespräches

Obwohl die Überwachung der bestehenden Kreditengagements im Mittelpunkt dieses Buches steht, haben wir den *Marktaspekt* an erste Stelle gesetzt, da ihm in der Praxis manchmal zu wenig Bedeutung zugemessen wird.

Angesichts der verteilten Märkte und angesichts des immer homogener werdenden Kreditangebotes stehen die Kreditinstitute vor einer über den Markterfolg entscheidenden Frage: Wie kann sich eine Bank von anderen unterscheiden? Bei Ansprache gleicher Zielgruppen mit ähnlichen und in den Konditionen nicht stark voneinander abweichenden Produkten wird die Beratungsqualität zu einem wesentlichen *Instrument der Differenzierung* am Kreditmarkt. Mangelt es nämlich „an deutlicher Produkt- und Preisdifferenzierung im Verhältnis zur Konkurrenz, dann verschiebt sich die Kundenbewertung hin zur empfundenen Qualität der persönlichen Betreuung und Beratung".[24] Der langfristige Markterfolg hängt aber nicht nur davon ab, Kunden dann fachkundig zu beraten, wenn diese danach fragen. Vielmehr gilt es, Beratungsleistungen *aus eigener Initiative anzubieten*, um dadurch die Kundenbeziehungen zu festigen. Und genau an diesem Punkt ergibt sich die Verbindung zur Kreditüberwachung.

Im Rahmen einer konsequenten und systematischen Kreditüberwachung werden eine Reihe von Informationen gesammelt, aufbereitet und bewertet. Diese Tätigkeiten vollziehen sich jedoch ausschließlich im bankinternen Bereich und die dabei gewonnenen Erkenntnisse bleiben dem Kreditnehmer selbst in der Regel verborgen. „Dieser müßte und wird aber an den Ergebnissen solcher Analysen zu seinem eigenen Vorhaben ebenfalls interessiert sein. Deshalb liegt es nahe, ihm diese zugänglich zu machen. Eine solche partnerschaftliche Beteiligung bedeutet dann nichts Geringeres als die Fortsetzung und Umsetzung des internen Entscheidungsprozesses in eine dem Kreditnehmer zugute kommende *Finanzierungsberatung.*"[25]

Bei diesem Beratungsansatz geht es im jährlichen Kundengespräch im wesentlichen um drei Phasen, in denen folgende Instrumente zum Einsatz kommen:

Phasen	Zielsetzung	Instrumente
Vergangenheit	1. Analyse der bisherigen Entwicklung	Bilanzanalyse
Gegenwart	2. Betriebliche Stärken/Schwächen-Analyse	Checkliste
Zukunft	3. Zukunftsorientierte Finanzberatung	Finanz- und Liquiditätsplanung

Abbildung 48: Phasen/Instrumente im jährlichen Kundengespräch

Sicherlich handelt es sich hier um eine idealtypische Vorgangsweise, die an die spezifischen Verhältnisse der Bank angepaßt werden muß. So hängt die konkrete Vorgangsweise zum Beispiel von der Obligohöhe, der Intensität der Kundenkenntnisse sowie dem Risikograd des Engagements ab. Auch die Aufgeschlossenheit bzw. das Interesse des Unternehmers betriebswirtschaftlichen Fragen gegenüber spielen in diesem Zusammenhang eine große Rolle.

Um sich einen unmittelbaren Eindruck „vor Ort" zu verschaffen, sollte das jährliche Kundengespräch nicht in der Filiale der Bank, sondern im Betrieb des Unternehmers stattfinden. Das ist auch aus psychologischer Sicht günstiger: Der Unternehmer hat die Chance, dem Kundenbetreuer „sein Lebenswerk" zu präsentieren, das heißt, das Kundengespräch sollte mit einer *Betriebsbesichtigung* begonnen werden.

Betriebsbesichtigung

Eine Betriebsbesichtigung[26] vermag einen allgemeinen Überblick zu liefern über

- Verkehrslage (Standort) des Betriebes
- Beschaffenheit und Nutzung des Betriebsgeländes
- Zustand der Gebäude
  (z. B. Fassaden, Fenster)
- Zustand und Ausstattung der Räumlichkeiten
  (Büros, Produktions-, Lagerhallen usw.)
- Ausrüstungsstand und Alter der Maschinen
  (Produktionsanlagen)
- Organisation des Fertigungsablaufes
- Aufbauorganisation.

Während des Rundganges durch den Betrieb entwickelt sich meist ein angeregtes Gespräch mit dem Unternehmer, wo zahlreiche technische und organisatorische Fragen geklärt werden können. Daneben ist es empfehlenswert, spontane Gespräche mit anderen Führungskräften, Werkmeistern, Arbeitern oder Lehrlingen zu führen. Der aufmerksame Beobachter kann dann eine Reihe weiterer interessanter Eindrücke zu folgenden Fragen gewinnen:[27]

- Wie ist die allgemeine Stimmung im Betrieb?
- Wie gehen die Mitarbeiter miteinander um?
- Welches Verhalten zeigt der Unternehmer seinen Mitarbeitern gegenüber? Wie tritt er ihnen gegenüber auf? Wie spricht er mit ihnen?
- Wie treten die Mitarbeiter dem Unternehmer gegenüber? Wie wird gegrüßt? Wie wird der Unternehmer angesprochen?
- Wie ist das Belegschaftsverhalten beim Auftreten des Chefs?
- Was wird mit welcher Priorität gezeigt?

Auf diese Weise lassen sich anschauliche Hinweise zum *Führungsstil* sowie zu der im Betrieb vorherrschenden *Unternehmenskultur* und damit wertvolle Informationen zu den Beobachtungsbereichen „Unternehmer" und „Unternehmen" gewinnen.

Aus Kostengründen wird die Zeit für die Betriebsbesichtigung und Bestandsaufnahme beschränkt werden müssen, sodaß es sich in erster Linie um die *Abrundung des Gesamtbildes* handelt. „Selbst für einen erfahrenen Fachmann ist es bei der Vielfalt eines größeren Betriebes schwer, mehr als diese ergänzenden Eindrücke zu gewinnen. Dennoch wird diesem Instrument in der Praxis häufig ein zu geringes Gewicht beigemessen."[28]

Bilanzbesprechung

Den Ausgangspunkt der finanzwirtschaftlichen Beratung bilden die Ergebnisse der Bilanzanalyse. Bei allen Vorbehalten gegen dieses Instrument muß man sich aus rein pragmatischen Überlegungen vor Augen halten, daß es sich dabei um jene Unterlage handelt, die in komprimierter Form die finanz- und ertragswirtschaftliche Situation des Unternehmens aufzeigt. Vor allem durch den *Zeitvergleich* (und falls vorhanden auch durch den Branchenvergleich) lassen sich Tendenzen herauslesen und interessante Erkenntnisse gewinnen.

Nicht unwichtig ist es in diesem Zusammenhang darauf zu achten, daß die Bilanzen auch optisch gut aufbereitet sind. „Erfahrungen aus der Praxis zeigen, daß im mittleren Firmenkundensegment ein Bedürfnis nach solchen Darstellungsmethoden besteht, weil sich viele Kunden mit langen Zahlreihen schwer tun."[29] Ein Beispiel für eine derartige graphische Darstellung ist aus Abbildung 49 ersichtlich.[30]

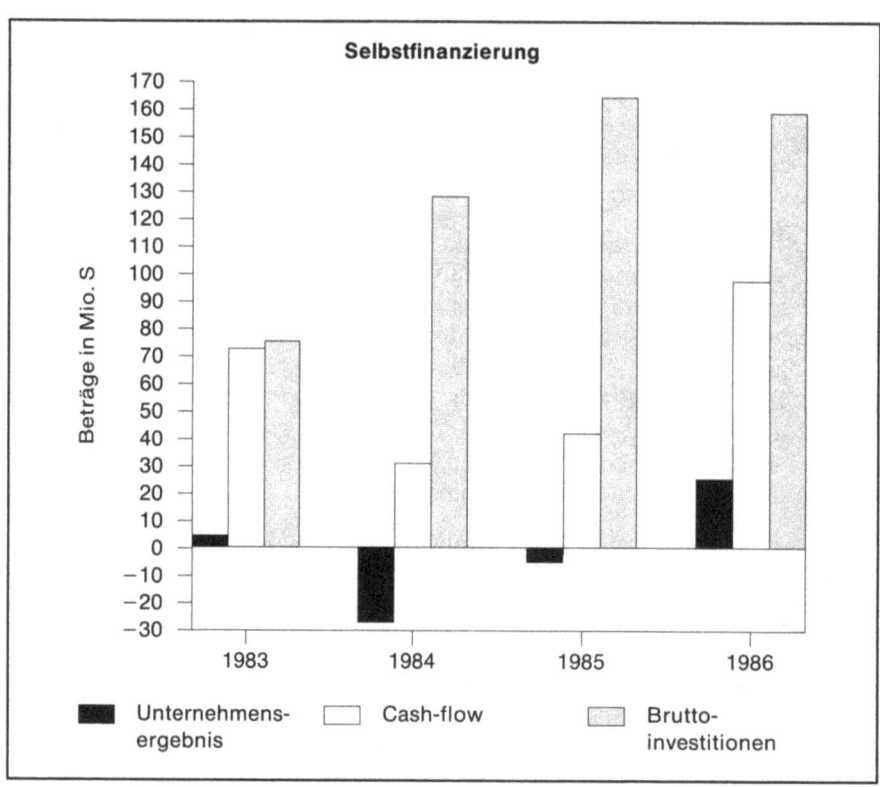

Abbildung 49: Beispiel für graphische Bilanzauswertung

Erfahrungsgemäß ergeben sich bei den verschiedenen Positionen der Gewinn- und Verlustrechnung sowie der Bilanz mehr oder weniger auffallende *Veränderungen* zwischen den einzelnen Bilanzstichtagen. Das jährliche Kundengespräch bietet nun eine gute Gelegenheit, die *Ursachen* dafür zu hinterfragen. Gleichzeitig können Unklarheiten bzw. offene Punkte, die bei der Bilanzanalyse aufgetaucht sind, geklärt werden. Somit bilden jene Sachverhalte, die *hinter* der Bilanz (z. B. gegenwärtiger Verkehrswert der Immobilien; Zusammensetzung und Bewertung des Lagers) oder *nicht* in der Bilanz stehen (z. B. Lieferverträge, Hypotheken), wichtige Gesprächspunkte bei der Bilanzbesprechung.

Eine gut und anschaulich aufbereitete Bilanzauswertung sowie das gemeinsame Durchbesprechen mit dem Unternehmer bringt unter anderem folgende Vorteile:[31]

• Der Unternehmer erkennt sehr rasch, daß sich der Kundenbetreuer mit seinem Unternehmen (und psychologisch gesehen: mit ihm!) ernsthaft auseinandersetzt.

• Der Kundenbetreuer kann sich als kompetenter Gesprächspartner profilieren, wenn der Unternehmer merkt, daß er sich mit ihm fachgerecht

168

auch über betriebswirtschaftliche Hintergründe und unternehmensstrategische Überlegungen unterhalten kann.

- Dem Unternehmer wird in Form der Bilanzauswertung gleichsam ein Spiegel vorgehalten. Er erfährt, wie die Bank die wirtschaftliche Situation seines Betriebes einschätzt.

- Der Zeitvergleich sowie der zwischenbetriebliche Vergleich (Branchenvergleich), wo die Kennzahlen mit Werten anderer Unternehmen verglichen werden, vermögen oftmals wertvolle Beiträge zur Aufdeckung und Beseitigung betrieblicher Verlustquellen zu liefern.

- Aufgrund der Bonitätsanalyse kann der Berater schließlich die erkannten Chancen und Gefährdungspotentiale deutlich herausarbeiten.

Die Jahresabschlußanalyse darf folglich nicht nur als bankinterne Überwachungsunterlage gesehen werden. Vielmehr kann die EDV-Bilanzauswertung aktiv „*vermarktet*" werden. Sie und nicht ein konkreter Kreditwunsch wird dann zum Ausgangspunkt des Beratungsgespräches. Die Kunst besteht darin, das tote Zahlenmaterial in ein lebendiges Kundengespräch zu verwandeln!

Betriebliche Stärken/Schwächen-Analyse; Umfeldprognose

Mit den Informationen aus dem Jahresabschluß kann nur *ein* Aspekt der Unternehmensentwicklung beurteilt werden. Diese Datenkomponente erfaßt nur einen kleinen Ausschnitt aus dem betrieblichen Geschehen und vermag naturgemäß nur ein statisches Bild der Unternehmenssituation zu vermitteln. Das Kundengespräch darf daher keinesfalls bei der Analyse der Vergangenheit „stehen bleiben". Vielmehr gilt es, den *Blick in die Zukunft* zu richten: [32]

„Rückblick über die letzten Jahre und Vorschau auf das kommende Jahr sind bei einer Kreditprolongation, besonders wenn es sich um größere Kredite handelt, zur Beurteilung unerläßlich."

Im Kundengespräch sind daher die *Absichten* für das kommende Jahr und die dabei zu erwartenden *Auswirkungen* auf den Erfolg zu erörtern. Im Mittelpunkt dieser betrieblichen Situationsanalyse und der Abschätzung zukünftiger Trends stehen vor allem die Bereiche

- Markt
- Wettbewerb
- Kunden
- Produkte/Dienstleistungen.

1. Branche/Markt	Anmerkungen
• Welche Position nimmt das Unternehmen heute innerhalb der Branche ein? (Marktstellung, Marktanteil – auf regionalen Markt begrenzt) • Welche Marktposition wird angestrebt? • Wie werden die Zukunftsaussichten der Branche eingeschätzt? (zukünftige Nachfrageentwicklung)	
2. Wettbewerb/Konkurrenzsituation	
• Wie ist die Wettbewerbsintensität in der Branche? • Wie sieht die gegenwärtige Konkurrenzsituation aus? • Wer sind die Hauptkonkurrenten? • Wie werden die Stärken/Schwächen des Betriebes im Vergleich mit dem Hauptkonkurrenten eingeschätzt? • Gibt es Informationen über neue Mitbewerber?	
3. Kunden/Absatz	
• Wie sieht die gegenwärtige Kundenstruktur aus? • Wer sind die Hauptkunden? (Abhängigkeiten?) • Wie sieht die Zahlweise der Kunden aus? • Wie hat sich im letzten Jahr die Auftragslage entwickelt? • Welche neuen Kundensegmente (Zielgruppen) werden in den nächsten Jahren angesprochen? • Mit welchem Umsatz wird im nächsten Jahr gerechnet?	
4. Produkte/Dienstleistungen	
• Entsprechen die gegenwärtig angebotenen Produkte/Dienstleistungen den Markterfordernissen? • Welche Vorteile weisen die Produkte gegenüber jenen der Konkurrenz auf? • Welche Nachteile weisen die Produkte gegenüber jenen der Konkurrenz auf? • Wie hoch war die Anzahl der Kundenreklamationen im letzten Jahr? • Welche Produkte werden in den nächsten drei Jahren nicht mehr im Sortiment enthalten sein? • Welche Produkte werden neu angeboten werden?	

170

5. Produktion/Beschaffung	Anmerkungen
• Wie sind derzeit die vorhandenen Kapazitäten ausgelastet? • Wie ist gegenwärtig der technische Zustand der Maschinen/Produktionsanlagen? • Welche Instandhaltungsarbeiten wurden im letzten Jahr vorgenommen? • Welche Fertigungsmethoden werden von der Konkurrenz verwendet? • Welche Investitionen sind geplant? • Wer sind die wichtigsten Lieferanten? (Abhängigkeiten?)	
6. Personalbereich	
• Wie hat sich der Personalstand im letzten Jahr entwickelt? (Aufnahmen, Abbau) • Wie waren Personalfluktuation und Krankenstände im letzten Jahr? • Wie ist die gegenwärtige Altersstruktur der Belegschaft? (Abfertigungsverpflichtungen?) • Inwieweit entspricht der Ausbildungs- bzw. Wissensstand der Mitarbeiter den Erfordernissen des Betriebes? • Welche Neuaufnahmen sind für das nächste Jahr geplant?	

Abbildung 50: Checkliste zur betrieblichen Stärken/Schwächen-Analyse

Die hierfür notwendigen Informationen können durch eine Reihe gezielter Fragen beschafft werden. In der Checkliste (Abbildung 50) sind einige dazu relevante Fragengebiete beispielhaft angeführt.

Diese Situationsanalyse ist ein wertvolles Instrument zur Erarbeitung bzw. Aktualisierung eines unternehmensbezogenen *Stärken- und Schwächenprofils*. Das Ziel besteht darin, die betrieblichen *Erfolgs- und vor allem Risikopotentiale* möglichst umfassend zu identifizieren.

Finanzvorschau/Zukunftsorientierte Finanzierungsberatung

• *Grundgedanken*

Bei der zukunftsorientierten Beurteilung der Zahlungsfähigkeit stellt die *Finanzvorschau* eines Unternehmens die wichtigste Informationsquelle dar. Eine aussagekräftige Finanzplanung setzt allerdings ein gut organisiertes Rechnungswesen und eine fundierte Unternehmensplanung voraus, was gerade bei Klein- und Mittelbetrieben kaum der Fall ist. Da nur in den seltensten Fällen Erfolgs- und Finanzvorschaurechnungen vorliegen, liegt es an der Bank, den Unternehmer dabei zu unterstützen.

Zweifellos ist es eine Frage der *Betriebsgröße,* in welcher *Detailliertheit* derartige Planungsrechnungen erstellt werden. Außer Zweifel steht jedoch, daß zumindest *grobe,* zahlenmäßig unterlegte *Schätzungen* auf alle Fälle sinnvoll und notwendig sind. Man muß sich ja immer vor Augen halten, daß alle unternehmerischen Entscheidungen und Aktivitäten die Unternehmensfinanzierung und damit auch den Risikograd des Kreditengagements (bereits vergebene und neue Kredite) beeinflussen. Außerdem darf man nie vergessen (und das kann gar nicht oft genug betont werden), daß die bereits *bestehenden* Kredite *in der Zukunft* zurückgezahlt bzw. der dafür notwendige Zinsendienst aus den *zukünftigen* Erträgen aufgebracht werden muß. Auch die Banken müßten sich daher mehr für die Unternehmens- und Finanzentwicklung der Folgejahre interessieren! Der Stellenwert dieses Themas für die Kreditüberwachung wird nicht zuletzt daran sichtbar, daß einer der vier Bausteine des Kreditinformations- und Kreditüberwachungssystems des Deutschen Sparkassen- und Giroverbandes[33] die Bezeichnung *Finanzplanung „Für und mit dem Kunden"* trägt.

• *Planungsschritte*

Ein Überblick über die wichtigsten Planungsschritte findet sich in der Abbildung 51. Ausgangspunkt der Überlegungen sind die vom Unternehmer im Gespräch genannten Vorstellungen über die angepeilten Umsätze und betrieblichen Veränderungen in der kommenden Planungsperiode. Besondere Bedeutung kommt dabei der *Umsatzschätzung* zu, die mit Hilfe der im vorigen Abschnitt angeführten Checkliste auf Plausibilität zu prüfen ist.

Daran schließt sich die Frage, welche Konsequenzen sich daraus für den Investitions-, Personal- und Kostenbereich ergeben. Hier sind beispielsweise Fragen nach *Investitionsvorhaben* (z. B. Umbauten, Ersatzinvestitionen) und der damit verbundene *Kapitalbedarf im Anlagevermögen* von Interesse. Weiters ist die Frage nach der dafür vorgesehenen Selbstfinanzierung zu klären, wodurch sich schließlich der Bedarf an zusätzlichen *Investitionskrediten (langfristiger Kreditbedarf)* ergibt. Investitionen haben aber meist auch einen erhöhten Betriebsmittelbedarf zur Folge. Auch Umsatzerhöhungen ziehen meist eine erhöhte Vorratshaltung, ein Ansteigen der Kundenforderungen usw. nach sich, was ebenfalls Auswirkungen auf den *Betriebsmittelbedarf* zeitigt. Gerade diese Frage wird in der Praxis oftmals vernachlässigt!

Mit dieser Vorgangsweise soll der Kundenbetreuer in die Lage versetzt werden, den zukünftigen Kreditbedarf nach der wirtschaftlichen Entwicklung des Unternehmens festzulegen. Außerdem ist im Planungszeitraum von vornherein eine *fristenkonforme Finanzierung* gewährleistet. Für diese neuen (Investitions- und Betriebsmittel-)Kredite sind nun die zusätzlichen Zinsen und Tilgungen zu berechnen. Die Summe aus Zinsen und Kapitaltilgungen für bestehende und neue Kredite ergibt den erforderlichen *Kapitaldienst* in der Planperiode.

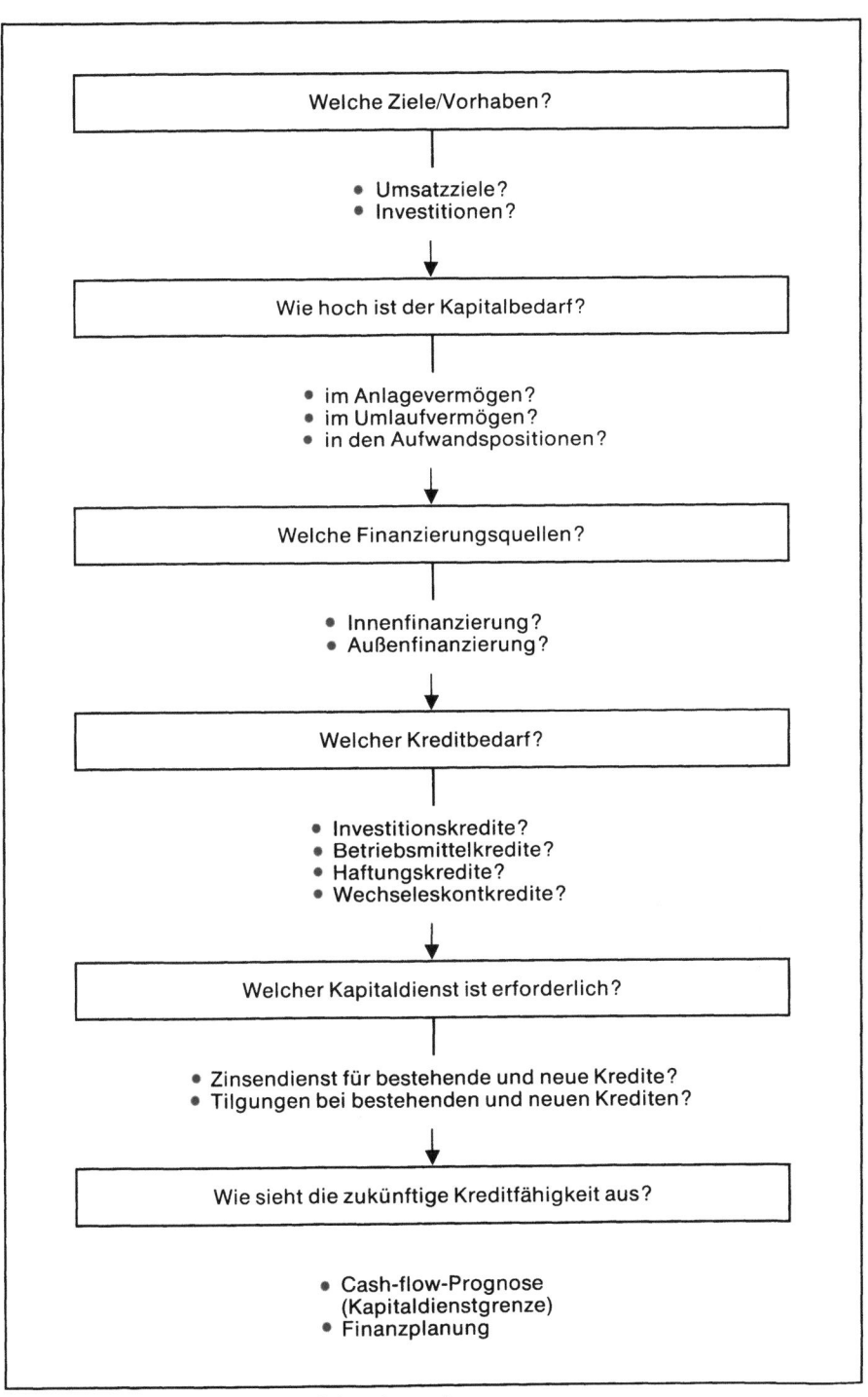

Abbildung 51: Planungsschritte bei der Finanzplanung

Als nächster Schritt erfolgt eine *Prognose der Aufwandsentwicklung*. Dabei sollten die Aufwendungen grob in ihre fixen und variablen Bestandteile (bezogen auf die Beschäftigung) zerlegt werden. Bei der Schätzung der wichtigsten Aufwandsposten kann man sich beispielsweise an den Durchschnittswerten der bisherigen Relation zur Betriebsleistung (z. B. Material-, Wareneinsatz in Prozent der Betriebsleistung) orientieren. Daneben sind die Erkenntnisse aus den vorangegangenen Überlegungen hier einzuarbeiten: zum Beispiel Erhöhung des Personalaufwandes infolge geplanter Personalaufnahmen und/oder erwarteter Lohnerhöhungen, Auswirkungen der geplanten Maschinen auf die Kostenstruktur (z. B. Kosteneinsparungen durch Rationalisierung der Arbeitsabläufe oder Kostensteigerungen durch erhöhte Energiekosten) sowie auf die zukünftige Höhe der Abschreibungen. Schließlich sind noch die erwarteten *Steuern* und die beabsichtigten *Privatentnahmen* zu eruieren.

Damit ist nun die Informationsbasis für die *Cash-flow-Prognose* und die Ermittlung der *Kapitaldienstgrenze* gegeben. Bei der sog. Kapitaldienstgrenze handelt es sich um den betrieblichen *Netto-cash-flow vor Zinsen*. Es ist dies somit jener Betrag, der voraussichtlich für die Verzinsung und Tilgung von bestehenden und neuen Krediten aufgebracht werden kann. „Durch Gegenüberstellung von Kapitaldienst und Kapitaldienstgrenze läßt sich erkennen, ob die Unternehmung in der Lage sein wird, bestehende und zusätzlich benötigte Kredite zu bedienen."[34]

- Für eine *integrierte* Erfolgs- und Liquiditätsvorschau, die auch die Erstellung einer Planbilanz umfaßt, sind entsprechende *Formularsätze* zu verwenden. Beispielhaft soll hier auf das von der *Girozentrale und Bank der österreichischen Sparkassen AG* entwickelte *Finanzplanungssystem (FPS)*[35] hingewiesen werden (siehe Anhang Abbildung 76).
- Bei *größeren* Fällen empfiehlt sich der Einsatz *computergestützter Prognosemodelle*. Eine ausführliche Modellbeschreibung findet sich beispielsweise bei *Lehner*.[36]

Neben dem Überwachungsaspekt tritt in diesem Zusammenhang auch der *Verkaufsaspekt* deutlich hervor: Neue Investitionsvorhaben, das Erschließen neuer Kundenschichten usw. haben meist erhöhten Finanzierungsbedarf zur Folge. Damit bieten sich wertvolle Anknüpfungspunkte für den Verkauf weiterer Finanzierungs- und Dienstleistungsprodukte (wie z. B. Kredite, Förderungen, Leasing, Kapitalbeteiligung, Versicherungen).

Vorteile für Kunde und Bank

Bei einem gut vorbereiteten Kundengespräch und durch den sinnvollen Einsatz betriebswirtschaftlicher Instrumente (Bilanzanalyse, Branchenvergleich, Finanzplanungssystem) wird der Unternehmer rasch erkennen, daß er aus diesem Gespräch *Nutzen* ziehen wird. Gerade dieser Kundennutzen muß klar herausgearbeitet werden – er ist die Basis zum Aufbau und zur Festigung der Kundenbeziehung.

In dem intensiven Dialog werden nicht nur Chancen- und Gefährdungspotentiale behandelt – auch die Vertrauensbasis zwischen Kundenbetreuer und Unternehmer wird vertieft: „Die kooperative Zusammenarbeit schafft gegenseitiges Vertrauen. Für beide ist es ein Geben und Nehmen. Die Geschäftsbeziehung bekommt eine neue Qualität, sie wird höherwertiger. Der Unternehmer wird seine Bankgeschäfte auf diese beziehungsreichere Partnerschaft konzentrieren."[37] Der Kunde sieht somit in der Bank (bzw. seinem Betreuer) einen echten Geschäftspartner. Gleichzeitig gewinnt der Betreuer in solchen Gesprächen Erkenntnisse über neue Vorhaben und Bedürfnisse des Kunden. Damit ergeben sich wertvolle Anhaltspunkte zur Ausweitung der Geschäftsbeziehung. Das jährliche Kundengespräch bildet somit eine nicht zu unterschätzende Cross-selling-Möglichkeit. Die Kundenbeziehung wird weiter ausgebaut und die Wettbewerbsposition der Bank verbessert.

Neben diesem Markt- und Verkaufsaspekt kommt auch der *Risikoaspekt* klar zum Tragen:

Sowohl beim Firmenrundgang als auch im Kundengespräch zeigt sich erfahrungsgemäß sehr rasch, wie weit der Unternehmer über die wirtschaftliche Lage seines Unternehmens Bescheid weiß, und wie intensiv er sich mit Fragen der Unternehmensführung auseinandersetzt. Der Kundenbetreuer sieht auch deutlich, wie bzw. welche Gedanken sich der Unternehmer über die zukünftige Entwicklung seines Betriebes macht.

Auf diese Weise erhält der Kundenbetreuer wertvolle Aufschlüsse über die *fachliche und kaufmännische Qualität* des Unternehmers. Daneben bietet das ausführliche Gespräch auch Gelegenheit, *Grundeinstellungen* des Kunden zu erfahren und sich einen Überblick über seine persönlichen Verhältnisse zu verschaffen. Das jährliche Kundengespräch und die damit verbundene Betriebsbesichtigung sind somit wertvolle Möglichkeiten für die Unternehmer- und Unternehmensbeobachtung.

Durch intensive Erörterung der Bereiche „Produkte", „Markt", „Konkurrenz" werden für den Kundenberater auch die betrieblichen Gefährdungspotentiale deutlich sichtbar. Das bewirkt erfahrungsgemäß eine *risikosensiblere* Kreditsachbearbeitung und schafft weit früher als die vergangenheitsorientierte Bilanzanalyse eine Chance für die Früherkennung von Kreditrisiken.

> Das gut vorbereitete jährliche Kreditgespräch ist Teil einer systematischen Kreditüberwachung.

2.6 Dokumentation

Zielsetzung

Eine der in der Praxis anzutreffenden Schwachstelle der Kreditüberwachung besteht darin, daß die vielfältigen Kreditnehmer-Informationen unsystematisch aufbereitet und unvollständig dargestellt werden. Ineffiziente Informationssammlung und mangelhafte Dokumentation verhindern nämlich, daß negative Entwicklungstrends rasch erkannt werden. Vor allem in einer arbeitsteiligen Ablauforganisation können in diesem Bereich nicht unwesentliche Risikoquellen entstehen. So kommen beispielsweise *Reuter/Stein* bei einem von ihnen durchgeführten Forschungsprojekt zu dem Schluß, „daß Daten, die Aufschluß über eine sich anbahnende Engagementverschlechterung aufzeigen können, zwar bei zahlreichen Stellen angefallen sind und sich in verschiedenen Unterlagen niedergeschlagen haben, eine systematische Aufbereitung und Zusammenschau jedoch nicht erfolgt ist".[38]

Wie die Ausführungen in diesem Kapitel gezeigt haben, werden für Prolongations- bzw. Aufstockungsentscheidungen eine Vielzahl von Einzelkriterien herangezogen. Um diese Kriterien (möglichst) vollständig zu erfassen und auch bewußt zu bewerten, ist eine systematische Dokumentation erforderlich.

Diese Dokumentation verfolgt vor allem folgende *Ziele*:
- Übersichtliche Darstellung der Geschäfts- und Kreditbeziehung
- Umfassende Darstellung und Beurteilung der Entwicklung der persönlichen und wirtschaftlichen Verhältnisse des Kreditnehmers: Aufzeigen der wesentlichen Veränderungen seit der letzten Kreditentscheidung
- Weitergabe von Hintergrundinformationen und persönlichen Eindrücken
- Klare Darstellung der mit dem Engagement verbundenen Kreditrisiken bzw. Gefahrenquellen (Entwicklung des Blankoanteils)
- Grundlage für Entscheidungen (Prolongation, Erhöhung)

All diese Hinweise lassen sich in der generellen Zielsetzung zusammenfassen, die da lautet:

Nachvollziehbarkeit der Entscheidungsfindung

Die Bedeutung einer vollständigen und übersichtlichen Dokumentation wird auch dann deutlich, wenn man sich vor Augen hält, wer aller mit diesen Unterlagen arbeitet bzw. damit zu tun haben könnte (Adressaten). Kreditprotokoll und kreditwirtschaftliche Stellungnahme sind beispielsweise wichtig
- für den Kundenbetreuer selbst
- für seinen Abwesenheitsvertreter

- für den Nachfolger
- für die Pouvoirträger der nächst höheren Kompetenzstufen
- für die Kreditkorrespondenz
- für die Formalkontrolle
- für die Kreditprüfungsabteilung
- für die Kreditrevision
- für die externe Revision.

Unternehmerprofil

Wiederholt haben wir bereits auf den Einfluß der Unternehmerpersönlichkeit auf das Kreditrisiko hingewiesen. Dieser Bedeutung ist man sich in der Kreditpraxis meist auch bewußt – dennoch finden sich zu diesem Überwachungsbereich kaum Dokumentationen. „Informationen über das Management und die Belegschaft der Firmen werden vorwiegend in den Köpfen der Kreditsachbearbeiter gespeichert."[39]

Für eine strukturierte Vorgehensweise eignen sich Beurteilungsbögen, die mit Hilfe der Profil-Methode ausgewertet werden können. Wir wollen dazu ein Beispiel aus dem Kreditinformations- und Kreditüberwachungssystem der Deutschen Sparkassenorganisation heranziehen. Die Beurteilung der persönlichen Eigenschaften erfolgt hier mit Hilfe eines *Polaritätsprofils,* also mit einer Auflistung von gegensätzlichen Charaktermerkmalen auf einer Skala von 1–5 (1 = positiv; 5 = negativ). Die zu bewertenden Kriterien können der Checkliste in Abbildung 52[40] entnommen werden.

Interessant ist dabei nicht so sehr die Bewertung des einzelnen Merkmals, sondern die Kombination, d. h. die Struktur des Unternehmerprofils. „Das Polaritätsprofil läßt sich dann lesen wie ein Psychogramm."[41] Natürlich handelt es sich hier um *subjektive* Eindrücke. Zu dieser Subjektivität (die immer ein fixer Bestandteil bei der Beurteilung von Kreditanträgen ist) soll man sich auch bekennen. Wichtig ist, daß all diese Erfahrungen *dokumentiert* werden.

Diese Dokumentationen schaffen die Voraussetzungen, die Polaritätsprofile im *Zeitablauf* vergleichen zu können. Ausschlaggebend dafür ist, daß die jährliche Bewertung völlig unbeeinflußt von der letzten Beurteilung vorgenommen wird. Um das zu erreichen, gibt es Institute, wo die Polaritätsprofile nicht beim Kundenbetreuer, sondern in einer zentralen Abteilung aufbewahrt werden. Die Bewertung im Zeitvergleich wird dann besonders interessant.

Bei größeren Kreditengagements sind oft mehrere Personen am Entscheidungsprozeß beteiligt (z. B. Filialleiter, Kreditreferent der zentralen Kreditabteilung, Kreditprüfer). Unter der Voraussetzung, daß alle Mitarbeiter den Unternehmer persönlich kennen, sollte es verpflichtend sein, daß jeder ein Polaritätsprofil erstellt. Auf diese Weise besteht die Möglichkeit.

Firma *Schlecht*   Rechtsform *GmbH & Co KG*

Herr/Frau   Dominanzfaktor

geb. am   Alleingesellschafter/Geschäftsführer   ja/nein

zuständig für

1	1.1	1.2	2	3	4	5	6	7	8

1. Polaritätsprofil

	positiv	1	2	3	4	5*)	negativ
1	zielstrebig			✗			orientierungslos
2	sachlich	✗					unsachlich
3	risikobereit			✗			risikoscheu
4	aufgeschlossen				✗		starrsinnig
5	lernfähig		✗				lernunfähig
6	lernwillig				✗		lernunwillig
7	fortschrittlich				✗		rückständig
8	delegationsbereit						nicht delegationsbereit
9	ideenreich/eigeninitiativ					✗	ideenarm
10	realitätsbewußt				✗		realitätsfern
11	entscheidungsfähig			✗			entscheidungsscheu
12	vorsichtig, abwägend		✗				leichtfertig
13	anpassungsfähig				✗		schwerfällig
14	durchsetzungsfähig			✗			nicht durchsetzungsfähig
15	rührig, dynamisch					✗	träge, unbeweglich
16	verantwortungsbewußt			✗			verantwortungslos
17	zuverlässig		✗				unzuverlässig
18	nicht geltungsbedürftig				✗		geltungsbedürftig
19	diszipliniert/maßvoll		✗				hemmungslos/verschwenderisch
20	willensstark			✗			willensschwach
21	überzeugend			✗			unsicher
22	zurückhaltend	✗					selbstherrlich
23	belastbar			✗			labil
24	gründlich/sorgfältig		✗		✗		oberflächlich
25	fähig zur Teamarbeit						unfähig zur Teamarbeit
26	Unternehmensinteresse		✗				kein Unternehmensinteresse

2. Fachliche Qualifikation

		1	2	3	4	5	
1	qualifiziert			✗			unqualifiziert
2	Externe Führungserfahrung	ja			nein ✗		
3	Berufsqualifizierender Abschluß (Kaufm.)	ja			nein ✗		
4	Berufsqualifizierender Abschluß (Techn.)	ja ✗			nein		
5	Branchen-/Berufsbezogene Ausbildung	ja ✗			nein		
6	Ausbildung im eigenen Betrieb	ja ✗			nein		
7	Mehr als 20 Jahre Berufs-/Branchenerfahrung	ja ✗			nein		

3. Sonstiges

		ja	nein
1	Älter als 60 Jahre	ja	nein ✗
2	Beeinträchtigung der Leistungsfähigkeit bek.	ja	nein ✗
3	Familiäre Schwierigkeiten bekannt	ja ✗	nein

*) Die Zahlenreihe, angewandt z. B. auf das Gegensatzpaar »sachlich-unsachlich«, repräsentiert folgende Bewertung:

1	2	3	4	5
sehr sachlich	im großen und ganzen sachlich	unentschieden	des öfteren unsachlich	sehr unsachlich

Diese Abstufungen sind sinngemäß auf sämtliche Begriffspaare anzuwenden.

Zuständiger Gesprächspartner:

Geschäftsstelle   *Unterschrift*

♠ 191 581 7/85 Deutscher Sparkassenverlag   130.31

Abbildung 52: Checkliste für die Unternehmerbeurteilung

178

die subjektive Beurteilung einzelner miteinander zu besprechen und so zu einer intersubjektiven und damit objektiveren Einschätzung zu gelangen.

Diese Unterlage dient entweder zur Vorbereitung der Stellungnahme oder als Beilage zum eigentlichen Kreditprotokoll. Da es sich dabei um sehr sensible Informationen handelt, ist klar, daß sie nur bankintern verwendet werden dürfen.

Kreditprotokoll

Die Ergebnisse der Auswertung der Unterlagen sowie der in diesem Abschnitt dargestellten Prüfungshandlungen bilden ihren Niederschlag in einem Schriftstück, das als *Kreditprotokoll*, Kreditbeschluß oder Kreditentscheidung bezeichnet wird. In vielen Fällen erfolgt diese Dokumentation gleich im *Kreditantrag*, der dann auch die kreditwirtschaftliche Stellungnahme enthält.

Unabhängig von institutsspezifischen Besonderheiten muß das Kreditprotokoll bestimmte Informationsblöcke enthalten. Unter dem Aspekt der Nachvollziehbarkeit der Kreditentscheidung kommt dabei der *kreditwirtschaftlichen Stellungnahme* eine besondere Bedeutung zu. In diesem Teil soll der Kundenbetreuer (bzw. Kreditreferent) die aus seinen Überwachungsaktivitäten abgeleiteten Überlegungen und Schlußfolgerungen in kurzer schriftlicher Form darlegen. Dabei kommt es nicht so sehr auf den Sprachstil an, sondern darauf, daß alle zur Entscheidungsfindung notwendigen Informationen überhaupt schriftlich festgehalten werden.

Damit solche Stellungnahmen innerhalb der Bank einen möglichst einheitlichen Standard aufweisen, empfiehlt es sich, eine bestimmte *Struktur* vorzugeben. Die Elemente des Kreditprotokolls sowie die wichtigsten „Bausteine" der Stellungnahme finden sich in den Abbildungen 53 und 54.

Bei komplexeren Fällen ist es zweckmäßig, dem Kreditprotokoll Beilagen anzufügen, die verschiedene Detailinformationen bzw. Detailberichte umfassen können. Dabei handelt es sich beispielsweise um den Ausdruck der EDV-Bilanzauswertung, die Obligoaufstellung mit Deckungsberechnung, den Prüfbericht der Kreditprüfungsabteilung, Schätzgutachten der Liegenschaftsschätzung sowie um Auskunftsmappen der bankinternen Auskunftei.

2.7 Entscheidung/Weiterbearbeitung

● *Pouvoirmäßige Entscheidung*

Das im Kreditprotokoll zusammengefaßte Ergebnis der Überwachungstätigkeit bildet die Grundlage für die Kreditentscheidung. Diese wird von dem gemäß der bankinternen Kompetenzregelung zuständigen Pouvoirträger getroffen. Auch die Entscheidungen über die Prolongation eines

KREDITPROTOKOLL/STRUKTUR

1. **Kreditnehmer**
   - Firmenname
   - Adresse/Telefon-Nr.
   - Rechtsform/HReg.-Nummer
   - Branche/Betriebsgegenstand
   - Gründungsjahr
   - Anzahl der Beschäftigten
   - Kunden-Nummer
   - Kunde seit . . .
   - Bonitätsklasse

2. **Eigentumsverhältnisse**
   - Stammkapital (davon einbezahlt)
   - Gesellschaftsverhältnisse
   - Gesellschafter (Name, Adresse, Geb. Datum usw.)

3. **Geschäftsführung**
   - Geschäftsführer (Persönliche Daten)

4. **Obligo**
   - Bestehendes Obligo: davon blanko:
   - Neues Obligo: davon blanko:

5. **Antrag**
   - Art (Prol/Erhöhung/Neukredit)
   - Betrag
   - Laufzeit
   - Konto-Bezeichnung/Konto-Nummer

6. **Sicherheiten**
   - Art der Sicherheit   ⎤ Hinweis auf Zuordnung
   - Sicherheitenwert   ⎦ zum jeweiligen Konto

7. **Konditionen**
   - Sollzinssatz
   - Kreditprovision
   - Überziehungsprovision
   - Bearbeitungsprovision

8. **Kreditwirtschaftliche Stellungnahme**
   - Übersicht: siehe Abb. 57

9. **Auflagen**

10. **Übersicht über Beilagen**
    - EDV-Bilanzauswertung
    - Obligoaufstellung/Deckungsberechnung
    - Prüfbericht
    - Schätzgutachten
    - Auskunftsmappe

11. **Entscheidung**
    - Genehmigung/Ablehnung
    - Unterschrift
    - Datum

Abbildung 53: Kreditprotokoll/Struktur

KREDITPROTOKOLL/STELLUNGNAHME

1. **Zweck des Antrages**
   - Wofür werden die Mittel benötigt?
     (Umsatzausweitung, Ersatz f. Lieferantenkredite, Rohstoffbedarf etc.)
   - Auswirkung auf Umsatz, Ertrag, Liquidität

2. **Bisherige Geschäftsverbindung**
   - Geschäftsverbindung seit . . .
   - Alleinbank-, Hauptbank-, Nebenbankverbindung
   - Produktnutzung (bestehende Kontoverbindungen)
   - Entwicklung Habenumsätze 19 . . /19 . . /19 . .
   - Entwicklung Kunden-Deckungsbeitrag 19 . . /19 . . /19 . .
   - Erfahrungen mit bisheriger Kontengestionierung
   - Einhaltung von Vereinbarungen

3. **Person des Kreditnehmers (Inhaber/Geschäftsführer)**
   - Fachliche Eignung
     (Bildung, Werdegang, Branchenerfahrung, Fachwissen)
   - Persönliche Eignung
     (Umgangsformen, Auftreten, Charakter, Lebensstil, fam. Verhältnisse usw.)
   - Private Einkommens- und Vermögensverhältnisse
     (priv. Liegenschaftsbesitz, sonst. Vermögen)
   - Sonstige Hinweise
     (Gesundheit, Nachfolgefrage usw.)

4. **Unternehmen**
   4.1 **Bilanzentwicklung**
   - Darstellung der wichtigsten Jahresabschlußdaten (3 Jahre)
   - Erklärung/Kommentar zu auffälligen Veränderungen im Zeitvergleich
   - Entwicklung im Branchenvergleich

   4.2 **Abgabensituation/Auskünfte/Fremdbankverbindungen**
   - Finanzamt, Krankenkasse (Stände, Stundung)
   - Tenor der Auskünfte (Zahlweise usw.)
   - Verbindlichkeiten bei Fremdbanken (Art, Höhe, Sicherstellung)

   4.3 **Marktsituation**
   - Produkt-, Dienstleistungspalette (Sortiment, Lebenszyklus)
   - Vertrieb (Kundenstruktur, Absatzgebiet, Auftragslage)
   - Markt- und Branchenentwicklung
   - Konkurrenzsituation

   4.4 **Beurteilung der weiteren Entwicklung d. Unternehmens**
   - Zukünftige Umsatzerwartungen
   - Erweiterungsmöglichkeiten
   - Investitions-, Betriebsmittelbedarf in den kommenden Jahren
   - Markttrends (Kundenbedürfnisse, Konkurrenzentwicklung usw.)

5. **Beurteilung der Sicherstellung**
   - Zusammenfassende Sicherheitenbewertung
     (Summe Bewertung aus Grundpfandrechten, aus anderen Sicherheiten)
   - Überdeckung/Unterdeckung (%-Wert)

6. **Gesamturteil**
   - Zusammenfassung und Schlußfolgerungen
   - eindeutige Entscheidungsempfehlung

Abbildung 54: Kreditprotokoll/Stellungnahme

Betriebsmittelkredites ist daher von jenem Kompetenzträger zu treffen, der das für das *Gesamtobligo* erforderliche Kreditpouvoir besitzt.

Je nach Institutsgröße bzw. Pouvoirhierarchie kommen dafür folgende Entscheidungsinstanzen in Frage:

- Kundenbetreuer
- Leiter der Filiale
- Kreditreferent der zentralen Kreditabteilung
- Leiter der Kreditabteilung
- Vorstandsdirektor
- Gesamtvorstand
- Kreditausschluß.

Reicht das Pouvoir des Kundenbetreuers nicht aus, leitet er das Kreditprotokoll (Kreditantrag) mit einer eindeutigen Entscheidungsempfehlung an den nächsten Pouvoirträger weiter, der durch Unterschrift auf dem Kreditprotokoll endgültig entscheidet. Reicht auch dessen Kreditpouvoir nicht aus, hat dieser vor Weiterleitung an den zuständigen Pouvoirträger den Antrag zu unterschreiben und gegebenenfalls durch eine eigene kurze Stellungnahme zu ergänzen. Die Entscheidungsphase ist somit durch eine der Pouvoirhierarchie entsprechenden Stufenfolge vom Kundenberater bis zum Kreditausschuß gekennzeichnet. Bei größeren bzw. komplizierteren Kreditengagements ist auch ein *mündliches Kreditreferat* üblich. Derartige Fälle werden dann meist in speziellen Gremien diskutiert, um gemeinsame Lösungen zu erarbeiten.

Beispiele für solche Gremien sind *Kreditausschüsse*, die entweder aufgrund gesetzlicher Vorschriften (KWG) oder bankinterner Geschäftsordnungen gebildet werden.

Wichtig ist bei derartigen Kreditgremien, daß die Teilnehmer

- die notwendigen Unterlagen (Kreditprotokoll, Beilagen) rechtzeitig vor Sitzungsbeginn zugesandt bekommen, um sich entsprechend vorbereiten zu können und
- daß sie in der Kreditsitzung selbst vom Referenten vollständig und wahrheitsgemäß informiert werden und daß in der mündlichen Darstellung auf erkannte Risiken ausdrücklich hingewiesen wird.

In diesen Gremien sollen nicht nur Mitarbeiter aus den verschiedenen Zentralabteilungen (Kreditabteilung, Prüfungsabteilung, Rechtsabteilung usw.), sondern auch der zuständige *Kundenbetreuer* aus der Filiale vertreten sein, da dieser vielfach die meisten „Primärinformationen" besitzt. In Ausschüssen, wo Teilnehmer aus verschiedenen Fachbereichen anwesend sind, kommt es meist zu angeregten Diskussionen über die zu entscheidenden Kreditfälle. Das hat den Vorteil, daß die eingebrachten Fälle sowohl aus betriebswirtschaftlicher als auch aus rechtlicher Sicht eingehend „durchleuchtet" werden. Die Synthese dieser vielseitigen (und in der Praxis auch unterschiedlichen) Perspektiven schafft eine fundierte Basis für ausgewogene Entscheidungen. Die in einer Kreditsitzung bzw. einem

Kreditausschuß erfolgte *Beschlußfassung* ist auf dem Kreditprotokoll schriftlich zu vermerken. Auch eventuelle zusätzliche *Auflagen* oder weitere Kreditbedingungen sind schriftlich zu dokumentieren.

Diese Unterlage bildet dann bei Betriebsmittelkrediten mit einjähriger Laufzeit bzw. bei Kreditaufstockungen die Grundlage für die Erstellung der Kredit- und Sicherstellungsverträge, die vom Kunden zu unterfertigen sind. Mit der Formalkontrolle aller Dokumente (Auszahlungskontrolle) ist die *Kontrollphase* abgeschlossen, und der Kunde kann über den Kreditbetrag verfügen.

● *Zuordnung zu Bonitäts- und Risikoklassen*

Anläßlich der Entscheidung über die Prolongation oder Erhöhung eines Betriebsmittelkredites ist vom zuständigen Pouvoirträger zu entscheiden, ob die bestehende *Risikoklasseneinstufung* bleibt oder eine neue Klassifikation (Einordnung in eine andere Risikoklasse) erfolgen soll. (Auch hierbei ist es zweckmäßig, wenn der Kundenbetreuer eine Entscheidungsempfehlung abgibt.) Dabei ist nicht nur der zu entscheidende Betriebsmittelkredit, sondern stets das Gesamtengagement (Gesamtkundenverbindung) zu beachten.

Durch diese Vorgangsweise soll eine wichtige Zielsetzung der Kreditüberwachung erreicht werden:

Das Bonitätskennzeichen eines Kreditengagements ist mindestens einmal jährlich zu überprüfen.

● *Terminevidenz/Wiedervorlage*

Bei einer systematischen Kreditüberwachung ist auch wesentlich, daß für eine automatische Wiedervorlage Vorsorge getroffen wird. Dies hat vor allem bei den „b. a. w.-Krediten" bzw. Betriebsmittelkrediten mit fünfjähriger Laufzeit große praktische Bedeutung.

In der einfachsten Organisationsform wird dieses Ziel mit Hilfe einer sogenannten „*Terminevidenzkartei*" erreicht, sodaß der Kundenbetreuer rechtzeitig an den Termin der Wiedervorlage erinnert wird. Bei den meisten Banken besteht dafür aber bereits ein automatisierter „*Terminkalender*". Dabei wird das Datum der Wiedervorlage in einer der bestehenden EDV-Dateien, z. B. in der Kundenstammdatei oder Meldungsdatei, abgespeichert (*computergestützte Terminevidenz*).

Durch derartige EDV-Lösungen wird die periodische Überwachung der Kredite und der dazugehörigen Sicherheiten wesentlich erleichtert.

● *Ablehnungen*

Vor allem bei Anträgen über eine Krediterhöhung kann es vorkommen, daß der Antrag nicht genehmigt, sondern *abgelehnt* wird. Diese Ablehnung ist auf dem Kreditprotokoll festzuhalten, wobei auch die *Ablehnungsgründe* zu dokumentieren sind.

Gleichzeitig ist die Ablehnung an die interne Auskunftei weiterzuleiten, damit diese Information in der entsprechenden Datei beim jeweiligen Kunden („Meldungsblock") EDV-mäßig erfaßt wird. Folgende Daten sind zu berücksichtigen:

- Kunden Nr./Konto Nr.
- Antrag (Betrag)
- abgelehnt am ...
- abgelehnt von ...
- Ablehnungsgrund.

Die Erfassung dieser Informationen sind wichtig, damit sie bei der weiteren Kundenbetreuung bzw. bei den nächsten Überwachungsaktivitäten Berücksichtigung finden.

3. Sonstige Entscheidungen während der Laufzeit

3.1 Überziehungen

Charakteristik

Neben Prolongation und Kreditaufstockung ist die Überziehung die dritte Variante jener Entscheidungssituationen, die während der Laufzeit eines Betriebsmittelkredites öfter auftreten. So wie bei der Krediterhöhung wird auch der Überziehungsrahmen auf dem Kontokorrentkonto zusätzlich zum bestehenden Betriebsmittel-Kreditrahmen eingeräumt. Der Unterschied zur Kreditaufstockung besteht vor allem darin, daß die Aufstockung längerfristigen Charakter hat, während der *Überziehungskredit* (auch nur als „Überziehung", „Überbrückungskredit" oder interner Rahmen bezeichnet) grundsätzlich *kurzfristig* eingeräumt wird. Es sollen damit in erster Linie vorübergehende, übersehbare Liquiditätsanspannungen überwunden werden. „Die normalen Überziehungen können höchstens auf ein Vierteljahr beantragt werden. Sie dienen dazu, eine vorübergehend benötigte Kredithilfe dem Kunden zur Verfügung zu stellen."[42]

Ein weiterer Unterschied besteht in der Vergebührungsfrage. Während eine Krediterhöhung zu vergebühren ist, handelt es sich beim Überziehungsrahmen um eine nicht verbriefte (beurkundete) *gebührenfreie* Zurverfügungstellung eines vereinbarten Betrages. Der Überziehungskredit ist daher in der Praxis eine häufig in Anspruch genommene Finanzierungsform, wobei neben dem Gebührenaspekt auch psychologische Aspekte eine Rolle spielen. So wollen manche Unternehmer „nicht zu hohe Kredite haben" und außerdem ist die Überziehung „nur vorübergehend".

Gerade dieser letzte Punkt kann in der Praxis manchmal zur *bankinternen* Risikoquelle werden. Denn so mancher Kundenbetreuer denkt sich: Es handelt sich ja „nur" um eine Überziehung, die ohnedies nur kurzfristig vergeben wird. Die Folge dieser Einstellung besteht darin, daß bei Überziehungen, die ja überwiegend blanko vergeben werden, keine ausreichende Bonitätsanalyse erfolgt („Geld schon draußen-Kredit").

Die Analyse von Rechtsbürofällen spricht hier eine deutliche Sprache: So manche Kreditgefährdung hätte früher erkannt werden können, wäre man bei der Überziehungsentscheidung sorgfältiger vorgegangen. Die folgenden Ausführungen sollen daher einige Anregungen in diese Richtung liefern.

Kriterien bei Überziehungsentscheidungen

Durch systematische Analyse der Überziehungsansuchen können für die Kreditüberwachung eine Menge wertvoller Informationen für die Früherkennung von Kreditrisiken gewonnen werden. Insbesondere sollte folgenden Fragen erhöhte Aufmerksamkeit geschenkt werden:

● *Worin besteht der Verwendungszweck für das Überziehungsansuchen?*

Bei Überziehungskrediten geht es meist darum,
- vorhersehbare Liquiditätsengpässe
  (z. B. Vorfinanzierung eines Großauftrages) oder
- nicht vorhersehbare Liquiditätsengpässe
  (z. B. verzögerte Zahlungseingänge)

zu überbrücken. Die Antwort auf die Frage nach dem *Grund der Überziehung* ist besonders wichtig. Es macht einen wesentlichen Unterschied, ob der Kunde Lieferantenforderungen prompt bezahlen will, um Skonti zu lukrieren oder ob er den Überziehungsbetrag benötigt, um Löhne und Gehälter auszahlen zu können.

● *Wann wird die Überziehung benötigt?*

Vor allem bei größeren Überziehungsbeträgen sind die Branchenbesonderheiten und die damit verbundenen *saisonalen Schwankungen* zu berücksichtigen. So benötigen beispielsweise Buchhändler zur Vorfinanzierung ihrer Bucheinkäufe im Rahmen der Schulbuchaktion die finanziellen Mittel im Juni bzw. Juli. Die Abdeckung erfolgt dann durch den Schulbuchverkauf im September/Oktober. Ein weiteres Beispiel ist das Kürschnergewerbe (Einkauf: März/April; Verkauf: Oktober/November).

● *Wie oft werden Überziehungen benötigt?*

Ein wesentlicher Punkt bei Überziehungsentscheidungen ist auch die Häufigkeit der Überziehung. Überziehungen sollten grundsätzlich nur fallweise auftreten. Wenn daher immer wieder Überziehungskredite benötigt werden, ist dies zu hinterfragen. Das kann beispielsweise daran liegen, daß der Kreditrahmen zu niedrig angesetzt oder daß das Unternehmen überhaupt falsch finanziert ist. Die Ursache kann auch in einer fehlenden Finanzplanung liegen. Häufige Überziehungsansuchen können aber genauso ein Hinweis für einen Umsatzrückgang sein, sodaß es aufgrund fehlender Erträge ständig zu Liquiditätsengpässen kommt.

Bei jedem neuen Überziehungswunsch ist daher zu prüfen, von wann die letzte Überziehungsgenehmigung stammt.

- *Woraus bzw. wann soll die Überziehung abgedeckt werden?*

Die Abdeckung der Überziehung sollte prinzipiell aus den laufenden Eingängen (bzw. bei Vorfinanzierung eines Großauftrages projektorientiert) erfolgen. Wichtige Größen sind hierbei der Habenumsatz der Vergleichsperiode des Vorjahres sowie die Habenumsätze des gesamten letzten Jahres. Die entscheidende Frage besteht somit darin, ob die beantragte Überziehung aus den laufenden Umsätzen abgedeckt werden kann. Bei größeren Aufträgen ist es empfehlenswert, sich als Nachweis für den erwarteten Zahlungseingang eine Auftragskopie vorlegen zu lassen. Kurz gesagt geht es somit darum, die Plausibilität der Rückführung zu prüfen.

- *Wie war das bisherige Überziehungsverhalten?*

Bei Überziehungsentscheidungen ist es wichtig, sich die Überziehungsansuchen in der Vergangenheit anzusehen. Vor allem interessieren hier folgende Fragen: Wurden die bisherigen Überziehungen vereinbarungsgemäß abgedeckt? Wie oft mußten eingeräumte Überziehungen prolongiert werden?

- *Wie hoch sind Gesamtobligo und Blankoanteil?*

Überziehungen sind de facto nichts anderes als kurzfristige, nicht verbriefte Kredite. Daher gelten auch hier die ähnlichen Grundsätze wie bei Kreditentscheidungen. Auch wenn diese Entscheidungen meist sehr rasch getroffen werden müssen, darf auf keinen Fall die Frage nach dem Gesamtobligo vergessen werden. Dieses erhält man sehr rasch durch entsprechende EDV-Abfragen oder man sieht sich die Dokumentationen anläßlich der letzten Entscheidung an und aktualisiert die letzte Obligoaufstellung händisch.

Dokumentation

So wie bei Krediten muß auch bei Überziehungen eine Nachvollziehbarkeit der Entscheidungsfindung gegeben sein. Die Hinweise im vorigen Abschnitt haben außerdem deutlich gezeigt, welch große Rolle die Dokumentation für das Thema Überziehung spielt: Einige der vorhin angeführten Fragen können nur dann beantwortet werden, wenn bei Überziehungsentscheidungen lückenlose Dokumentationen vorliegen. Das *Kreditrisiko* soll durch mehr Information besser kontrolliert werden können. Darüber hinaus erleichtert eine aussagekräftige Dokumentation auch die *Beratung* bei oftmaligem Bedarf an Überziehungen.

In diesen bankinternen Unterlagen sollten vor allem folgende Hinweise enthalten sein:

- Kundenname/Kunden-Nummer
- Höhe des Überziehungsrahmens
- Gesamtobligo/Blankoanteil
- Laufzeit bis . . . (Datumangabe)
- Zweck
- Abdeckung durch
- Falls vorhanden: Besicherung
- Kurzstellungnahme
- Datum und Unterschrift des Pouvoirträgers

Diese Informationen sind bei jedem Überziehungsansuchen schriftlich festzuhalten. In einigen Banken geschieht dies in der Weise, daß für Überziehungen standardisierte Bildschirmmasken verwendet werden. Durch die Vorgabe bestimmter Felder, die es auszufüllen gilt, ist automatisch eine vollständige Dokumentation gewährleistet. Die eigenen bankinternen Erhebungen sollten nach Möglichkeit durch die Einholung aktueller Kurzauskünfte (z. B. Quick report) ergänzt werden.

Die *Evidenzhaltung* dieser Unterlagen kann auf verschiedene Weise organisiert werden. Die Erfahrung zeigt, daß man bereits mit sehr einfachen Lösungen sehr gute Wirkungen erzielen kann. So schafft beispielsweise ein eigener „Überziehungsordner", in dem der Kundenbetreuer die bisherigen Überziehungsansuchen alphabetisch einreiht, eine wertvolle Dokumentation. Jederzeit ist nun ersichtlich:

- die Häufigkeit von Überziehungswünschen
- der Verwendungszweck
- die Dauer
- die Abdeckung der bisherigen Überziehungen

Die auf diese Weise durchgeführten Analysen des Überziehungsverhaltens sind erfahrungsgemäß eine „Fundgrube" von Informationen und liefern wertvolle Anhaltspunkte für die Früherkennung von Kreditrisiken.

3.2 Sicherheitenentscheidungen

Die Änderungen der Kreditlaufzeit, der Kredithöhe und der Kreditkonditionen betreffen das Kreditverhältnis im engeren Sinn. Die Kreditbeziehung umfaßt in der Regel auch ein *Sicherstellungsverhältnis*. Kundenwünsche auf Änderung des Sicherstellungsverhältnisses haben vor allem

- Sicherheitentausch und/oder
- Sicherheitenfreigabe

zum Gegenstand.

Beantragt der Kunde, eine der Bank eingeräumte Sicherheit gegen eine *Ersatzsicherstellung* freizugeben (z. B. Löschung einer Hypothek gegen Verpfändung eines Wertpapierdepots), muß vor allem geprüft werden, ob der Wert der angebotenen Sicherheit dem der ursprünglichen Sicherheit entspricht. Die Prüfung darf sich nicht darauf beschränken, den Wert der angebotenen Sicherheit im Austauschzeitpunkt festzustellen. Es muß auch geprüft werden, ob bei der *neuen Sicherheit* in Zukunft *Risiken* entstehen können, die bei der auszutauschenden Sicherheit nicht aufgetreten wären (z. B. Kursrisiko bei Wertpapieren).[43]

Wesentlich umfassender ist die Prüfung und wesentlich schwieriger die Entscheidung, wenn eine Sicherheit nicht bloß getauscht, sondern *freigegeben* werden soll. In der Kreditpraxis der Klein- und Mittelbetriebe werden am häufigsten Anträge auf Entlassung von Bürgen aus der Haftung und auf Freigabe von Sparbüchern bzw. auf Freigabe der Zinsen gestellt, die verpfändeten Sparguthaben gutgeschrieben werden.

Bei diesen Sicherheitenentscheidungen sind folgende Überlegungen anzustellen:

- Wie hoch ist das Gesamtobligo des Kunden?
  (Prüfung des Gesamtkreditengagements)
- Wichtigste Entscheidungsgröße ist jener neue Blankoanteil, der durch die Freigabe der Sicherheit entsteht.
- Beurteilung der Ertragskraft des Unternehmens.
- Vergleich des Risikoanteils mit dem bisher erwirtschafteten Kundendeckungsbeitrag.
- Berücksichtigung der Konkurrenzsituation (Konkurrenzangebote).

Abbildung 55: Kriterien bei Sicherheitenentscheidungen

Im Mittelpunkt der Prüfung bei Sicherheitenfreigaben steht somit die Frage, ob das Unternehmen nach seinem gegenwärtigen und zu erwartenden Cash-flow in der Lage ist (sein wird), die künftigen Verpflichtungen vereinbarungsgemäß zu erfüllen. Auch diese Entscheidungssituation macht es erforderlich, die Kundenbonität während der Laufzeit des Kredites *erneut* zu prüfen.

3.3 Konditionenentscheidungen

Die Konditionen regeln vor allem
- die Zahlungsmodalitäten
  (Kapitaltilgung, Zinsenzahlungen)
- den Zinssatz.

Bei den üblichen Betriebsmittelkrediten erfolgt während der Laufzeit des Kredites keine Kapitaltilgung. Dem Unternehmen entstehen daher nur Ausgaben für den Zinsendienst. Die Zinsen werden monatlich, viertel- oder halbjährlich verrechnet.

Verschlechtert sich die wirtschaftliche Lage des Unternehmens, können die Zinsen häufig nicht vereinbarungsgemäß gezahlt werden. Ein deutliches Frühwarnsignal für die Kreditüberwachung!

Meist wird in solchen Situationen die Bank ersucht, den *Rhythmus der Zinsenzahlungen* zu ändern. Die Entscheidungsalternativen sind in der Regel Zinsenstundung oder Zinsenfreistellung. Das Kreditinstitut wird sich für eine der beiden Alternativen entscheiden, wenn Hoffnung besteht, daß sich dadurch die Chance für eine ordnungsgemäße Rückführung des Engagements erhöht. Mit dieser Entscheidung allein ist es aber nicht getan. Solche Fälle bedürfen einer besonders intensiven Betreuung und Überwachung!

Neben den Rückzahlungsmodalitäten kann auch der *Zinssatz* Gegenstand von Änderungswünschen des Kreditnehmers sein. „Der Kunde hat die Möglichkeit, bei Änderungen der Geldmarkt- und der Konkurrenzsituation neue Sätze zu verlangen, wenn er die vereinbarten Sätze nicht mehr als kulant betrachtet."[44]

Die Konditionenentscheidung, insbesondere jene über einen begünstigten Zinssatz (Gewährung einer Sonderkondition) wird von verschiedenen Bestimmungsgrößen beeinflußt. Im wesentlichen sind dabei folgende Kriterien zu beachten:

- Die Bonität des Kreditkunden
- die im Durchschnitt zu erwartenden Kreditrisiken
- die bisherige Gestaltung der Kundenbeziehung
- die bisherige Einhaltung der Kreditbedingungen
- die Intensität der Geschäftsbeziehung (Produktnutzung, Höhe der Habenumsätze usw.)
- die Höhe des bisher erzielten Kundendeckungsbeitrages
- das Zinsniveau der Konkurrenz.

Abbildung 56: Kriterien bei Konditionenentscheidungen

Wie aus Abbildung 56 hervorgeht, spielt auch bei der Konditionenentscheidung die Bonität des Kunden eine nicht unwesentliche Rolle. Die Entscheidung über eine bessere Kondition kann daher unter anderem so getroffen werden, daß die Kreditanträge „in mehrere Risikoklassen eingeteilt werden, denen dann verschiedene Konditionenniveaus zugeordnet werden können".[45] Damit wird auch an dieser Stelle deutlich, wie wichtig es ist, das Kreditportefeuille nach *Risikoklassen* einzuteilen (siehe hierzu

Kapitel VI). Freilich müssen wir in diesem Zusammenhang darauf hinweisen, daß sich die hier dargelegten bankbetriebswirtschaftlich sinnvollen Überlegungen in der Praxis nicht immer umsetzen lassen. Denn gerade bei der Konditionenfestsetzung spielen neben bankinternen Überlegungen und Kalkulationen die *Wettbewerbsverhältnisse* eine große Rolle, die es natürlich zu berücksichtigen gilt.

4. Zusammenfassung

Den Ausgangspunkt der anlaßbezogenen Kreditüberwachung bildet der entweder vom Kunden beantragte oder bankintern festgelegte Prolongationstermin. Zu der in der Praxis in diesem Zusammenhang anzutreffenden Vorgangsweise muß festgestellt werden, daß sie sich oftmals zu einseitig an der Analyse der externen Jahresabschlüsse des Kreditnehmers orientiert.

Für die Gesamtbeurteilung eines Kreditengagements reicht aber die Analyse des vergangenheitsorientierten Rechnungswesens allein nicht aus. Die Früherkennung von Kreditrisiken erfordert vielmehr auch die Auseinandersetzung mit den produkt- und marktbezogenen Gegebenheiten. Darüber hinaus hat sich eine dynamische Kreditüberwachung bewußt mit Fragen der *zukünftigen* Unternehmensentwicklung auseinanderzusetzen.

Es muß somit verstärkt der Versuch unternommen werden, durch *gezielte Informationsbeschaffung* und durch das Zusammenwirken verschiedener Instrumente die Hauptrisikofelder zu erhellen. Um eine effiziente Vorgangsweise zu erleichtern, werden die wichtigsten in diesem Kapitel behandelten Beobachtungskriterien in einer einfachen Checkliste zusammengefaßt (Abbildung 57). Gleichzeitig wird eine Zuordnung von Beobachtungskriterien zu Informationsquellen vorgenommen, sodaß man auf einen Blick sieht, woher man die zur Kreditüberwachung benötigten Informationen bekommt.

Für die jährliche Kreditüberwachung haben wir in diesem Kapitel folgendes *Instrumentarium* vorgeschlagen:

1. Kunden- und Kontodatenanalyse
2. Jahresabschlußanalyse
   mit EDV-Bilanzauswertung; Bilanzbonitätsindikator; Zeitvergleich; Betriebsvergleich
3. Unternehmerprofil (Unternehmerbeurteilung)
4. Checkliste zur Unternehmensdiagnose
5. Finanzplanung: Cash-flow-Prognose
6. Sicherheitenüberprüfung (Deckungsrechnung)

Überwachungskriterien		Persönlicher Kontakt/Wahrnehmungen	Betriebsbesichtigung	Infos von dritter Seite	Befähigungsnachweise	Handelsregister	Grundbuch	Handelsauskunft	Bankauskunft	Jahresabschluß	Finanzplan	Diverse Unternehmensunterlagen	Branchenkennzahlen, -berichte	Wirtschafts-, Fachpresse	Finanzamt	Krankenkasse	Gutachten	Kreditprüfbericht	Bankinterne EDV-Dateien
UNTERNEHMER	Vertretungsbefugnis					×													
	Ausbildung, Werdegang	×		×	×			×										×	
	Technische Fähigkeiten	×		×	×													×	
	Kaufmännische Fähigkeiten	×		×	×			×										×	
	Führungsqualität	×		×															
	Private Vermögensverhältnisse	×		×				×									×	×	
	Familiäre Verhältnisse	×		×				×											
	Charakter, Auftreten	×		×															
	Lebensstil	×		×															
UNTERNEHMEN	Rechtsform					×													
	Produkte-, Dienstleistungen		×	×				×				×		×				×	
	Kundenstruktur	×		×				×				×		×				×	
	Marktstellung			×				×					×	×					
	Branchenentwicklung			×										×				×	
	Konkurrenzverhältnisse			×									×	×					
	Ertrags-, Vermögenssituation									×								×	
	Liquiditätssituation										×							×	
	Abgabensituation														×	×			
	Finanzierungsverhalten	×						×	×	×				×					×
	Qualität des Rechnungswesens	×	×															×	
	Zustand der Anlagen		×	×															
	Lieferantenstruktur	×										×						×	
KREDITBEDINGUNGEN	Einhaltung von Zinszahlungen	×																	×
	Tilgungen	×																	×
	Kreditverwendung	×																	×
	Kredithöhe	×																	×
	Diverse Beschränkungen	×																	
	Zeitpunkt der Bilanzvorlage	×																	×
SICHERHEITEN	Grundstücke			×			×										×		
	Eigentumsvorbehalt		×															×	
	Zessionen											×						×	
	Wertpapiere																		×
	Versicherungen																		×
	Bürgschaft	×		×															

Abbildung 57: Überwachungskriterien und Informationsquellen

Wichtig ist, daß die einzelnen Elemente der Kreditüberwachung nicht isoliert nebeneinanderstehen, sondern zu einem *Gesamtsystem* gehören: [46]

> „Erst die Anwendung des kompletten Instrumentariums zeigt das gesamte Panorama eines Kreditfalles auf."

Sowohl was den Einsatz dieser Instrumente als auch die Intensität der Überwachungsaktivitäten anlangt, wird man in der Praxis sehr wohl *differenziert* vorgehen müssen. Es geht nicht darum, alle hier angeführten Methoden mit ihren Feinheiten einzusetzen. Vielmehr gilt es, zwischen den beiden Extremvarianten „Zuwarten" und „perfekte Systeme" einen praktikablen Mittelweg zu finden. Umfang und Intensität der Kreditüberwachung sind dabei jeweils auf

- die Höhe des Kreditengagements (Kundenobligo)
- die Risikointensität des Falles (Blankoanteil)
- den Beratungsbedarf des Unternehmens

abzustellen.

Die in diesem Kapitel aufgezeigte Vorgangsweise sollte aber vom Grundsätzlichen her eingehalten und der im Kapitel IV dargestellte *Katalog von Frühwarnindikatoren* bewußt eingesetzt werden. Damit sollen die bei der Kreditüberwachung notwendigen Überprüfungen *systematisiert* und *objektiviert* werden. Der Vorteil einer systematischen Vorgangsweise liegt auch darin, daß alle für die Kreditüberwachung relevanten Kriterien überprüft und Einzelpunkte, die bedeutsam sein könnten, nicht vergessen werden. Durch die Formalisierung können daher subjektive Fehler, vor allem aus Nachlässigkeit, eher vermieden werden. Gleichzeitig soll damit in den verschiedenen dezentralen und zentralen Stellen innerhalb der Bank eine annähernd *gleiche Qualität* der Kreditüberwachung erreicht werden.

Wichtig ist uns in diesem Zusammenhang auch der Hinweis auf eine *aussagefähige Dokumentation*. Das Unternehmer-Polaritätsprofil, die Checkliste zur Unternehmensdiagnose sowie die strukturierte Stellungnahme verlangen nicht nur eine bewußte und gezielte Beschäftigung mit dem Kreditfall, sondern schaffen auch die Grundlage für die Nachvollziehbarkeit der Entscheidungsfindung. Durch die hier angeführten Instrumente wird der Mitarbeiter gezwungen, seine Entscheidungsgründe festzulegen. Dies schafft Transparenz und fördert Objektivität. [47]

> Die Systematisierung und Formalisierung des Kreditüberwachungsprozesses soll es ermöglichen, möglichst objektive und nachvollziehbare Aussagen über die Risikosituation eines Kreditengagements zu erhalten.

Einen wichtigen Stellenwert bildet neben der Aufbereitung des Zahlenmaterials und Analyse der bisherigen Geschäfts- und Kontoentwicklung das *jährliche Kundengespräch.* Damit wollen wir unterstreichen, daß die hier vorgeschlagenen Aktivitäten nicht nur für Zwecke der Kreditüberwachung, sondern auch für die Intensivierung der Kundenbeziehung und für die *Geschäftsausweitung* hervorragend geeignet sind:

Risikoaspekte und Marktaspekte sind keine Gegensätze.

Zweifelsohne ist die hier dargelegte Vorgangsweise, der Einsatz der verschiedenen Instrumente sowie das jährliche Kundengespräch mit einem gewissen Zeitaufwand verbunden. Das darf nicht unterschätzt werden. Die Praxis gibt aber *Höller* recht, wenn er meint: „Im Vergleich zu den Kosten von Kreditausfällen und dem enormen Zeitaufwand für die Betreuung von Krisenfällen ist dieser Zeitaufwand durchaus vertretbar."[48]

Anmerkungen

1 *Hiebler:* Praxis der Kreditgewährung, S. 138: „Der Kredit fließt in das Umlaufvermögen des Kreditnehmers, es werden Rohstoffe oder Waren gekauft, die Rohstoffe verarbeitet, dann dient der Kredit zur Deckung der Kosten wie Löhne usw., die Ware wird verkauft, der Kredit überbrückt die Zeit zwischen Warenverkauf und Forderungseingang, dann tritt in der Kreditbeanspruchung eine Ermäßigung ein. Dieser Vorgang wiederholt sich sehr oft, je nach Häufigkeit des Umschlages des Umlaufvermögens."; vgl. auch *Dreher:* Klein- und Mittelbetriebe in Partnerschaft mit Banken, S. 11

2 *Wöhe/Bilstein:* Grundzüge der Unternehmensfinanzierung, S. 199; vgl. auch *Perridon/Steiner:* Finanzwirtschaft der Unternehmung, S. 209, die hinsichtlich des Kontokorrentkredites feststellen: „Die Bank erhält dadurch einen hervorragenden Einblick in die finanziellen Transaktionen der Unternehmung (regelmäßige Zahlungsverpflichtungen und Einnahmen, Kreis der Lieferanten und Abnehmer usw.)."

3 *Zellweger:* Kreditüberwachung, S. 10

4 Vgl. hiezu *Schmoll:* Typologie der Kreditentscheidungen, S. 398 f

5 *Hiebler:* Praxis der Kreditgewährung, S. 134; vgl. auch *Jährig/Schuck:* Handbuch des Kreditgeschäfts, S. 87

6 *Fischer:* Kreditwürdigkeitsprüfung, S. 2037

7 *Hertenstein/Hilse:* Mehr Systematik statt Intuition, S. 343; vgl. auch *Kohls/Marciwiak:* Unternehmer- und Unternehmensbeurteilung, S. 473

8 Vgl. hiezu *Hertenstein:* Zukunftsorientiertes Kreditmanagement, S. 70 ff; *Hiebler:* Praxis der Kreditgewährung, S. 134

9 *Ulrich:* Unternehmerleistung, S. 4

10 *Höller:* Finanzplanungssystem, S. 159

11 *Stannigel:* Kreditrevision, S. 65

12 Vgl. hiezu die Ausführungen im Kapitel III/Abschnitt 5 sowie *Zeitlinger:* EDV-Einsatz im Ausleihungsgeschäft, S. 120

13 *Zellweger:* Erkennen von Bonitätsrisiken, S. 147

14 *Zellweger:* Kreditüberwachung, S. 81

15 ebenda, S. 81; vgl. auch *Jährig/Schuck:* Handbuch des Kreditgeschäfts, S. 301

16 *Zellweger:* Kreditüberwachung, S. 83; vgl. auch *Bieg:* Bankenprüfer, S. 511

17 ebenda, S. 83

18 *Hiebler:* Praxis der Kreditgewährung, S. 138

19 *Stannigel:* Kreditrevision, S. 46

20 Stellvertretend für die Vielzahl der praxisorientierten Literatur sei hier verwiesen auf *Wiesinger (Hrsg.):* Handbuch der Kreditprüfung; *Hiebler:* Die Praxis der Kreditgewährung; *Jährig/Schuck:* Handbuch des Kreditgeschäfts; *Riebell:* Die Praxis der Bilanzauswertung

21 *Zellweger:* Kreditwürdigkeitsprüfung, S. 44; vgl. auch *Kreim:* Kreditentscheidung, S. 55 f

22 Hinsichtlich der Prüfungstätigkeit bei Kreditsicherheiten vgl. die Ausführungen bei *Stannigel:* Kreditrevision, S. 63 ff; *Heim:* Kreditsicherheiten, S. 34 ff

23 *Ulrich, W.:* Verhaltensbeobachtungen, S. 180

24 *Winkelmann:* Beratung als Wettbewerbsfaktor, S. 372

25 *Carbon:* Sparkassen-Finanzierungs-Beratungs-Service, S. 15

26 Hinsichtlich der Ziele von Betriebsbesichtigungen vgl. die Ausführungen bei *Hartmann:* Betriebsanalyse, S. 20; *Hendrikson:* Kreditwürdigkeitsprüfung, S. 23; *Wehlau:* Prüfung der Kreditgewährung, S. 1121

27 Siehe hiezu die Beobachtungsanleitung zur Erfassung der Unternehmenskultur bei *Kobi/Wüthrich:* Unternehmenskultur, S. 78 f

28 *Hielscher:* Kreditwürdigkeitsprüfung, S. 310

29 *Starke:* Kreditinformations- und Kreditüberwachungssystem, S. 76

30 *Cerwinka/Dangl:* EDV-Instrumentarium, S. 263

31 Vgl. hiezu *Hertenstein:* Zukunftsorientiertes Kreditmanagement, S. 102

32 *Hiebler:* Praxis der Kreditgewährung, S. 134

33 Ausführliche Darstellungen dieses Systems finden sich bei *Reuter/Stein:* Kreditinformations- und Kreditüberwachungssystem, S. 249; *Schröder:* Bericht über den Stand des Kreditinformations- und Kreditüberwachungssystems, S. 302 ff; *Starke:* Kreditinformations- und Kreditüberwachungssystem, S. 71 ff; *Starke:* Früherkennungsmodelle, S. 35 ff; *Reuter/Schleppegrell:* Portfolio-Analyse, S. 319

34 *Höller:* Finanzplanungssystem, S. 161

35 ebenda, S. 172 f

36 *Lehner:* Prognoserechnung, S. 107 ff

37 *Hertenstein:* Zukunftsorientiertes Kreditmanagement, S. 172

38 *Reuter/Stein:* Kreditinformations- und Kreditüberwachungssystem, S. 252

39 *Weibel:* Bonitätsbeurteilung im Kreditgeschäft der Banken, S. 92

40 *Hertenstein:* Zukunftsorientiertes Kreditmanagement, S. 81; *Kohls/Marciwiak:* Unternehmer- und Unternehmensbeurteilung, S. 468 f

41 *Hertenstein:* ebenda, S. 70

42 *Hiebler:* Praxis der Kreditgewährung, S. 144; vgl. auch *Hagenmüller:* Der Bankbetrieb, Bd. II, S. 45; *Jährig/Schuck:* Handbuch des Kreditgeschäfts, S. 94

43 Hinsichtlich der Bewertung von Sicherheiten vgl. *Heim:* Kreditsicherheiten, S. 15 ff

44 *Hiebler:* Praxis der Kreditgewährung, S. 136 f

45 *Heno:* Kreditwürdigkeitsprüfung, S. 28

46 *Starke:* Kreditinformations- und Kreditüberwachungssystem, S. 87

47 Vgl. *Hertenstein:* Zukunftsorientiertes Kreditmanagement, S. 70; *Starke:* Früher-kennungsmodelle, S. 46

48 *Höller:* Finanzplanungssystem, S. 170

KAPITEL VI

DAS EDV-GESTÜTZTE FRÜHWARNSYSTEM

Die in diesem Kapitel angeführten KWG-Hinweise beziehen sich auf das österreichische Kreditwesengesetz.

1. Grundlagen

1.1 Zielsetzung

Unsere Grundkonzeption der Kreditüberwachung basiert auf der Unterscheidung in anlaßbezogene und nichtanlaßbezogene Überwachung der bestehenden Kreditengagements. Wie in Kapitel II bereits erwähnt, besteht das Wesen der nichtanlaßbezogenen Kreditüberwachung darin, daß mit dem Kreditnehmer kein Kontakt aufgenommen werden muß.

> Der Kundenbetreuer wird – ohne selbst tätig werden zu müssen – mit Hilfe eines **aktiven Berichtssystems** auf Frühwarnsignale aufmerksam gemacht.

Dies erfordert ein *EDV-gestütztes Frühwarnsystem*. Aus den im Kapitel IV dargestellten Indikatoren sind daher jene herauszufiltern, die EDV-mäßig verarbeitet werden können. Dieses EDV-Frühwarnsystem soll dem Kundenbetreuer in bestimmten Abständen automatisch aussagekräftige *Frühwarninformationen* liefern.

Daneben soll auch die Zuordnung der Kreditengagements zu *Risikoklassen* erleichtert werden. Die mit Hilfe des EDV-gestützten Indikatorensystems definierten Risikokategorien bilden eine wichtige Grundlage für die Risikoklassifikation des Kommerzkreditportefeuilles der Bank.

> Das Risikoklassensystem schafft die Grundlage, die Risikostruktur des Kreditportefeuilles transparent zu machen.

Somit erlangen Bonitäts- und Risikoklassen sowohl für die einzelfallbezogene als auch für die gesamtengagementbezogene Kreditüberwachung einen wichtigen Stellenwert. „Besondere Vorzüge weist die Bildung von Risikoklassen bei der *Überwachung* einzelner Kredite sowie bei der *Steuerung* und Kontrolle des gesamten Kreditportefeuilles auf. Alle bereits vergebenen Kredite können in verhältnismäßig kurzer Zeit und mit geringer Mühe hinsichtlich ihres Verlustrisikos eingestuft werden, sodaß die für das Kreditgeschäft verantwortlichen Organe auf diese Weise die Möglichkeit haben, sich einen Überblick über die Entwicklung einzelner Engagements und des gesamten Kreditportefeuilles zu verschaffen.“[1]

Diese Überlegungen sind auch hinsichtlich der KWG-Bestimmungen von praktischer Relevanz. Wie bereits in Kapitel II ausgeführt, hat gemäß § 24 Abs. 9 und 10 KWG der Bankprüfer die Ergebnisse seiner Prüfung in einem gesonderten *bankaufsichtlichen Prüfungsbericht* aufzunehmen. Aufbau und Inhalt dieses Prüfungsberichtes wurden in einer Verordnung des Bundesministeriums für Finanzen[2] geregelt, wo im Teil IV eine *Gliede-*

rung des Kreditvolumens nach folgenden *Risikokategorien* vorgeschrieben wird:

Risikokategorien
- ohne erkennbares Ausfallsrisiko
- anmerkungsbedürftig
  (bedürfen intensiver Beobachtung)
- notleidend
  (mit Ausfällen ist zu rechnen)
- uneinbringlich

Abbildung 58: Risikokategorien des bankaufsichtlichen Prüfungsberichtes

Besonders die sog. *„anmerkungswürdigen Fälle“*, d. h. jene, die einer *„intensiven Beobachtung“* bedürfen, gilt es rechtzeitig zu erkennen und zu erfassen. Der EDV-gestützte Frühwarnkatalog und die darauf aufbauenden *Frühwarnlisten* sind hierfür wertvolle Instrumente.

Mit der Entwicklung eines EDV-gestützten Frühwarnsystems werden somit zwei *Ziele* verfolgt:

1. Unterstützung bei der Früherkennung von Kreditrisiken.
2. Erleichterung bei der Zuordnung zu Risikoklassen.

1.2 Übersicht

Jene Indikatoren, die einer EDV-mäßigen Erfassung prinzipiell zugänglich sind, haben wir in unseren Aufstellungen bereits gesondert gekennzeichnet. Mit ihrer Hilfe sollen in erster Linie die *Bonitäts*risiken erfaßt werden, sodaß die (in der Praxis vielfach noch nicht vorhandenen) Möglichkeiten einer Sicherheitendatei absichtlich nicht mit einbezogen werden.

Weiters können wir das EDV-Frühwarnsystem nicht auf den Beobachtungsbereich „Unternehmer“ anwenden, da sich dieser Bereich weitgehend einer Quantifizierung entzieht. Das EDV-gestützte Frühwarnsystem beschränkt sich daher auf die *Beobachtungsbereiche*

- „Unternehmen“ und
- „Kreditbedingungen“,

wobei die Daten der *Girodatei, Bilanzdatei* und *Meldungsdatei* herangezogen werden.

In der Folge geht es nun darum, aus diesen EDV-mäßig gespeicherten Informationen *„Kennzahlen der Früherkennung“* zu erarbeiten und die auf diese Weise gewonnenen Frühwarnindikatoren miteinander zu *kombinieren*. Mit Hilfe dieser Indikatorenkombination ist es möglich, die Kreditengagements bestimmten Risikoklassen zuzuordnen, um damit den *Grad der potentiellen Gefährdung* sichtbar zu machen. Diese Informationen werden

den Filialen in Form von speziellen „*Frühwarnlisten*" zur Verfügung gestellt. Jede Filiale erhält somit in regelmäßigen Abständen eine Unterlage für „ihre" Kreditinventur.

Diese Frühwarnlisten geben den Anstoß, sich mit bestimmten Kreditfällen intensiver auseinanderzusetzen und gegebenenfalls *Maßnahmen* zur Risikoreduzierung zu setzen.

Für das EDV-gestützte Früherkennungssystem ergeben sich die in Abbildung 59 dargestellten Zusammenhänge:

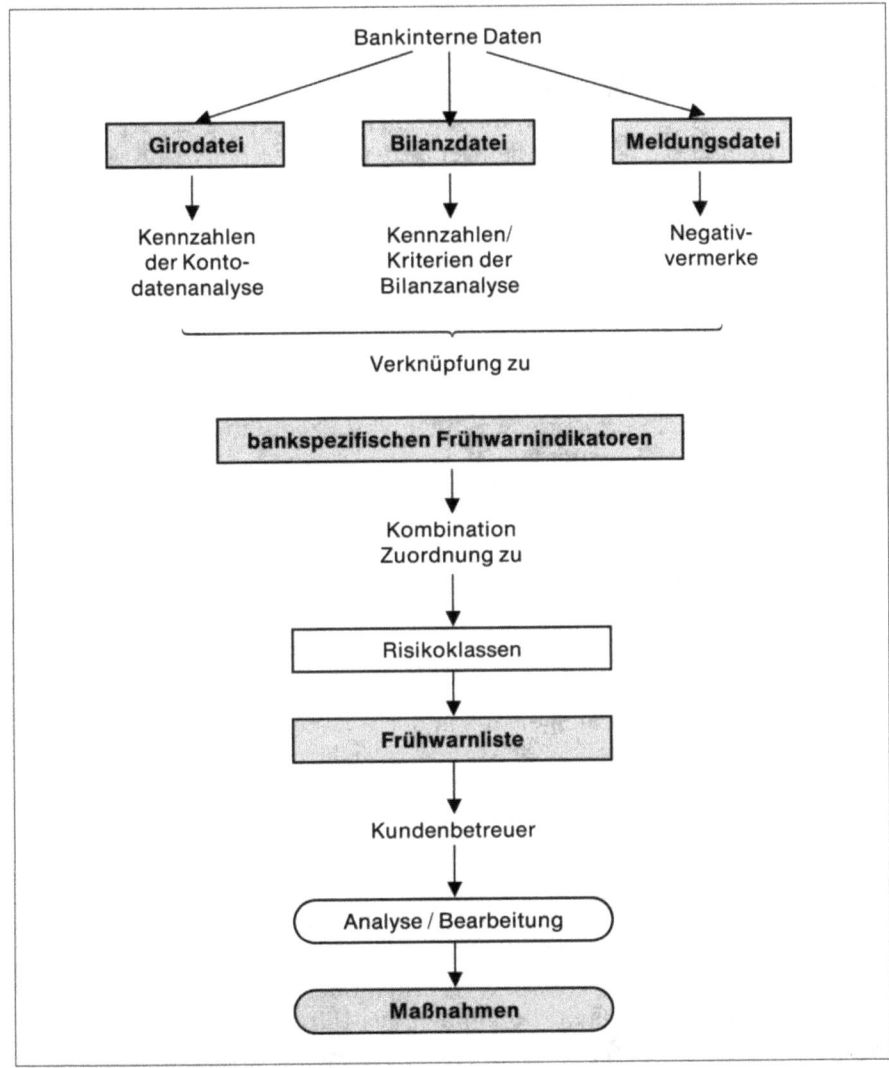

Abbildung 59: Das EDV-gestützte Frühwarnsystem

Das EDV-gestützte Indikatorensystem umfaßt somit drei Teilbereiche, und zwar

- die Kontodatenanalyse (Kontengestion),
- die Bilanzanalyse sowie
- das Auskunftswesen.

2. Systemaufbau

2.1 Teilbereiche

Kontodatenanalyse

Bei der Kontodatenanalyse geht es um die bessere Nutzung des Informationsspeichers „Konto". Der systematischen Auswertung der *Kontoinformationen* kommt ein hoher Stellenwert zu, denn zwischen den Kontodaten und der wirtschaftlichen Entwicklung von Unternehmen existiert ein enger Zusammenhang. Für die Kreditüberwachung bedeutet dies:[3]

> „Eine sich anbahnende Krise ist auch in den Kontodaten erkennbar."

Die gezielte Nutzung des in den Kontokorrentkonten enthaltenen Informationspotentials für die Früherkennung von Kreditrisiken hat den großen Vorteil, daß diese Informationen zeitnah vorliegen: durch kontinuierliche Fortschreibung der Kontodaten ist ja eine absolute *Aktualität* gegeben. Darüber hinaus sind diese Informationen in der Bank *jederzeit* ohne zusätzlichen Erhebungs- oder Erfassungsaufwand *verfügbar.*[4]

Ausgangspunkt ist das normale Buchungsprogramm im Giroverkehr, das der EDV-mäßigen Abwicklung des Zahlungsverkehrs dient. *Voraussetzung* für eine Kontoanalyse mit Kennziffern für die Früherkennung von Kreditrisiken ist eine umfassende und differenzierte Kontodatenaufbereitung, wie wir sie in Kapitel III dargestellt haben.

Die Analyse der Kontodaten erfolgt in der Weise, daß einerseits bestimmte *Kriterien* definiert und andererseits (wie bei der Bilanzanalyse) bestimmte *Kennziffern* gebildet werden. Dabei können wir zwischen

- Limitkennzahlen
  (z. B. durchschnittlicher Soll-Saldo: Kreditrahmen)
- Zahlungsverkehrskennzahlen
  (z. B. Relation Wechselbelastungen: Sollumsatz) sowie
- div. Umschlagshäufigkeiten

unterscheiden.[5] Weitere wertvolle Informationen sind aus dem *Überziehungsverhalten* zu gewinnen. So können aus Informationen über die Anzahl der Überziehungen pro Jahr, aus der Zeitdauer der jeweiligen Überziehungsinanspruchnahme usw. weitere Kriterien gewonnen werden.

Ähnlich wie bei der mathematisch-statistischen Bilanzanalyse stellt sich auch hier die Frage, ob ausreichend klare Unterschiede zwischen den Kontodaten guter und schlechter Kreditnehmer existieren. Hinsichtlich der Trennfähigkeit von Kennzahlen aus der Kontoanalyse gibt es erste empirische Untersuchungen (z. B. *von Stein, Zellweger*), denen folgende Beispiele entnommen sind:

- Das erste Kennzahlenbeispiel ist in Abbildung 60[6] dargestellt. „Hierbei sind die Wechselbelastungen in Beziehung zu den Sollumsätzen gesetzt worden. Bei dieser Untersuchung ist klar erkennbar, daß die mit G gekennzeichnete Kurve im Vergleich zu der mit S gekennzeichneten einen realtiv stabilen Verlauf auf *einem* Niveau hat. Im Gegensatz dazu steigt die Kurve der schlechten Firmen im Zeitablauf stark an."[7]

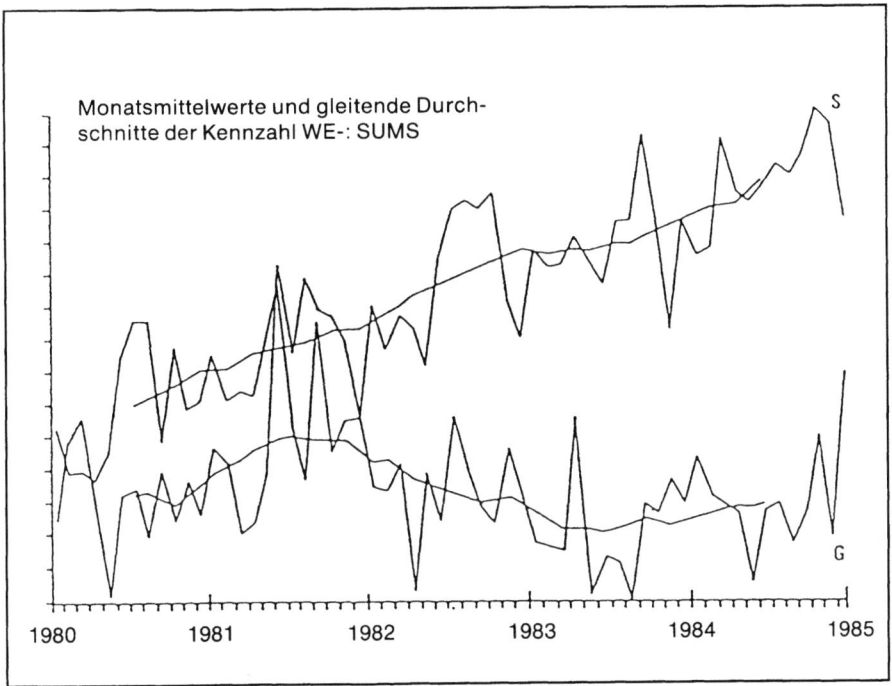

Abbildung 60: Kontodatenanalyse

- Ein weiteres Beispiel: „Es ist der durchschnittliche valutarische Saldo zum bekannten Kreditlimit in Beziehung gesetzt worden. Im Zeitablauf zeigt sich deutlich, daß die guten Firmen eine durchschnittliche Inanspruchnahme von ca. 65% – natürlich in gewissen Schwankungsbreiten – aufweisen. Demgegenüber nimmt bei den gefährdeten Unternehmen der Quotient deutlich zu. In den untersuchten Fällen zeigte sich, daß die Anspannung schon 2½ Jahre vor der Firmenkrise in Form von Überziehungen erkennbar wurde."[8]

• Das dritte Beispiel bezieht sich auf die Umschlagshäufigkeit des benützten Kontokorrentkredites. Die von *Zellweger* für solvente und insolvente Unternehmen berechneten Durchschnittswerte sind in Abbildung 61 gegenübergestellt:[9]

Jahr(e) vor Insolvenz	Umschlagshäufigkeit	
	Unternehmen	
	solvente	insolvente
1	16,14	4,59
2	19,23	6,29
3	17,97	9,59
4	18,60	9,17

Abbildung 61: Umschlagshäufigkeit bei Kontokorrentkrediten

Die Abbildung zeigt, „daß bei den insolventen Unternehmungen die Umschlagshäufigkeit mit nahender Insolvenz abnimmt; eine Entwicklung, welche ein zunehmend falsches Finanzierungsverhalten vermuten läßt. Bei den solventen Unternehmungen dagegen bleibt die Höhe der Umschlagshäufigkeit über den gesamten Beobachtungszeitraum hinweg relativ konstant".[10]

In seiner umfangreichen wissenschaftlich-empirischen Untersuchung für die deutsche Sparkassenorganisation (Projekt „Kreditinformations- und -überwachungssystem") kommt Professor *von Stein* von der Universität Hohenheim zu folgendem Schluß: „Insgesamt berechtigen die Ergebnisse der Kontendatenuntersuchung zu der Feststellung, daß die Kontoinformationen offenbar für die Krisenfrüherkennung genutzt werden können."[11]

• Umsatz des letzten Quartals weicht um einen bestimmten Prozentsatz von der Vergleichszeit des Vorjahres ab;
• Anzahl der Buchungsposten auf dem Geschäftskonto sinkt abrupt ab;
• Durchschnittsguthaben eines Monats übersteigt eine bestimmte Betragsgrenze, die eine neue Zinsüberlegung oder sonstige akquisitorische Maßnahmen erforderlich machen;
• Depotwert eines Kreditsicherheitsdepots sinkt um einen bestimmten Betrag;
• Kreditinanspruchnahme ist höher als ein bestimmter Prozentsatz des Depotwertes;
• Kreditlimit eines Kontokorrentkontos wird während eines unzulässigen Zeitraumes innerhalb eines Quartals überzogen;
• Kreditinanspruchnahme innerhalb eines Abrechnungszeitraumes ist geringer als ein bestimmter Prozentsatz des zugesagten Kredits;
• Ausweis besonderer Werte automatisch analysierter Bilanzkennziffern und Kennzahlen der Gewinn- und Verlustrechnung im Rahmen von Kreditfähigkeitsprüfungen.

Abbildung 62: Kontenorientiertes Signal-Berichtssystem

So wie bei den zur Berechnung des Bilanzbonitätsindikators verwendeten Diskriminanzfunktionen unterschiedliche Kennzahlenkombinationen und

Gewichtungen existieren, fehlen auch bei den Kontengestions-Kennzahlen einheitliche Bewertungsregeln bzw. fundierte Handlungsanleitungen, welche Kennzahlenkombinationen der Kontoanalyse besonders prognosefähig sind. Die folgenden Ausführungen in diesem Abschnitt sind deshalb beispielhaft zu verstehen und sollen *Anregungen* für die Entwicklung *institutsspezifischer* Kennzahlenkataloge liefern.

Im Hinblick auf ein kontenorientiertes *Signal-Berichtssystem* führt *Steinbrink*[12] die in Abbildung 62 aufgelisteten Kriterien an.

Als weiteres Beispiel aus der BRD wollen wir das „*Maschinelle Bonitätsanalyse-System*" (MABO) des Niedersächsischen Sparkassen- und Giroverbandes in seiner von der Kreissparkasse Hannover verwendeten Anwendungsform bringen. Für die Analyse und Beobachtung der Geschäftsgirokonten werden hier folgende Beurteilungskriterien verwendet:[13]

Bonitätsanalyse — Geschäftsgiro

A   Das Konto ist auf Veranlassung der Sparkasse für den Ausdruck aufgerufen worden.

B   Die Bareinzahlungen sind gegenüber dem Vormonat um mehr als 25% und mindestens 5.000,– DM zurückgegangen.

D   Es ist eine Darlehensvalutierung über das Kontokorrentkonto erfolgt (kein Mindestbetrag).

E   Die Kreditlinie ist im Auswertungsmonat eingeräumt oder erhöht worden und hat dabei den Betrag von 100.000,– DM erreicht oder überschritten.

G   Das Konto war im Auswertungsmonat mindestens an einem Tag mit 50.000,– DM oder mehr überzogen.

H   Bei den Habenumsätzen (ohne Wechsel, Darlehens- und Stornoumsätzen Soll + Haben) zeigt sich gegenüber dem Vormonat ein betragsmäßiger Rückgang um 25% oder mehr, Mindestbetrag 25.000,– DM.

K   Der Kreditnehmer gehört einem besonderen – durch die Kundensystematik definierbaren – Kundenkreis an und hat am Ultimo einen Debetsaldo.

P   Der Höchstbetrag der aus den Scheck-EV-Gutschriften ermittelten Postlaufzeitkredite hat sich gegenüber dem Vormonat um 20% und mehr erhöht. Für die Auswertung wird ein Mindest-Postlaufzeitkredit von 20.000,– DM zugrunde gelegt.

S   Im Auswertungsmonat ist ein auf das Konto gezogener Scheck protestiert worden (kein Mindestbetrag).

T   Die Überziehungen zeigen gegenüber dem Vormonat in den Größenklassen eine steigende Tendenz. Die Größenklasse, bei der die Betrachtung beginnen soll, beträgt 20.000,– DM.

U   Das Konto war am Auswertungsstichtag um mindestens 10.000,– DM oder aber um mehr als 20% des eingeräumten Kredites überzogen. Bagatellgrenze 10.000,– DM.

W   Die Wechselgutschriften machen mehr als 50% der gesamten Haben-Umsätze aus (ohne Darlehensvalutierungen und Stornoumsätze Soll + Haben).

Abbildung 63: Maschinelle Bonitätsanalyse (Niedersächsischer Sparkassen- und Giroverband)

Bilanzbezogene Kriterien

Auf die Möglichkeiten und Grenzen der Informationsgewinnung mit Hilfe der EDV-gestützten Bilanzanalyse haben wir uns bereits in Kapitel III ausführlich beschäftigt. Wir brauchen daher auf die Details nicht mehr näher einzugehen und wollen deshalb stellvertretend für die vielen Untersuchungen auf jene des Forschungsauftrages des Deutschen Sparkassen- und Giroverbandes hinweisen. „*Von Stein* hat mit dieser Untersuchung bewiesen, daß es Signale gibt, die es zulassen, gute von schlechten Bilanzen mit Hilfe der statistischen Bilanzanalyse zu trennen, und das sogar mit 90%iger Sicherheit und mit erheblichem Vorsprung, nämlich von bis zu 2 oder 3 Jahren vor Eintritt einer Krise." [14]

Freilich bleibt unseres Erachtens die Problematik bestehen, daß die Unternehmen ihren Jahresabschluß der ihr kreditgewährenden Bank oft mit beträchtlicher *Verzögerung* einreichen. Den Banken stehen dann nur unaktuelle Daten zur Verfügung, die keine aussagekräftigen Informationen über die aktuellen wirtschaftlichen Verhältnisse des Unternehmens liefern. Der *Zeitpunkt der Bilanzvorlage* ist demnach auch ein wesentlicher Faktor der Kreditüberwachung.

Für die Gestaltung des Frühwarnsystems ergeben sich aus der EDV-Bilanzdatei somit im wesentlichen drei Informationsarten:

- der Wert des Bilanzbonitätsindikators
  (Ergebnisse der Diskriminanzanalyse)
- der Ausweis besonderer Werte bzw. Kennzahlen der computerunterstützten Jahresabschlußanalyse
  (Bilanzkennzahlen, Kennzahlen der Gewinn- und Verlustrechnung)
- Zeitpunkt der Einreichung des Jahresabschlusses
  (Bilanzvorlage bei der Bank)

Auskunftswesen

Mit den Indikatoren aus dem Auskunftswesen (Meldungsdatei) fließen Informationen in das Frühwarnsystem ein, die sich die Bank von dritter Seite beschafft. Im Hinblick auf die Gewinnung von Indikatoren aus dem Auskunftswesen ist die Untersuchung von *Zellweger* von Interesse, die bezüglich bestimmter Kriterien folgende Ergebnisse brachte:

- *Anzahl Betreibungen*

Für die Kreditüberwachung lassen sich aus der Anzahl der gegen ein Unternehmen eingeleiteten Betreibungen (Öffentliche Hand, Versicherung, Finanzierungsinstitute) interessante Schlußfolgerungen ziehen. Die Untersuchungsergebnisse zeigen, daß bei den insolventen Unternehmen die Zahl der gegen sie eingeleiteten gerichtlichen Betreibungen mit nahender Insolvenz stark zunimmt, während die Vergleichswerte bei den solventen Unternehmen (die bereits im vierten Jahr vor der Insolvenz wesentlich kleiner sind) nur schwach schwanken. Für die Kreditüberwachung bedeutet dies: „Die Anzahl der gegen eine Unternehmung eingeleiteten Betreibungen stellt bereits im vierten Jahr vor Insolvenz ein aussagefähiges Insolvenzsymptom dar."[15]

- *Anzahl Wechselproteste*

Einer der außerhalb der Bilanz liegenden Indikatoren, dem in der Kreditpraxis große Bedeutung zugemessen wird, stellt die Anzahl der mangels Zahlung zu Protest gegebenen Wechsel dar. Bei der Analyse von *Zellweger* fällt auf, daß die festgestellten Wechselproteste ausschließlich *insolvente* Unternehmen betreffen, „woraus sich für die Kreditüberwachung als erste Schlußfolgerung ergibt, daß Unternehmungen, welche in der Wechselprotestliste aufgeführt sind, außerordentlich stark insolvenzgefährdet sind".[16]

- *Anzahl der Auskunftsanfragen*

Auch hinsichtlich der bei der kreditgewährenden Bank *eingeholten Anfragen* lassen sich signifikante Unterschiede bei solventen und insolventen Unternehmen feststellen. Die Berechnungen von *Zellweger* haben ergeben, daß sich bereits im vierten Jahr vor Insolvenz zwischen den Durchschnittswerten der beiden Unternehmensgruppen ein erheblicher Unterschied ergibt. „Dies läßt vermuten, daß bereits im vierten Jahr vor Insolvenz eine beträchtliche Anzahl von Geschäftspartnern an der Solvenz der betreffenden Unternehmungen zweifelten."[17] Bei der Anzahl der Auskunftsanfragen handelt es sich daher um einen aussagefähigen Indikator, der bereits sehr früh auf erhöhte Bonitätsrisiken hinweist.

Neben den hier angeführten quantitativen Informationen (z. B. *Anzahl der Wechselproteste*) handelt es sich bei Auskunftsinformationen um eine Reihe von *qualitativen* Indikatoren, die erst in eine EDV-mäßig erfaßbare Form gebracht werden müssen. Das kann prinzipiell auf zweierlei Weise erfolgen:

- Entweder wird das Auftreten eines Kriteriums (z. B. Rückstände bei der Gebietskrankenkasse) im Sinne einer Ja/Nein-Meldung (Zutreffend/Nichtzutreffend) erfaßt oder
- die Information (z. B. Inhalt einer Handelsauskunft) wird mit Hilfe einer Ordinalskala („Schulnotensystem") bewertet.

2.2 Der EDV-gestützte Katalog von Frühwarnindikatoren

Die im vorigen Abschnitt angeführten Beispiele zeigen deutlich die Bemühungen, sowohl in der bankbetrieblichen Forschung als auch in der Bankpraxis geeignete Früherkennungsindikatoren für das Kreditgeschäft zu finden. Die Schwierigkeit dieses Unterfangens besteht vor allem darin, ein System zu schaffen, das in der Lage ist, mit einer hinreichend großen Wahrscheinlichkeit *potentielle Problemengagements* zu erkennen. Darüber hinaus muß es vom Aufbau und Umfang her so gestaltet sein, daß es von den Kundenbetreuern in der Praxis auch tatsächlich genutzt wird.

Aufbauend auf unseren Erfahrungen und bankinternen Tests sowie aufgrund der Erkenntnisse der Expertengruppe des Sparkassenverbandes[18] ergeben sich die in den Abbildungen 64a bis 64d dargestellten Segmente eines EDV-gestützten Indikatorensystems.

EDV-Frühwarnindikatoren aus der Kontengestion

1.	Überziehung	>	20% des Kreditrahmens und größer als . . . Schilling
2.	Überziehung	>	Summe der Habenumsätze des letzten Quartals
3.	Betrag der Überziehung im letzten Quartal	>	10% des Überziehungsbetrages im vorletzten Quartal
4.	Dauer der Überziehung	>	4 Monate
5.	$\dfrac{\varnothing \text{ Kreditsaldo}}{\text{Kreditrahmen}}$	>	70%
6.	Gesamtobligo	>	30% des Vorjahres-Habenumsatzes
7.	Habenumsatz des letzten Quartals	<	50% des Habenumsatzes des Vorjahres-Vergleichsquartals
8.	Habenumsatz des letzten Monats	<	25% des Habenumsatzes des Vormonats
9.	Frist seit der letzten Habenbewegung	>	10 Tage

Abbildung 64a: EDV-Indikatorensystem (Kontengestion)

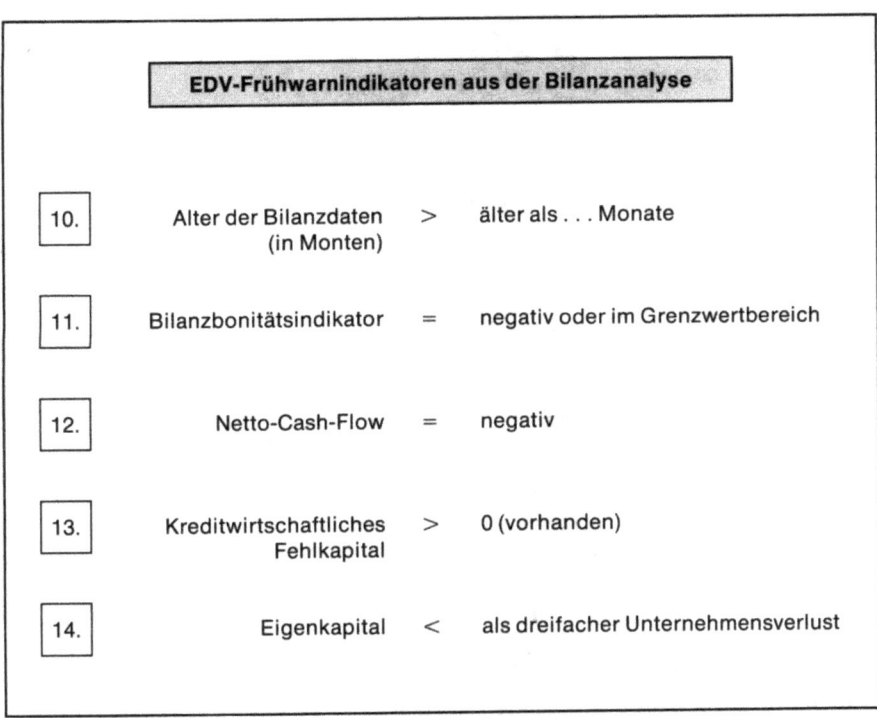

Abbildung 64b: EDV-Indikatorensystem (Bilanzanalyse)

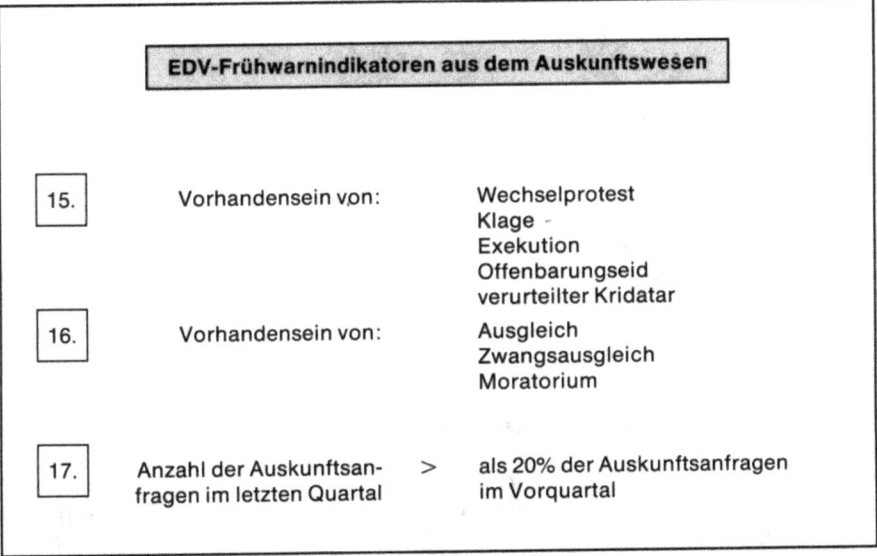

Abbildung 64c: EDV-Indikatorensystem (Auskunftswesen)

```
┌─────────────────────────────────────────────────────────────┐
│                  ┌───────────────────────┐                   │
│                  │   Sonstige Kriterien   │                  │
│                  └───────────────────────┘                   │
│                                                              │
│   ┌────┐                                                     │
│   │18. │  Kreditnehmer hat am Auswertungsstichtag einen Sollstand │
│   └────┘  von . . . Schilling                                │
│                                                              │
│   ┌────┐                                                     │
│   │19. │  Kreditnehmer gehört einer bestimmten Branche an    │
│   └────┘  (Definition durch Branchenkennschlüssel)           │
│                                                              │
│   ┌────┐                                                     │
│   │20. │  Kontoeröffnung liegt kürzer als . . . Monate zurück │
│   └────┘                                                     │
└─────────────────────────────────────────────────────────────┘
```

Abbildung 64d: EDV-Indikatorensystem (sonstige Kriterien)

Wie die Abbildungen zeigen, handelt es sich bei all den angeführten Kriterien um Informationen, die in der Bank vorhanden sind. Bedingt durch die Arbeitsteiligkeit im Kreditgeschäft fallen aber manche dieser Informationen in *unterschiedlichen Abteilungen* an. Viele Stellen verfügen daher jeweils nur über einen Teil der insgesamt in der Bank vorhandenen Informationen. Sie stehen unstrukturiert – und oftmals ungenutzt – nebeneinander. Umso wichtiger ist eine bewußte *Verknüpfung* von Kriterien aus der Kontengestion, der Bilanzanalyse und dem Auskunftswesen.

Es werden somit Informationen benötigt, die sich aus Datenelementen *mehrerer* Dateien zusammensetzen. Damit wird es erforderlich, Verbindungen zwischen verschiedenen (eventuell auch organisatorisch getrennten) Dateien herzustellen.

> Die Qualität eines Kreditüberwachungssystems ist auch davon abhängig, welche Möglichkeiten bestehen, verschiedene Dateien zueinander in Beziehung zu setzen.

Diese Form der Datenorganisation erfolgt durch sogenannte *Verknüpfungstechniken*. Für die EDV-Organisation bedeutet dies, Dateien, die verschieden aufgebaut sind, in ein Gesamtsystem zu integrieren.

2.3 Bonitäts- und Risikoklassen

Bei der Anwendung des Frühwarnkataloges ist zu beachten, daß nicht bereits das Auftreten eines Kriteriums allein ein Signal für eine potentielle Gefährdung des Kreditengagements liefert. Vielmehr ist meist das *gleichzeitige Auftreten mehrerer* der oben dargestellten *Frühwarnindikatoren* als

210

Gefährdungssymptom zu werten. Die Frage, die es dabei zu beantworten gilt, ist, wie die *Intensität* der Gefährdung zum Ausdruck gebracht werden kann.

Ein gangbarer Weg zur Lösung dieses Problems besteht in der Schaffung von *Bonitäts-* bzw. *Risikoklassen*, die für unterschiedliche *Gefährdungsgrade* der Kreditengagements stehen.[19]

„Unter der Bildung von Risikoklassen verstehen wir jede systematische Bewertung und die sich daraus ergebende Rangordnung von Krediten hinsichtlich ihres Risikos."

Es ergibt sich somit die Notwendigkeit, klare *Zuordnungsregeln* zu definieren, die eine Einstufung eines Kreditfalles in eine bestimmte Bonitäts- und Risikoklasse ermöglichen.

Mit der quantitativen Formulierung der EDV-gestützten Frühwarnindikatoren sowie durch Festlegung von Normwerten (Schwellwerte) haben wir bereits wesentliche Grundlagen für die Klassifizierung von Kreditengagements geschaffen. Durch ausgewählte *Kombinationen* dieser Indikatoren ergibt sich eine eindeutige Bonitätsklassifizierung. „Gesucht wird nach einer Kombination von Merkmalsausprägungen, die mit hoher Zuverlässigkeit Kreditnehmer einer begrenzten Anzahl von Risikoklassen zuteilt."[20]

Um eine sinnvolle Verknüpfung der Frühwarnkriterien zu erreichen, sind meist mehrere Testläufe erforderlich. Dazu werden aus den verfügbaren laufenden als auch aus den positiv wie negativ abgeschlossenen Kreditengagements Stichproben gezogen. Anhand dieser Fälle wird getestet, welche Kriterien bzw. welche Kriterienkombinationen für die in der Vergangenheit abgewickelten Kredite charakteristisch für positive und gefährdete Engagements waren.

Bei unseren Untersuchungen erwies sich beispielsweise das *gemeinsame* Zusammentreffen folgender Kriterien als besonders signifikant:

- „Ansteigen der Überziehungswünsche"
- „Rückgang des Habenumsatzes"
- „Überziehungsdauer länger als vier Monate"
- „Negativer Bilanzbonitätsindikator"
- „Vorliegen von Negativmeldungen"
  (z. B. Wechselprotest/Exekution)

Durch die Verknüpfung dieser besonders risikorelevanten Indikatoren soll auf *wesentliche* Gefährdungspotentiale hingewiesen werden. Hier handelt es sich um die *„anmerkungsbedürftigen"* Fälle. Wichtig ist in diesem Zusammenhang der Hinweis, daß es sich dabei um eine *bonitätsmäßige* Klassifizierung handelt. Das Vorhandensein eventueller Kreditsicherheiten (die die Risikokosten noch reduzieren könnten) ist nicht berücksichtigt. In der Praxis müssen die Kreditengagements daher in *zweierlei* Hinsicht bewertet und klassifiziert werden:

- einmal nach der Bonität (Bonitätsklassen) und
- einmal nach den Sicherheiten (Sicherheitenklassen).

Erst die Verbindung von Bonitätsklassen und Sicherheitenklassen führt zu **Risikoklassen,** die das Ausfallsrisiko ausdrücken.

Durch die hier dargestellte Vorgangsweise können die Überwachungsaktivitäten der Kundenbetreuer auf die *besonders kritischen* Fälle konzentriert werden. Das heißt, die knappen Ressourcen der Betreuer werden *effizienter* eingesetzt.

Ein nicht unwesentlicher Gesichtspunkt für die praktische Arbeit bildet die Art der Informationsweitergabe der durch die Risikoindikatoren erfaßten Kreditengagements an die Filialen. Dies kann durch sog. *Frühwarnlisten* erfolgen, auf deren Aufbau wir nun näher eingehen.

2.4 Frühwarnlisten

Charakteristik

Der Zweck von Frühwarnlisten liegt darin, Hinweise auf Abweichungen vom angestrebten Kreditverlauf zu geben. Ein derartiges Frühwarnsystem arbeitet somit nach dem Grundgedanken des „Management by exception",[21] wodurch von vornherein ein Überangebot an Informationen vermieden wird.

Es werden nur für solche Fälle Meldungen ausgedruckt, wenn im Beobachtungszeitraum (z. B. letztes Quartal, letzter Monat) bestimmte Frühwarnkriterien nicht eingehalten wurden, d. h. die unter Punkt 2.2 definierten Normwerte (Grenzwerte) überschritten wurden. Diese *„Ausnahmeberichte"* haben den Vorteil, daß sie die Aufmerksamkeit des Kundenbetreuers auf jene Fälle lenken, die im Rahmen der Kreditüberwachung einer besonderen individuellen Beurteilung bedürfen. Durch die Konzentration auf wenige Fälle schaffen sie nicht nur kapazitätsmäßige Entlastung, sondern die Voraussetzung, bei diesen mehr oder weniger problematischen Engagements noch korrigierend eingreifen zu können.

Mit computergestützten Frühwarnlisten können den Kundenbetreuern mit Hilfe technischer Mittel frühzeitig negative Entwicklungstendenzen angezeigt und damit in einem frühen Stadium Möglichkeiten zu Maßnahmen der Risikoreduzierung eröffnet werden.

Aufbau und Gestaltung von Frühwarnlisten

Ob das computergestützte Frühwarnsystem von den Kundenbetreuern angenommen wird, hängt nicht zuletzt vom Aufbau der Auswertungsliste ab. Diesen Fragen wird in der Praxis oftmals viel zu wenig Bedeutung beigemessen, wodurch die Umsetzung erschwert wird.

> Die Akzeptanz des Frühwarnsystems hängt sehr stark auch von der benutzergerechten Gestaltung der Frühwarnlisten ab.

Die Frühwarnlisten müssen sowohl materiellen als auch formalen Kriterien[22] entsprechen:

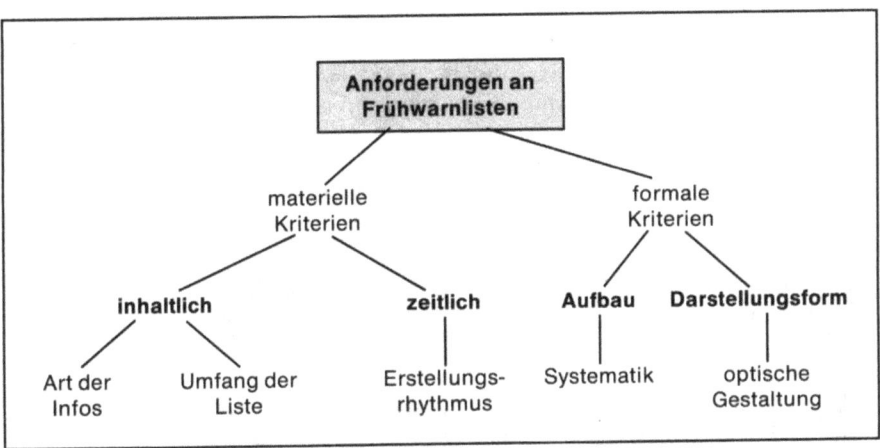

Abbildung 65: Gestaltungskriterien bei Frühwarnlisten

a) Materielle Kriterien

- Die *inhaltlichen* Gestaltungsfragen beziehen sich zunächst auf die Art der auf Frühwarnlisten aufscheinenden Informationen. Hier ist vor allem darauf zu achten, daß dem Kundenbetreuer keine unnötigen Informationen angeliefert werden. Ein Zuviel an Informationen würde zu einer „Informationsschwemme" führen, die ihn nicht nur nicht unterstützt, sondern sogar belastet. Es geht somit um eine Verdichtung von Informationen aus unterschiedlichen Quellen, wodurch sich der Kundenbetreuer das Zusammensuchen der Daten erspart.

In der Frühwarnliste sind grundsätzlich nur solche Informationen auszudrucken,
- aus denen unmittelbare Schlusse gezogen und
- konkrete Maßnahmen abgeleitet werden können.

Gleichzeitig mit der Einführung der neuen Frühwarnliste sollten *andere Listen eingestellt* werden. Durch Kombination verschiedener Kriterien

213

aus unterschiedlichen Dateien entsteht ein komprimiertes Informations-
paket, das in der Lage ist, andere Auswertungen zu ersetzen. Dieser
Hinweis ist aus psychologischer Sicht nicht unwesentlich! Eines zeigt
sich in der Praxis ganz deutlich:

Je mehr Listen der Kundenbetreuer zu bearbeiten hat, umso geringer
ist die Wahrscheinlichkeit, daß der darin enthaltenen Information Aufmerksamkeit entgegengebracht wird.

- Ähnliche Überlegungen gelten für den *Umfang* der Frühwarnliste.
  Erfahrungsgemäß sind Umfang und Bearbeitungsintensität meist indirekt proportional.

Grundsätzlich sollte die Anzahl der auf dem Computerausdruck enthaltenen Fälle nicht zu hoch sein, damit tatsächlich die *relevanten* Kreditengagements erfaßt werden. Entscheidend ist, daß die zeitliche Kapazität der Kundenbetreuer ausreicht, sich mit diesen mehr oder minder
kritischen Fällen auch intensiv zu beschäftigen. Eines ist nämlich ganz
wichtig:

Frühwarnlisten dürfen nicht „administriert" werden. Mit Frühwarnlisten muß man sich ernstlich auseinandersetzen.

Infolge unterschiedlicher Bankgrößen, Kundenstruktur und unterschiedlicher geschäftspolitischer Zielsetzungen lassen sich kaum allgemein gültige Normen aufstellen, welcher Anteil des Kommerzkreditportefeuilles durch das Frühwarnsystem erfaßt werden soll. Wir können
daher nur grobe Richt- bzw. Erfahrungswerte angeben.

So sehen zum Beispiel die Zielvorstellungen des Niedersächsischen
Sparkassen- und Giroverbandes vor, daß 5% der Geschäftsgirokonten
durch die Kriterien der maschinellen Bonitätsanalyse erfaßt und ausgedruckt werden sollten. In der Kreissparkasse Hannover, die mit einem
derartigen System arbeitet, kam man nach einigen Änderungen der
Parameter im Bereich der Kommerzgirokonten tatsächlich auf einen
Wert von 8,3%.[23]

Unserer Erfahrung nach ist der Wert der erfaßten Fälle vor allem in der
Einführungsphase des EDV-Früherkennungssystems wesentlich höher
und pendelt sich nach den ersten Testläufen und Adaptierungen zwischen 10% und 20% ein. Die Obergrenze der durch das Frühwarnsystem „herausgefilterten Kreditengagements sollte maximal ein Drittel
des Kommerzkreditportefeuilles betragen, weil eine höhere Quote jede
Kreditüberwachung personell und organisatorisch vor unlösbare Probleme stellen würde".[24]

214

Die Begrenzung der Informationsmenge ist vor allem auf zweifache Weise möglich:

- Einschränkung durch
  - Ausschluß reiner Abstattungskredite
  - Ausschluß der Rechtsbürofälle
  - Ausschluß von Neukreditgewährungen
  - Ausschluß der Kreditoren
  - Ausschluß bestimmter Kleinengagements
    (Festlegung von Mindestgrenzen hinsichtlich Kundenobligo)
- Zurückstellung von Kennzahlen.
  Durch Parametersteuerung werden so hohe Werte (Prozentsätze, Beträge) angesetzt, daß sie von kaum einem Unternehmen über- bzw. unterschritten werden. Der jeweilige Indikator wird damit praktisch ausgeschlossen.

Die Anzahl der ausgedruckten Fälle kann somit durch vielfältige Steuerungsmöglichkeiten der einzelnen Parameter beeinflußt werden. Dadurch wird es möglich, den Umfang der als besonders beobachtungswürdigen Kreditengagements entsprechend den institutsindividuellen Vorstellungen festzulegen.

Es wird aber „dringend davon abgeraten, wegen einer vordergründigen Arbeitsersparnis oder einer verbesserten Optik zu früh an den ‚Schräubchen' der Parametersteuerung vor allem deshalb zu drehen, um einen möglichst geringen ‚Output' an überwachungsnotwendigen Fällen und damit ein rosarotes Zerrbild der Wirklichkeit zu erhalten. Mag es auch manchmal als unangenehm empfunden werden, die – bisher zwar zum Teil intuitiv bekannten – ‚schwarzen Schafe' sozusagen im Klartext dokumentiert zu haben, so ist es dennoch besser, rechtzeitig Maßnahmen setzen zu können als erst dann, wenn es vielleicht schon zu spät ist".[25]

- Hinsichtlich des *zeitlichen Abstandes* bei der Erstellung derartiger Listen werden in der Literatur[26] monatliche oder vierteljährliche Abstände vorgeschlagen. Aufgrund unserer Erfahrung ist der Quartalsausdruck vorzuziehen, da man den mit der Bearbeitung der Liste verbundenen Aufwand für den Kundenbetreuer nicht unterschätzen darf.

b) Formale Kriterien

Die formalen Kriterien beziehen sich auf die *Systematik* und optische *Darstellungsform* der Informationen.

- Die *Sortierungsmöglichkeiten* innerhalb der EDV-Auswertung sind mehrstufig, wobei sich vor allem für größere Kreditinstitute ein dreistufiger Aufbau anbietet:

1. Stufe: Sortierung nach Filiale (Nummer der kontoführenden Geschäftsstelle)

2. Stufe: Sortierung nach Kundenbetreuer (Betreuerkennzeichen)
3. Stufe: Sortierung nach Risikokategorien (Bonitätsklasse)

Diese Art der Sortierung bietet den Vorteil, daß der Betreuer in einer bestimmten Filiale nur *seine* Kunden auf der Frühwarnliste vorfindet, wodurch sich auch der Umfang seiner Liste in Grenzen hält. Darüber hinaus wird eine gezielte und konzentrierte Bearbeitung der kritischen Fälle dadurch erleichtert, daß sie jeweils auf den ersten Seiten der Auswertung stehen.

- Eine benutzerfreundliche *Darstellungsform* (optische Gestaltung) der Frühwarnliste zielt darauf ab, zeitaufwendige Suchvorgänge zu vermeiden. Diese können durch die Verwendung von bestimmten *Ordnungsprinzipien* reduziert werden. „Die Einhaltung eines gleichförmigen, systematischen äußeren Aufbaus erscheint notwendig, damit bei der Vielzahl der auf den einzelnen Entscheidungsträger einwirkenden Informationen *Übersichtlichkeit* und *Klarheit* nicht beeinträchtigt werden."[27]

Ein wesentliches Prinzip, das es beim Aufbau der Druckausgabe zu beachten gilt, ist das *Prinzip der Feldtreue*.[28] Dieses Gestaltungsprinzip besagt, daß sich gleiche Daten stets am gleichen Platz auf dem EDV-Output befinden sollen. Beim Aufbau der Frühwarnliste ist deshalb besonderer Wert auf eine gleichmäßige und standardisierte Gestaltung

- der Identifikationsmerkmale im Kopfteil
  (z. B. Kundennummer, Filiale usw.) sowie
- des Dokumentationsteiles mit der eigentlichen Meldung
  (z. B. Frühwarnkriterien)

zu legen.

Eine systematische und benutzerfreundliche Darstellungsform erhöht die Informationsqualität der Frühwarnliste und erleichtert ihren Einsatz in der Praxis.

Der konkrete Aufbau der Liste hängt sowohl von den in der Bank vorhandenen technischen Möglichkeiten (z. B. Art der EDV-Anlage) als auch von den Gestaltungsregeln des institutsspezifischen Formular- und Berichtswesens ab. Frühwarnlisten sollen kein isoliertes Instrument darstellen, sondern sich vom Inhalt und Aufbau in das den Mitarbeitern gewohnte Bild der übrigen Informationsmedien einfügen.

Generelle Aussagen vor allem über die inhaltlichen Anforderungen an die Outputdaten des Frühwarnsystems sind daher nicht möglich. Sie müssen entweder institutsspezifisch oder sektorintern festgelegt werden. Beispielhaft zeigen wir im folgenden Abschnitt drei Typen von Computerausdrucken. Sie sollen als Anregung bei der Entwicklung eigener Frühwarnlisten dienen.

Beispiele aus der Kreditpraxis

Das erste Beispiel stammt aus der *Kreissparkasse Hannover*,[29] die mit Hilfe der „Maschinellen Bonitätsanalyse" (MABO) eine Kundenkontenanalyse durchführt. Ausgangspunkt ist das normale Buchungsprogramm im Giroverkehr. Die zur maschinellen Analyse erforderlichen Daten werden täg-

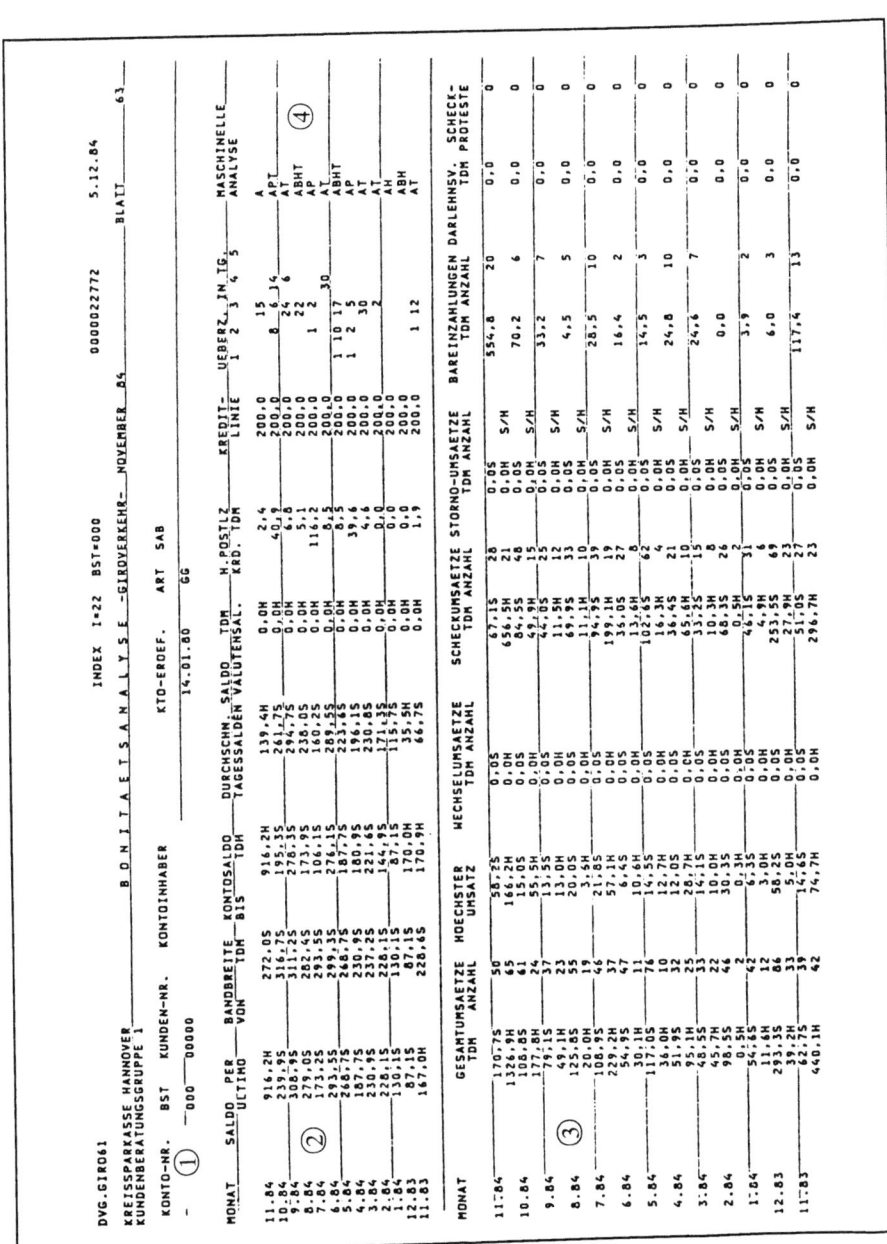

Abbildung 66: Beispiel für Bonitätsanalyse – Giroverkehr

lich aktualisiert und im Stammsatz der einzelnen Konten gespeichert. Am Monatsende wird der Ultimobestand zusammen mit dem Auswertungsbestand des Vormonats (bzw. entsprechenden Monats des Vorjahres) ausgewertet. Für jene Konten, die bestimmte im Programm definierte Kriterien erfüllen, werden monatlich eigene *Kontoauswertungsblätter* gedruckt. (Vgl. hierzu die Parameter in Abbildung 63).

Ein EDV-Ausdruck dieser Bonitätsanalyse ist in der Abbildung 66 wiedergegeben.[30]

Die Auswertung zeigt im wesenlichen folgenden Aufbau:

1. Überschriftszeile
   Konto-Nummer, Kunden-Nummer, Nummer der Geschäftsstelle, Sachbearbeiter, Konto-Eröffnungsdatum usw.

2. Informationszeile
   Auswertungsmonat, Kontostand per Ultimo, Höchst- und Niedrigstsalden, Durchschnittlicher Saldo, Kreditlinie, Überziehungen in Tagen, wobei hinsichtlich der Höhe der Überziehungen Größenklassen von 1–5 eingegeben werden.

3. Umsatzzeile
   Neben der monatlichen Entwicklung der Gesamtumsätze werden noch einzelne Umsatzarten (Wechsel-, Scheck-, Stornoumsätze) gesondert dargestellt.

4. Kriterien
   In der Spalte „maschinelle Analyse" wird das Ergebnis der ausgewerteten Konten verschlüsselt dargestellt. (Die Buchstaben geben die jeweiligen Beurteilungskriterien/Indikatoren an.)

Wie die Abbildung 66 zeigt, liegt der Schwerpunkt dieser Art der maschinellen Bonitätsanalyse bei der *Auswertung der Kontoinformationen.* Sie liefert damit wertvolle Hinweise über die Geschäftsentwicklung und gibt einen detaillierten Einblick über die Umsatzentwicklung. Mit Hilfe dieser Kontoauswertungsblätter werden somit jene Risiken, die aus der *Kontoführung* abzuleiten sind, deutlich aufgezeigt.

Das heißt, daß mit diesem Analysesystem ein sehr wichtiger Teilbereich der Kreditüberwachung abgedeckt wird. Allerdings muß darauf hingewiesen werden, daß es sich nur auf *eine* Datenquelle – auf die Girodatei – stützt, während andere Informationsquellen unberücksichtigt bleiben.

Als zweites Beispiel aus der Praxis ziehen wir jenes System heran, das 1988 vom *Hauptverband der österreichischen Sparkassen* gemeinsam mit der *SPARDAT* entwickelt wurde.[31]

Zum Unterschied vom vorhin dargestellten System MABO baut das System des Sparkassensektors auf *zwei* Datenquellen auf, und zwar auf der *Girodatei* und der *EDV-Bilanzdatei.* Das EDV-gestützte Indikatorensystem umfaßt insgesamt 13 Frühwarnindikatoren (5 Kennzahlen aus der Kontengestion: A–E und 8 Kennzahlen aus der Bilanzanalyse: F–M).

Die technische Realisierung der Auswertung erfolgt im Bereich der Kontengestion, indem die Daten aus dem SPARDAT-Programmpaket KUKAL (Kundenkalkulation), und für die Bilanzanalyse jene aus dem Programmpaket BAPSY (Bilanzanalyse- und Prognosesystem) herangezogen und zusammengeführt werden.

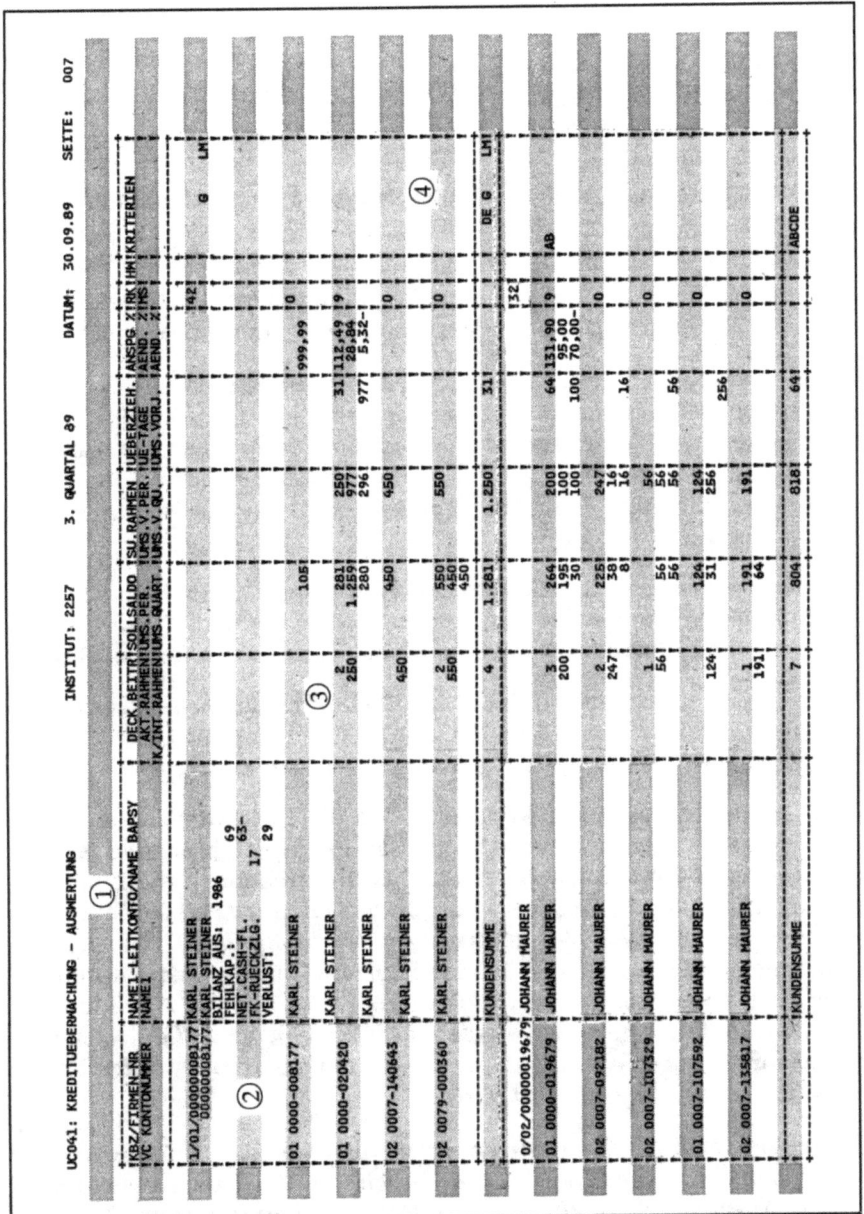

Abbildung 67: Auswertungsliste Kreditüberwachung (Sparkassensektor)

Anhand der Meldungen aus den einzelnen Sparkassen erstellt die SPAR-DAT quartalsweise die *Liste „Kreditüberwachung".* Das Listbild einer Testauswertung ist aus der Abbildung 67 ersichtlich.[32]

Die Auswertung enthält folgende Informationsblöcke:

1. *Strukturinformationen*
   Nummer der Sparkassen-, Konten-Bezugszahl, Firmen-Nummer, Leit-konto usw.

2. *Bilanzinformationen*
   Datum der Bilanz, ausgewählte Bilanzkennzahlen, Bilanzbonitätsindi-kator

3. *Gestionsinformationen*
   Aktueller Rahmen, interner Rahmen, Soll-Saldo, Umsatz zum Stichtag, Umsatz

4. *Kriterien*
   Am rechten Rand der Liste sind die beim jeweiligen Fall aufgetretenen Kriterien in Form von Buchstaben verschlüsselt abzulesen.

Diese *Auswertung* „Kreditüberwachung" ist für den Kundenbetreuer eine wertvolle Hilfestellung für die Erkennung risikobehafteter Kreditengage-ments. Ein weiterer Vorteil ist unter anderem darin zu sehen, daß sowohl Bilanz- als auch Kontoinformationen auf einer Liste aufscheinen. Aller-dings fehlen auf diesem Ausdruck Hinweise auf Informationen aus dem Auskunftswesen.

Zu beachten ist weiters, daß die einzelnen Indikatoren isoliert stehen und keine Kombination vorgenommen wurde. Dadurch nimmt dieses System auch keine unmittelbare Einteilung der Kreditfälle in Bonitätsklassen vor.

Das dritte Beispiel stammt von der *ERSTEN österreichischen Spar-Casse – Bank,* wo bereits seit dem Jahre 1985 praktische Erfahrungen mit einem EDV-gestützten Frühwarnsystem gesammelt werden konnten.[33]

Die Informationsbasis dieses Systems bilden die Datenbestände aus *drei* EDV-Dateien. Es beinhaltet eine Kombination aus Erfahrungswerten der Kontengestion *(Girodatei),* bilanzbezogenen Informationen wie Bilanzbo-nitätsindikator und Aktualitätsgrad der Bilanz *(Bilanzdatei)* sowie negati-ven Hinweisen aus dem Auskunftswesen *(Meldungsdatei).* Aus diesen Informationsquellen werden die EDV-gestützten Frühwarnindikatoren ab-geleitet, von denen die wesentlichen in der Darstellung in Abbildung 71 enthalten sind. Diese Kriterien werden nach verschiedenen Gesichtspunk-ten miteinander kombiniert, wodurch das Kommerz-Kreditportefeuille der Filialen in *Kategorien* gegliedert wird.

Die Ergebnisse dieser „Kreditinventur" werden auf sog. *„Frühwarnlisten"* ausgedruckt, die den Filialen vierteljährlich zur Verfügung gestellt wer-den. Die folgende Abbildung zeigt ein Beispiel einer derartigen Liste:

K M B - K U N D E N   F R U E H W A R N L I S T E   K A T E G O R I E   1
PER 31.10.1989

GRABEN 21
1010 WIEN
KUNDE SEIT: 04/85

BOE 541
BETREUER 03

0222/53100
FE 1288

2024432501 MUSTER GES.M.B.H.
UNT
1978
BRANCHE: HANDEL MIT ELEKTRON.GER.

①

KUNDENBEZIEHUNGEN
ART		KUNDENNUMMER
BESCHAEFTIGT		2024413221
TEILHABER		2024236072
GESCHAEFTSFUEHRER		2024236072

MELDUNGEN ②

NR	AUFG.DE	DATUM	TEXT			
1	850	22.08.86	NEUE BONITAET: WA DURCH 850			
2	AUK	22.08.86	ZKK	ZW:UNTERSCHIEDL.		
3	AUK	03.09.86	AUSKUNFTSMAPPE NR:	20949		
4	AUK	17.11.86	DUR SCH ZW:NEGATIV	MM:ZURUECKHALTEND	GU:ZURUECKHAL.TEND	
5	541	26.01.87	NEUE BONITAET: FE DURCH 39278	J.MAHNUNG PER 1/87		
6	AUK	29.05.87	D U B ZW:NEGATIV	MM:NEGATIV	GU:NEGATIV	
7	541	13.08.87	NEUE BONITAET: RO	UZI A ALLEN KTH ABGED		
8	AUK	25.07.88	O2 KLAGEN 88			
9	541	27.12.88	NEUE BONITAET: FE DURCH 541/03			
10	AUK	18.08.89	BILANZAUSWERTUNG NR:	1758	LETZTE BILANZ 87; BIL BON IND: - 2	③
11	AUK	06.09.89	ZKK	ZW:OFT GEMAHNT		

④ ⑤

KONTONUMMER	BEZIE	BETREU	SALDO	UEZRAHM	RAHMAK	UEBERZ	RATE	BEGUEZ	GD M M
011-01111	INHAB	541 03	509.235-	0	466.109	43.126	35.000	120989	02 9 4
722-22222	INHAB	C00 C0	0	0	0	0	0	000000	00 0 0
000000-00000	BUERG	541 03	16.633-	0	37.114	0	3.212	001009	03 4 0

UMSAETZE
VORJAHR	LFD.J	VORM+LM	DATLTH
523	141	42	051089
0	0	0	000000
50	40	8	161089

SUMMEN FUER	INHAB	509.235-	466.109	43.126
	BUERG	16.633-	37.114	0

KRITERIEN: 1 2 3   5   8   ⑥

MASSNAHMEN:

ERHITTELTER BLANKOANTEIL:

Abbildung 68: Frühwarnliste (DIE ERSTE)

Wie die Darstellung zeigt, hat die EDV-Auswertung folgenden Aufbau:

1. Strukturdaten
Auswertungsdatum, Filial-Nummer, (Bonitäts-)Kategorie

2. Informationen aus der Meldungsdatei
Datum der jeweiligen Meldung, Auskunftsmappen-Nummer, Negativmeldungen, Kurzbewertung der eingeholten Auskünfte

3. *Informationen aus der Bilanzdatei*
   Bilanzauswertungs-Nummer, Jahr der Bilanzauswertung, Bilanzbonitätsindikator

4. *Informationen aus der Girodatei*
   Konto-Nummer, Soldo, aktueller Kreditrahmen
   Überziehungen (ÜZ-Rahmen, Datum des ÜZ-Beginns)
   Mahnungen (Mahnschlüssel, Maximum-Mahnschlüssel)
   Habenumsätze (Vorjahr, lfd. Jahr, Summe Vormonat und lfd. Monat, Datum letzte Habenbewegung)

5. *Kriterien*
   Unter den Geschäftsdaten sind die für den jeweiligen Kreditfall zutreffenden Frühwarnkriterien in Form eines Ziffernschlüssels ausgedruckt

6. *Bearbeitungshinweise*
   Nach Kontrolle und Bewertung der Sicherheiten ist vom Kundenbetreuer der Blankoanteil zu ermitteln und einzusetzen. Außerdem sind die vorgesehenen Maßnahmen stichwortartig zu dokumentieren.

Wie bei der Auswertung des Hauptverbandes enthält auch diese Frühwarnliste die wichtigsten Informationen in kompakter Form. In der gegenwärtigen Weiterentwicklung werden auf der Liste unter anderem das Kennzeichen des Kundenbetreuers, Information über die Dauer der Kundenbeziehung sowie zusätzliche Hinweise über diverse Kundenbeziehungen (z. B. Beteiligungen bei anderen Unternehmen) aufscheinen. Dadurch soll die Bearbeitung der Frühwarnliste durch den Kundenbetreuer in der Filiale weiter erleichtert werden.

Dieses Frühwarnsystem bietet den Filialen eine wirkungsvolle *Bonitätsanalyse* und erleichtert die Zuordnung zu Bonitätsklassen. Eine direkte Gefährdung der auf der Liste enthaltenen Kreditengagements kann jedoch aus der Auswertung nicht unmittelbar abgeleitet werden, da die dazugehörigen Kreditsicherheiten vom System derzeit nicht erfaßt werden.

2.5 Aktivitäten des Kundenbetreuers

Bei den alle drei Monate ausgedruckten Frühwarnlisten kommt dem *Zeitaspekt* eine zentrale Bedeutung zu. Diese Listen dürfen nicht einfach ungesehen „abgelegt" werden, sondern:

Frühwarnlisten müssen sofort bearbeitet werden.

Die Kundenbetreuer müssen die Ausdrucke sorgfältig durchsehen, die darauf dokumentierten Kreditengagements analysieren und darüber entscheiden, welche Schritte im Einzelfall zu unternehmen sind. Die gezielte Bearbeitung wird dadurch erleichtert, daß am Anfang der Liste jene Fälle stehen, die vom System her als besonders kritisch eingestuft wurden.

Bei der Durchsicht der Frühwarnliste wird der Kundenbetreuer beim „ersten Blick" meist darauf schauen, ob ihm die im Ausdruck enthaltenen Kreditfälle ohnedies „bekannt" sind, oder ob „Überraschungen" darunter sind – d. h. Kreditengagements, wo bisher keine negativen Veränderungen aufgefallen sind.

Weiters wird man feststellen, ob bestimmte Kunden schon öfter auf der Frühwarnliste aufgeschienen sind, und welche Gründe dafür maßgebend sind. Ein *Zeitvergleich* der einzelnen Auswertungen ist daher ebenfalls zu empfehlen.

Meist wird man bei diesen bedenklichen Fällen gleich auch untersuchen, *warum* sie überhaupt auf die Frühwarnliste gekommen sind. Hierüber geben die Schlüssel der Beurteilungskriterien (Indikatoren) Auskunft. Sie vermögen auch erste Hinweise über die erforderlichen Maßnahmen (Bilanz einfordern, Überziehung in Kredit umwandeln usw.) zu liefern.

Bevor über konkrete Maßnahmen im Detail entschieden werden kann, ist eine nüchterne *Bestandsaufnahme* erforderlich, wobei vor allem folgende Fragen zu beantworten sind:

- Wie hoch sind die gesamten aushaftenden Verbindlichkeiten? (Höhe des Kundenobligos inklusive eventuell verwandter Oblighi)
- Welchen wirtschaftlichen Wert haben die vorhandenen Kreditsicherheiten?
- Welche rechtliche Haltbarkeit weisen die Kreditsicherheiten (z. B. Zessionen) auf?
- Wie aktuell sind die derzeit vorliegenden Unterlagen (z. B. Bilanzen, Saldenlisten) des Unternehmens?

Da es sich meist um besonders risikobehaftete Fälle handelt, ist es wichtig, für die Beantwortung dieser Fragen vorerst systematisch Informationen zu sammeln und zu bewerten, anstatt überstürzt Entscheidungen zu treffen. Im Zuge der Beantwortung dieser Fragen läßt sich der Blanko- bzw. Risikoanteil des Kreditengagements berechnen:

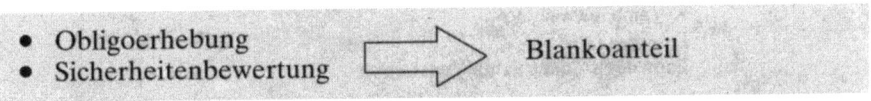

- Obligoerhebung
- Sicherheitenbewertung ⟹ Blankoanteil

Dieser *Risikoanteil* bildet die zentrale Größe. Er macht deutlich, mit welchem Ausfall man unter den ungünstigsten Bedingungen rechnen muß.

Wie man sieht, spielen die vorhandenen Kreditsicherheiten eine wichtige Rolle. Wenn beispielsweise ausreichende Sicherheiten vorhanden und diese rechtlich haltbar sind, können auch betragsmäßig große Kreditengagements nur einen geringen Blankoanteil aufweisen. Es ist sogar denkbar, daß bei einem Kreditfall auf der Frühwarnliste gar keine unmittelbare Ausfallsgefahr besteht, weil eben in der Auswertung die dazugehörigen Sicherheiten nicht erfaßt werden.

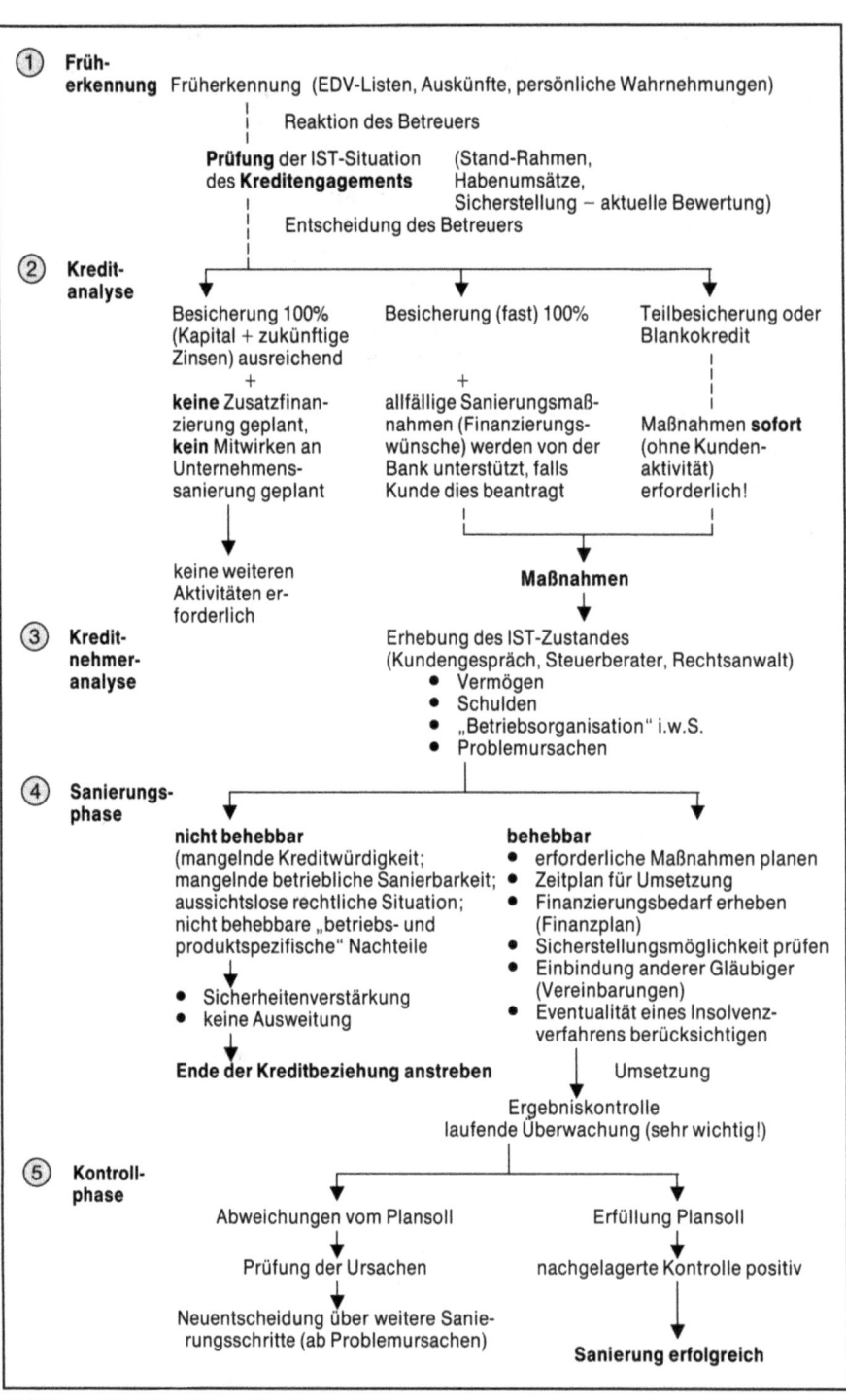

① **Früh-erkennung** Früherkennung (EDV-Listen, Auskünfte, persönliche Wahrnehmungen)

Reaktion des Betreuers

Prüfung der IST-Situation (Stand-Rahmen,
des **Kreditengagements** Habenumsätze,
Sicherstellung – aktuelle Bewertung)

Entscheidung des Betreuers

② **Kredit-analyse**

Besicherung 100% (Kapital + zukünftige Zinsen) ausreichend	Besicherung (fast) 100%	Teilbesicherung oder Blankokredit
+	+	
keine Zusatzfinan-zierung geplant, **kein** Mitwirken an Unternehmens-sanierung geplant	allfällige Sanierungsmaß-nahmen (Finanzierungs-wünsche) werden von der Bank unterstützt, falls Kunde dies beantragt	Maßnahmen **sofort** (ohne Kunden-aktivität) erforderlich!

keine weitere
Aktivitäten er-
forderlich

Maßnahmen

③ **Kredit-nehmer-analyse**

Erhebung des IST-Zustandes
(Kundengespräch, Steuerberater, Rechtsanwalt)
- Vermögen
- Schulden
- „Betriebsorganisation" i.w.S.
- Problemursachen

④ **Sanierungs-phase**

nicht behebbar (mangelnde Kreditwürdigkeit; mangelnde betriebliche Sanierbarkeit; aussichtslose rechtliche Situation; nicht behebbare „betriebs- und produktspezifische" Nachteile)	**behebbar** • erforderliche Maßnahmen planen • Zeitplan für Umsetzung • Finanzierungsbedarf erheben (Finanzplan) • Sicherstellungsmöglichkeit prüfen • Einbindung anderer Gläubiger (Vereinbarungen) • Eventualität eines Insolvenz-verfahrens berücksichtigen

- Sicherheitenverstärkung
- keine Ausweitung

Ende der Kreditbeziehung anstreben Umsetzung

Ergebniskontrolle
laufende Überwachung (sehr wichtig!)

⑤ **Kontroll-phase**

Abweichungen vom Plansoll	Erfüllung Plansoll
Prüfung der Ursachen	nachgelagerte Kontrolle positiv
Neuentscheidung über weitere Sanie-rungsschritte (ab Problemursachen)	**Sanierung erfolgreich**

Abbildung 69: Ablauf einer Sanierung

Maßnahmenkatalog

(Beispiele)

1. **Unterlagen aktualisieren**
   - Zwischenbilanz
   - Saldenlisten
   - Umsatzsteuervoranmeldung
   - Finanzamt, Krankenkasse
   - Grundbuchsauszüge
   - Vermögens-, Schuldenstatus
   - Versicherungsunterlagen überprüfen
   - Auskünfte einholen

2. **Gespräch mit Kunden/Steuerberater**
   - Klären der Situation (Bewußtmachen des Problems)
   - Ursachen für wirtschaftliche Verschlechterung ergründen
   - Unternehmenskonzept erörtern
       betrieblich (z. B. Marketing, Kosten)
       organisatorisch (z. B. Betriebsablauf)
       finanziell
   - Weitere Schritte abklären

3. **Betriebsprüfung/Finanzierungskonzept**
   - Bucheinsicht
   - Erhebung des Auftragsstandes
   - Prüfung des Warenlagers
   - Auflistung der offenen Rechnungen
   - Auflistung der Forderungen
   - Erstellung Finanzplan

4. **Sanierungskonzept**
   - Prüfung der Sanierbarkeit (Sanierungschancen)
   - Entwicklung des Sanierungskonzepts durch Wirtschaftstreuhänder, Betriebsberater (Marktanalyse, Strategien der Markterschließung, Produktpalette, Kalkulation usw.)
   - Suche von Partner / Teilhaber
   - Förderstellen (Sozialministerium, Landesregierung usw.) einschalten
   - Verwertung von nicht betriebsnotwendigem Vermögen

5. **Kreditsicherheiten**
   - Verstärkung bestehender Sicherheiten (Einverleibung hinterlegter Pfandbestellungsurkunden, Offenlegung von Zessionen usw.)
   - Einforderung zusätzlicher Sicherheiten (Hypotheken, Zessionen, Lagerlombard, zusätzliche Bürgen usw.)
   - Bürgenverständigung (Bürgeninanspruchnahme)
   - Zusätzliche vertragliche Vereinbarung von Sicherungsmittel (Verpfändung Bestandrechte; Patronatserklärung)

6. **Zahlungserleichterungen durch das Kreditinstitut**
   - Laufzeitverlängerung
   - Ratenstundung
   - Zinsenstundung (-aussetzung)
   - Zinssatzreduktion
   - Zinsenfreistellung
   - Teilweiser Kapitalverzicht

7. **Bankinterne Gestionierung**
   - Intensivierung der Überwachung
   - Laufende Kontobeobachtung
   - Steuerung der Zahlungsströme
   - Beratungsunterstützung von Spezialisten anfordern
   - Behandlung im Gremium für gefährdete Engagements

8. **Sonstiges**
   - Kreditfälligstellung
   - Klage
   - Abtretung an das Rechtsbüro (Rechtsverfolgung, rechtliche Eintreibungsmaßnahmen)
   - Verwertung von Sicherheiten
   - Inanspruchnahme öffentlicher Haftungsträger
   - Umschulden

9. **Dokumentation/Risikovorsorge**
   - Einstufung in andere Risikoklasse
   - Bildung entsprechender Einzelwertberichtigung

Abbildung 70: Maßnahmenkatalog bei risikobehafteten Fällen

Umgekehrt muß bei relativ kleinen Kreditfällen der ganze aushaftende Betrag als Blankoanteil angesehen werden, wenn keine bzw. keine tauglichen Sicherheiten vorhanden sind. Die konkrete Höhe des Blankoanteils beeinflußt somit ganz wesentlich die zu setzenden Sanierungsschritte, die ja auch mit Zeit und Kosten verbunden sind. Der (mögliche) *Ablauf einer Sanierung* ist aus Abbildung 69[34] ersichtlich.

Die konkreten *Maßnahmen* sind so von der jeweiligen Problemstellung des *Einzelfalles* abhängig, daß keine generellen Handlungsempfehlungen gegeben werden können. Die Abbildung 70 liefert daher lediglich einen groben Überblick über mögliche Sanierungsstrategien.

Sowohl für die Nachvollziehbarkeit der Entscheidungen als auch für den Zeitvergleich ist es notwendig, sämtliche Sachverhalte in Kurzform bei jedem Kreditfall zu dokumentieren. Diese Dokumentation auf dem EDV-Ausdruck soll daher folgende Punkte beinhalten:

- Gesamtobligo
- Sicherheitenbewertung
- Blankoanteil
- geplante Maßnahmen (stichwortartig).

Die mit den Bearbeitungsvermerken versehenen Frühwarnlisten verbleiben beim Kundenbetreuer in der Filiale, der sie bei Kundenansprachen und als eine der *Vorbereitungen für Kundengespräche* heranziehen kann.

2.6 Bisherige Erfahrungen

Die primären Adressaten des EDV-Frühwarnsystems sind die für das Kommerzgeschäft zuständigen Mitarbeiter (Filialleiter, Firmenkundenbetreuer, Kreditreferent usw.). Ihnen soll ja die Frühwarnliste die Grundlage liefern, um zielgerichtete Maßnahmen zu setzen. Daher scheint es sinnvoll, die Meinungen jener Anwender wiederzugeben, die mit diesem Instrument schon seit vier Jahren Erfahrungen sammeln konnten.

In einer EDV-gestützten Frühwarnliste werden vor allem folgende *Vorteile* gesehen:

- Die in der Bank in unterschiedlichen Dateien teilweise unstrukturiert vorhandenen Informationen werden gezielt erhoben und verknüpft.

- Die Zusammenführung der aus unterschiedlichen Informationsquellen stammenden Daten auf *einer* Liste. Zeitraubendes und mühsames Zusammentragen von Abfragen, Auskünften, Auswertungen und Listen entfällt.

- Die Frühwarnliste liefert einen sehr guten Überblick über die Geschäftsentwicklung und Kontoführung der Kommerzkunden.

- Besonderer Nutzen ergibt sich aus der Darstellung der Umsatztätigkeit, insbesondere der Umsatzentwicklung im Zeitvergleich. Hinweise auf Kunden, die keine oder im Vergleich zu Vormonaten bzw. zum Vergleichszeitraum des Vorjahres relativ geringe Habenumsätze aufweisen, liefern wertvolle Ansatzpunkte für Kunden- und Beratungsgespräche.

- Das Aufzeigen der Umsatzentwicklung und die Gegenüberstellung mit der Kredit- und Überziehungsentwicklung liefert eine Grundlage zur Überprüfung, ob der eingeräumte Kreditrahmen gerechtfertigt ist. Das Frühwarnsystem führt zu einer Vertiefung der Kundenkenntnis. Auch bei scheinbar „unauffälligen" Kunden wurde durch das konkrete Aufzeigen der Zahlungsgewohnheiten, der Geschäfts-, Kredit- und Umsatzentwicklung so manches „Überraschungsmoment" sichtbar. In diesen Fällen setzte die Frühwarnliste ein Signal für tiefergehende Analysen.

- Durch die komprimierte Darstellung von Negativhinweisen aus der Kontogestion, dem Auskunftswesen und aus der Bilanzentwicklung steht ein Instrument zur Verfügung, welches das Aufspüren von latenten Kreditrisiken erheblich erleichtert.

- Die Leiter von Filialen erhalten durch die Frühwarnliste einen Überblick über die Kreditentscheidungen ihrer Kundenbetreuer – ein vor allem in größeren Filialen nicht unbedeutender „Nebeneffekt" der Liste.

Seit Installierung des Frühwarnsystems können verstärkte *Sanierungsmaßnahmen durch die Filialen* als auch verstärkte Inanspruchnahme der zentralen Beratungsunterstützung sowie verstärkte Inanspruchnahme des Gremiums für gefährdete Engagements beobachtet werden. Somit können wir zusammenfassend feststellen, daß die *EDV-gestützte Frühwarnliste* zum zentralen Instrument der Kreditüberwachung wurde, das heute nicht mehr wegzudenken ist.

3. Organisatorische Aspekte

3.1 Grundgedanken

Informationsgewinnung, Informationsverarbeitung, Informationsweiterleitung sowie die darauf aufbauenden Aktionen dürfen nicht dem Zufall überlassen werden, sondern müssen geplant erfolgen. Das heißt, die Früherkennung von Kreditrisiken muß institutionalisiert werden. Es müssen Verantwortungsbereiche festgelegt werden, womit wir bei den organisatorischen Fragen angelangt sind.

Erst wenn die Bankorganisation die Integration aller Früherkennungsaktivitäten begünstigt, ist die Basis für ein effizientes Früherkennungssystem gegeben. Bei der organisatorischen Gestaltung eines bankbetrieblichen Frühwarnsystems spielt die Größe des Kreditinstituts eine nicht unwesentliche Rolle. Wir wollen daher *drei Organisationsmodelle* vorstellen:

- Das erste ist für Großinstitute gedacht, wo alle für die Kreditüberwachung notwendigen Aufgaben innerhalb der Bank wahrgenommen werden.

- Das zweite Organisationsmodell, das sich an den Gegebenheiten kleinerer Institute orientiert, ist dadurch gekennzeichnet, daß verschiedene Funktionen ausgelagert werden.
- Die dritte Organisationslösung soll jenen Instituten Anregungen liefern, in denen die Kreditüberwachung ohne EDV-Unterstützung erfolgen muß.

3.2 Organisationsmodell für größere Institute

In größeren Banken mit Filialnetz werden die mit der Früherkennung verbundenen Funktionen von verschiedenen Organisationseinheiten wahrgenommen.

So haben beispielsweise die *Filialen* und die bankinterne *Auskunftei* die Aufgabe, Entwicklungen bzw. negative Veränderungen in den von ihnen zu beobachtenden Bereichen frühzeitig wahrzunehmen. Diese Informationen sowie die in den verschiedenen Dateien enthaltenen bankinternen Daten werden von der *Informatikabteilung* so verarbeitet, daß sie in komprimierter Form als spezifische Frühwarninformationen an die Benutzer weitergeleitet werden können. All diese Aktivitäten sowie die daraus abgeleiteten Maßnahmen werden von der *Controlling-Abteilung* koordiniert und überwacht, die somit das „Zentral-Element" des Frühwarnsystems bildet.

Aufgrund dieser Aufgabenteilung gilt es in Großbanken zahlreiche *Koordinationsprobleme* zu lösen. Insbesonders erfordert

- das Zusammenspiel zwischen den Filialen und der Zentrale sowie
- die Kooperation der mit der Früherkennung befaßten Abteilungen in der Zentrale

klare organisatorische Regelungen.

Die Fixierung der konkreten Funktionen sowie die Aufgabenverteilung auf die verschiedenen Stellen fällt in das Gebiet der *Aufbauorganisation* des Kreditgeschäfts.

Kundenbetreuer in den Filialen

Die durch ein EDV-gestütztes Frühwarnsystem bereitgestellten Informationen haben letztendlich den Zweck, den zuständigen Kundenbetreuer in der Filiale zu veranlassen, *Handlungen zur Risikoreduzierung* zu setzen. Die Kundenbetreuer treten somit in zwei Funktionen in Erscheinung:

- Zum ersten sind die Kundenbetreuer die *Benützer* des Systems schlechthin.
- Andererseits zählen sie auch zu den *Trägern* des Systems, da sie zahlreiche wertvolle Beiträge zur Informationsbeschaffung liefern.

Somit wird eines deutlich sichtbar:

Den Kundenbetreuern in den Filialen kommt im Rahmen der Kreditüberwachung eine zentrale Rolle zu.

Das ist insofern verständlich, „da viele Anpassungsvorgänge an sich ständig verändernde Situationen nur von denjenigen Stellen durchgeführt werden können, die den unmittelbaren Kontakt mit der Außenwelt an der Peripherie der Organisation haben".[35] Es ist daher Aufgabe der Kundenbetreuer, auf Basis der laufenden Geschäfts- und Kundenbeziehung das Kundenverhalten in wirtschaftlicher und persönlicher Hinsicht zu beobachten. Neben den Informationen durch den Zahlungsverkehr sind es vor allem die zahlreichen *quantitativ nicht erfaßbaren Informationen*, die der Kundenbetreuer nur durch *persönliche Wahrnehmung im Kundenkontakt* erhält. Das reicht beispielsweise von einem geänderten Auftreten des Kunden bis zu beobachtbaren Veränderungen im Betrieb.

Bankinterne Auskunftei

Neben der Filiale als unmittelbar markt- und kundenbezogene Stelle kommt im Informationsprozeß unter den Organisationseinheiten der Auskunftei in der Zentrale eine bedeutende Rolle zu. Aus den unterschiedlichsten externen Quellen werden dort Informationen beschafft, aufbereitet, verarbeitet, weitergeleitet und schließlich archiviert.

Primäre Aufgabe der bankinternen Auskunftei ist das ständige Sammeln und Auswerten von Kreditinformationsmaterial. Das macht die Veränderung der Unternehmensdaten und somit die *zeitliche Entwicklung* der Bonitätsinformationen sichtbar.

Bei der Informationsbeschaffung wird zwischen der
- anfrageunabhängigen Informationssammlung und der
- anfrageinitiierten Informationssammlung (z. B. bei Bonitätsbeurteilung)

unterschieden. Für die Früherkennung ist vor allem die erste Art von Interesse. Hier kommt der Auskunftei die Aufgabe zu, Informationen aus folgenden Bereichen zu sammeln und auszuwerten:

- Insolvenzmeldungen
- Wechselprotestmeldungen
- Bearbeitung der Handelsregistermeldungen
- Einholung von Handels- und Bankauskünften.

Sobald negative Meldungen über einen Kreditkunden des Kreditinstitutes einlangen, sind dessen Konten zu erheben, um die Informationen der geschäftsführenden Filiale weiterzugeben.

229

EDV/Informatik-Abteilung

Für die Informationsübermittlung und -speicherung hat die im Kreditinstitut eingesetzte Informationstechnologie besondere Bedeutung. Ein EDV-mäßiger Dialog im on-line-System mittels Terminal ermöglicht einerseits die rasche Weitergabe von negativen Informationen an die betroffene Filiale und schafft andererseits für die Filialen die Möglichkeit, derartige Meldungen (über Terminals) abzufragen.

EDV und Informatik und die dafür zuständige Fachabteilung bilden ein wesentliches Element und gleichzeitig einen wesentlichen Einflußfaktor bei der Gestaltung eines bankbetrieblichen Frühwarnsystems. Gilt es doch, die dafür notwendigen Informationsprozesse in das bestehende EDV-System eines Kreditinstitutes zu integrieren.

Neben der Bewältigung des Tagesgeschäftes und der damit verbundenen Datenerfassung obliegt es der Informatikstelle, spezielle – für die Kreditüberwachung erforderliche – Informationssysteme aufzubauen. Die EDV- und Informatikabteilung hat daher die in den Primärdatenbanken enthaltenen Informationen dem Inhalt und der Form nach so umzuwandeln, daß für die Kundenbetreuer zweckorientierte *Frühwarninformationen* entstehen. Diese Abteilung hat in einem bankbetrieblichen Frühwarnsystem folgende Aufgaben zu erfüllen:

- Speicherung von Kreditnehmerinformationen aus dem laufenden Tagesgeschäft
- Verarbeitung und Umwandlung dieser Daten zu spezifischen Frühwarninformationen, die in komprimierter Form Aussagen über eine potentielle Gefährdung des Kreditengagements darstellen
- Weiterleitung dieser Frühwarninformationen an die zuständigen Kundenbetreuer in den Filialen.

Koordinations- und Unterstützungsabteilung

Früherkennung bzw. Kreditüberwachung hat sowohl einen funktionalen als auch einen *institutionellen Aspekt*. Der institutionelle Aspekt erfordert es, daß eine Stelle im Kreditinstitut für das Gebiet „Kreditüberwachung" *verantwortlich* ist. Dieser Organisationseinheit obliegt die Planung und Umsetzung aller mit Früherkennung verbundenen Aktivitäten. Sie hat die notwendigen Maßnahmen zu koordinieren und zu überwachen.

Diese Stelle ist in unserem Grundmodell die „*Zentrale*" des Frühwarnsystems. Von hier aus werden die vielfältigen Beziehungen zwischen den verschiedenen mit der Kreditüberwachung befaßten Stellen organisiert und gesteuert. Die Wahrnehmung dieser Koordinationsaufgabe kann als wesentlicher Teil einer umfassenden Controlling-Konzeption im Kreditgeschäft gesehen werden. In einem dezentralen Vertriebssystem besteht die Hauptfunktion des *Kredit-Controlling* darin, alle Informationen und Aktivitäten des Kreditgeschäftes zu steuern und gesamtinstitutsbezogen aufeinander abzustimmen.

Die Controlling-Stelle steuert die Informationsbeziehungen, sie koordiniert die Maßnahmen zur Früherkennung und unterstützt vor allem auch die Umsetzungsaktivitäten. Somit hat das Kredit-Controlling in einem bankbetrieblichen Frühwarnsystem insbesondere folgende *Aufgaben* wahrzunehmen:

- Mitwirkung bei der Formulierung der Kredit- und Risikopolitik
- Mitarbeit bei der Entwicklung der Frühwarnkriterien
- Organisation und Koordination der Aktivitäten der mit Früherkennung befaßten Stellen in inhaltlicher und zeitlicher Hinsicht
- Steuerung des Informationsprozesses zwischen den Stellen
- Kontrolle der Aktivitäten in den Filialen
- Beratungsunterstützung der Filialen in der Maßnahmenfestsetzung
- Unterstützung bei Kundengesprächen
- Erstellen von Zwischenberichten an die Geschäftsleitung
- Ausarbeiten von Statistiken (z. B. Risikoentwicklung im Zeitvergleich)

3.3 Organisationsmodell für kleinere Institute

Arbeitsteilung (Verband/Sektor)

Im Unterschied zu den Großinstituten, wo für die verschiedenen Funktionsbereiche des Kreditgeschäfts eigene Abteilungen zuständig sind, sind diese Aufgaben bei kleineren Kreditinstituten auf wenige Personen konzentriert. Es ist daher naheliegend, bei der Entwicklung eines bankbetrieblichen Frühwarnsystems arbeitsteilig vorzugehen. Sinnvollerweise werden verschiedene Aufgaben ausgelagert und Unterstützung von außen in Anspruch genommen.

Bei stufenweise organisierten Kreditinstituten (z. B. Sparkassen-, Raiffeisen-, Volksbankensektor) werden bestimmte Funktionen von den *Spitzeninstituten* bzw. *Verbänden* wahrgenommen.

Beispielhaft sei hier der Sparkassensektor angeführt, wo den Sparkassen bei der Installierung des Kreditüberwachungssystems folgende Unterstützung geboten wird:

- *Entwicklung des Indikatorenkataloges* durch Experten des Sparkassenverbandes, des Sparkassenprüfungsverbandes, der Girozentrale sowie einiger Sparkassen
- *EDV-Unterstützung* durch die SPARDAT.

Wie unsere Ausführungen gezeigt haben, spielt vor allem bei der nichtanlaßbezogenen Kreditüberwachung die EDV-Unterstützung eine zentrale Rolle. Daher ist es sehr von Vorteil, daß das Kreditüberwachungssystem des Sparkassensektors von Anfang an sehr flexibel konzipiert wurde und folglich für Sparkassen aller Betriebsgrößen einsetzbar ist. So kann die einzelne Sparkasse zum Beispiel aus dem Indikatorenkatalog jene Frühwarnindikatoren auswählen, die den Zielen ihrer Geschäftspolitik am

ehesten entsprechen. Darüber hinaus bestehen vielfältige Steuerungmög-
lichkeiten hinsichtlich der einzelnen Parameter (Variieren der Beträge,
Prozentsätze usw.). Die Festlegung des Listenumfanges sowie institutsindi-
viduelle Sortiermöglichkeiten erleichtern schließlich die Erstellung von
„maßgeschneiderten" Frühwarnlisten.

Aufgrund der von den Instituten vorgegebenen Parameter werden die
entsprechenden Kreditengagements aus dem Kreditportefeuille der Sparkasse herausgefiltert und in die *Auswertungsliste „Kreditüberwachung"*
aufgenommen. Diese Frühwarnliste wird von der *SPARDAT* viermal pro
Jahr erstellt.

Verantwortliche im Institut

Hinsichtlich der Wahrnehmung der Funktionen der Kreditüberwachung
kann man bei den einzelnen Kreditinstituten zum Teil sehr unterschiedliche Organisationsformen beobachten. In kleineren Instituten wird sie

- von einem Geschäftsleiter (Vorstand) oder
- von der Kreditabteilung oder
- von einer eigenen Stelle „Kreditüberwachung"

wahrgenommen.

In manchen Häusern wird auch die Innenrevision in diesen Aufgabenbereich mit eingebunden. Unabhängig davon, wie die Organisation im einzelnen auch aussehen mag, eines ist wichtig:

> **Zuständigkeit und Verantwortung für die Kreditüberwachung müssen
> klar geregelt sein.**

Ist dies nicht der Fall, werden die Aufgaben der Kreditüberwachung meist
nicht mit der notwendigen Sorgfalt wahrgenommen. Außerdem kann bei
nicht klar geregelten Verantwortungen in der Praxis immer wieder beobachtet werden, daß die Kreditüberwachungskonzeption in der Einführungsphase mit Schwung und Elan umgesetzt wird – nach einiger Zeit aber
„im Sand verläuft", weil sich niemand wirklich darum kümmert bzw.
verantwortlich fühlt.

In der Praxis der kleineren Institute hat es sich bewährt, daß sich die
Geschäftsleiter in regelmäßigen Abständen über die Fortschritte der Kreditüberwachung berichten lassen. Zwei Hinweise gilt es dabei zu beachten:

- Auch in kleineren Instituten ist für die Einhaltung des *„Vieraugenprinzips der Kreditüberwachung"* zu sorgen. Konkret bedeutet dies, daß
  eine Person nominiert wird, die darauf achtet, daß die Überwachungsaufgaben tatsächlich bzw. effizient erfüllt werden.
- Nach Möglichkeit sollte die für die Kreditüberwachung zuständige
  Stelle (bzw. der dafür verantwortliche Mitarbeiter) nicht jenem Ge-

schäftsleiter unterstellt sein, dem auch die Kreditabteilung untersteht. Damit ist das Vieraugenprinzip der Kreditüberwachung auch auf der *Geschäftsleiterebene* verankert.

Ein weiterer Weg der „begleitenden Kontrolle" besteht darin, daß in den für das Kreditgeschäft vorgesehenen Gremien (z. B. Kreditausschuß, Gremium für gefährdete Engagements) die größeren auf der Frühwarnliste aufscheinenden Fälle regelmäßig besprochen werden.

Sowohl die mit der Kreditüberwachung verbundenen Aufgaben als auch die Verantwortungsbereiche müssen in Dienstanweisungen bzw. Funktions- und Stellenbeschreibungen *schriftlich* dokumentiert werden.

3.4 Kreditüberwachung ohne EDV-Unterstützung

Die bisher dargestellten Organisationsformen der Kreditüberwachung basieren auf der Unterstützung durch die EDV, wodurch sich eine rasche Verarbeitung großer Datenmengen leicht realisieren läßt. Falls der Einsatz eines EDV-unterstützten Kreditüberwachungssystems nicht möglich ist, ist das noch lange kein Grund, auf systematische Überwachungsaktivitäten zu verzichten!

Für diesen Fall empfiehlt sich der Einsatz von Formularen, in denen die wichtigsten Informationen dokumentiert werden. Neben den Strukturdaten (Kunden-Name, Kunden-Nummer, Branche usw.) sollte ein *Kreditüberwachungs-Formular* noch folgende Informationsblöcke enthalten:

- Entwicklung des Gesamtobligos und des Blankoanteils
- Entwicklung der Habenumsätze
- Entwicklung ausgewählter Frühwarnindikatoren.

Ein Beispiel für ein derartiges „Kreditüberwachungsformular" findet sich in der Abbildung 71. Es handelt sich hier um eine Unterlage, die in kleineren Instituten problemlos eingesetzt werden kann.

Diese Form der Kreditüberwachung ist vor allem dadurch gekennzeichnet, daß die wirtschaftliche Entwicklung eines Kreditnehmers anhand von Informationen verfolgt wird, die sich überwiegend aus dem *Geschäftsverkehr* mit dem Kunden ergeben. Ergänzend dazu können noch aktuelle Auskünfte eingeholt werden. Das Wesentliche dabei ist, daß mit dem Kreditnehmer kein Kontakt aufgenommen werden muß. Vielmehr gilt es, die im Institut ohnedies vorhandenen Informationen in periodischen Abständen entsprechend aufzubereiten.

Mit Hilfe des Kreditüberwachungs-Formulars hat der Kundenbetreuer alle wichtigen (in der Bank meist „verstreuten") Daten „mit einem Blick" vor sich.

Die für die Früherkennung von Kreditrisiken notwendigen Informationen müssen in *regelmäßigen* Abständen erhoben werden. Und zwar konse-

Vierteljährliche Kreditüberwachung

FIL/Betreuer: .... / ....   per: ....19.....

Kunden-Name   : ....   Adresse   : ....   Kunde seit   : ....

Kunden-Nummer : ....   Kontaktperson : ....   Letzte Bilanz vom   : ....

Branche   : ....   Tel.-Nummer   : ....   Aktuelle Einstufung/Risikoklasse : ....

Rechtsform   : ....   Nummer Bilanzauswertung   : ....

Entwicklung Blankoanteil

Stand per	31.3.	100%	30.6.	100%	30.9.	100%	31.12.	100%
Werte in TS								
Gesamtobligo								
Werte der anrechenbaren Sicherheiten								
Blankoanteil								

Entwicklung Habenumsatz

| | I. Quartal | lfd. Jahr/YTD | II. Quartal | lfd. Jahr/YTD | III. Quartal | lfd. Jahr/YTD | IV. Quartal | lfd. Jahr/YTD |
	31.3.		30.6.		30.9.		31.12.	
Wert lfd. Jahr								
Wert Vorjahr %-Veränderung								
Datum letzte Haben-Bewegung								

Indikatoren

| | lfd. Jahr | Vorjahr | lfd. Jahr | Vorjahr | lfd. Jahr | Vorjahr | lfd. Jahr | Vorjahr |
	31.3.		30.6.		30.9.		31.12.	
Anzahl Überziehungen								
Anzahl Wechselproteste								
Anzahl Scheckrückgaben								
Anzahl Mahnungen								
Tenor d. eingeholten Auskünfte								
Anzahl der Anfragen								
Soll-Stand/Kreditrahmen %								
Stellungnahme/Bemerkungen								

Abbildung 71: Kreditüberwachungs-Formular

quent. Das Ziel ist die *Entwicklung* der Kundendaten im *Zeitablauf* genau zu beobachten.

> Durch einen systematischen Zeitvergleich wichtiger Frühwarnkriterien kann die Qualität der laufenden Kreditüberwachung wesentlich verbessert werden.

So werden beispielsweise die Werte der Habenumsätze oder die Ausprägung der Indikatorenwerte in periodischen Abständen verglichen. Darüber hinaus sind auch alle im Kapitel IV angeführten Frühwarnindikatoren zu beachten und in der Stellungnahme zu dokumentieren. Deutet das eine oder andere Kriterium auf eine wirtschaftliche Verschlechterung hin, so sind vom Kundenbetreuer entsprechende *Maßnahmen* zu setzen.

Aufgrund unserer Erfahrung ist eine *vierteljährliche* Bearbeitung des Kreditüberwachungsformulars zweckmäßig, sodaß die entsprechende Aufbereitung alle drei Monate erfolgen muß.

Aus Gründen der Arbeitsbelastung ist es wertvoll, den zu überwachenden *Kundenkreis* einzugrenzen, und zwar nach dem Kriterium *Kundenobligo*. Diese Form der laufenden Kreditüberwachung umfaßt dann beispielsweise die *5–10 größten* Kreditengagements eines Kundenbetreuers (bzw. einer Filiale).

Durch diese Limitierung wird der mit der Kreditüberwachung verbundene Arbeitsaufwand auf ein vertretbares Maß beschränkt. Außerdem erfolgt eine Konzentration auf jene Kreditengagements, die vom Obligo her gesehen relevant sind, und bei denen ein Kreditausfall besonders kritisch wäre.

In der Praxis hat es sich bewährt, „die 10 größten Fälle" in einem eigenen *Gremium* regelmäßig zu besprechen. (In diesem *Kreditausschuß* sollten neben den Geschäftsleitern der Leiter der Kreditabteilung, der Innenrevisor, der Kreditreferent sowie der Kundenbetreuer vertreten sein.) Solche *Kredit-Informationssitzungen* bieten u. a. folgende Vorteile:

- Bewußte Auseinandersetzung mit den größeren Kreditengagements
- Die Geschäftsleiter erhalten regelmäßig einen Überblick über das Kreditportefeuille ihres Instituts
- Förderung des Erfahrungsaustausches im Institut („Lernen am Fall")
- Erfahrungssammlung über die Frühwarnqualität der verwendeten Indikatoren
- Die Maßnahmenfestlegung wird erleichtert.

Wichtig ist dabei, daß diese Sitzungen *regelmäßig* stattfinden und konsequent „durchgehalten" werden. Auch sollte auf eine möglichst vollständige

Teilnahme geachtet werden. Somit können wir zusammenfassend festhalten:

Konsequenz – Geduld – Ausdauer sind für die Kreditüberwachung wichtige Erfolgsfaktoren.

Anmerkungen

1 *Weinrich:* Kreditwürdigkeitsprognose, S. 30; vgl. auch *Hertenstein:* Unternehmensbeurteilung, S. 65; *Benölken/Bickel:* Bonitätsportfolios, S. 109

2 Vgl. hiezu die Verordnung des Bundesministeriums für Finanzen vom 7. Dezember 1987 über den bankaufsichtlichen Prüfungsbericht (BGBl. 627, 236. Stück), ausgegeben am 23. Dezember 1987

3 *Reuter/Stein:* Kreditinformationssystem, S. 251

4 Vgl. *Stein:* Kreditbeurteilung, S. 220; *Reuter/Stein:* Kreditinformationssystem, S. 251

5 Vgl. *Stein:* Kreditbeurteilung, S. 220

6 *Schröder:* Kreditinformations- und Kreditüberwachungssystem, S. 307

7 ebenda, S. 306

8 *Starke:* Früherkennungsmodelle, S. 44; *Starke:* Kreditinformations- und Kreditüberwachungssystem, S. 83

9 *Zellweger:* Überwachung kommerzieller Bankkredite, S. 229

10 ebenda, S. 230

11 *Stein:* Früherkennung von Kreditrisiken, S. 40

12 *Steinbrink:* Information und Entscheidung im Bankbetrieb, S. 138

13 *Schröder:* Maschinelle Bonitätsanalyse, S. 47

14 *Starke:* Kreditinformations- und Kreditüberwachungssystem, S. 71

15 *Zellweger:* Überwachung kommerzieller Bankkredite, S. 271

16 ebenda, S. 265

17 ebenda, S. 233

18 Zum Indikatorensystem des Österreichischen Sparkassenverbandes vgl. die Ausführungen bei *Raab:* Frühwarnindikatoren für Bankinsolvenzen, S. 91f; *Fibich/Paleczny:* Kreditüberwachung, S. 28f

19 *Weinrich:* Kreditwürdigkeitsprognosen, S. 27

20 *Fischer:* Computergestützte Analyse, S. 230

21 Hinsichtlich der Grundgedanken dieses Führungsprinzips vgl. die Ausführungen bei *Schmoll:* Management by Exception, S. 66ff

22 Vgl. hiezu *Grochla/Meller:* Datenverarbeitung, S. 58f

23 *Schröder:* Maschinelle Bonitätsanalyse, S. 50

24 *Fibich/Paleczny:* Kreditüberwachung, S. 31

25 ebenda, S. 30

26 Vgl. hiezu beispielsweise *Söder:* Analyse der Geschäfts-Kontokorrentkonten, S. 35: „In Form einer aussagefähigen Liste sollen *monatlich* alle Konten erscheinen, die im Auswertungsmonat bestimmte Normen nicht eingehalten haben und deshalb im Rahmen der Überwachung einer individuellen Beurteilung bedürfen."; *Zellweger:* Überwachung kommerzieller Bankkredite, S. 282: „Im Idealfall sollte für den Kreditsachbearbeiter alle *drei Monate* EDV-mäßig für jede sich in seinem Portefeuille befindliche Unternehmung ein entsprechender Ausdruck erstellt werden, der die gewünschten Informationen enthält."

27 *Steinbrink:* Information und Entscheidung im Bankbetrieb, S. 129

28 Vgl. *Grochla/Meller:* Datenverarbeitung, S. 59

29 Die Beschreibung des Bonitätsanalysesystems der Kreissparkasse Hannover stützt sich auf die Ausführungen von *Schröder:* Einsatz der maschinellen Bonitätsanalyse, S. 46ff

30 ebenda, S. 48

31 Eine Beschreibung des im Sparkassensektors verwendeten Kreditüberwachungssystems findet sich bei *Fibich/Paleczny:* Das Indikatorensystem „Kreditüberwachung", S. 27ff

32 ebenda, S. 31

33 Dieses Frühwarnsystem für Klein- und Mittelbetriebe wurde in der ERSTEN österreichischen Spar-Casse – Bank 1984/1985 von einem Projektteam entwickelt, dem Vertreter der Kreditprüfungsabteilung, der Kreditabteilung, der Informatikabteilung sowie der Innenrevision angehörten.

34 *Aumann/Spindler:* Früherkennung, S. 40; vgl. auch *Aumann:* Gefährdete Kreditengagements, S. 237ff

35 *Malik:* Dezentrale Entscheidungsprozesse, S. 669

KAPITEL VII

PSYCHOLOGISCHE ASPEKTE

1. Einleitung

2. Bankinterne Schwachstellen bei der Kreditüberwachung
   2.1 Schwachstellen in der Kreditpolitik und Führungskonzeption
   2.2 Schwachstellen beim Mitarbeiter
   2.3 Schwachstellen in der Kreditkultur

3. Maßnahmenkatalog
   3.1 Kreditpolitik/Arbeitsanweisungen
   3.2 Wertorientierungen der Kreditkultur
   3.3 Einführung des EDV-gestützten Frühwarnsystems
   3.4 Mitarbeiterentwicklung (Aus- und Weiterbildung)

1. Einleitung

Bei der Auseinandersetzung mit den Gestaltungsmöglichkeiten der Kreditüberwachung standen die betriebswirtschaftlichen Instrumente und Organisation der Kreditüberwachung im Vordergrund. Die bisher behandelten instrumentellen und organisatorischen Fragen bilden wichtige Bereiche des Kreditüberwachungssystems. Den dritten und – wie die Erfahrung zeigt – sehr bedeutsamen „Faktor" in der Praxis bilden aber letztlich die im Kreditgeschäft tätigen Menschen. Ihr Verhalten, ihre Einstellungen, ihre Denk- und Werthaltungen sind für Erfolg oder Mißerfolg der Kreditüberwachung von zentraler Bedeutung.

Wir dürfen daher die Kreditüberwachung nicht nur unter bank-technischen Gesichtspunkten behandeln. Diese in Theorie und Praxis oftmals anzutreffende eindimensionale Betrachtungsweise macht es unmöglich, die in der Realität auftretenden Probleme in ihrer Vielschichtigkeit zu erfassen – und zu lösen.

Gerade das Kreditgeschäft ist keine abstrakte Gläubiger-Schuldnerbeziehung zwischen (anonymen) Wirtschaftseinheiten, sondern sehr stark *personenbezogen:*[1]

> „Das Kreditgeschäft ist ein Dienstleistungsgeschäft, es wird von Menschen gemacht und die Menschen, die es tun, sind die einzigen, die es wirklich beeinflussen können. Nur über die Menschen, die die Einzelportefeuilles gestalten, kann man letztlich das Risiko der Bank insgesamt gestalten."

Risikopolitik, Risikosteuerung und damit auch die Kreditüberwachung kann nicht durch (bürokratische) Arbeitsanweisungen und gesetzliche Vorschriften ersetzt werden, sondern erfordern eine bestimmte Haltung und Einstellung zum Kreditgeschäft. Die in der Bank vorhandene Risikosituation hängt daher wesentlich vom *Risikoverhalten* der Entscheidungsträger – auf allen hierarchischen Ebenen – ab.

In diesem Sinn müssen auch die bankinternen Gefahrenquellen klar erkannt werden, zu denen *Ulrich* meint: „Ich behaupte aus meiner Erfahrung folgendes: Das größte Risiko ist die Bank selbst, beginnend bei der Geschäftsleitung und bei allen nacharbeitenden Mitarbeitern. Ich glaube, daß auch dem Verhältnis der Mitarbeiter zueinander, der Organe zueinander, bis hinauf zum Aufsichtsrat von der Risikoseite ganz große Bedeutung zukommt."[2]

Um Anhaltspunkte für die Gestaltung der Kreditüberwachung zu gewinnen, erscheint es uns sinnvoll, vorerst jene Schwachstellen und bankinternen Gefahrenquellen deutlich herauszuarbeiten, die man in der Praxis immer wieder beobachten kann.

2. Bankinterne Schwachstellen bei der Kreditüberwachung

2.1 Schwachstellen in der Kreditpolitik und Führungskonzeption

Im Mittelpunkt der Kreditpolitik stehen die Entscheidungen, in welchem *Umfang* und in welcher *Art* das Kreditgeschäft eines Instituts realisiert werden soll. Gefahrenquellen bei der Gestaltung der Geschäfts- und Kreditpolitik können sowohl im formalen als auch im materiellen Bereich liegen. Eine (in der Formulierung, jedoch nicht in der Realität lapidar erscheinende) Risikoursache ist bereits darin zu sehen, daß im Kreditinstitut entweder überhaupt *keine* (bewußt fixierte) *Kreditpolitik* existiert, oder daß diese kreditpolitischen Leitlinien, die auch die Grundsätze der Kreditüberwachung beinhalten, nicht in schriftlicher Form vorliegen.

Andererseits kann eine schriftlich festgelegte Kreditpolitik zwar bestehen, die die generellen Zielrichtungen und Maßnahmen bestimmt (z. B. Anforderungsniveau, Vorgangsweise bei der Kreditüberwachung), ohne daß diese Politik in entsprechender Weise an alle im Kreditgeschäft tätigen Mitarbeiter weitergegeben wird. In beiden Situationen *fehlt* den mit der Kreditüberwachung befaßten Mitarbeitern eine *Orientierungshilfe* bei ihren Handlungen.

So wie im formalen gibt es auch im materiellen Bereich unterschiedlich schwerwiegende Fehler. So können die in der Kreditpolitik formulierten Strategien *Widersprüche* beinhalten. Eine in ihren Auswirkungen nicht unbedeutende Gefahrenquelle liegt in einer *einseitigen geschäftspolitischen Orientierung*[3] an der Marktanteilsgewinnung durch extensive Ausweitung der Kreditvolumina. Sind damit erhöhte Risikokosten verbunden, kann es zu einer negativen Beeinflussung der Ertragslage kommen: „Wenn eine Geschäftsleitung durch Planung und sonstige Signale klar dokumentiert, sie will Volumen haben, dann wird sie Volumen bekommen. Die Frage ist immer, zu welchem Preis und mit welchem Risiko."[4]

Dies führt unmittelbar zur Frage des Führungsverhaltens im Kreditgeschäft. Das Verhalten der Geschäftsleiter setzt in der Regel *Signale,* die in die Handlungen der Mitarbeiter (bewußt oder unbewußt) einfließen. Wenn daher von den Geschäftsleitern selbst Kreditüberwachung als „lästige Pflichtübung" empfunden wird, der man keinesfalls mit innerer Überzeugung nachkommt, darf man sich nicht wundern, wenn auch die Mitarbeiter die Kreditüberwachung als administrativen Akt ansehen, den man eben erledigen muß.

Bei all diesen Überlegungen geht es somit um die zentrale Frage: Welcher Stellenwert wird der Kreditüberwachung in der Bank zugemessen? Es ist daher unseres Erachtens immer gefährlich, wenn für die Mitarbeiter nicht klar erkennbar ist,

- warum,
- in welchem Umfang und
- mit welcher Intensität

die Kreditüberwachung erfolgen soll.

2.2 Schwachstellen beim Mitarbeiter

Wie bereits erwähnt hängt der Erfolg bzw. Mißerfolg der Risikofrüherkennung entscheidend von den Aktivitäten der Kundenbetreuer (bzw. Kreditreferenten) ab. Nicht immer wird die Notwendigkeit bzw. der Nutzen einer systematischen Kreditüberwachung von den Mitarbeitern klar erkannt.

So wird in der Praxis manchmal der Einsatz eines EDV-gestützten Frühwarnsystems als übertrieben oder überflüssig angesehen. „Man brauche solche Systeme nicht, weil man seine Kunden ohnedies gut kenne" sind Argumente, die im Zusammenhang mit Indikatorensystemen oftmals zu hören sind.

Dabei wird zweierlei übersehen:

- Daß man ab einer gewissen Anzahl von Unternehmen deren Entwicklung in Wirklichkeit nicht mehr überblicken und Frühwarnsignale daher gar nicht mehr wahrnehmen kann.
- Und selbst wenn die einem Berater zugeordnete Anzahl von Firmenkunden überschaubar ist, wird oftmals nicht beachtet, daß es aus psychologischer Sicht vielfach zu „Wahrnehmungsfiltern" kommt.

Dieser Gedanke hängt mit dem Aufbau und der Intensivierung der Kundenbeziehung zusammen. In den hart umkämpften Kreditmärkten gehen der Geschäftsbeziehung in aller Regel umfangreiche Akquisitionsbemühungen des Firmenkundenbetreuers voraus. Um einen einmal gewonnenen Kunden an das Institut zu binden, bedarf es dann einer intensiven Betreuung. Im Laufe der Zeit entwickelt sich zwischen dem Kundenbetreuer und dem Kreditkunden *eine persönliche Beziehungsebene*, die oftmals eine gute Basis für die Intensivierung der Geschäftsbeziehung bildet.

Die Gefahr für die Kreditüberwachung ist nun folgende: Mit der Intensivierung der zwischenmenschlichen Beziehung, mit steigender wechselseitiger Anerkennung und mit steigender gegenseitiger Sympathie nimmt in vielen Fällen die *kritische Distanz* zum Kunden ab. Die Gefahr einer derartigen (an sich menschlich positiven) Entwicklung liegt darin, daß der Kundenbetreuer „betriebsblind" wird.

Signale einer wirtschaftlichen Verschlechterung des Kreditnehmers werden nicht mehr wahrgenommen – die „Warnlichter" werden nicht mehr gesehen.

Kirsch und *Trux* sprechen bei derartigen Verhaltensweisen von psychologischen Informationspathologien. Menschen neigen dazu, „Informationen zu ignorieren oder aber entsprechend neu zu interpretieren, wenn diese Informationen zu Prämissen in Widerspruch geraten, hinter denen aufgrund früherer Entscheidungen ein Commitment steht". [5] Die psychologische Informationspathologie führt im Kreditgeschäft dazu, daß negative Informationen vom Kundenbetreuer bewußt, meist aber sogar unbewußt unterdrückt werden. Er entzieht sich dadurch den für den Kunden, aber auch für ihn, schlechten Nachrichten.

Das Verhalten in derartigen Situationen ist durch Zuwarten bzw. durch Hoffen auf Verbesserung gekennzeichnet. Man wartet so lange, bis die Probleme offen und unübersehbar (in der doppelten Bedeutung des Wortes) zu Tage treten. Ist schließlich die Gefährdung des Kreditengagements deutlich sichtbar, fällt es dem Kundenbetreuer (aus psychologischen Gründen) besonders schwer,

- dem von ihm akquirierten,
- intensiv betreuten und
- bisher positiv beschriebenen

Unternehmer gegenüber unangenehme Maßnahmen durchzusetzen. In dieser heiklen Situation kommt es wieder auf die Persönlichkeitsstruktur des Kundenbetreuers an, in welche Richtung die Weichen gestellt werden. In der Praxis können wir zwei *„Hauptrichtungen"* des Verhaltens beobachten:

- Der Betreuer erkennt die Lage. Er sieht ein, daß er infolge der mit diesem Engagement verbundenen Gefährdungs- und Risikokomponente nicht mehr allein Korrekturmaßnahmen setzen kann. Er wird *Hilfe* in Anspruch nehmen. Eine derartige Unterstützung kann beispielsweise ein eigenes *Gremium für gefährdete Engagements* bieten.

- Der Kundenbetreuer bringt nicht die Kraft oder den Mut auf (es gehört Mut dazu, eigene Fehler einzugestehen!), Beratungsunterstützung in Anspruch zu nehmen. Der Kundenbetreuer *geht* seinen *eigenen Weg* – er versucht, mit eigenen Mitteln den Fall irgendwie „über die Runden zu bringen". Meist sind diese Bemühungen jedoch aus wirtschaftlichen und psychologischen Gründen zum Scheitern verurteilt.

Ulrich vergleicht das Verhalten des Kundenbetreuers in dieser Situation mit bestimmten *Spielernaturen* im Casino. Der Spieler, der schon mehrere Wetteinsätze verloren hat, erhöht seinen Einsatz weiter, in der Hoffnung, die bisherigen Verluste „zurückzugewinnen". Die Analogie: Der Kundenbetreuer gewährt weitere Kredite, in der Hoffnung, damit auch die bereits aushaftenden Beträge zurückzubekommen. Diese Kreditgewährungen führen vor allem deshalb nicht zum gewünschten Erfolg, weil die *Ursachen* der Verschlechterung nicht behoben werden. Es wird übersehen, daß Kreditsanierung mit einer Unternehmenssanierung verbunden sein muß.

Oftmals hat der Kundenbetreuer die „urteilende Distanz" verloren und ist in den Fall emotional zu tief verstrickt. Das Bemühen bzw. der innere Zwang, sehr rasch Lösungen zu finden, führt meist zu Fehlreaktionen:

„Das Bestreben, Versäumtes wieder gutzumachen, führt meistens zu überzogenen, unangemessenen Reaktionen. Wer sich in die ‚Kredit-Pathologie' bemüht, wird in dem beschriebenen, sehr menschlichen Mechanismus eine häufige Ursache außer Kontrolle geratener Kreditverhältnisse finden. Dieser ‚point of no return', der Distanzverlust, ist deshalb so gefährlich, weil seiner Existenz durch das Vor-Urteil, keine Vorurteile haben zu können, der Zugang zum Bewußtsein verwehrt wird, obschon ein ‚schleichendes Gefühl des Unbehagens' schon längst das Urteilsvermögen zu beeinträchtigen begonnen hat."[6]

Die Gedanken zeigen, daß die Intensivierung der Kundenbeziehung während der Kreditlaufzeit neben positiven Aspekten auch mit Gefahren verbunden sein kann (insbesondere auch dann, wenn das Vieraugenprinzip mißachtet wird). Eine große Rolle spielt dabei die Persönlichkeitsstruktur der Pouvoirträger sowie das Verhalten des Unternehmers. Das Zusammentreffen verschiedener Persönlichkeitstypen hat auch für die Früherkennung von Kreditrisiken unmittelbare Auswirkungen. (Diese Frage der Typologie von Unternehmer sowie der Typologie von Pouvoirträger haben wir im Buch „Kreditkultur" ausführlich behandelt.)

2.3 Schwachstellen in der Kreditkultur

Neben den persönlichkeitsbezogenen Faktoren wird der Umgang bzw. die Einstellung zum Kreditrisiko sehr von der im Institut vorherrschenden Kreditkultur beeinflußt. Dabei beinhaltet der Begriff *Kreditkultur*[7] die Summe der von Führungskräften und Mitarbeitern gemeinsam geteilten Werte, Denkmuster und Verhaltensnormen, die über Jahre hinweg entstehen und das Verhalten der im Kreditgeschäft tätigen Mitarbeiter prägen. Kreditkultur ist somit die Gesamtheit der gemeinsamen Basisüberzeugungen im Kreditgeschäft. Es ist der gleichsam *ungeschriebene Verhaltenskodex,* wie man dem Kunden gegenübertritt und wie man in der Bank miteinander umgeht.

Die den Kern der Kreditkultur bildenden *Wertvorstellungen* sind auch für die Kreditüberwachung von unmittelbarer Bedeutung. Das Ziel des Kreditüberwachungssystems besteht in der rechtzeitigen Erkennung von Kreditrisiken und den daraufhin einzuleitenden Sanierungsmaßnahmen.

In diesem Zusammenhang kommt der Einstellung zum Kreditrisiko und der Frage des Umganges damit eine besondere Bedeutung zu. Wird überhaupt über Risiken in der Bank gesprochen oder wird das Thema tabuisiert? Was passiert, wenn Kreditengagements notleidend werden? Wie ist die Behandlung der gefährdeten Engagements?

Antworten auf diese Fragen geben wertvolle Aufschlüsse über die tatsächlich gelebte Kreditkultur. Es ist schließlich für niemanden angenehm, sagen zu müssen „der Kredit, den ich empfohlen habe, wird wahrscheinlich schiefgehen. Schlicht, daß man zugibt, man hat letztlich eine Fehlentscheidung getroffen. Ist die Kultur im Unternehmen so, daß man diese Haltung nicht belohnt, sondern bestraft, also *sanktionsorientiert,* nach dem Motto: ‚In meinem Ressort darf es keine Verluste geben.' Wenn diese Haltung kommuniziert ist, dann wird sich der Mitarbeiter nicht getrauen, zu seinem Chef zu gehen und zu sagen: ‚Da gibt's Probleme.' Er wird vielmehr versuchen, die Probleme zuzudecken".[8] Fehlende Offenheit, fehlende Ehrlichkeit sowie das Totschweigen von Kreditrisiken sind kulturelle Gefahrenquellen bei der Kreditüberwachung.

Auch mangelnde Zusammenarbeit sowie mangelndes Vertrauen innerhalb der Bank sind weitere Faktoren, die für eine erfolgreiche Kreditüberwachung Hindernisse darstellen. In der Zusammenarbeit zwischen Filialen und Zentrale sind manchmal folgende Erscheinungen zu beobachten: Skepsis und Mißtrauen. Es bedarf wohl keiner allzu großen Erläuterungen, daß eine derartige *„Mißtrauensorganisation"* im Kreditgeschäft alles andere als förderlich ist. Besonders, wenn wir bedenken, was das Wort „Kredit" bedeutet – nämlich Vertrauen.

Eine weitere Gefahrenquelle sehen wir dort, wo sich Werte und Denkhaltungen von Organisationseinheiten derartig verselbständigt haben, daß die gemeinsamen Ziele in der Bank verlorengehen. Es entstehen – bildlich gesprochen – kleine Fürstentümer in der Bank, wobei man sorgsam bemüht ist, sich von anderen „abzuschotten". Man freut sich heimlich über die Mißerfolge einer anderen Stelle (z. B. über die Gefährdung eines Kreditengagements), ohne dabei an die schädigenden Wirkungen für die Gesamtbank zu denken. Manchmal neigen Zentralstellen (z. B. Kreditprüfung) in solchen Situationen dazu, zu beweisen, daß man ohnehin immer gewußt habe, daß dieses Engagement nicht gut gehen könne.

In diesem Zusammenhang müssen wir nochmals auf das Wesen von Frühwarnindikatoren hinweisen. Vielfach handelt es sich um *schwache Signale,* die noch dazu *mehrdeutige* Informationen liefern. Im nachhinein, d. h. aus dem Wissen der Rückschau heraus, werden solche Signale von Kontrolleinrichtungen dann als eindeutig interpretiert. („Ist Ihnen nicht aufgefallen, daß . . ." oder: „Sie hätten doch sehen müssen, daß . . .".) So manche Kreditsitzung bzw. so mancher Sanierungsausschuß wird dann nicht als hilfreiche Unterstützung, sondern als „Tribunal" erlebt. Anstatt zu helfen, kommt es in solchen Gremien manchmal zu einem *Ritual der Schuldzuweisung,* das zwar keinem hilft, aber dem Klima und der Sache schadet.

Wir haben nun versucht, die Kreditüberwachung aus einer sozialpsychologischen und kreditkulturellen Perspektive heraus zu sehen. Manche Dinge wurden überzeichnet dargestellt, um deutlich zu machen, welche Bedeutung dieser sozialen Dimension bei der Kreditüberwachung zukommt. In Abbildung 72 zeigen wir zusammenfassend, welche bankinternen Gefahrenquellen daraus entstehen können, wenn man diesen Fragen keine bzw. kaum Beachtung schenkt.

Gefahrenquellen im Kreditgeschäft	Auswirkungen auf die Kreditüberwachung
KREDITPOLITIK/FÜHRUNG	
• Keine klare, transparente Kreditpolitik	• Ziele, Prioritäten im Kreditgeschäft nicht erkennbar
• Einseitige Volumensausrichtung der Geschäftspolitik	• Fehlende Risikoorientierung
• Kreditüberwachung wird als administrativer Akt gesehen	• Bedeutung der Kreditüberwachung wird nicht erkannt
KREDITKULTUR	
• Kranke Kreditkultur in der Bank	• Risiken werden vertuscht/ verschleiert • Mißtrauensorganisation • Sanktionsorientierung • Mangelnde Zusammenarbeit und Unterstützung
• Nicht funktionierender Kredit- bzw. Sanierungsausschuß	• Ritual der Schuldzuweisung • Gremium wird als „Tribunal" erlebt
MITARBEITER	
• Keine Sensibilisierung für Kreditüberwachung	• Notwendigkeit der Kreditüberwachung wird nicht erkannt
• Urteilende Distanz im Kreditgeschäft zu wenig ausgeprägt	• Frühwarnsignale werden nicht wahrgenommen

Abbildung 72: Bankinterne Gefahrenquellen für die Kreditüberwachung

3. Maßnahmenkatalog

3.1 Kreditpolitik/Arbeitsanweisungen

Im Rahmen der schriftlich formulierten Kreditpolitik sollten Bedeutung, Zielsetzungen sowie die Grundprinzipien der Kreditüberwachung dargestellt werden. Diese Inhalte sollten von den Geschäftsleitern den für das Kreditgeschäft verantwortlichen Führungskräften auch persönlich interpretiert werden. Das unterstreicht auch die Bedeutung und den Stellenwert dieses Themas.

Die wichtigsten Arbeitsschritte, die Ablauforganisation, die Verantwortungsbereiche gehören wiederum in einer eigenen *„Dienstanweisung für das Kreditgeschäft"* (Arbeitsanweisung) dokumentiert. Daraus muß klar hervorgehen, wer für welche Aufgaben der Kreditüberwachung zuständig und wie dabei vorzugehen ist. Diese Dienstanweisung bildet auch die Grundlage für die Innenrevision, die sowohl im Zuge der Systemprüfung als auch bei der stichprobenartigen Kreditrevision zu überprüfen hat, ob diese Normen auch tatsächlich eingehalten werden.

3.2 Wertorientierungen der Kreditkultur

Richtlinien, Dienstanweisungen usw. sind – gerade im Kreditgeschäft – notwendige Dokumentationen. Aber sie bleiben ein Stück Papier, wenn es nicht gelingt, sie mit Leben zu füllen. Im Kreditgeschäft genügt es heute nicht mehr, sich nur mit Abläufen, Fakten und Zahlen auseinanderzusetzen. Gefragt und gefordert ist auch die bewußte Auseinandersetzung mit *Wertvorstellungen.*

Ein klar formuliertes Wertsystem bildet nicht nur das Fundament für die Identifikation der Mitarbeiter – es vermag auch ihr Verhalten und ihre Entscheidungen zu leiten. Werte sind Signale. Ein „Wert" sagt was wünschenswert und richtig ist und was angestrebt werden soll, er übt eine Orientierungsfunktion aus.

Auch unter dem Aspekt der *Risikoreduzierung* spielen diese Gedanken eine zentrale Rolle: „Ich glaube, daß eine akzeptierte Werthaltung in der Kreditunternehmung zu den wichtigsten Beiträgen zählt, Kreditrisiko angemessen zu begrenzen. Wenn die Mitarbeiter eines Hauses bis in die Filialen diese Wertvorstellungen kennen, sie leben und sie ihnen auch vorgelebt werden, bekommen die Mitarbeiter Sicherheit" stellt *Ulrich*[9] dazu fest.

Was sind es nun für Werthaltungen, die für die Kreditüberwachung wichtig sind?

Wir greifen aus der Vielfalt möglicher Wertvorstellungen jene heraus, die wir aufgrund unserer Erfahrung für die Umsetzung einer wirkungsvollen Kreditüberwachung für besonders wesentlich halten:

• *Unternehmensorientierung und Einstellung zum Risiko*

Im Kreditgeschäft geht es immer um Interessenabwägung, um eine Suche nach einem Ausgleich zwischen den Interessen des Kunden und den Interessen der Bank. Es geht immer um den Balanceakt zwischen „Volumen" – „Ertrag" – „Risiko". Das erfordert unternehmerisches Denken und eine kaufmännische Einstellung dem *Risiko* gegenüber. Das Kreditrisiko darf nicht zum „Schreckgespenst" werden. Das Kreditrisiko darf nicht verdrängt und als etwas Unangenehmes empfunden werden. Risiko muß als etwas Natürliches angesehen werden, denn: „Kreditgeschäft ist Risikogeschäft", d. h. das Risiko gehört zur Natur, zum Wesen des Kreditgeschäfts.

- *Offenheit und Ehrlichkeit*

Offenheit und Ehrlichkeit sind Eigenschaften, bei denen man zu sagen geneigt ist, es handle sich um Selbstverständlichkeiten. Betrachtet man die unter Punkt 2 dargelegten Ausführungen, so wird deutlich, daß dem nicht immer so ist.

„Offenheit" und „Ehrlichkeit" bedeuten im Kreditgeschäft offene, umfassende *Information* anstelle von Teilinformationen und Beschönigungen. Manchmal kann man in der Praxis beobachten, wie mühsam der Prozeß der Informationsbeschaffung abläuft – wie Informationen nur „gefiltert" weitergegeben werden.

Offenheit bedeutet im Zusammenhang mit Kreditüberwachung vor allem, die Risiken offen „auf den Tisch zu legen" und sie nicht „unter den Teppich zu kehren". Dieses Signal muß ganz deutlich „von oben" kommen: „Jeder Mitarbeiter darf Fehler machen. Er darf sie nur nicht vertuschen!" (Gerade im Kreditgeschäft lernt man sehr viel aus – eigenen – Fehlern. Der Lernprozeß sollte nur nicht zu teuer werden.) Wenn daher risikobehaftete Fälle rechtzeitig aufgezeigt bzw. in ein dafür vorgesehenes Gremium eingebracht werden, ist es Aufgabe der Geschäftsleitung dafür zu sorgen, daß dann tatsächlich kein sanktionsorientiertes Verhalten (siehe „Tribunal") an den Tag gelegt wird.

Einer der wichtigsten „Erfolgsfaktoren" für die Kreditüberwachung besteht wahrscheinlich darin, daß ein angstfreies Klima der Offenheit und des gegenseitigen Vertrauens geschaffen wird.

- *Unterstützung – Kooperation – Akzeptanz*

Auch diese Wertvorstellung klingt vielleicht auf den ersten Blick banal – und ist es in der Realität des Alltags nicht. Vor allem in der Kooperation bzw. in der Beziehung Filiale–Zentrale gibt es in den meisten Banken noch Verbesserungsbedarf.

„Die ersten Kunden sind unsere Filialen" lautet eine zentrale Aussage in unseren Mitarbeitergesprächen. Damit soll zum Ausdruck gebracht werden, daß auch zentrale Abteilungen ihre Kunden haben. Wenn Problemfälle auftauchen, wo die Filiale Unterstützung benötigt, helfen lange Aktenvermerke und Stellungnahmen meistens wenig – gefragt ist hier rasches Handeln. Nicht die Frage: „Wer ist schuld an diesem Kreditverlauf?", sondern die Frage: „Wie kann eine Ausfallsgefährdung möglichst rasch verhindert werden?" muß im Mittelpunkt stehen. Die ganze Kraft muß für die Erarbeitung von echten *Lösungsvorschlägen* liegen. Kooperation und gegenseitige Unterstützung hängen eng mit gegenseitiger *Akzep-*

tanz zusammen. Man wird jemand anderen (bzw. eine andere Organisationseinheit) dann eher unterstützen, wenn man davon ausgehen kann, akzeptiert zu werden. Im Zusammenhang mit der Kreditüberwachung bedeutet das, den Standpunkt und die Meinung des anderen zu respektieren, die innere Bereitschaft, die Funktion des anderen anzuerkennen.

Filialmitarbeiter wünschen sich beispielsweise, daß in der Zentrale ihre Marktkompetenz akzeptiert wird. Die Mitarbeiter der *Kreditabteilung* wünschen sich wiederum, daß von den Filialen ihre Fachkompetenz akzeptiert wird. Von Mitarbeitern, die in der *Stelle „Kreditüberwachung"* tätig sind, kann man des öfteren hören, daß dieser Aufgabenbereich in der Bank wenig geschätzt und ihre Tätigkeit wenig geachtet wird – ein Akzeptanzproblem!

Diese für die Kreditüberwachung besonders wichtigen Werte zu vermitteln, sie mit Leben zu füllen, ist Aufgabe der *Geschäftsleitung*. Kreditkultur vermitteln heißt in erster Linie, sie zu leben. Auch die Führungskräfte im Kreditgeschäft haben eine wichtige Vorbildfunktion. Sie müssen jede Gelegenheit (bei Sitzungen, in Schulungsveranstaltungen usw.) nützen, um solche Werte zu kommunizieren: Immer wieder – mit großer Beständigkeit und Ausdauer. Auch die Einführung eines Frühwarnsystems bietet zum Beispiel eine hervorragende Gelegenheit zur Wertvermittlung. Schon allein die Art, *wie* ein EDV-gestütztes Früherkennungssystem in der Bank eingeführt wird, ist Ausdruck einer gelebten Kreditkultur.

3.3 Einführung des EDV-gestützten Frühwarnsystems

In Banken mit einem dezentralen Vertriebssystem richtet sich das Kreditüberwachungssystem in erster Linie nach den Kundenbetreuern in den Filialen. Dort sollen Frühwarnsignale rechtzeitig wahrgenommen und Maßnahmen zur Risikoreduzierung gesetzt werden. Der Erfolg der Kreditüberwachung in einem Filialvertriebssystem hängt daher entscheidend davon ab, wie es gelingt, bei diesen Mitarbeitern einen Bewußtmachungsprozeß auszulösen.

Wichtige Botschaften den Mitarbeitern nahezubringen, erfordert daher einen bestimmten *Kommunikationsstil* und bestimmte *Kommunikationsmittel*. Ein bloßes (nüchtern und bürokratisch wirkendes) Rundschreiben ist daher für die Einführung eines neuen Kreditüberwachungssystems für Filialen ungeeignet.

Wir haben bei der Einführung unserer Frühwarnlisten gute Erfahrungen mit persönlichen und lebendig gestalteten Präsentationen in Filialen gemacht. In diesen *dezentralen* Workshops, bei denen die Kundenbetreuer der Filialen einer Region teilgenommen haben, wurden in einer zentral gelegenen *Filiale* (bewußt nicht im Schulungszentrum – auch der Ort ist wichtig!) folgende Themen erläutert und diskutiert:

– Ziele des neuen EDV-gestützten Kreditüberwachungssystems
– Nutzen für die Filiale

- Interpretation des EDV-Indikatorensystems
- Aufbau der Frühwarnliste
- Aktivitäten und Maßnahmen des Kundenbetreuers
- Angebot der zentralen Unterstützung bei der Sanierung.

Unsere Erfahrung aufgrund zahlreicher solcher Informationsveranstaltungen dieser Art zeigt, daß in den Diskussionen mit den Filialmitarbeitern vor allem zwei Punkte sehr wesentlich waren:

1. Der *Nutzen* für die *Filiale* bzw. für den Kundenbetreuer muß klar herausgearbeitet werden. Es geht nicht um eine weitere EDV-Liste, es geht nicht um eine zusätzliche Verwaltungsarbeit, die man eben erledigen muß. Es geht schlicht und einfach um einen Weg zur wirksamen Risikoreduzierung. Und in der Verringerung der einer Filiale zugerechneten Risikokosten liegt auch der Nutzen. Denn das ist ein unmittelbarer Beitrag zur Steigerung des Filial-Deckungsbeitrages.
Somit muß klar herausgearbeitet werden: „Risikoreduzierung ist ein Geschäft."

2. Der zweite Punkt bestand darin (unausgesprochene, aber deutlich spürbare), *Ängste* zu *zerstreuen*, bei den Frühwarnlisten handle es sich um ein (sanktionsorientiertes) Kontrollinstrument bzw. um ein Instrument der automatischen Einzelwertberichtigungs-Bildung. Natürlich soll mit einem EDV-gestützten Früherkennungssystem eine Steuerung des Kreditgeschäfts erreicht werden. Aber im Vordergrund stehen nicht Kontrollen, sondern die Aufforderung an den Kundenbetreuer selbst, geeignete Maßnahmen zu setzen, damit dieser Kunde nach einer Zeit *nicht* mehr auf der Frühwarnliste aufscheint.

3.4 Mitarbeiterentwicklung (Aus- und Weiterbildung)

„Ich behaupte, es gibt eine Unzahl von Frühwarnindikatoren, nur werden diese Frühwarnindikatoren entweder aufgrund mangelhafter Ausbildung oder mangelhafter Einstellung nicht wahrgenommen" formulierte *Ulrich*[10] im Rahmen eines Bankensymposiums. Kreditüberwachung ist nicht allein ein ausgebautes Informationsverarbeitungssystem, sondern verlangt auch eine *Sensibilisierung* der Mitarbeiter für das Wahrnehmen von Frühwarnsignalen.

Es ist daher wichtig, Themen wie Beobachtung des Unternehmerverhaltens, das Erkennen von „Warnlichtern" usw. ganz gezielt in die Kreditaus- und -weiterbildung zu integrieren.

Gerade das Kapitel der „Unternehmerbeurteilung" und „Verhaltensbeobachtung" wird vielfach nur am Rande (wenn überhaupt) behandelt. Wir schließen uns der Forderung von *Stein* an, wenn er meint, „daß die Kreditbearbeiter aller Hierarchiestufen umfassend und problembezogen in der personenbezogenen Risikoanalyse aus- und fortgebildet werden müssen". [11] In Aus- und Weiterbildungsveranstaltungen sollte beispielsweise auf die verschiedenen *Unternehmertypen* [12] eingegangen werden, damit die Mitarbeiter die vom Unternehmerverhalten ausgehenden Warnsignale auch als solche erkennen.

Hinsichtlich der Entwicklung eines Problembewußtseins für das Wahrnehmen von Frühwarnsignalen hat sich in unserer Praxis bewährt, in den Kreditseminaren, die bei den einzelnen Beobachtungsbereichen möglichen Frühwarnindikatoren in Gruppenarbeiten zu erarbeiten und im Plenum zu präsentieren und diskutieren. Bereits das aktive Erarbeiten dieser Themenbereiche in Kleingruppen vermittelt erste Erkenntnisse und Einsichten. Daneben haben wir für Pouvoirträger eigene Workshops „Früherkennung" entwickelt, die sich ausschließlich mit den Themen Risikofrüherkennung und Sanierung im Kommerzkreditgeschäft beschäftigen. Diese hier erwähnten Veranstaltungen haben bisher rund 300 Mitarbeiter besucht, sodaß der „Boden" für die mit der Kreditüberwachung zusammenhängenden Fragen (z. B. der Umgang mit der Frühwarnliste) systematisch aufbereitet wurde.

Zu solchen Veranstaltungen wurde auch das für das Kreditgeschäft ressortzuständige Vorstandsmitglied eingeladen, um den Teilnehmern die Möglichkeit zu bieten, aktuelle Fragen der Kreditpolitik mit einem Vertreter der Geschäftsleitung zu erörtern. Die Teilnehmer solcher Workshops erhalten bei diesen Gelegenheiten nicht nur die Geschäftspolitik, sondern auch die *Werte* der Kreditkultur „aus kompetentem Munde" interpretiert. Aus- und Weiterbildungsveranstaltungen können daher wesentlich dazu beitragen, den Stellenwert der Kreditüberwachung sowie Wertvorstellungen im Kreditgeschäft zu vermitteln.

Mit diesem Beispiel wollen wir gleichzeitig noch etwas deutlich machen: Kreditüberwachung wird in der Praxis nur dann den gewünschten Erfolg bringen, wenn die *Geschäftsleitung* dahintersteht. Sie ist nicht nur für strategische Fragen und Kreditentscheidungen verantwortlich, sondern hat auch dafür Sorge zu tragen, daß in der Bank ein effizientes und von den Mitarbeitern getragenes Kreditüberwachungssystem sinnvoll eingesetzt wird.

Die Schaffung der in diesem Buch dargelegten Voraussetzungen ist daher Teil der *Sorgfaltspflicht der Geschäftsleiter* im Sinne des Kreditwesengesetzes. Diese Sorgfaltspflicht und die damit verbundenen Mühen werden sich lohnen, wenn die drei Bereiche

- Instrumente der Kreditüberwachung
- Organisation der Kreditüberwachung
- Wertvorstellungen der Kreditkultur

systematisch entwickelt und als ein sinnvolles Ganzes gesehen und eingesetzt werden.

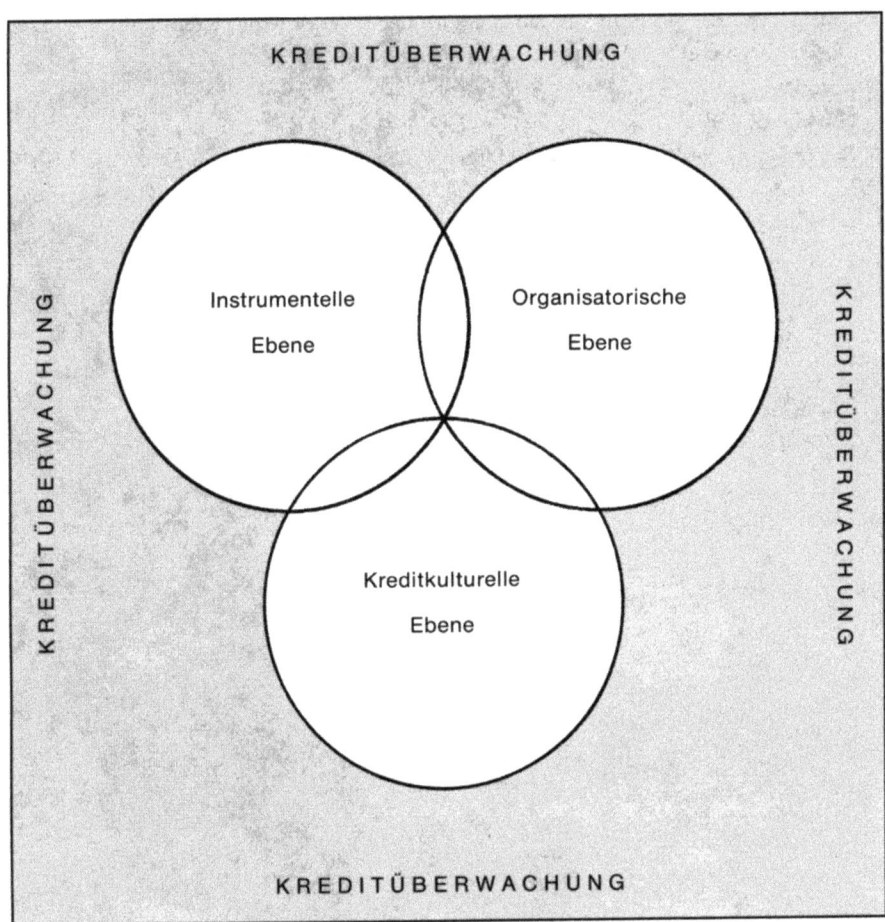

Abbildung 73: Die drei Ebenen der Kreditüberwachung

Anmerkungen

1 *Ulrich:* Verhaltensbeobachtungen, S. 172; vgl. auch *Kreim:* Kreditentscheidung, S. 66

2 *Ulrich:* Verhaltensbeobachtungen, S. 171

3 Vgl. *Küspert/Hohenegg:* Risikominderung im Kreditgeschäft, S. 79: „Eine zu sehr quantitativ orientierte Wachstumspolitik im Kreditgeschäft bringt erhöhte Risiken. Die qualitative Komponente, die Orientierung an Risikogesichtspunkten, verdient mehr Beachtung. Man sollte hier und da darüber nachdenken, ob die Grundeinstellung im Kreditgeschäft einer Modifizierung bedarf."

4 *Ulrich:* Verhaltensbeobachtungen, S. 173

5 *Kirsch/Trux:* Strategische Frühaufklärung, S. 53

6 *Mühlbauer:* Die „urteilende Distanz" im Kreditgeschäft, S. 434

7 Zum Begriff Kreditkultur vgl. die Ausführungen von *Schmoll:* Kreditkultur, S. 77 ff
8 *Ulrich:* Verhaltensbeobachtungen, S. 178
9 ebenda, S. 177
10 ebenda, S. 178
11 *Stein:* Typologie krisengeneigter Unternehmer, S. 168
12 Vgl. hierzu *Stein:* a. a. O., S. 157 f; *Schmoll:* Kreditkultur, S. 119 f

ANHANG

Formel für Kennzahlenberechnung	Kurzbezeichnung	Diskriminanzfunktionen
I. Investitionen und Finanzierung		**Ohne Branchengliederung**
$\dfrac{\text{Eigenkapital}}{\text{Gesamtkapital}} \times 100$	EKGK	$Z = -0,374237 - 0,000786\ UEEK_1 - 0,004299\ BEGE_1 - 0,000661\ UEEK_1 + 0,00006\ FKCF_2 -$
$\dfrac{\text{Bankverbindlichkeiten}}{\text{Fremdkapital}} \times 100$	BAFK	$- 0,008209\ WOGK_2 - 0,036286\ UEGK_2$
$\dfrac{\text{erhaltene Anzahlungen}}{\text{nicht abgerechn. Leistungen}} \times 100$	ERNA	Arithmetisches Mittel der Z-Werte:
$\dfrac{\text{Umsatz}}{\text{Gesamtkapital}} \times 100$	UMGK	gescheiterte Unternehmen 1,43818
$\dfrac{\text{Forderungen aus L. u. L.}}{\text{Umsatz}} \times 360$	FLUM	Vergleichsunternehmen −1,20337
$\dfrac{\text{Vorräte}}{\text{Rohstoffeinsatz}} \times 360$	VORE	**Leistungsbetriebe**
$\dfrac{\text{Verbindl. aus L. u. L. + Schuldw.}}{\text{Vorleistungen}} \times 100$	VOVL	$Z_L = -3,156118 + 0,036077\ BAFK_1 + 0,000851\ WEAV_4 - 0,36864\ CFUM_4 - 0,000603\ ERNA_3$
$\dfrac{\text{Wertschöpfung}}{\text{Anlagevermögen}} \times 100$	WEAV	$+ 0,001295\ FKBE_2 - 0,026399\ BEGE_2 - 0,024794\ WOGK_2$
II. Liquidität		Arithmetisches Mittel der Z-Werte:
$\dfrac{\text{Eigenkapital + langfr. Fremdk.}}{\text{Anlagevermögen}} \times 100$	EKLG	gescheiterte Unternehmen 1,64555
$\dfrac{\text{bald verfügb. Geldmittel}}{\text{kurzfr. Fremdkapital}} \times 100$	BUKF	Vergleichsunternehmen −2,05693
$\dfrac{\text{Umlaufvermögen - kurzfr. Fremdkap.}}{\text{Gesamtkapital}} \times 100$	WOGK	**Erzeugungsbetriebe**
$\dfrac{\text{Veränderung des Netto-Geldvermögens}}{\text{Umsatzausgaben} \times 1/12}$	VEUM	$Z_E = 0,876003 - 0,004063\ ERNA_3 - 0,000404\ VEUM_1 - 0,044342\ EKGK_3 + 0,00098\ FKCF_2 -$
$\dfrac{\text{Cash-flow 2}}{\text{Fremdkapital}} \times 100$	FKCF	$- 0,013097\ WOGK_2 - 0,14937\ CFUM_2$
$\dfrac{\text{Fremdkap. - bald verfügb. Geldmenge}}{\text{betriebl. Nettoeinnahmen}} \times 100$	FKBE	Arithmetisches Mittel der Z-Werte:
III. Ertragskraft		gescheiterte Unternehmen 2,04102
$\dfrac{\text{Betriebserfolg}}{\text{Gesamtleistung}} \times 100$	BEGE	Vergleichsunternehmen −1,78589
$\dfrac{\text{Cash-flow 1}}{\text{Umsatz}} \times 100$	CFUM	**Handelsbetriebe**
$\dfrac{\text{Unternehmenserfolg + Fremdkapitalzinsen}}{\text{Gesamtkapital}} \times 100$	UEGK	$Z_H = 1,130634 - 0,000331\ WEAV_4 + 0,081629\ BEGE_3 + 0,023051\ EKGK_2 - 0,025108\ VOVL_2 -$
$\dfrac{\text{Unternehmenserfolg}}{\text{Eigenkapital}} \times 100$	UEEK	$- 0,000479\ FKBE_2$
		Arithmetisches Mittel der Z-Werte:
		gescheiterte Unternehmen −1,75274
		Vergleichsunternehmen 1,46061
		Nach dem Einsetzen der Kennzahlenwerte gilt als Klassifikationsregel:
		$Z,\ Z_L,\ Z_E: Z_E > 0$ } Unternehmen wird scheitern $Z_H < 0$

Abbildung 74: Diskriminanzfunktionen nach Bleier

B I L A N Z - U N D E R F O L G S V E R G L E I C H

SCHMOLL GES MBH   FIRMENKENN-NR.   14086

GESELLSCHAFT M.B.H.

FORMENBAU

1100 WIEN

BRANCHEN-NR.   5212

LETZTER PRUEFBERICHT   /

KONTO-NR.

BANKLEITZAHL   20111

KUNDEN-NR.   99999237

ANFORDERNDE OE

AUSWERTER   MI

LANGVERSION

DATUM

ERFOLGSVERGLEICH	1. 1.-31.12... STEUERBILANZ TS	%	1. 1.-31.12... STEUERBILANZ TS	%	1. 1.-31.12. STEUERBILANZ TS	%
BRUTTOERLOESE	14433	99.9	17080	98.8	22396	99.7
ERLOESSCHMAELERUNGEN	254	1.8	211	1.2	375	1.7
NETTOERLOESE	14179	98.1	16869	97.6	22021	98.0
SONSTIGE ERTRAEGE	273	1.9	423	2.4	449	2.0
BETRIEBSLEISTUNG	14452	100.0	17292	100.0	22470	100.0
MATERIAL/WARENEINSATZ 1)	1185	8.2	1134	6.6	1707	7.6
FREMDLEISTUNGEN	519	3.6	329	1.9	698	3.1
ROHERTRAG	12748	88.2	15829	91.5	20065	89.3
PERSONALAUFWAND	6737	46.6	7333	42.4	8855	39.4
SACH-U.SONST.AUFWAND 2)	2174	15.0	1857	10.7	2190	9.7
STEUERN U. ABGABEN	452	3.1	570	3.3	226	1.0
ZINSENAUFWAND	319	2.2	278	1.6		
BETR. GEW./VERL. VOR AFA	3066	21.2	5791	33.5	8028	35.7
AFA U. GWG	2750	19.0	2514	14.5	3547	15.8
BETRIEBL.GEWINN/VERLUST	316	2.2	3277	19.0	4481	19.9
A.O. ERTRAG 3)	1793	12.4	117	.7	65	.3
WERTBERICHT. FORDERUNGEN	-24	-.2	-26	-.2	0	.0
A.O. AUFWAND 4)	1025	7.1	170	1.0	107	.5
UNTERN. GEWINN/VERLUST	1060	7.3	3198	18.5	4439	19.8
VZ.ABSCHR./STEUERL.RL.	402	2.8	610	3.5	1060	4.7
GESELLSCHAFTEREINKOMMEN	422	2.9	801	4.6	801	3.6
KOEST/VST (KAP.GES.)	42	.3	1077	6.2	1486	6.6
AUSGEWIES.GEWINN/VERLUST	194	1.3	710	4.1	1092	4.9
1)NACH SKONTOERTRAG VON	24	.2	45	.3	72	.3
2)ENERGIE	203	1.4	196	1.1	350	1.6
2)INSTANDHALTUNG	245	1.7	214	1.2	830	3.7
2)RAUMMIETE U. PACHT	9	.1	11	.1	13	.1
2)WERBUNG UND REPRAES.	83	.6	114	.7	103	.5
3)CASHWIRKS. A.O. ERTR.	1652	11.4	117	.7	82	.4
4)CASHWIRKS. A.O. AUFW.	0	.0	38	.2	0	.0
	0	.0	0	.0	0	.0
	0	.0	0	.0	0	.0

Abbildung 75: EDV-Bilanzauswertung (Erste Österreichische Spar-Casse-Bank)

page id: 9783322870575

BILANZVERGLEICH / AKTIVA

	31.12... STEUERBILANZ		31.12... STEUERBILANZ		31.12... STEUERBILANZ	
	TS	%	TS	%	TS	%
GRUNDSTUECKE U.GEBAEUDE	3681	25.7	5130	31.7	4708	23.1
ANZAHLUNGEN +IM.BAU	1278	13.8	1691	10.4	0	.0
MASCHINELLE ANLAGEN	1212	8.6	771	4.8	3442	16.9
BETRIEBS-U.GESCHAEFTSAUS	221	1.5	442	2.7	1111	5.5
FUHRPARK	220	1.5	0	.0	869	4.3
ANLAGEVERMOEGEN 1)	7332	51.2	8034	49.6	10130	49.8
ROH-.H-U.BETR.STOFFE	44	.3	50	.3	34	.2
KUNDENFORDERUNGEN 2)	1676	11.7	2541	15.7	2097	10.3
SONSTIGE FORDERUNGEN	316	2.2	136	.8	431	2.1
FLUESSIGE MITTEL	4946	34.6	5443	33.6	7658	37.6
UMLAUFVERMOEGEN 3)	6982	48.8	8170	50.4	10220	50.2
SUMME DES VERMOEGENS	14314	100.0	16204	100.0	20350	100.0
BILANZSUMME	14314	100.0	16204	100.0	20350	100.0
1)ANLAGENZUGANG BRUTTO	2057	14.4	3213	19.8	5577	27.4
1)ANLAGENABGANG RESTBW.	1150	8.0	79	.5	23	.0
	0	.0	0	.0	0	.0
	0	.0	0	.0	0	.0
BILANZ. ANLAGEVERMOEGEN	7332	30.2	8034	30.7	10130	32.8
AUFWERTUNGEN	2000	8.3	2000	7.6	2500	8.1
PRIVATLIEGSC	8000	32.9	8000	30.5	8000	25.9
KREDITH. ANLAGEVERMOEGEN	17332	71.3	18034	68.8	20630	66.9
BILANZ. UMLAUFVERMOEGEN	6982	28.7	8170	31.2	10220	33.1
KREDITH. UMLAUFVERMOEGEN	6982	28.7	8170	31.2	10220	33.1
KREDITH. BILANZSUMME	24314	100.0	26204	100.0	30850	100.0

BILANZVERGLEICH /PASSIVA

	31.12... STEUERBILANZ		31.12... STEUERBILANZ		31.12... STEUERBILANZ	
	TS	%	TS	%	TS	%
GRUNDKAPITAL	3583	25.0	3583	22.1	3583	17.6
GEWINNVORTRAG	2633	18.4	2827	17.4	3537	17.4
GEWINN/VERLUST	194	1.4	710	4.4	1092	5.4
KAPITALENDSTAND	6410	44.8	7120	43.9	8212	40.4
VK GES	-2402	-16.8	-2011	-12.4	-2173	-10.7
STEUERBEGUENSTIGUNG	402	2.8	1012	6.2	2072	10.2
EIGENKAPITAL	4410	30.8	6121	37.8	8111	39.9
EIGENES KREDITINST. 2)	4323	30.2	3584	22.1	2775	13.6
FREMDE KREDITINST. 2)	244	1.7	178	1.1	112	.6
SONST.DARL.U.KREDITE 2)	100	.7	100	.6	100	.5
ABFERT.RL.,PENS.-RST.	1004	7.0	1212	7.5	1328	6.5
LIEFERVERBINDLICHKEITEN	735	5.1	1564	9.7	4358	21.4
RUECKSTELLUNGEN 3)	374	2.6	1678	10.4	2289	11.2
SONST.VERBINDLICHK. 3)	3124	21.8	1767	10.9	1277	6.3
FREMDKAPITAL 1)	9904	69.2	10083	62.2	12239	60.1
BILANZSUMME	14314	100.0	16204	100.0	20350	100.0
1)HIEVON LANGFRISTIG	4622	32.3	4058	25.0	2697	13.3
2)LANGFR. KREDITE	4421	30.9	3616	22.3	2697	13.3
3)KRANKENKASSE U FA	2627	18.4	1664	10.3	1140	5.6
	0	.0	0	.0	0	.0
	0	.0	0	.0	0	.0
	0	.0	0	.0	0	.0
BILANZ. EIGENKAPITAL	4410	18.1	6121	23.4	8111	26.3
AUFWERTUNGEN	3000	12.3	4000	15.3	5500	17.8
KREDITH. EIGENKAPITAL	7410	30.5	10121	38.6	13611	44.1
BILANZ. FREMDKAPITAL	9904	40.7	10083	38.5	12239	39.7
PRIV V8	7000	28.8	6000	22.9	5000	16.2
KREDITH. FREMDKAPITAL	16904	69.5	16083	61.4	17239	55.9
KREDITH. BILANZSUMME 4)	24314	100.0	26204	100.0	30850	100.0

Abbildung 75: EDV-Bilanzauswertung (Erste Österreichische Spar-Casse-Bank) (Fortsetzung)

DYNAMISCHE FINANZIERUNGSANALYSE
=================================

1. FINANZIERUNG IM LANGFRISTIGEN BEREICH
   =====================================

	19.. TS	19.. TS	19.. TS
INVESTITIONSDECKUNG DURCH EIGENFINANZIERUNG: JAHR			
DER NETTO-CASHFLOW BELIEF SICH AUF	4254	3992	5659
UND LAG UM	3347	858	105

(+ =UEBER/- =UNTER) DEM BEDARF AUS DEN JAHRESINVESTITIONEN.

AENDERUNG DER GESAMTLANGFRISTFINANZIERUNG

UNTER BERUECKSICHTIGUNG DES (+ =ZUGANGS/			
- =ABGANGS) AN LANGFRISTIGEN FREMDMITTELN VON	0	-564	-1361
HAT SICH DIE LANGFRISTIGE FINANZIERUNGS-			
STRUKTUR UM (++VERBESSERT/-=VERSCHLECHTERT)	0	294	-1256

2. FINANZIERUNG IM KURZFRISTIGEN BEREICH
   =====================================

INSGESAMT STANDEN KURZFRISTIGE MITTEL VON   0   -445   1467

(+ = MEHR/- = WENIGER) ZUR VERFUEGUNG ALS VERWENDET WURDEN.

DABEI ERHOEHTEN / VERMINDERTEN SICH DIE

LIEFERANTEN-U.WECHSELVERBINDLICHKEITEN UM	0	829	2794
KURZFRISTIGEN BANKKREDITE UM	0	0	44

(ERHOEHUNGEN = SCHULDENZUNAHMEN, VERMINDERUNGEN = SCHULDENABBAU !)

KUNDENFORDERUNGEN UM	0	865	-444
DIE VORRAETE UM	0	6	-16

(ERHOEHUNGEN = GESTEIGERTER FINANZIERUNGSBEDARF,
VERMINDERUNGEN = REDUZIERTER FINANZIERUNGSBEDARF)

FINANZIERUNGSRISIKOANALYSE
===========================

AUS DER GEGENUEBERSTELLUNG ZWISCHEN EIGENFINANZIERUNGSQUOTE
UND LANGFRISTIGEN KREDITEN ERRECHNET SICH EINE DURCHSCHNITTL.

LANGFRISTIGE KREDITTILGUNGSDAUER IN JAHREN VON   .0   .9   .5

DIE VEREINBARTEN RESTLAUFZEITEN (IN JAHREN) DER LANG-
FRISTIGEN KREDITE BELAUFEN SICH AUF DURCHSCHNITTLICH   ....

DYNAMISCHE KENNZIFFERN
========================

		31.12...	31.12...	31.12...
*RETURN ON INVESTMENT (ROI)	%	2.21	20.22	22.02
*UMSATZGEWINNRATE	%	2.19	18.95	19.94
*KAPITALUMSCHLAG		1.01	1.07	1.10
BETRIEBSGEWINN VOR AFA	TS	3066.00	5791.00	8028.00
BRUTTO - CASH-FLOW	TS	4718.00	5870.00	7946.00
ARBEITSLOHNPRODUKTIVITAET	S	2.15	2.36	2.54
BESCHAEFTIGTENPRODUKTIVITAET	TS	.00	.00	.00
*EIGENKAPITALSRENTABILITAET	%	7.17	53.54	55.25
*GESAMTKAPITALSRENTABILITAET	%	4.44	21.94	23.13
RATE OF RETURN A		1.49	1.80	1.44
RATE OF RETURN B		1.47	1.47	1.17
INVEST.INTENS./1 S PERS.AUFWD		.31	.44	.63
INVEST.INTENS./BESCHAEFTIGTEN	TS	.00	.00	.00
*DEBITORENZIEL	TAGE	35.	45.	28.
*KREDITORENZIEL	TAGE	131.	325.	551.
MATERIAL-U.WARENEINKAUFSERTRAG	%	1.41	3.08	2.99
FIKT.LANGFR.FREMDKAP.RUECKZAHL		.66	1.43	2.98

STATISCHE KENNZIFFERN
=======================

*EIGENFINANZIERUNGSGRAD	%	30.81	37.77	39.86
*LANGFRISTIG. VERSCHULDUNGSGRAD	%	32.29	25.04	13.25
*KURZFRISTIG. VERSCHULDUNGSGRAD	%	36.90	37.18	46.89
ANLAGENDECKUNG A		.60	.76	.80
ANLAGENDECKUNG B		1.23	1.27	1.07
LANGFRISTIGE DECKUNG		1.23	1.27	1.07
WORKING CAPITAL		1.32	1.36	1.07
DEBITOREN-KREDIT.-KOEFFIZIENT		2.28	1.62	.48

Abbildung 75: EDV-Bilanzauswertung (Erste Österreichische Spar-Casse-Bank) (Fortsetzung)

ZWISCHENBETRIEBLICHER KENNZAHLENVERGLEICH

A) KENNZAHLEN DES EIGENEN BETRIEBES

	31.12...	31.12...	31.12...
BETRIEBSGEW.+AFA/BETR.LEIST. %	21.2	33.5	35.7
PERSONALAUFWAND " -	46.6	42.4	39.4
WARENEINSATZ " -	11.8	8.5	10.7
DEBITORENZIEL IN TAGEN	35.	45.	28.
KREDITORENZIEL IN TAGEN	131.	325.	551.
FREMDKAP. IN % DER BETR.LEIST.	68.5	58.3	54.5
VERAENDERUNG DER BETRIEBSLEISTUNG IM VERGLEICH ZUM VORJAHR IN %	.0	19.7	29.9

B) BETRIEBSVERGLEICHSWERTE   (NACH ARITHMET. MITTEL)

BRANCHE: 5210 BEARBEITUNG VON METALLEN

BETRIEBSLEISTUNGSGRUPPE: 10 BIS 50 MIO S

BILANZBONITAET	SCHLECHT		GUT	
JAHR	1986	1987	1986	1987
ANZAHL DER BILANZEN	13	13	8	6
BONITAETSINDIKATOR	-4.6	-5.7	4.5	6.0
BETRIEBSGEW.+AFA/BETR.LEIST. %	2.8	2.4	14.2	22.1
PERSONALAUFWAND " -	37.4	41.2	33.8	40.5
WARENEINSATZ " -	36.4	28.9	29.8	17.4
DEBITORENZIEL IN TAGEN	70.	62.	52.	45.
KREDITORENZIEL IN TAGEN	160.	208.	99.	158.
FREMDKAP. IN % DER BETR.LEIST.	71.6	88.5	38.8	45.8
VERAENDERUNG DER BETRIEBSLEISTUNG IM VERGLEICH ZUM VORJAHR IN %	-13.3		-4.2	

BILANZ - BONITAETS - KENNZAHLEN

SCHMOLL GES MBH

GESELLSCHAFT M.B.H.
BRANCHE: 5212   FORMENBAU

BILANZART	1	1	1
B.STICHTAG	31.12...	31.12...	31.12...
BONITAETSINDIKATOR:	1.6453	6.0373	5.7225
	GOOD	GOOD	GOOD
KONTROLLFUNKTION:	-.7515	1.9107	1.7660
	BAD	GOOD	GOOD

INTERPRETATION:

BONITAET LAUT BILANZ GUT

JE HOEHER DER ABSOLUTE WERT DES BONITAETSINDIKATORS,
DESTO EINDEUTIGER IST DIE KLASSIFIKATION.
GRENZWERTBEREICH DES BONITAETSINDIKATORS +2.5 BZW. -2.5;

TRENDBEWERTUNG:

STEIGENDE POSITIVE WERTE BZW. SINKENDE NEGATIVE WERTE
DES BONITAETSINDIKATORS BEDEUTEN BILANZMAESSIGE VERBESSERUNGEN.
STEIGENDE NEGATIVE WERTE BZW. SINKENDE POSITIVE WERTE
DES BONITAETSINDIKATORS BEDEUTEN BILANZMAESSIGE VERSCHLECHTERUNGEN.

Abbildung 75: EDV-Bilanzauswertung (Erste Österreichische Spar-Casse-Bank) (Fortsetzung)

FINANZPLANUNGSSYSTEM **GZ**

BETRIEBS– UND
INVESTITIONSFINANZIERUNG

Firma:

Geplantes Vorhaben:

Angestrebtes Ziel:

Voraussichtlicher Beginn des Vorhabens:

Voraussichtlicher Abschluß des Vorhabens:

Auf Grund von Angaben und Unterlagen der beratenen Firma. Ohne Obligo der Sparkasse.

Erstellt am ....
                                                     Unterschrift

A.1 KAPITALDIENST
im Planungszeitraum

Kredite	Betrag TS	%	Zinsen TS	+ Tilgungen TS	= Kapitaldienst TS	Kapitaldienst nach tilgungs- freien Jahren TS
bestehende:						
neue:						
insgesamt						

A.2 RÜCKFÜHRUNGSMÖGLICHKEIT

Kapitaldienstgrenze im Planungszeitraum		
–Kapitaldienst im Planungszeitraum		
Über- (+)/Unterdeckung (–) geplant		

Abbildung 76: Finanzplanungssystem (Girozentrale)

B. ERMITTLUNG DER KAPITALDIENSTGRENZE

VORSCHAU BETRIEBSLEITUNG	Ist		Planungszeitraum	
	TS	%	TS	%
1. Bruttoerlöse				
2.				
3.				
4.				
5. Erlösschmälerungen				
6. Nettoerlöse (Summe 1 bis 5)				
7. Sonstige Erträge				
8.				
9.				
10. Betriebsleistung (Summe 6 bis 9)				

ERTRAGSVORSCHAU	Ist		Planungszeitraum	
	TS	%	TS	%
11. Betriebsleistung (Zeile 10)				
12. Material- u. Wareneinsatz				
13.				
14. Fremdleistungen				
15. Rohertrag (Summe 11 bis 14)				
16. Personalaufwand				
17. Sach- u. so. Aufwand				
18.				
19.				
20. Steuern und Abgaben				
21. Betr. cash flow vor Zinsen (Summe 15 bis 20)				
22. Zinsenaufwand				
23. Betrieblicher cash-flow (Summe 21+22)				
24. Normalabschreibung u. GWG				
25. Betriebsergebnis (Summe 23+24)				
26. ± a.o. Gebarung				
27.				
28. Periodenergebnis (Summe 25 bis 27)				

KAPITALDIENSTGRENZE

29. Betr. cash-flow vor Zinsen (Zeile 21)	
30. + Einlagen	
31. − Privatentnahmen u. -steuern	
32. ± Sonstiges	
33. Kapitaldienstgrenze im Planungszeitraum	

Abbildung 76: Finanzplanungssystem (Girozentrale) (Fortsetzung)

263

C. + D. ERMITTLUNG DES KREDITBEDARFES

Planungszeitraum:

C. Finanzierungsbedarf:

1. Investitionen
1.1 Bauliche Investitionen:

1.2 Maschinen
1.3 Betriebs- und Geschäftsausstattung
1.4 Fahrzeuge
1.5
1.6 Ersatzinvestitionen
2. Sonstiger langfristiger Finanzierungsbedarf:

3. Langfristiger Finanzierungsbedarf (Summe 1+2)

4. Erhöhung der Vorräte von TS   um
5. Erhöhung der Kundenforderungen von
von TS   auf TS   um
6. Abbau der Lieferanten- und Wechselverbindlichkeiten
von TS   auf TS   um
7. Erhöhung sonstiger kurzfristiger Aktiva
8. Abbau kurzfristiger Passiva

9. Kurzfristiger Finanzierungsbedarf (Summe 4 bis 8)

10. Gesamter Finanzierungsbedarf   (Summe 3 + 9)

in TS

D. Finanzierungsmittel:

1. Selbst- u. Eigenfinanzierung bis zum Abschluß des Vorhabens
1.1 Kapitaldienstgrenze (Zeile B.33)
1.2 – Kapitaldienst (A.1)
1.3   Über- oder Unterdeckung
1.4 ± A.o. Gebarung (B.26 u. 27)

2. Neue langfristige Kredite:
2.1 Sparkasse   TS
2.2   TS
2.3   TS
2.4   TS

3. Langfristige Finanzierungsmittel (Summe 1 + 2)

4. Erhöhung Betriebsmittelkredite:
4.1 Sparkasse   TS
4.2   TS
4.3   TS
4.4   TS

5. Erhöhung Lieferanten- und Wechselverbindlichkeiten
von TS   auf TS   um
6. Erhöhung sonstiger kurzfristiger Passiva
7. Abbau kurzfristiger Aktiva

8. Kurzfristige Finanzierungsmittel (Summe 4 bis 7)

9. Gesamte Finanzierungsmittel (Summe 3 + 8)

in TS

Abbildung 76: Finanzplanungssystem (Girozentrale) (Fortsetzung)

in TS	IST—Bilanz	Mittelbedarf		Mittelherkunft		Planbilanz
		langfr.	kurzfr.	langfr.	kurzfr.	
ANLAGEVERMÖGEN						
Roh-,Hilfs-u.Betriebsst.,Handelsw.						
Halbf. u. fert. Erzeugnisse						
Nicht abger. Leistungen						
Anzahlungen (gegebene)						
Kundenforderungen						
Sonst. Forderungen						
Flüssige Mittel						
UMLAUFVERMÖGEN						
Summe VERMÖGEN						
Fehlkapital						
BILANZSUMME						
EIGENKAPITAL						
Eigenes Kreditinstitut						
Fremde Kreditinstitute						
So. Darlehen u. Kredite						
Abf. Rückl., Pensionsrückstellg.						
Anzahlungen (erhaltene)						
Lieferanten						
Wechselverbindlichkeiten						
Rückstellungen						
So. Verbindlichkeiten						
FREMDKAPITAL						
BILANZSUMME/SUMME						

Eigenkapital in % d. BS:	1.	5.	
EK u. lfr. FK in % d. AV u. Fehlkapital:	2.	6.	
Kfr. UV in % d. Kfr. Verb.:	3.	7.	
Fiktive Fremdkapitalrück- zahlung:	4.	8.	

Abbildung 76: Finanzplanungssystem (Girozentrale) (Fortsetzung)

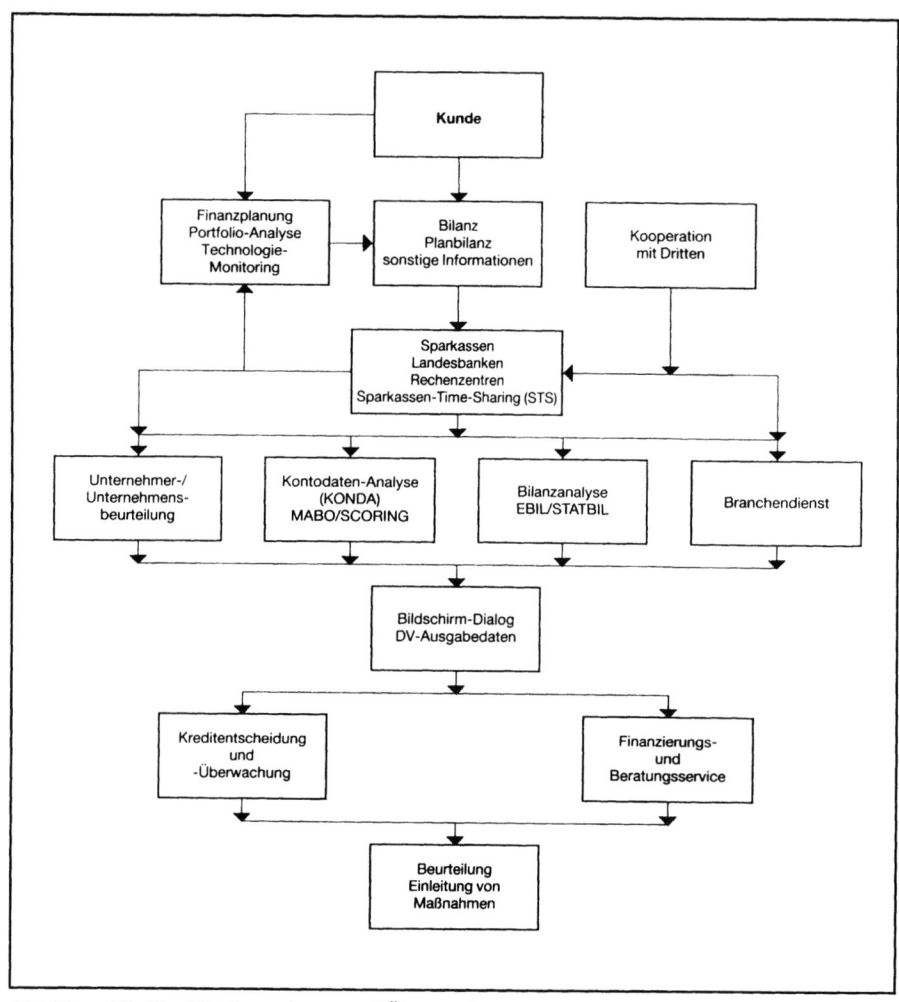

Abbildung 77: Kreditinformations- und Überwachungssystem des Deutschen Sparkassen- und Giroverbandes

(Quelle: Reuter/Stein; Kreim)

266

Verzeichnis der Abbildungen

Literaturverzeichnis

Ansoff, H. I.: Managing Surprise and Discontinuity – Strategic Response to Weak Signals, in: Zeitschrift für betriebswirtschaftliche Forschung 28/1976

Aumann, R.: Rechtsfragen bei der Behandlung gefährdeter Kreditengagements, in: Kreditmanagement (Hrsg.: W. Bühler / A. Schmoll), Wien 1987

Aumann, R., Spindler, F.: Früherkennung und Sanierung bei Klein- und Mittelbetrieben (Skriptum der ERSTEN österreichischen Spar-Casse – Bank), Wien 1988

Bea, F. X., Kötzle, A.: Ursachen von Unternehmenskrisen und Maßnahmen zur Krisenvermeidung, in: Der Betrieb 11/1983

Beitz, F. M.: Kreditprüfung ausländischer Unternehmungen, in: Kreditmanagement (Hrsg.: W. Bühler / A. Schmoll), Wien 1987

Bellinger, B.: Neue Grundlagen und Verfahren der Kreditwürdigkeitsprüfung, in: Führung von Banken (Hrsg.: A. Passardi), Bern und Stuttgart 1973

Benölken, H., Bickel, W.: Bonitätsportfolios zur strategischen Absicherung des Gesamtengagements, in: Kreditinformations- und Kreditüberwachungssysteme (Hrsg.: W. Bühler / L. Schuster) Wien 1988

Berg, C.: Theoretische Grundlagen und praktische Ansatzpunkte zum Aufbau von Frühwarnsystemen im Bereich der Materialwirtschaft, in: Zeitschrift für Betriebswirtschaft, Ergänzungsheft 2/1979

Bieg, H.: Kann der Bankenprüfer die Bonität gewerblicher Bankkreditnehmer beurteilen?, in: Zeitschrift für betriebswirtschaftliche Forschung 6/1984

Biletti, H.: Bewertungsprobleme industriell oder gewerblich genutzter Liegenschaften, in: Österreichische Immobilien-Zeitung 4/1983

Bleier, E.: Insolvenzprognose aus den Jahresabschlüssen nicht publizitätspflichtiger Unternehmen, in: Journal für Betriebswirtschaft 1/1983

Bleier, E.: Insolvenzfrüherkennung mittels praktischer Anwendung der Diskriminanzanalyse, Wien 1985

Bleier, E.: Unternehmensanalyse aus dem Jahresabschluß. Risikoklassifikation mit Hilfe von Diskriminanzfunktionen, Wien 1989

Bojanovsky, A.: Möglichkeiten für die Unternehmung zur frühzeitigen Erkennung problemhafter Entwicklungen, in: Internationaler Kreditschutz 1/1983

Brandstetter, A.: Branchen-Kennzahlen als Grundlage von Kreditentscheidungen, in: Österreichisches Bank-Archiv 5/1978

Breuer, W.: Der Bankkredit als Instrument kurzfristiger Unternehmensfinanzierung, in: Finanzierungshandbuch (Hrsg.: H. Janberg), Wiesbaden 1964

Buchmann, P.: Bestimmungsgründe für betriebliche Insolvenzen, in: Sparkasse 9/1987

Buchmann, P.: Insolvenzprophylaxe. So lassen sich Gefahren für ein Unternehmen frühzeitig erkennen, in: Kreditpraxis 5/1988

Bühler, W.: Bonitätsbeurteilung auf der Grundlage qualitativer Indikatoren, Teil I: Österreichisches Bank-Archiv 3/1982, Teil II: Österreichisches Bank-Archiv 5/1982

Bühler, W.: Unternehmenssicherung mittels Problemerkennungssystem – eine Aufgabe moderner Unternehmensführung?, in: Zeitschrift für Betriebswirtschaft 4/1985

Bühler, W.: Bonitätsprüfung und ihre ungenutzten Informationsressourcen, in: Kreditmanagement (Hrsg.: W. Bühler / A. Schmoll), Wien 1987

Bühler, W.: Kreditrisiko und Unternehmenskrise, in: Risikomanagement in Banken (Schriftenreihe des Österreichischen Forschungsinstitutes für Sparkassenwesen 1/1987), Wien 1987

Bühler, W.: Grundlinien der neu konzipierten KWG-Novelle, in: KWG und Bankbetrieb (Hrsg.: W. Bühler / G. Raab / J. Strobl), Wien 1987

Bühler, W., Hertenstein, K. H.: Bonitätsprognose und Kreditmanagement, in: Österreichisches Bank-Archiv 6/1987

Bühler, W.: Bonitätsbeurteilung jenseits von Bilanzanalyse und Insolvenzprognose, in: Kreditinformations- und Kreditüberwachungssysteme (Hrsg.: W. Bühler / L. Schuster), Wien 1988

Carbon, K.: Sparkassen-Finanzierungs-Beratungs-Service für Firmenkunden. Überlegungen zu einem finanzwirtschaftlichen Beratungsangebot der Sparkassen, in: Sparkasse 1/1979

Cassier, S.: Wandlungen der Risikobeurteilung im langfristigen Unternehmenskredit, in: Österreichisches Bank-Archiv 12/1973

Cerwinka, R., Dangl, A.: Das EDV-Instrumentarium der Kreditprüfungsabteilung der Zentralsparkasse und Kommerzialbank Wien in: Handbuch der Kreditprüfung (Hrsg.: W. Wiesinger), Wien 1987

Chini, L., Schmoll, A.: Integriertes Bonitätsbeurteilungssystem für Klein- und Mittelbetriebe, in: Österreichisches Bank-Archiv 6/1979

Chini, L.: Aufsichtsrats-Informationssystem (ARIS), Wien 1986

Denk, R.: Diagnosemethoden und Entscheidungshilfen in der Bonitätsprüfung, Wien 1979

Dettmer, A.: Auswertungen betriebswirtschaftlicher Daten für die laufende Kreditwürdigkeitsprüfung und Firmenkundenberatung, in: Betriebswirtschaftliche Blätter 7/1983

Dierkes, F.: Die Kreditüberwachung im Bankbetrieb. Ein theoretischer Beitrag zur Überwachung des Firmenkredits, Berlin 1986

Döhler, G.: Was kosten, was leisten Kreditauskünfte?, in: 75 Jahre Auskunftei Bürgel Centrale G.m.b.H. (Hrsg.: Bürgel Centrale G.m.b.H.), Aachen 1978

Dokaupil, E.: Kredit-Test wird härter, in: Industrie, 26. 1. 1983

Dopler, R.: Frühwarnsysteme in Kreditunternehmungen, Wien 1987

Drexel, G.: Ein Frühwarnsystem für die Praxis (dargestellt am Beispiel eines Einzelhandelsunternehmens), in: Zeitschrift für Betriebswirtschaft 1/1984

Eickmeier, O., Günther, F., Viehöfer, D.: Neuordnung der Kreditüberwachung. Bericht über eine Konzeption der Kreissparkasse Pinneberg, in: Sparkasse 11/1985

Falter, M.: Die Praxis des Kreditgeschäfts, 6. Aufl., Stuttgart 1966

Feil, E.: Das Grundbuchsumstellungsgesetz und seine Auswirkungen in der Praxis, in: Österreichische Immobilien-Zeitung 1/1982

Felber, P.: Kreditgewährung und dynamische Kreditbesicherung, in: Wirtschaftspolitische Blätter 3/1981

Felber, P.: Die Beurteilung des Managements im Rahmen der Kreditwürdigkeitsprüfung, in: Österreichische Sparkassen-Zeitung 3/1989

Fibich, A., Paleczny, A.: Das Indikatorensystem „Kreditüberwachung" als Hilfsinstrument zur Risikominimierung im Kommerzkreditgeschäft, in: Betrieb und Markt 1/1989

Fischer, J.: Computergestützte Analyse der Kreditwürdigkeit auf Basis der Mustererkennung, Düsseldorf 1981

Fischer, O.: Kreditwürdigkeitsprüfung, in: Management-Enzyklopädie, Bd. 6, München 1975

Fischer, O.: Die Handelsauskunftei – ihre Leistungen und Bedeutung (Hrsg.: Schimmelpfeng Ges.m.b.H.), Frankfurt/Main, o. J.

Fuchs, K.: Bankbetriebswirtschaftliche Überlegungen zum § 12 KWG 1979 unter Berücksichtigung ausländischer Bankenaufsichtsnormen, in: Österreichisches Bank-Archiv, Sonderheft I/1981

Fuchs, K.: Bankbetriebswirtschaftliche Überlegungen zum § 15 KWG 1979 (insbesondere Großkredite und Risikostreuung) unter Berücksichtigung ausländischer Bankenaufsichtsnormen, in: Österreichisches Bank-Archiv 2/1982

Gancz, A.: Gesetzliche und bankaufsichtsrechtliche Rahmenbedingungen, in: Kreditmanagement (Hrsg.: W. Bühler / A. Schmoll), Wien 1987

Gebhardt, G.: Insolvenzprognosen aus Jahresabschlüssen nach altem und neuem Aktienrecht, in: Zeitschrift für betriebswirtschaftliche Forschung 31/1979

Gebhardt, G.: Die Eignung empirischer Untersuchungen als Grundlage für Kreditwürdigkeitsprüfungen, in: Die Betriebswirtschaft 2/1981

Gerberich, C.: Ansatzpunkte zur Erweiterung der Controlling-Instrumente durch ein Frühwarnsystem, in: Kostenrechnungspraxis 4/1981

Gernert, D.: Frühwarnung und Krisenbewältigung – vom passiven zum aktiven Informationssystem, in: Zeitschrift für Betriebswirtschaft, Ergänzungsheft 2/1979

Goldbeck, K.: Insolvenz-Signale, in: Aktuelle Beiträge über Insolvenzen (Hrsg.: Schimmelpfeng Ges.m.b.H.), 2. Aufl., Frankfurt/Main 1977

Gomez, P.: Frühwarnung in der Unternehmung, Bern 1983

Grochla, E., Meller, F.: Datenverarbeitung in der Unternehmung, Reinbek bei Hamburg 1974

Hackl, P., Böhm, W.: Klassifikationsprobleme der Bankkundenbeurteilung, in: Österreichisches Bank-Archiv 8/1987

Haeseler, H. R.: Kreditvergabeentscheidung und dynamische Kreditüberwachung, in: Wirtschaftspolitische Blätter 3/1981

Haeseler, H. R.: Insolvenzprognosemodell, in: Internationaler Kreditschutz 1/1983

Hagenmüller, K. F.: Kreditsicherheiten, in: Handwörterbuch der Finanzwirtschaft (Hrsg.: H. Büschgen), Stuttgart 1976

Hagenmüller, K. F.: Kreditwürdigkeitsprüfung, in: Handwörterbuch der Finanzwirtschaft (Hrsg.: H. Büschgen), Stuttgart 1976

Hagenmüller, K. F.: Der Bankbetrieb. Bd. II: Aktivgeschäfte und Dienstleistungsgeschäfte, 4. Aufl., Wiesbaden 1978

Hahn, D.: Frühwarnsysteme, Krisenmanagement und Unternehmensplanung, in: Zeitschrift für Betriebswirtschaft, Ergänzungsheft 2/1979

Hahn, D., Krystek, U.: Betriebliche und überbetriebliche Frühwarnsysteme für die Industrie, in: Zeitschrift für betriebswirtschaftliche Forschung 31/1979

Hahn, O.: Veränderte Risikopolitik der Banken im Kreditgeschäft, in: IO Management-Zeitschrift 3/1981

Halvax, G.: Interne Kontrolle in Banken, Wien 1987

Halvax, G.: Aufbau einer Innenrevision in Banken, in: Österreichisches Bank-Archiv 1/1989

Hammer, R., Lechleitner, G.: Strategische Frühwarnung auf Basis von Finanzkennzahlen, in: Internationaler Kreditschutz 1/1983

Hartmann, B.: Kreditprüfung und Kreditüberwachung, Stuttgart 1965

Hartmann, B.: Angewandte Betriebsanalyse, 2. Aufl., Freiburg im Breisgau 1970

Haumer, H.: Die österreichischen Erfahrungen, in: Bank und Markt 4/1981

Haumer, H.: Die Situation der Banken im politischen und wirtschaftlichen Umfeld, in: Österreichisches Bank-Archiv 5/1982

Haumer, H.: Das Bankwesen im Spiegel der wirtschaftlichen Entwicklung – Risikoträger oder Risikotransformator?, in: Österreichisches Bank-Archiv 11/1982

Haushofer, O.: Möglichkeiten und Grenzen der Bankenaufsicht in Österreich (Schriftenreihe der Österreichischen bankwissenschaftlichen Gesellschaft Nr. 50), Wien 1982

Haushofer, O.: Bankaufsichtliche Anforderungen an das Controlling-System einer Bank, in: Kostenrechnung-Controlling, Personalführung (Schriftenreihe des Österreichischen Forschungsinstitutes für Sparkassenwesen 1/1986), Wien 1986

Haushofer, O.: Bankregulierung in Österreich, in: Risikomanagement in Banken (Schriftenreihe des Österreichischen Forschungsinstitutes für Sparkassenwesen 1/1987), Wien 1987

Häusler, J.: Bilanzanalytische Korrekturmaßnahmen zur Erhöhung von Aussagekraft und Vergleichbarkeit, in: Handbuch der Kreditprüfung (Hrsg.: W. Wiesinger), Wien 1987

Heim, E.: Der Einfluß der Konjunktur auf Kreditsicherheiten, Nürnberg 1984

Heim, E.: Kreditsicherheit und Konjunktur, in: Zeitschrift für das gesamte Kreditwesen 14/1984

Heno, R.: Kreditwürdigkeitsprüfung mit Hilfe von Verfahren der Mustererkennung, Bern und Stuttgart 1983

Hertenstein, K. H., Hilse, J.: Mehr Systematik statt Intuition – Verfahren zur Unternehmer- und Unternehmensbeurteilung, in: Betriebswirtschaftliche Blätter 9/1985

Hertenstein, K. H.: Zukunftsorientiertes Kreditmanagement. Chancen und Perspektiven im Firmenkreditgeschäft, Wien 1988

Hertenstein, K. H.: Maßnahmen und Strategien der Unternehmensbeurteilung – Erfahrungsbericht der Kreissparkasse Göppingen, in: Kreditinformations- und Kreditüberwachungssysteme (Hrsg.: W. Bühler / L. Schuster), Wien 1988

Hiebler, F.: Die Praxis der Kreditgewährung, 4. Aufl., Wiesbaden 1979

Hielscher, U.: Instrumente der Kreditwürdigkeitsprüfung, in: Wirtschaftswissenschaftliches Studium 7/1979

Hierzenberger, K.: Ursachen von Unternehmensinsolvenzen, in: Jahrbuch für Controlling und Rechnungswesen '88 (Hrsg.: G. Seicht), Wien 1988

Hinterecker, R.: Die bonitätsmäßige Beurteilung eines Unternehmens anhand des Bilanz- und Erfolgsvergleiches – Ein Fallbeispiel, in: Handbuch der Kreditprüfung (Hrsg.: W. Wiesinger), Wien 1987

Höller, P.: Früherkennung von Unternehmenskrisen und Insolvenzen, in: Internationaler Kreditschutz 1/1982

Höller, P.: Finanzplanungssystem und Entscheidungs-Checkliste, in: Kreditmanagement (Hrsg.: W. Bühler / A. Schmoll), Wien 1987

Ippisch, W.: Risikopolitische Aspekte der Novelle, in: KWG und Bankbetrieb (Hrsg.: W. Bühler / G. Raab / J. Strobl), Wien 1987

Jabornegg, P., Strasser, R., Floretta, H.: Das Bankgeheimnis, Wien 1985

Jacob, A.: Gedanken zur Risikosteuerung im Bankbetrieb, in: Bank und Markt 1/1988

Jacobs, O., Greif, M., Weber, D.: Möglichkeiten und Grenzen der Informationsgewinnung mit Hilfe der Bilanzanalyse, in: Wirtschaftswissenschaftliches Studium 10/1972

Jährig, A., Schuck, H.: Handbuch des Kreditgeschäfts, 2. Aufl., Wiesbaden 1975, 5. völlig neu bearbeitete Auflage von P. Rösler / M. Woite, Wiesbaden 1989

Kandler, G.: Die Bedeutung der traditionellen und neueren Instrumente der Bonitätsprüfung, in: Österreichische Sparkassen-Zeitung 6/1979

Kann, G.: Die Finanzierungssituation kleiner und mittlerer Unternehmen im Konjunkturverlauf, Göttingen 1978

Kappler, E.: Bilanzanalyse und Bilanzkritik, in: Handwörterbuch der Betriebswirtschaft, Stuttgart 1974

Keiser, H.: Betriebswirtschaftliche Analyse von Insolvenzen bei mittelständischen Einzelhandlungen, Köln und Opladen 1966

Kienzl, H.: Insolvenz-Prophylaxe aus volkswirtschaftlicher Sicht, in: Internationaler Kreditschutz 1/1982

Kilgus, E.: Bank-Management in Theorie und Praxis, Bern und Stuttgart 1982

Kirsch, W., Trux, W.: Strategische Frühaufklärung und Portfolio-Analyse, in: Zeitschrift für Betriebswirtschaft, Ergänzungsheft 2/1979

Klausmann, W.: Betriebliche Frühwarnsysteme im Wandel, in: Zeitschrift für Organisation 1/1983

Klima, K.: Obligomanagement. Ein Instrumentarium für das Kreditmanagement bei Nichtbankunternehmen, Wien 1987

Klima, K.: Bonitätskontrollen durch Nichtbanken – am Beispiel der Hoechst Austria AG, in: Kreditinformations- und Kreditüberwachungssysteme (Hrsg.: W. Bühler / L. Schuster), Wien 1988

Klingan, H.: Risk-Management – eine geschäftspolitische Notwendigkeit, in: Risikomanagement in Banken (Schriftenreihe des Österreichischen Forschungsinstitutes für Sparkassenwesen 1/1987), Wien 1987

Klinger, M.: Früherkennung von Insolvenzrisiken beim Kundenunternehmen auf der Grundlage qualitativer Indikatoren, in: Früherkennungssysteme (Schriftenreihe des Österreichischen Forschungsinstitutes für Sparkassenwesen 4/1984), Wien 1984

Knief, P.: Ansätze zur EDV-gestützten Ermittlung der Kapitaldienst- und ertragsorientierten Verschuldungsgrenze als Instrument der Kreditwürdigkeitsprüfung, in: Sparkasse 8/1981

Kobi, J. M., Wüthrich, H. A.: Unternehmenskultur verstehen, erfassen und gestalten, Landsberg/Lech 1986

Kohls, H., Marciwiak, K.: Unternehmer- und Unternehmensbeurteilung, in: Betriebswirtschaftliche Blätter 10/1987

Köllhofer, D.: Moderne Verfahren der Bilanz- und Bonitätsanalyse im Firmenkundengeschäft der Bayerischen Vereinsbank AG, in: Zeitschrift für betriebswirtschaftliche Forschung 11/1989

Krahn, J., Pieper, H., Rump, G.: Maschinelle Einzelbilanzanalyse (EBIL), in: Betriebswirtschaftliche Blätter 2/1978

Krämer, H. P.: Marktorientiertes Firmenkundengeschäft und dessen Risikoüberwachung. Gegensatz oder sinnvolle Ergänzung, in: Betriebswirtschaftliche Blätter 1/1981

Krampe, G., Müller, G.: Diffusionsfunktionen als theoretisches und praktisches Konzept zur strategischen Frühaufklärung, in: Zeitschrift für betriebswirtschaftliche Forschung 5/1981

Krause, D.: Mit Früherkennungssystemen die Zukunft anvisieren, in: Unternehmensfinanzierung in schwierigen Zeiten (Hrsg.: J. Seibel / S. Sterner), Frankfurt 1983

Kreim, E.: Finanzplanung und Kreditentscheidung, Wiesbaden 1977

Kreim, E.: Zukunftsorientierte Kreditentscheidung, Wiesbaden 1988

Kühn, R.: Frühwarnung im strategischen Bereich, Teil 1: Methodische Grundlagen, in: Industrielle Organisation 11/1980

Kühn, R.: Frühwarnung im strategischen Bereich, Teil 2: Das praktische Vorgehen, in: Industrielle Organisation 12/1980

Kühn, R., Walliser, M.: Problementdeckungssystem mit Frühwarneigenschaften, in: Die Unternehmung 3/1978

Kunze, Ch.: Früherkennung von Kreditrisiken – Realisierung eines zentralen Kreditinformations- und Kreditüberwachungssystems, in: Betriebswirtschaftliche Blätter 4/1984

Küspert, H., Hohenegg, A.: Anmerkungen zu Möglichkeiten der Risikominderung im Kreditgeschäft, in: Betriebswirtschaftliche Blätter 3/1982

Lang, H.: Unternehmenskonkurs. Bestandsaufnahme und Analyse verfahrensrechtlicher, unternehmensspezifischer und unternehmerspezifischer Merkmale des Konkurses, Wien 1982

Laub, M.: Interne Revision als Instrument der Unternehmensführung bei Kreditinstituten, in: Zeitschrift Interne Revision 1/1982

Lehner, K.: Die Prognoserechnung als Instrument der Bonitätsbeurteilung, in: Handbuch der Kreditprüfung (Hrsg.: W. Wiesinger), Wien 1987

Lehner, S.: Unternehmensanalyse. Vorschlag für ein umfassendes Informationssystem zur Beurteilung und laufenden Beobachtung des Bonitätsrisikos, in: Schriftenreihe des Instituts für Kredit- und Versicherungswirtschaft der Wirtschaftsuniversität Wien, Bd. 7 (Hrsg.: W. Bühler), Wien 1984

Lipfert, H.: Geschäftspolitik, insbesondere Kreditpolitik der Kreditinstitute, in: Handwörterbuch der Finanzwirtschaft (Hrsg.: E. Büschgen), Stuttgart 1976

Malik, F.: Dezentrale Entscheidungsprozesse und neue Informationstechniken, in: Wirtschaftspolitische Blätter 6/1984

Matschke, M.: Insolvenzprognose aus vergangenheitsorientierten Jahresabschlüssen als Basis von Kreditentscheidungen, in: Betriebswirtschaftliche Forschung und Praxis 5/1979

Maurer, H.: BTX-Führer (Hrsg.: Generaldirektion für die Post- und Telegraphenverwaltung), Wien 1989

Metz, M.: Kundenfreundliches Verhalten als qualitatives Instrument des Bankbetriebes, Frankfurt/Main 1985

Moxter, A.: Kreditwürdigkeitsbeurteilung und Eigenkapital, in: Die Bank 7/1978

Mühlbauer, H.: Die „urteilende Distanz" im Kreditgeschäft, in: Sparkasse 11/1985

Müller, H.: Die Organisationsstruktur des Bankbetriebes, München 1979

Obermüller, M.: Sofortmaßnahmen bei drohender Insolvenz, in: Kreditpraxis 3/1985

Ohlenroth, W.: STATBIL-Einmalauswertung, in: Betriebswirtschaftliche Blätter 10/1987

Paal, E.: Entwicklungen und Entwicklungstendenzen in der Kreditsicherung, Wiesbaden 1973

Paleczny, A.: Das Ausleihungsgeschäft der Sparkassen am Beginn der neunziger Jahre, in: Betrieb und Markt 9/1989

Papenheim, M.: Kundeninformationssystem im Kreditbereich, in: Betriebswirtschaftliche Blätter 9/1982

Papenheim, M.: Daten eines Kundeninformationssystems, in: Betriebswirtschaftliche Blätter 2/1983

Pauluhn, B.: Entscheidungsorientierte Sicherheitenbewertung im Realkreditgeschäft, in: Betriebswirtschaftliche Blätter, 29. Jg., 1980

Penker, W.: Betriebliche Früherkennungssysteme – Zur Notwendigkeit der Verknüpfung mikro- und makroökonomischer Indikatoren, in: Früherkennungssysteme (Schriftenreihe des Österreichischen Forschungsinstitutes für Sparkassenwesen 4/1984), Wien 1984

Perlitz, M.: Die Prognosefähigkeit von Kennzahlen aus Jahresabschlüssen und Kapitalflußrechnungen für das Wachstum von Unternehmen, in: Zeitschrift für betriebswirtschaftliche Forschung, 24. Jg., 1972

Perlitz, M.: Möglichkeiten der Prognose von Wachstumskrisen von Unternehmen mit Hilfe finanzanalytischer Kennzahlen, in: Zeitschrift für betriebswirtschaftliche Forschung 4/1980

Perridon, L., Steiner, M.: Finanzwirtschaft der Unternehmung, München 1977

Philipp, F.: Risiko und Risikopolitik, in: Handwörterbuch der Betriebswirtschaft (Hrsg.: E. Grochla / W. Wittmann), 4. Aufl., Stuttgart 1976

Pilgerstorfer, H.: Quantitative Methoden der Bonitätsanalyse, in: Handbuch der Kreditprüfung (Hrsg.: W. Wiesinger), Wien 1987

Raab, G.: Bonitätsprüfung unter veränderten ökonomischen Vorzeichen, in: Kreditmanagement (Hrsg.: W. Bühler / A. Schmoll), Wien 1987

Raab, G.: Kennzahlen zur Beurteilung der Risikosituation von Sparkassen, in: Betriebswirtschaftliche Blätter 5/1988

Raab, G.: Frühwarnindikatoren für Bankinsolvenzen, in: Erfolgsfaktoren des Bankgeschäfts (Hrsg.: W. Bühler / R. Kemler / L. Schuster / J. H. von Stein), Wien 1990

Raffée, H.: Grundprobleme der Betriebswirtschaftslehre, Göttingen 1974

Raubach, U.: Früherkennung von Unternehmenskrisen, Frankfurt/Main 1983

Reichmann, T., Lachnit, L.: Unternehmensführung mit Hilfe eines absatzorientierten Frühwarnsystems, in: Zeitschrift für Betriebswirtschaft, Ergänzungsheft 2/1979

Reske, W., Brandenburg, A., Mortsiefer, H.: Insolvenzverhütung bei mittelständischen Betrieben, in: Bank-Information 7/1977

Reske, W., Brandenburg, A., Mortsiefer, H.: Insolvenzursachen mittelständischer Betriebe. Eine empirische Analyse, 2. Aufl., Göttingen 1978

Reuter, A., Stein, J. H. von: Auf dem Weg zu einem geschlossenen Kreditinformations- und Kreditüberwachungssystem, in: Sparkasse 7/1984

Reuter, A., Schleppegrell, J.: Die Portfolio-Analyse für das Firmenkundengeschäft, in: Sparkasse 7/1989

Riebell, C.: Die Praxis der Bilanzauswertung, 3. Aufl., Stuttgart 1980

Rieder, J.: Die Verwertung von Kreditsicherheiten in der Bankpraxis, in: Sparkasse 10/1981

Rieser, I.: Frühwarnsysteme, in: Die Unternehmung 1/1978

Rödl, H.: Kreditauskunfteien, in: Handwörterbuch der Finanzwirtschaft (Hrsg.: E. Büschgen), Stuttgart 1976

Rödl, H.: Insolvenzen durch Früherkennung vermeiden, in: Bank-Betrieb 10/1976

Rödl, H.: Kreditrisiken und ihre Früherkennung, Düsseldorf 1979

Rödl, H.: Insolvenzrisken und ihre Früherkennung – unter besonderer Berücksichtigung der Lieferantenkreditgeber, in: Zum Problem der Insolvenzverhütung in mittelständischen Betrieben (Hrsg.: F. Klein-Blenkers), Göttingen 1981

Rödl, H., Winkels, A.: Kreditmanagement in der Unternehmenspraxis, Stuttgart 1983

Rüssmann, K.: Strategische Unternehmensführung, in: Manager 9/1982

Sauer, H.: Organisation im Kreditgeschäft, Stuttgart 1977

Schimmelpfeng Ges.m.b.H. (Hrsg.): Frühsignale zum Erkennen von Insolvenzen, Frankfurt/Main, o. J.

Schimmelpfeng Ges.m.b.H. (Hrsg.): Die Auskunftei und der Kreditbericht, 7. Aufl., Frankfurt/Main, o. J.

Schmidt, J., Claus, R.: Erste Erfahrungen mit dem Kreditinformations- und Kreditüberwachungssystem, in: Betriebswirtschaftliche Blätter 10/1987

Schmidt, R.: Diagnose von Unternehmensentwicklungen auf Basis computergestützter Inhaltsanalyse, in: Unternehmenskrisen – Ursachen, Frühwarnung, Bewältigung (Hrsg.: R. Bratschitsch / W. Schnellinger), Stuttgart 1981

Schmoll, A.: Zur Problematik der Toleranzfestlegung im Management by Exception, in: Journal für Betriebswirtschaft 2/1978

Schmoll, A.: Finanzierung in gewerblichen Unternehmen, in: Klein- und Mittelbetriebe. Chancen – Probleme – Lösungen (Hrsg.: W. Kemmetmüller / W. Sertl), Wien 1981

Schmoll, A., Hofer, H.: Zielgruppenmarketing bei Klein- und Mittelbetrieben, in: Bank und Markt 1/1982

Schmoll, A.: Das System der direkten Investitionsförderung im Gewerbe. Eine betriebswirtschaftliche Analyse, Wien 1984

Schmoll, A.: Theorie und Praxis der Kreditprüfung unter besonderer Berücksichtigung der Klein- und Mittelbetriebe, 2. Aufl., Wien 1985

Schmoll, A.: Interne Gefahrenquellen für das Kreditgeschäft, in: Die Bank 5/1985

Schmoll, A.: Ansätze zu einer Typologie der Kreditentscheidungen, in: Österreichisches Bank-Archiv 11/1985

Schmoll, A.: Riskanter Wettbewerb, in: Industrie vom 3. 9. 1986

Schmoll, A.: Früherkennung von Kreditrisken. Organisatorische Ansätze zur Gestaltung eines bankbetrieblichen Frühwarnsystems, in: Kreditmanagement (Hrsg.: W. Bühler / A. Schmoll), Wien 1987

Schmoll, A.: Verhaltensbeobachtungen im Kreditgeschäft, in: Österreichisches Bank-Archiv 3/1987

Schmoll, A.: Kreditkultur. Erfolgsfaktor im Kreditgeschäft der Banken, Wien–Wiesbaden 1988

Schmoll, A.: Konfliktdiagnose im Firmenkundengeschäft, in: Zeitschrift für das gesamte Kreditwesen 21/1989

Schranz, H., Aichinger, Ch.: Unternehmenskrisen aus der Sicht von Kreditinstituten, in: Österreichische Sparkassen-Zeitung 24/1981

Schröder, G.: Einsatz der maschinellen Bonitätsanalyse, in: Sparkassen am Markt (Heft 10), (Hrsg.: Deutscher Sparkassen- und Giroverband), Bonn 1985

Schröder, G.: Bericht über den Stand des Kreditinformations- und Kreditüberwachungssystems der Sparkassenorganisation, in: Betriebswirtschaftliche Blätter 7/1986

Seicht, G.: Kennzahlen der Bonitätsprüfung in kritischer Sicht, in: Österreichisches Bank-Archiv 8/1984

Seicht, G.: Die Bilanz als Zukunftsrechnung, in: Internationaler Kreditschutz, Jg. 1988 (Hrsg.: Kreditschutzverband von 1870), Wien 1988

Seicht, G.: Cash-flow-Illusionen, in: Jahrbuch für Controlling und Rechnungswesen '89 (Hrsg.: G. Seicht), Wien 1989

Seicht, G.: Zum Wandel der Kreditbesicherung, in: Jahrbuch für Betriebswirte 1989, Wien–Zürich 1989

Seipp, W.: Risikopolitik im Firmenkreditgeschäft, in: Österreichisches Bank-Archiv 3/1984

Simon, D.: Schwache Signale. Die Früherkennung von strategischen Diskontinuitäten durch Erfassung von „weak signals", Wien 1986

Söder, C.: Maschinelle Analyse der Geschäfts-Kontokorrentkonten, in: Betriebswirtschaftliche Blätter 2/1971

Sorg, P.: Verfahrenstechnik dynamischer Bilanzanalysen im Rahmen von Kreditwürdigkeitsprüfungen und Kreditüberwachungen, in: Österreichisches Bank-Archiv 5/1984

Stannigel, H.: Kreditrevision bei Banken und Sparkassen, 3. Aufl., Frankfurt/Main 1985

Stanzel, A.: Neuerungen in der Bankenaufsicht, in: KWG und Bankbetrieb (Hrsg.: W. Bühler / G. Raab / J. Strobl), Wien 1987

Stanzel, A.: Risikomanagement aus der Sicht der Aufsichtsbehörde, in: Österreichisches Bank-Archiv 10/1989

Starke, W.: Neue Systeme zur Bonitätsprognose von Kreditnehmern, in: Innovationen im Kreditmanagement (Hrsg.: H. Krümmel / B. Rudolph), Frankfurt/Main 1985

Starke, W.: Das Kreditinformations- und Kreditüberwachungssystem der deutschen Sparkassenorganisation und seine praktische Bedeutung für die Revisionsarbeit, in: Sparkassen-Prüfertag 1986 (Hrsg.: Deutscher Sparkassen- und Giroverband), Stuttgart 1987

Starke, W.: Früherkennungsmodelle des Deutschen Sparkassen- und Giroverbandes, in: Kreditinformations- und Kreditüberwachungssysteme (Hrsg.: W. Bühler / L. Schuster), Wien 1988

Stein, J. H. von: Überlegungen zur Beurteilung der Bonität von Kreditnehmern im gewerblichen Bereich, in: Sparkasse 1/1978

Stein, J. H. von, Ziegler, W.: Bilanzgestaltung und Kreditwürdigkeit, in: Sparkasse 7/1978

Stein, J. H. von: Früherkennung von Kreditrisiken mit quantitativen Methoden, in: Betriebswirtschaftliche Blätter 10/1983

Stein, J. H. von: Zur Weiterentwicklung der Kreditbeurteilung, in: Betriebswirtschaftliche Blätter 6/1984

Stein, J. H. von: Typologie krisengeneigter Unternehmer, in: Kreditinformations- und Kreditüberwachungssysteme (Hrsg.: W. Bühler / L. Schuster), Wien 1988

Steinbrink, K.: Information und Entscheidung im Bankbetrieb, Frankfurt/Main 1976

Steiner, M.: Ertragskraftorientierter Unternehmenskredit und Insolvenzrisiko, Stuttgart 1980

Strack, H.: Beurteilung des Kreditrisikos. Erweiterung der traditionellen Kreditbewertung durch prognoseorientierte Entscheidungshilfen, Berlin 1976

Streibel, G.: Insolvenzursachenforschung – ein bedeutendes Instrument zur Vermeidung von Unternehmenszusammenbrüchen, in: Österreichische Sparkassen-Zeitung 4/1983

Szyperski, N.: Unternehmensgründungen in der Krisendynamik, in: Unternehmenskrisen – Ursachen, Frühwarnung, Bewältigung (Hrsg.: R. Bratschitsch / W. Schnellinger), Stuttgart 1981

Taus, J.: Rechtliche Grenzen der Kreditgewährung, in: Rechtliche Grenzen der Kreditgewährung (Hrsg.: Verein Österreichischer Juristentage), Wien 1984

Thomas, K.: Aussagen quantitativer Kreditnehmeranalysen, in: Innovationen im Kreditmanagement (Hrsg.: H. Krümmel / B. Rudolph), Frankfurt/Main 1985

Tichy, B.: Insolvenzursachen als Basis eines Indikatorsystems zur Bonitätsbeurteilung, in: Österreichisches Bank-Archiv 4/1983

Tichy, B.: Insolvenzursachen als Kriterien für ein Scoring-Modell, in: Österreichisches Bank-Archiv 7/1983

Trippen, L.: Die Liquiditätssicherung mittelständischer Unternehmen aus der Sicht eines Kreditinstitutes, in: Sparkasse 7/1976

Uhlenbruck, W.: Typische Symptome in den durch Strukturwandel gefährdeten Betrieben – Versuch einer Insolvenzanalyse, in: Die Betriebswirtschaft 2/1977

Uhlenbruck, W.: Krise, Konkurs, Vergleich und Sanierung als neue Aufgabe der Betriebswirtschaft, in: Unternehmenskrisen – Ursachen, Frühwarnung, Bewältigung (Hrsg.: R. Bratschitsch / W. Schnellinger), Stuttgart 1981

Ulrich, W.: Unternehmerleistung und Marktchancen als Kreditsicherung, in: Der Unternehmer 2/1977

Ulrich, W.: Managementkriterien, in: Wochenpresse 7. 1. 1981

Ulrich, W.: Verhaltensbeobachtungen im Kreditgeschäft, in: Kreditinformations- und Kreditüberwachungssysteme (Hrsg.: W. Bühler / L. Schuster), Wien 1988

Wächtershäuser, M.: Kreditrisiko und Kreditentscheidung im Bankbetrieb. Zur Ökonomisierung des Kreditentscheidungsprozesses im Bankbetrieb, Wiesbaden 1971

Wehlau, S.: Die Prüfung der Kreditgewährung und Kreditüberwachung als Aufgabe der internen Revision, in: Der Betrieb 22/1982

Weibel, P.: Probleme der Bonitätsbeurteilung von Unternehmungen aus der Sicht der Banken, in: Die Unternehmung, Jg. (1970)

Weibel, P.: Die Bonitätsbeurteilung im Kreditgeschäft der Banken, 2. Aufl., Bern und Stuttgart 1978

Weiershäuser, E.: Strategische Ansätze zur Gestaltung des Kreditportefeuilles, in: Innovationen im Kreditmanagement (Hrsg.: H. Krümmel / B. Rudolph), Frankfurt/Main 1985

Weinrich, G.: Kreditwürdigkeitsprognosen. Steuerung des Kreditgeschäfts durch Risikoklassen, Wiesbaden 1978

Weinrich, G.: Wann ist eine Unternehmung noch kreditwürdig?, in: IO Management-Zeitschrift 1/1980

Weinrich, G.: Wie läßt sich die Insolvenz einer Unternehmung voraussehen?, in: IO Management-Zeitschrift 2/1980

Weissenfeld, K.: Grundzüge eines EDV-Informationssystems für das Kreditgeschäft und seine Auswirkungen auf die Prüfungsarbeit, in: Betriebswirtschaftliche Blätter 6/1973

Wiesinger, W.: Die Bonitätsprüfung bei den österreichischen Kreditinstituten, in: Internationaler Kreditschutz (Jg. 1986), (Hrsg.: Kreditschutzverband von 1870), Wien 1986

Wiesinger, W.: Skizzierung möglicher künftiger Entwicklungen in der Kreditprüfung und -überwachung, in: Handbuch der Kreditprüfung (Hrsg.: W. Wiesinger), Wien 1987

Wiesinger, W., Pilgerstorfer, H.: Diskriminanzfunktion, ihre Anwendung und Bedeutung in der Praxis, in: Handbuch der Kreditprüfung (Hrsg.: W. Wiesinger), Wien 1987

Wiesinger, W.: Entwicklungen in der Kreditprüfung und -überwachung, in: Österreichische Sparkassen-Zeitung 12/1987

Wild, J.: Informationstheorie, in: Management-Enzyklopädie, Bd. 5, München 1975

Winkelmann, K.: Beratung als Wettbewerbsfaktor, in: Sparkasse 8/1988

Witte, E.: Die Unternehmenskrise – Anfang vom Ende oder Neubeginn?, in: Unternehmenskrisen – Ursachen, Frühwarnung, Bewältigung (Hrsg.: R. Bratschitsch / W. Schnellinger), Stuttgart 1981

Woeste, K.: Vorbeugende Maßnahmen gegen (finanzielle) Krisen im Unternehmen, in: Zeitschrift für Betriebswirtschaft 6/1980

Wöhe, G., Bilstein, J.: Grundzüge der Unternehmensfinanzierung, München 1978

Zeitlinger, A.: EDV-Einsatz im Ausleihungsgeschäft einer Bank, in: Betrieb und Markt 9/1989

Zellweger, B.: Überwachung kommerzieller Bankkredite, Bern und Stuttgart 1983

Zellweger, B.: Erkennen von Bonitätsrisiken bei der Überwachung kommerzieller Bankkredite, in: Österreichisches Bank-Archiv 4/1984

Zellweger, B.: Kreditwürdigkeitsprüfung in Theorie und Praxis, Bern und Stuttgart 1987

Stichwortverzeichnis

GABLER-Bücher zum Thema „Kreditgeschäft"

F. Wilhelm Christians
Finanzierungshandbuch
2. Auflage 1988, 856 Seiten,
gebunden DM 248,–
ISBN 3-409-99642-7

Harald Gerhards / Helmut Keller
Baufinanzierung von A bis Z
3., erw. und überarb. Auflage
1992, 596 Seiten,
Broschur DM 64,–
ISBN 3-409-29918-1

Thomas Hofmann / Werner Sauter
**Das Grundbuch
im Kreditgeschäft**
1989, 210 Seiten,
gebunden DM 78,–
ISBN 3-409-14005-0

Jährig / Schuck / Rösler / Woite
Handbuch des Kreditgeschäfts
5. Auflage 1990, 914 Seiten,
gebunden DM 198,–
ISBN 3-409-40040-0

Erwin Kreim
**Zukunftsorientierte
Kreditentscheidung**
1988, 180 Seiten,
gebunden DM 68,–
ISBN 3-409-14003-4

Wolfgang Nahlik
**Praxis der
Jahresabschlußanalyse**
1989, 250 Seiten,
gebunden DM 68,–
ISBN 3-409-14015-8

Manfred Obermüller
**Ersatzsicherheiten
im Kreditgeschäft**
1987, 194 Seiten,
gebunden DM 78,–
ISBN 3-409-14007-7

Fritz Pohnert
**Kreditwirtschaftliche
Wertermittlungen**
4. Auflage 1992, 420 Seiten,
gebunden DM 128,–
ISBN 3-409-49083-3

Anton Schmoll
Kreditkultur
1988, 384 Seiten,
gebunden DM 78,–
ISBN 3-409-14728-4

Wilhelm Weimar / Jochen Lehnhoff
Recht der Kreditsicherheiten
3. Auflage 1987,
gebunden DM 49,80
ISBN 3-409-40055-9

Zu beziehen über den Buchhandel
oder den Verlag.
Stand der Angaben und Preise:
1.8.1992
Änderungen vorbehalten.

GABLER

BETRIEBSWIRTSCHAFTLICHER VERLAG DR. TH. GABLER GMBH, TAUNUSSTRASSE 54, 6200 WIESBADEN

If you have any concerns about our products,
you can contact us on
ProductSafety@springernature.com

In case Publisher is established outside the EU,
the EU authorized representative is:
Springer Nature Customer Service Center GmbH
Europaplatz 3, 69115 Heidelberg, Germany

Printed by Libri Plureos GmbH
in Hamburg, Germany